中国社会科学院
经济研究所
INSTITUTE OF ECONOMICS

经济所人文库

刘克祥集

中国社会科学院经济研究所学术委员会 **组编**

中国社会科学出版社

图书在版编目（CIP）数据

刘克祥集/中国社会科学院经济研究所学术委员会组编.
—北京：中国社会科学出版社，2021.12
（经济所人文库）
ISBN 978 – 7 – 5203 – 9190 – 0

Ⅰ.①刘…　Ⅱ.①中…　Ⅲ.①经济学—文集　Ⅳ.①F0 – 53

中国版本图书馆 CIP 数据核字（2021）第 186699 号

出　版　人	赵剑英	
责任编辑	王　曦	
责任校对	赵雪姣	
责任印制	戴　宽	

出　　　版	中国社会科学出版社	
社　　　址	北京鼓楼西大街甲 158 号	
邮　　　编	100720	
网　　　址	http://www.csspw.cn	
发　行　部	010 – 84083685	
门　市　部	010 – 84029450	
经　　　销	新华书店及其他书店	

印刷装订	北京君升印刷有限公司	
版　　　次	2021 年 12 月第 1 版	
印　　　次	2021 年 12 月第 1 次印刷	

开　　　本	710 × 1000　1/16	
印　　　张	23.5	
字　　　数	318 千字	
定　　　价	126.00 元	

总　序

　　作为中国近代以来最早成立的国家级经济研究机构，中国社会科学院经济研究所的历史，至少可上溯至1929年于北平组建的社会调查所。1934年，社会调查所与中央研究院社会科学研究所合并，称社会科学研究所，所址分居南京、北平两地。1937年，随着抗战全面爆发，社会科学研究所辗转于广西桂林、四川李庄等地，抗战胜利后返回南京。1950年，社会科学研究所由中国科学院接收，更名为中国科学院社会研究所。1952年，所址迁往北京。1953年，更名为中国科学院经济研究所，简称"经济所"。1977年，作为中国社会科学院成立之初的14家研究单位之一，更名为中国社会科学院经济研究所，仍沿用"经济所"简称。

　　从1929年算起，迄今经济所已经走过了90年的风雨历程，先后跨越了中央研究院、中国科学院、中国社会科学院三个发展时期。经过90年的探索和实践，今天的经济所，已经发展成为以重大经济理论和现实问题为主攻方向、以"两学—两史"（理论经济学、应用经济学和经济史、经济思想史）为主要研究领域的综合性经济学研究机构。

　　90年来，我们一直最为看重并引为自豪的一点是，几代经济所人孜孜以求、薪火相传，在为国家经济建设和经济理论发展作出了杰出贡献的同时，也涌现出一大批富有重要影响力的著名学者。他们始终坚持为人民做学问的坚定立场，始终坚持求真务实、脚踏实地的优良学风，始终坚持慎独自励、言必有据的学术品格。他们是经济所人的突出代表，他们的学术成就和治学经验是经济所最宝贵的财富。

抚今怀昔，述往思来，在经济所迎来建所 90 周年之际，我们编选出版《经济所人文库》（以下简称《文库》），既是对历代经济所人的纪念和致敬，也是对当代经济所人的鞭策和勉励。

《文库》的编选，由中国社会科学院经济研究所学术委员会负总责，在多方征求意见、反复讨论的基础上，最终确定入选作者和编选方案。

《文库》第一辑凡 40 种，所选作者包括历史上的中央研究院院士、中华人民共和国成立后的中国科学院学部委员、中国社会科学院学部委员、中国社会科学院荣誉学部委员、历任经济所所长以及其他学界公认的学术泰斗和资深学者。

《文库》第二辑共 25 种，在延续第一辑入选条件的基础上，第二辑所选作者包括经济所学术泰斗和资深学者，中国社会科学院二级研究员，经济所学术委员会认定的学术带头人。

在坚持学术标准的前提下，同时考虑的是入选作者与经济所的关联。他们中的绝大部分，都在经济所度过了其学术生涯最重要的阶段。

《文库》所选文章，皆为入选作者最具代表性的论著。选文以论文为主，适当兼顾个人专著中的重要篇章。选文尽量侧重作者在经济所工作期间发表的学术成果，对于少数在中华人民共和国成立之前已成名的学者，以及调离经济所后又有大量论著发表的学者，选择范围适度放宽。为好中选优，每部文集控制在 30 万字以内。此外，考虑到编选体例的统一和阅读的便利，所选文章皆为中文著述，未收入以外文发表的作品。

《文库》每部文集的编选者，大部分为经济所各学科领域的中青年学者，其中很多都是作者的学生或再传弟子，也有部分系作者本人。这样的安排，有助于确保所选文章更准确地体现作者的理论贡献和学术观点。对编选者而言，这既是一次重温经济所所史、领略前辈学人风范的宝贵机会，也是激励自己踵武先贤、在学术研究道路上砥砺前行的强大动力。

《文库》选文涉及多个历史时期，时间跨度较大，因而立意、观点、视野等难免具有时代烙印和历史局限性。以现在的眼光来看，某些文章的理论观点或许已经过时，研究范式和研究方法或许已经陈旧，但为尊重作者、尊重历史起见，选入《文库》时仍保持原貌而未加改动。

《文库》的编选工作还将继续。随着时间的推移，我们还会将更多经济所人的优秀成果呈现给读者。

尽管我们为《文库》的编选付出了巨大努力，但由于时间紧迫，工作量浩繁，加之编选者个人的学术旨趣、偏好各不相同，《文库》在选文取舍上难免存在不妥之处，敬祈读者见谅。

入选《文库》的作者，有不少都曾出版过个人文集、选集甚至全集，这为我们此次编选提供了重要的选文来源和参考资料。《文库》能够顺利出版，离不开中国社会科学出版社领导和编辑人员的鼎力襄助。在此一并致谢！

一部经济所史，就是一部经济所人以自己的研究成果报效祖国和人民的历史，也是一部中国经济学人和中国经济学成长与发展历史的缩影。《文库》标示着经济所 90 年来曾经达到的学术高度。站在巨人的肩膀上，才能看得更远，走得更稳。借此机会，希望每一位经济所人在感受经济所 90 年荣光的同时，将《文库》作为继续前行的新起点和铺路石，为新时代的中国经济建设和中国经济学发展作出新的更大的贡献！

是为序。

于 2019 年 5 月

编者说明

《经济所人文库》所选文章时间跨度较大，其间，由于我国的语言文字发展变化较大，致使不同历史时期作者发表的文章，在语言文字规范方面存在较大差异。为了尽可能地保持作者个人的语言习惯、尊重历史，因此有必要声明以下几点编辑原则：

一、除对明显的错别字加以改正外，异形字、通假字等尽量保持原貌。

二、引文与原文不完全相符者，保持作者引文原貌。

三、原文引用的参考文献版本、年份等不详者，除能够明确考证的版本、年份予以补全外，其他文献保持原貌。

四、对外文译名与今译名不同者，保持原文用法。

五、对原文中数据可能有误的，除明显的错误且能够考证或重新计算者予以改正外，一律保持原貌。

六、对个别文字因原书刊印刷原因，无法辨认者，以方围号□表示。

作者小传

刘克祥，男，曾用名柳柯，1938年7月生于湖南省湘乡县（今娄底市），1968年进入经济所工作。

在武汉大学历史系本科学习期间，开始对经济史研究产生兴趣，1962年发表首篇论文《庚子赔款与清政府的捐税剥削》（《历史教学》1962年第6期）。同年考取该校中国近代经济史专业研究生，师从彭雨新教授，1965年毕业。由于"左"的路线特别是研究生中"红眼病""黑报告"作祟，研究生期间曾被扣上"白专"等帽子而遭陷害。1966年初分配方案下达，有人向系里打"黑报告"，作者和另一人（系无辜"陪绑"）祸从天降，被即刻取消派遣。"文化大革命"开始后，"黑报告"迅速发酵，作者被打成"修正主义苗子""反动学生"。年底，作者与其他尚未分配的研究生一起转为"储备生"，派遣完全无望。1968年初夏，国务院下发通知，凡有接收单位的"储备生"，限期派遣。"陪绑"研究生即刻赶往单位（近代史所）报到，以防有变。而作者的派遣陷于两难：因"黑报告"挡路，不能派遣；因分配方案有总理签字，又不敢擅自否定。而总理忙得连轴转，高教部排队请示遥遥无期。作者心急如焚，于是要求对"黑报告"进行查证，验明材料真伪，必要时愿当面对质。历史系主管很快查明，"黑报告"的材料全都子虚乌有；所谓在研究生中散布的"反动言论"，追根溯源，也全都出自"黑报告"炮制者本人之口。终于真相大白，派遣问题迎刃而解。

1978年党的十一届三中全会后，研究所和研究组（后改"室"）的研究工作渐上正轨，下马的"中国近代经济史"项目再次上马、重新定位，由原来 30 万字的高校经济系教材，改为多卷本大型专著（后纳入国家社科基金重点、重大项目）。作者被分到项目组，协助李文治、章有义先生撰写农业部分的章节，由章先生具体指导。章、李两位先生，及严中平、汪敬虞先生同彭雨新先生，都是前"中央研究院"社会科学研究所的老同事、老朋友，感情至深，均受陶孟和、巫宝三先生栽培或影响，治学风格、思路基本相同或十分接近，作者师从彭先生，现又在严老手下工作，受章先生指导，自然顺风顺水，业务很快上手，老少配合默契。章先生所写租佃书稿在"文化大革命"中毁失，因病无力重写，把资料卡片交作者代笔。章先生没想到作者交上的书稿，同原稿"几乎一模一样"，喜出望外。因全书篇幅扩大，李先生的书稿，必须从原来每个子目 5000 字扩至 1 万字。作者按要求扩充资料、增加篇幅，李先生也很满意，作者连同所写的财政税收、军火工业部分的书稿，全部交主编严老审定，亦一次拍板通过。这对作者树立信心和此后的成长进程影响至大。

作者还在读研究生期间，1963 年开学后去见彭先生，他刚从中央党校写书回武汉，谈起《中国近代经济史》的写作情况，感叹进展迟缓，并说作者毕业后还可参加该书的写作。没有想到十多年后，作者不仅参加该书的编纂，一干就是 40 年，而且始终是他研究工作的重心，成为他背负一生的重担；其他研究只能是在围绕或不妨碍这一重心的前提下才能进行，大部分研究成果也大多是以重心的阶段性成果发表的。

与重心相联系，作者的研究领域，除了主攻清代和近代农业与农村经济问题，还旁及财政、金融和商业、市场，涵盖中国古代和近代经济史。作者各个时期承担的项目，除了《中国近代经济史》作为重心贯穿始终，20 世纪 70 年代末至 80 年代中期，参加了《政治经济学辞典》《中国大百科全书·经济学卷》等大型辞书的编纂和审核，系后者的中国经济史分支编写组成员。80 年代后期至 90 年代前期，参加了"六五"国家重点项目、10 卷本《清代全史》及《清代简史》的编纂，系第 8、第 10 卷撰稿人，第 10 卷主编；参加

《中国农业百科全书·农业经济卷》《中国农业百科全书·农业历史卷》的编纂，承担中国近代农业经济、中国近代农业史有关条目的撰写和审定；参加中国社会科学院重大项目"中华文明史话丛书"的编纂，承担《棉麻纺织史话》《蚕桑丝绸史话》的撰写；参加"八五"国家重点项目"中国民族文化大观·汉族卷"（后因故流产）的编纂，承担的"经济生产"部分以书名《简明中国经济史》，由经济科学出版社2001年出版。1998年退休后，收尾完成社科院老干部局资助项目"中国永佃制度研究"（社会科学文献出版社2017年出版）。前后累计完成和发表论文、文章近百篇，独著、合著、主编专著12部（套），本人撰写部分合计600余万字。

　　作者勤勉敬业，淡泊名利，钻研学问，从未松懈；始终将集体课题作为自己的第一本职工作，全力以赴，集思广益，并取得成绩。主编（双主编之一）的国家重点项目"中国近代经济史（1927—1937）"，鉴定专家一致认为"代表了学术界对这一时段经济史研究的最高水平"，获郭沫若历史学奖二等奖。作者研究力求"三新"（新观点、新方法、新资料），在若干领域，包括永佃制度、分益雇役制、农村钱庄等，进行开创性研究，推出开山之作；通过发掘、整理新资料，运用宏观、中观、微观相结合的新方法，提出了若干带有创见性的新观点、新结论，包括近代中国资本原始积累的"狼吃人"（根本不同于英国资本原始积累的"羊吃人"）；农村两极分化中单纯贫困一极积累的"一头沉"；农村阶级结构变化中的"佃农贫农雇农化"；永佃制下土地买卖中的地权债权化和地主纯食利化、寄生虫化，等等。作者还耗费数年光阴，用蚂蚁啃骨头的办法，全面检索全国新编地方志，整理、编制了分省土地分配统计表，范围涵盖全国53.7%的县域和35.6%的耕地，可望结束长期以来单凭主观估计论断地权分配的局面。所有这些，有助于提升对中国近代半封建半殖民地社会认识的深度、广度和准确度，更加清晰地了解和把握国情，辨明历史前进方向。

目　录

清代热河的蒙地开垦和永佃制度

热河地区的蒙地永佃制，是在清代前期的土地开垦过程中形成的，和台湾地区的永佃制有某些相似之处。伪满时期，日本侵略者曾对热河地区的土地开垦、地权形态、租佃关系、农业经营和民众生计等问题作过系统调查，留下了一些资料。① 下面主要利用这些调查资料，并参照其他有关历史记载，对这一地区清代的蒙地开垦和永佃制度作一考察分析。

一 土地开垦和地权形态的变化

热河是蒙古族聚居而又邻近中原的地区，土地开垦比蒙古族聚居的其他地区要早。清代以前，已有汉族商人、工匠、农民前往经商、做工或垦种土地，不过，人数不多，规模不大，那里基本的生产活动仍然是游牧。农业或农牧结合，还只限于零星地区，有的还处于采集阶段。清王朝建立后，蒙地结束了长期分裂割据的局面，蒙古族又回到了中华多民族统一的怀抱，并同满族一样，推行了八旗建制，"旗"下则以"箭"为基本行政和军事单位。从顺治五年（1648）开始，蒙古族王公定期入京朝觐，清皇室和蒙旗贵族联姻和亲。② 这就大大密切了蒙古族地区同中央和内地的联系、交往，为加

---

① 调查地区包括现在内蒙古自治区的赤峰县、喀喇沁旗、翁牛特旗、敖汉旗，河北省的平泉县，辽宁省的建平县、建昌县、朝阳县、阜新县等。调查资料汇编成《锦热蒙地调查报告》（以下简称《蒙地调查》）三卷，约200万字。

② 据统计，清代12朝皇后，出自蒙旗贵族者6人，另有蒙旗皇妃16人；清代前期公主下嫁蒙古族各部者共23人（参见沈斌华《内蒙古经济发展史札记》，第100页）。

速热河和蒙古族其他地区的土地开垦及经济发展创造了条件。

由于"旗"的建立，划分和固定了牧地范围，不但使牧地的使用较为有计划和合理，有利于畜牧业的发展，而且使各旗有条件召佃开垦；同时，由于蒙旗王公贵族经常进京朝觐，或经商，一方面对货币的需求量急剧增加，另一方面也看到和了解了关内农业生产状况，认识到农业经营或农牧并重比现有的单纯游牧有更高的收益，从而要求利用牧地或荒地进行农业生产以增加收入，解决财政困难。

清政府出于保护蒙古牧地和防止蒙汉两族人民过分密切联系的双重目的，对蒙旗王公贵族招垦和内地农民入蒙佣工种地的活动是限制的。如垦民必须持有理藩院或户部发给的执照（康熙年间规定每年限发执照 800 张），方准出关入蒙，并在喜峰、古北两口设卡严查。垦民必须春往秋返，不得跨年度滞留，执照一年一换。后来，要求领照或非法入蒙垦民增多，并逐渐由春往秋返改为长期定居，使执照"竟成具文"。① 在这种情况下，又限制蒙汉两族人民通婚和混杂居住②，甚至几次完全禁止汉族农民入蒙垦地、佣工，将他们遣回原籍。③ 但是，每当关内发生自然灾害，清政府为了减少关内难民，缓和阶级矛盾，又暂时放松对蒙地开垦的限制，甚至动员关内贫苦农民入蒙谋生。雍正元年至二年（1723—1724），山东、直隶一带发生饥荒，清政府为了赈济，采取"借地养民"的措施，下令热河蒙旗各部收容关内难民。并在北京八旗满洲骁骑内，挑选 800 名

---

① 光绪《大清会典事例》卷978，理藩院，户丁，第3页。

② 康熙二十二年规定，内地民人出口于蒙古地方贸易、耕种，不得娶蒙古妇女为妻。乾隆五十二年曾一度取消这一规定，但嘉庆六年又重申旧例，禁止蒙汉通婚。乾隆十三年议准"嗣后蒙古部内所有民人，民人村中所有蒙古，各将彼此附近地亩，照数换给，令各归其地"，不得混杂耕作居住。其中土默特旗和喀喇沁左、中、右三旗，"杂居已久，一时难以分移"，亦须"渐次清理"（光绪《大清会典事例》卷178，第2—3页）。

③ 如乾隆十三年议准，将蒙古地方"踪迹可疑"和佣工谋生汉民"递回原籍"；次年覆准，喀喇沁、土默特、敖汉、翁牛特等旗，"除现存民人外，嗣后毋许再行容留民人多垦地亩"；乾隆三十七年规定，关内旗民人等，不准在蒙古地方开垦地亩，"违者照例治罪"。嘉庆十五年，有人奏请恢复准关内民人开垦蒙地旧例，遭到嘉庆帝批驳。次年又议定，敖汉旗于所发印票外，"不得多开一垄，多招一民"，等等（光绪《大清会典事例》卷978，理藩院，户丁，第3页；卷979，第1—3页；卷267，第1页）。

"熟谙农务"的兵丁前往热河、喀喇河屯和桦树沟三处开垦。① 乾隆五十七年（1792），京畿以南地区大旱，清廷谕令地方官府，"遇有贫民，详细晓谕"，令其前往热河等地"佣工觅食"②，道光二十五年（1845），清政府又在土默特左旗（今阜新县）等地实行"借地养民"③。太平天国运动后，清政府和蒙旗当局，为了增加财政收入，开始了更大规模的蒙地开垦。

清政府采取"借地养民"的政策，固然会促使大批关内农民入蒙谋生，就是推行各种严格的限制措施，也不可能真正阻止关内农民前往热河等地开荒种地的活动。事实上，从清初开始，热河各地的汉族垦民数量一直在增加。还在实行限额发照、禁止垦民越年滞留的康熙年间，喀喇沁三旗已有数万名汉民定居者。据乾隆十三年（1748）的统计，仅喀喇沁中旗（宁城县）已有汉民佃农42924人，佃种土地7741顷有余。④ 乾隆四十三年（1778）改设州县后，热河各地的汉民聚集更多。⑤

热河蒙地的较大规模开垦，早的始于顺治或康熙初年，晚的始于乾隆年间。丰宁县、喀喇沁左旗（建昌县）、喀喇沁中旗，开垦最早。据说丰宁县在顺治年间，已有蒙汉人从事农耕，康熙十年（1671）后已有王公旗人招募汉民佃户垦种。⑥ 喀喇沁左、中两旗招募汉民佃农开垦的时间大约也在顺治年间或康熙初年。翁牛特右旗（赤峰县）和土默特左旗（阜新县）较晚，大约开始于康熙三四十年代。据说康熙四十年（1701），和硕温格公主下嫁翁牛特右旗郡王，该旗水地村及大庙附近部落的土地被指定为该公主的"脂粉地"，从而开始了这些土地的垦发。此后，蒙旗贵族也相继夺占部族共有地，招募汉民耕种。同一时期，在土默特左旗，由于一部分被招募修建喀喇庙

① 光绪《大清会典事例》卷166，户部，田赋，第1页。
② 光绪《大清会典事例》卷158，户部，户口，第10页。
③ 《锦热蒙地调查报告》上卷，第53页。
④ 《锦热蒙地调查报告》下卷，第1424—1427页。
⑤ 光绪《大清会典事例》卷158，户部，户口，第7页。
⑥ 伪满热河省长官房土地科：《热河省之土地》，日文打印本，第23页。

的汉族工匠、役人，工程完结后未回原籍，就地从事农耕，开始了这一地区的土地开发。土默特右旗（朝阳县）的南部地区，康熙年间也已有汉族佃农从事开垦，并逐渐向北部推进。到乾隆初年，除最北部外，大都已开始垦发。喀喇沁右旗（建平县）、翁牛特左旗（乌丹县）和敖汉旗（新惠县）的蒙地开垦，基本上是从乾隆年间开始的。①

随着土地的开发，热河地区的经济逐渐由原来的单纯游牧转化为主牧从耕或半牧半农，甚至完全农耕化。土默特左旗早在康熙后期已发展为主牧从耕和半牧半农。②乾隆八年（1743），弘历东巡，在经过敖汉旗时，曾赋诗描绘两旁的情景说，"渐见牛羊牧，仍欣禾黍丰"③。可见当时这一地区已经是半牧半农了。翁牛特右旗，到光绪初年，蒙古族牧民全部变成了农业民。到光绪末年，全旗土地已经开垦无余。④

土地的开垦导致了土地制度的变化。

马克思指出，"在一切社会形式中都有一种一定的生产决定其他一切生产的地位和影响，因而它的关系也决定其他一切关系的地位和影响"⑤。由于原来热河地区蒙古族的经济基本上是游牧经济，农业只是零星地、偶然地存在，这就决定了它的土地所有制的基本形式是部族共有制。清代建旗初期，也只是按旗划分牧场范围，尚未形成土地私有制度。随着土地的开垦和农业耕作的推广，以游牧为基础的土地共有制不断遭到破坏，而代之以土地所有制或官有制。

蒙旗王公贵族的占有地出现最早。开始，蒙古族亲王、郡王、札萨克等上层贵族，将一部分公共牧地招请汉族农民开垦，自行收

---

① 各旗土地开垦情况参见《锦热蒙地调查报告》上卷，第49、172—173、391页；中卷，第715、963、1079页；下卷，第1837、1855、1919页。

② 《锦热蒙地调查报告》上卷，第49页。

③ 《锦热蒙地调查报告》下卷，第2346页。

④ 《锦热蒙地调查报告》上卷，第391页。

⑤ 《马克思恩格斯全集》第46卷（上册），人民出版社1979年版，第44页。

取地租，充作王府私用；清政府也不时圈占牧地，或充下嫁蒙古的公主嫁妆，或作为对蒙旗王公的赏赐。直到嘉庆二十二年（1817），清廷还赏赐敖汉旗郡王土地1780顷余，让其"招民垦种"。① 此外，蒙旗王公贵族还利用权势，通过各种手段霸占旗内已开垦的土地。② 这些都成为蒙旗王公的私有地，即所谓"王府地"，亦称"内仓地"。同时，蒙旗公署为了增加财政收入，充裕官用，以官府名义招募汉民开垦，以租息充作旗署官用。这部分土地直接属于蒙旗官府所有，即所谓"官仓地"，亦称"外仓地"。其他闲散王公、台吉、塔布囊以及喇嘛等蒙旗上层人物，也都相继仿效，凭借自己的权势，纷纷侵占原来的公共牧地，召佃开垦，成为一家一户的私有地。其占有土地的数量，一般同其权势大小相适应。这些土地分别被称为"台吉地""塔布囊地""喇嘛地"或寺庙地。蒙旗王公贵族和上层喇嘛的这种强力掠夺，从康熙年间开始，直至乾隆十三年（1748）清廷下达禁令才稍稍收敛。

由于蒙地的不断开垦和上层贵族的大肆掠夺，以前下层牧民可以自由使用的牧地大幅减少，甚至没有了。蒙民生活日益穷困，社会矛盾十分尖锐。在这种情况下，清政府于乾隆十三、十四年下令，禁止蒙旗王公贵族强占旗下公地招垦收租，并于殷实札萨克，台吉，官员，公主、郡主等陪嫁内监及喇嘛等名下地内，拨出三分之一，各予该旗穷苦牧民耕种，并将拨地数目造册呈报理藩院。③ 这一命令自然不可能完全执行。但是，为了缓和社会矛盾，热河各蒙旗公署

① 光绪《大清会典事例》卷979，理藩院，耕牧，第2页。
② 有时蒙旗贵族以强迫"孝敬"的名义，霸占蒙民土地，下面是一纸蒙民"孝敬"王爷的土地"契约"："立租契人额驸爷管家扎克鲁克齐、挠木阿尔克立文约事，于（嘉庆）二十三年冬间、二十四年春间将上忙牛束崙本营子南生荒八段，共计地一百九十天有余，情愿写与基查丁名下开垦耕种，言明十年后每天地应交租钱五吊……当日取押荒价钱四千一百八十吊。合营蒙古等将此荒情愿孝敬（奉纳）额驸爷名下吃租。慈心不忘，将基查丁地内李九成荒一段，二十九天有奇，赏回合营人等吃租，下剩地七段一百六十天有余，吊子［予］本府查收。……恐后无凭，立契存照。道光四年七月二十六日。"（参见《锦热蒙地调查报告》上卷，第316页）
③ 光绪《大清会典事例》卷979，理藩院，耕牧，第1页。

给贫苦牧民、箭丁、喇嘛分配了数量不等的土地（主要是荒地）。如喀喇沁中旗，从外仓地中拨出一部分土地，分给男女旗人，每人得20亩。喀喇沁左旗凡是年满18岁的男子，每人分给40亩土地，并且每三年调查一次户口，按家庭人口增减而配给或撤回土地。[①] 此外，在旗署或王府充差的箭丁等也可得到一定数量的份地。这些土地分别被称为"箭丁地""生计地""差役地""福分地""恩赏地"等，由蒙古族牧民、箭丁直接召佃收租。

以上是热河蒙地私有化的大致过程。私有化的程度又是同土地的开发程度相联系的。土地开垦较早、范围较广的土默特右旗，据说乾隆五六年间，土地已经全部私有化。[②]

清代热河蒙地是旗地的一部分。按其地权性质则可大致分为四类：第一类是蒙旗公署所有地，其地租收入充作旗署官用，这是蒙旗官地；第二类是蒙旗王公贵族所有地，其地租收入归王府或贵族家用，这是王公贵族的所有地；第三类是牧民和箭丁的占有地。这类土地除少数须定期分配、调整，绝大部分属于牧民和箭丁所有地。前两类属于封建的土地所有制，后一类则是牧民和箭丁个体所有制。在热河，习惯上称旗署所有地（外仓地）、王府所有地（内仓地）等为"大牌地"，一般贵族、牧民、箭丁所有地为"小牌地"。[③] 第四类是一部分牧地或荒地，仍属于蒙旗共有，不过，由于不断开垦，这类土地的数量越来越少。

二 永佃制的形成

按照清政府的规定，蒙地是不能自由买卖的。清政府允许汉族农民开垦热河蒙地的目的是"借地养民"。这里说的"民"既指汉

---

① 《锦热蒙地调查报告》下卷，第1608页。

② 《锦热蒙地调查报告》上卷，第173页。

③ 在热河，通常称土地文书、契约为"地牌子"。所谓"大牌地"，是指其契约（包括租佃契约）盖有蒙旗公署或王府印鉴的土地；"小牌地"是指契约无上述印鉴，属于民间私契的土地。

民，也包括蒙民，即所谓"一地养二民"。因为蒙民有地不会种，关内一些汉民会种又无地。于是由这些无地汉民垦种蒙地，蒙旗地主坐收租息。热河还有一句谚语："蒙古养儿当差，汉人种地纳粮（交租）。"嘉庆十五年（1810）的户部奏报也说，热河各处，"山厂平原，尽行开垦，均向蒙古输租"①。可见，热河蒙地的开垦基本上是在封建主佃关系的形式下进行的。清代前期，汉族垦荒农民除少数归化蒙旗，充当箭丁、差役，或立有战功，获得少量福分地、恩赏地外，一般不可能取得土地所有权。但是，他们可以通过垦荒、缴价等方式获得对蒙地的永久耕作权。随着蒙地的不断开垦，永佃制逐渐成为热河蒙地主佃关系的重要形式。

从时间上看，热河蒙地永佃制的产生比开垦要晚。如前所述，热河蒙地的开垦，不少从顺治年间或康熙初年就开始了。而永佃制的最初出现大约在康熙后期或乾隆初年。《锦热蒙地调查报告》所辑录的契约中，反映永佃制最早的是乾隆五年（1740）的一纸荒地"倒契"。②永佃制的普遍确立当在乾隆中后期或更晚时期。开垦初期，农民是以"榜青户"或普通佃户的身份为蒙旗地主开荒种地，又是春往秋返，因而既谈不上对土地有什么长期使用权，也没有要求这种使用权的迫切性。只是到后来，佃户转为定居，在经济上有所积蓄，才通过押价、购买等方式取得永佃权。有的垦荒农民从垦荒、榜青到获得永佃权，要经过几年、几十年甚至几代人的时间。如一孙姓农民，乾隆年间从关内到喀喇沁右旗开荒种地，经历七代，才分6次买得70亩地的永佃权。又一张姓农民乾隆年间从山东登州来到喀喇沁右旗榜青，其后代到清末民初，才稍有积蓄，分别花60元和180元买得40亩外仓地和50亩箭丁地的永佃权。③

永佃制的出现在时间上比土地的开垦晚，这是就整个热河蒙地

---

①　光绪《大清会典事例》卷158，户部，户口，第7页。

②　参见《锦热蒙地调查报告》下卷，第2007页。该契约也是《锦热蒙地调查报告》辑录的最早一纸契约。由于时间久远，康熙年间的民间契约已散失殆尽，不能直接以这纸契约的时间作为该地永佃制的产生时间。

③　《锦热蒙地调查报告》中卷，第792—793、734—736页。

的开发和主佃关系的发展过程来说的，并非每一块荒地和每一个垦荒农民都要经过由榜青到永佃的过程。一个榜青户或普通佃户购买的永佃权，可以是熟地，也可以是生荒地。事实上，在永佃制出现以后，特别是由于蒙旗公署和王公贵族经济上日益拮据，越来越多的荒地在招垦时即通过缴价立契确立了永佃关系。

热河蒙地永佃制的形成，大体有以下四种具体途径或方式：

第一种是汉族农民给蒙旗王公贵族做工种地，后者以土地耕作权作为工资支付给汉族农民。如喀喇沁右旗王爷府等地，来自山东、山西的垦民，长期给蒙旗王公贵族当差、做苦工，到道光或咸丰年间，蒙旗王公贵族无力支付工资，将一部分土地立契拨给当差的汉人永远耕种交租。也有些蒙旗地主向汉族苦工或榜青户借债，无力偿还，最后以土地耕作权抵偿，从而形成了永佃关系。

第二种是蒙旗公署或王公贵族将大片荒地交给汉人"揽头"，由揽头召佃垦种，垦荒佃农通过向揽头缴价等方式获得永佃权。

蒙旗外仓地和内仓地的开垦，通常不是零星租给汉族佃农垦种，而是由揽头大面积承包。充当揽头的，不少是长年在蒙古族聚居区从事贸易的商人。他们富有资财，通晓该地区的风俗习惯，同蒙古族上层人物有较为密切的联系，因而容易取得他们的信任。也有原来为蒙旗贵族做工、榜青，后来发展成为揽头的。

揽头在承揽荒地时，有的须缴纳一笔押荒银，然后由蒙旗公署或王府发给"红契"；也有的并不缴纳押荒银，仅写"揽垦字"，确定起租年限和租额。这些揽头通常被称为"租揽头"或"占山户"。占山户并不自己开垦，而是将土地分散倒卖。从占山户手里承倒荒地的称为"劈山户"。有时劈山户也不自己垦种，而是将土地再次劈分倒卖。如此几经分割、转手，土地最后才落到垦荒农民手中。自然每次分割和倒卖都立有契约。但因没有旗署或王府印鉴，故称"白契"。下面是一纸劈地文约：

立劈地文约人王揽头名下，因元宝洼劈出房身一段、沙荒四段〔与〕李太名下永远为业，共劈价钱八十五吊正。其钱笔下当面交足，并不短欠。相〔租〕差归与官苍〔仓〕遂〔随〕年交纳，制〔别〕无杂差。四至开列〔于〕后。恐口无凭，立劈契为证。代租十二亩。道光四年二月十日。（余略）

凡立有类似文契的土地，一般都有永佃权。

不少占山户通过包揽和分割倒卖，赚得一笔地价差额，随即脱离了同蒙旗地主以及垦荒佃户之间的关系，带着红契和价款返回了原籍，或迁往他处。也有的占山户在揽到荒地后并不立即倒手转卖，而是以耪青或普通垦佃的形式转垦，待耪青户或佃户将荒地垦熟并有积蓄后，再收价立契，承认他们对土地的永久耕作权。这些揽头往往还为蒙旗地主收租，并耕种一定数量的免租地。

第三种是蒙古族贫苦牧民、箭丁以土地"倒卖"、卖契的形式，将土地耕作权卖给汉族农民，仅仅保留收租权。下面是一纸类似普通土地卖契的永佃契：

立倒卖契文约人蒙古章吉白音吐莫，因手乏无凑，今将自荒地一段，计地一项零五亩，自托中人说妥，情愿倒与罗尔兴名下耕种，永远为业，由其自便，不与倒主相干。同众言明共倒地价东钱五十二吊五百文。其钱笔下交足，并不短欠。此地共合租子九吊五百文，并无杂差。此系两家情愿，各无反悔。恐口无凭，立字为证。日后若有蒙民争论，有倒卖主一面承管。乾隆五年十月二十日。[①]

从字面上看，这纸契约同普通土地卖契没有什么区别。所不同的是契约载有买主应交的租额。据此可以肯定，卖主出卖的不是土地所有权，而是使用权。

① 《锦热蒙地调查报告》下卷，第 2266 页。

有些下层或没落蒙旗贵族，迫于经济困难，也以这种土地买卖方式，出卖土地使用权。下面是一个典型例子：

> 立卖契约人西衙门朝二太爷，之〔兹〕因无钱使用，今同中人说合，情愿将常告野窝铺东松树沟有荒一沟，情愿卖与于发名下开荒占草，永远为业。同中言明地价京钱九拾五吊文。四至分明……言明每顷交租四石贰斗。许种许外当。若有亲族人等争论，有卖主众人承管。恐口无凭，立文契存照。
> 上代干草五拾个，别无杂项。于众言明，差斗叁拾四碗。
> 嘉庆元年拾一月二十七日。

卖主自称"太爷"，显然是一个蒙旗贵族，但因经济拮据，"无钱使用"，也不得不同贫苦牧民一样以卖地形式出卖荒地的耕作权。

这类卖契有时也用"租契"名称，甚至同一契约中，时而用"租契"，时而用"卖契"。其他用词，也混杂不分。如道光十三年敖汉旗一纸契约，开头用的名称是"租契"，而佃农凭以租种土地的代价，却不是"佃价"或"押租"，而是通常土地买卖中的"地价"。[1] 反之，上面所引道光三十年的一纸契约，开头写的是"卖契"，而佃农所交代价，又不叫作"地价"，而是租佃契约中特有的"押契钱"。这种契约词语的混用，反映出这类契约本身性质的含混。

第四种是在佃农对土地长期耕作或佃权的多次转移过程中，逐渐形成永佃权。

有的佃农原来是短期租佃，但随着时间的推移而取得永佃权。也有的佃农缴有押价、立有契约，但并非明确永佃，随着时间的推移取得了土地的永久耕作权。据称翁牛特右旗的永佃制不少就是这样形成的。

---

[1]　《锦热蒙地调查报告》下卷，第2266页。

　　不过，由短期或不定期租佃发展为永佃，不少是在土地耕作的多次转移以后才出现的。因为佃农付出了垦荒工本，或缴有押价，在转移土地耕作时，势必收取一定的代价作为补偿。倒手次数越多，价格越高，蒙旗地主事实上不可能无偿收回土地，无形中丧失撤地换佃的权利，佃农取得了事实上的永佃权。

　　以上四种形式，有一个共同的特点，即佃农必须通过缴价，才能获得永佃权。《锦热蒙地调查报告》所辑的513件永佃契约中，497件的佃农缴有佃价或押荒银，占总数的96.9%。

　　永佃制究竟在热河蒙地主佃关系中占多大比重，没有全面统计，但从一些调查材料和契约看，永佃制是十分普遍的。据说翁牛特右旗佃农有永佃权的土地占压倒多数。翁牛特左旗查干套海一带，凡有旗署红契的土地都分为永久耕种权和收租权两个部分。[①] 在整个热河，箭丁、贫苦牧民或下层贵族，将土地出租给汉族佃农，大部分或绝大部分是采用永佃制，外仓地和内仓地的永佃制也不少。不仅耕地有永佃，牧场也有永佃。下面是道光末年的一纸牧场永佃契约：

　　　　翁牛特札萨克王旗为出给合同事，今因旗员呈明王爷将柴达木荒山一处出与万茂隆、锦隆当、万泰永三家字号永远为业，作为牧场。言明将〔缴〕倒契京钱六百吊正。其钱笔下交足，并不短缺。租项至来年起，每年各家交租钱拾吊文。……四至分明。各无反悔，别无杂项，出给合同存照。
　　　　道光二十八年七月廿日。[②]

　　类似契约土默特右旗也有。虽然数量不多，但毕竟说明，热河蒙地的永佃制已经由耕地发展到牧地。

---

① 《锦热蒙地调查报告》上卷，第398、587页。
② 《锦热蒙地调查报告》上卷，第483页。

三 支配关系与地租剥削

清代热河蒙地永佃制下地主对佃农的支配关系，因地权性质和土地所有者政治经济地位不同，大体可分为两种情况：

一种是普通蒙地，包括箭丁地、一般牧民地以及一部分下层蒙旗贵族的土地（即所谓"小门台吉地"）。从契约看，就是前面提到的所谓"小牌地"。这些土地的所有者占地数量不多，经济上不宽裕，但又不谙农业耕作，不得不以绝卖耕作权的方式向汉族农民租出土地，他们由于日常的经济困难特别是意外的灾祸，需要现金往往比佃农需要土地更加迫切。再加上他们政治地位低下，在同佃农的关系中，不是以地主的身份出现，而是以卖主的身份出现。契约上载明的出卖或出租原因，不外是"手乏不便""无钱使用""官差紧急""当差不凑""度日艰难""岁月饥馑"之类。他们在佃农面前没有什么政治上的优势地位，也谈不上对佃农有什么超经济强制力。佃农除了按契约交纳一定数量的地租外，不受其他任何束缚。只要照额纳租，佃农有权任意处置土地。这种永佃制下的主佃关系，同清代台湾地区汉族佃农与高山族村民之间的主佃关系十分相似。[①]

另一种是蒙旗公署、王府、王公和上层贵族所有地，包括外仓地（官仓地）、内仓地以及"大门台吉地"等。这些土地就是前面提到的所谓"大牌地"。

这些土地的所有者不仅垄断着大部分耕地（可垦地）和牧场，而且在当地有着至高无上的政治权威，对汉族佃农有着强大的超经济强制力。他们同汉族佃农之间的关系是一种明显的支配与被支配、统治与被统治的关系，在性质和表现形式上都不同于普通蒙地上的主佃关系。

第一，这类土地永佃关系的确立，不是地主以"卖主"的身份

---

① 关于清代台湾地区汉族佃农同高山族村民之间的主佃关系，参见《清代台湾大租调查书》各册。

出卖土地耕作权，而是以蒙旗官府或王府以召垦的名义召佃揽种。租佃契约所采取的形式也不是"倒契""卖契"，而是"红契""执照"或佃农书立的"承揽字"。佃农为取得土地耕作权支付的代价不称为"地价""契价"，而是叫作"押荒银"。它具有佃权价格的性质，但更多的是起着保证蒙旗地主地租收入的作用。

第二，蒙旗公署、王府、王公和上层贵族通过旗员、仓员、揽头、牌头、催头以及相关机构、人员，对佃农进行严格管束，限制他们的行动自由，以维持封建秩序，保证地租剥削。不少租佃执照都详细载明佃户籍贯，以防欠租逃匿或其他违法行为，有的还特别规定，佃户不得"窝匪"。对佃农欠租，更是严加惩办。有一纸契约规定，地租必须"揽头送到府，如交租不到，罚银一百两"。[①]

第三，佃农对所租土地的处置权远不如普通蒙地上的永佃农大。如前所述，后者只要照额纳租，可以按照自己的需要任意处置土地，包括佃权的自由倒卖。而前者一般只能永远耕作（如系牧场，只能放牧，而不能开垦），不能自由转让。有的还要定期查丈，以防佃农私自分割、买卖。

内外仓地和大门台吉地上的永佃制，是一种不完全的、超经济强制较严重的永佃制，在性质和形式上与关内旗地永佃制大致相同。不过到清代后期，蒙旗内外仓地也越来越多地采取与普通蒙地相同的佃权买卖形式招垦，人身依附关系逐渐松弛，两者在性质和形式上的差别缩小。

至于地租剥削，普通蒙地（小牌地）同内外仓地、大门台吉地（大牌地）之间，也有很大差别。

从地租形态和征租方式看，小牌地大多是钱租，租额一经立契确定，永不增减，自然也不受实际耕作面积增减以及年成丰歉的影响，契约上通常总要写明："永不丈地，永不增租"。这种租当地称为"死租"，属于定额货币租；而大牌地的地租以实物地租为主，虽

① 《锦热蒙地调查报告》上卷，第327页。

然大部分定有单位面积租额，但地租总额和实际征额随耕地面积和收成情况而经常变化。因为是大面积招垦，对荒地面积只进行毛估，其中相当一部分是无法开垦的，又由于土地瘠薄，必须轮流休耕，少则三五年、七八年，多则十多年、二十年才能恢复地力，也就是说，每年的征租面积势必小于契约租地面积。基于这种情况，一些契约在确定纳租面积和租额时，通常都要根据土质条件打一定的折扣。① 也有的按实际耕作面积交租，即所谓"见楂（茬）交租""随年交租"。契约通常载明："种地交租，抛荒抛租""×年丈地，地长租长，地落租落"。此外，还有所谓"合租""合年交租"，即地主和佃农视年成好坏合议租额。因此，粮租在当地被称为"活租"。这种征租方式，虽有较大的灵活性，但无论计算耕地面积还是衡量年成好坏，都是地主（官仓和内仓"仓员"）说了算，佃农是没有多少发言权的。

再从地租额和剥削程度看，小牌地租和大牌地租也有很大差别。一般地说，小牌地租名目单一，单位面积租额较低，剥削较轻；大牌地租则名目繁杂，单位面积租额高，剥削重。据调查，小牌地粮租每亩在二升以下，钱租则每亩十文至二百文；大牌地粮租每亩为五升至一斗，钱租每亩二百文至五百文。下面是几个地方大牌地和小牌地的租额比较（见表1）。

表1　　　　　　　　热河六处大牌地和小牌地租额比较②

地区	粮租		钱租	
	大牌地	小牌地	大牌地	小牌地
喀喇沁右旗王府村	每顷8—16斗	每顷4斗		
小牛群村	每顷2—3石	每顷2石		

① 如喀喇沁右旗的惯例是，每地十亩，上地纳租八亩，中地六亩，下地三亩；敖汉旗耕地一顷，纳租面积最多七十亩，最少一亩，通常为三十至五十亩；翁牛特左旗某些地方的惯例是一顷地纳租十亩。

② 为保持著者行文原貌，文中涉及的数据、表格样式除有考证外均不修改。全书下同。（编者注）

续表

地区		粮租		钱租	
		大牌地	小牌地	大牌地	小牌地
	大牛群村			每亩 175 文	每亩 120 文
敖汉旗		每顷 5—5.3 石	每顷 2 石		
敖汉旗	萨力把村			每亩 160 文	每亩 10 文
	白塔子村			每顷 44 千文	每顷 10 千文

资料来源：根据《锦热蒙地调查报告》各卷综合整理编制。以下凡根据该调查报告综合整理的资料，不再加注。

从表 1 可以看出，大牌地的租额普遍比小牌地高，钱租的差距尤大。

大牌地不仅正租额高，而且有各种名目的"小差""杂差"，以及丈地换契的双租和额外勒索。"小差""杂差"既有现金，又有白面、豆子、粳米、猪肉、清酱、烟叶、干草、马料、柴火等实物。如喀喇沁右旗规定，官仓地每顷正租 10 石，小差钱 5400 文，细米 2 斗，马料 2 斗，干草 30 捆，枝柴 20 捆。其他各旗也大同小异。下面是几纸契约所载正租和杂差数额（见表 2）。

表 2　　　　　热河蒙旗大牌地正租和杂差征收情况示例

年份	地区	正租	杂差
乾隆二十一年	喀喇沁右旗	每顷粮 4 石	猪一口（无猪交钱 3000 文）、干草 100 斤、小租 1 斗、马料 1 斗
嘉庆二年	土默特右旗	每顷粮 6 石	差猪 150 斤、粳米 3 斗、每石租粮脚步小钱 200 文
嘉庆七年	喀喇沁右旗	每顷粮 7 石	猪一口（重 60 斤）、烟钱 1000 文、干草 100 个、米面斗 2 个、跑腿钱 500 文
嘉庆十九年	土默特右旗	地 54 亩，租粮 3.2 石	猪肉 13 斤、粳米 2 升、小差钱 800 文
嘉庆二十三年	喀喇沁右旗	每顷粮 5 石	猪、草折钱 5000 文，小差粮 3 斗、钱 400 文
道光十三年	土默特右旗	荒场一处，租粮 3.2 石	差肉 37.5 斤、米 7 升半、酒 5 斤、面 13 斤

在有些地方，杂差的实物部分，也可以折成现款交纳。表2中乾隆二十一年的那纸契约即规定，如无猪，可交钱3000文。嘉庆二十三年的那纸契约则已将差猪和干草折成钱文。还有将正租、杂差全部折成钱文的。嘉庆二十五年敖汉旗的一纸官仓地印照规定，每顷租粮5石，每石折中钱2200文①，合计11000文，猪米钱3000文，马料3斗，折钱750文，外加小差钱500文。杂差钱合计5000文，相当正租的45.5%。依照这个标准，并参考当时当地的粮价、物价，表2几宗契约杂差同正租之比，最低42.3%，最高120.1%。可见杂差的苛重程度。此外，每逢丈地换契，租佃农还须缴纳马力、步弓等各种使费，或缴纳双租。这样，丈地换契的间隔越短，佃农缴纳双租的年份越多。少的9年两次双租，多的9年3次乃至5次双租。②到清代后期，有些大牌地不再定期丈量，但仍需换契，并纳双租。

清代热河蒙地的地租形态同租佃形式有着密切的联系。普通租佃关系下的地租多为实物地租，而在永佃制下，货币地租占有较大的比重。根据日本人在这一地区收集的蒙地租佃契约统计，可以确定为永佃制而又载明地租形态的契约454宗，其中，货币地租305宗，占67.2%；货币与实物混合租68宗，占15.0%，两项合计占82.2%。纯实物地租只占17.8%。这是因为，相对于实物地租而言，热河蒙地的货币地租是一种单一、相对固定的地租形态，给佃农的土地开垦和经营以更大的自主性，从而更适合于永佃制这种处于较高发展阶段的租佃形式。由于小牌地的租佃形式以永佃制为主，货币地租一开始就占有相当大的比重；大牌地则以实物地租为主。但是，随着永佃制的发展、佃农的不断斗争，以及实物地租本身暴露出来的各种矛盾，相当一部分大牌地地租也逐渐由实物地租向货币

---

　　①　清代热河地区的钱币主要有京钱、中钱、东钱三种。通常京钱或中钱1000文合制钱490文，东钱1000文合制钱160文。此外，赤峰一带还有塔钱、赤钱等名目。本文所说钱文，除有注明外，一般指京钱或中钱。

　　②　如敖汉旗下洼、榆树林子的大牌地，规定每五年两次丈地、一次换契。平时为单租，丈地换契之年为双租，即第一、第二、第四年为单租，第三、第五两年为双租。官家地、小哈拉道口、小海沿一带，五年两次丈地，一次换契，五年中有三年是双租。

地租和折租转化。如喀喇沁右旗，在乾隆年间招垦时，官仓地和内仓地都是粮租，每顷租额三至五大石，"随年交纳"。但耕作年代一长，或因地力减退，佃农无力照原额纳租，要求折价交钱；或因路途遥远，地主收粮运输不便，宁愿折价征收；或因佃户贫富不一，交租参差不齐，旗署和王公贵族深感催租烦累，往往将租契改为"办契"（即当契），一办三年五年不等。将每年租粮按半价交钱。不过，这种"办契"形式的折租，许多只是一种临时性折价。下面这纸"办契"即是一个例证：

> 立办租契文约人玺三爷属下小塔子沟大营子牌租地四十顷，原例定租每顷每年交租五大石，肥猪一口，草一〔百〕束。今因催现租不便，情愿粮租折价，当与众佃户，每顷五年纳中钱三十吊，共当中钱一千二百吊，自七年春起，至十二年秋后为满。年满之后，行弓丈地，每顷弓力钱二吊，马料二斗，公馆均摊，仍按旧例交纳现租，不准拖缺。为此出给办租契为证。
>
> 同治七年四月十二日。

在喀喇沁中旗平泉一带，蒙旗地租本系粮租，但据说因钱租交收于主佃双方均感便利，"颇有以钱折合者"。敖汉旗官家地一带的官仓地粮租，也因租额等问题，佃农同蒙旗官府之间一再发生矛盾，到道光年间，经热河都统裁决，一律改为钱租，每亩纳中钱132文。①

也有的大牌地粮租是随着租佃形式改变，即由普通租佃关系转为永佃制而改变为钱租的，并大多立有契约，例如：

> 立改钱租契文约人 台吉捷力　桑　卜 因年饿用不足，将先叔兄图司拉尺王勒 祖租与敖汉波洛南北上下地土，至今开设多年有余，其地中水

---

① 《锦热蒙地调查报告》下卷，第1464、2103页。

沟并死石不计其数，瘠薄难以丈量，是以租粮太重，差管事人那思来与地户商议明白，将每年所吃綦思忠名下租粮叁石五斗，小差在内，并綦思聪名下租粮叁石柒斗，小差在内，除尹姓交租九斗，差钱一吊八百文，草九束，净租二石八斗，通共租粮六石三斗。同众人说妥，情愿改作钱租，永远为业。〔则〕言明共合押契钱二百卅九吊四百文。其钱笔下交足，言定历年秋后交租共二拾二吊零五文。别无杂项，永不长租，永不丈地。此等情系两家有益，各无反悔。此钱并非私债折扣。恐后无凭，立改钱租契各执一章〔张〕存证。外有跑腿钱壹吊伍佰文。

道光十七年十二月二十四日。

这是一纸改钱租契，同时又是一纸永佃契。佃农綦思忠等租垦台吉土地多年，但并未缴纳押契钱（佃权价格）和取得永佃权。地租是一种活租形式的粮租，必须定期丈地，租额随耕作面积涨落。现在通过缴纳押契钱，取得永佃权（"永远为业"），其地租也相应由粮租改为钱租，并特别写明"永不长租，永不丈地"。由活租变成了死租。类似这样的契约有好几宗。

下面根据日本人收集的契约资料，对永佃制下的热河蒙地钱租的一般水平和变化趋势作一考察分析。日本人收集的清代热河蒙地钱租契约中，可以确定单位面积租额的有94宗，试将其分组统计，列成表3。

表3　　　　　　　　清代热河蒙地永佃钱租分组统计

时间＼每亩租额	50文及以下		51—100文		101—200文		201—500文		501文及以上		合计	
	宗数	比重（%）	宗数	比重（%）	宗数	比重（%）	宗数	比重（%）	宗数	比重（%）	宗数	比重（%）
1840年前	4	36.3	3	27.3	2	18.2	1	9.1	1	9.1	11	100
1840—1894年	9	20.4	8	18.2	19	43.2	7	15.9	1	2.3	44	100
1895—1911年	3	7.7	12	30.8	22	56.4	0	0	2	5.1	39	100
合计	16	17.0	23	24.5	43	45.8	8	8.5	4	4.3	94	100

从表3可以大致看出地租变化的趋势。1840年前、1840—1894年和1895—1911年这三个阶段中，每亩地租在50文以下的契约宗数，其比重1840年前为36.3%，1840—1894年降至20.4%，1895—1911年降至7.7%。而租额在101—200文的契约所占比重持续上升，由1840年以前的18.2%增至1840—1894年的43.2%，1895—1911年更增至56.4%。可见，清代热河蒙地永佃钱租的变化趋势是不断上升的。

当然，单凭地租（正租）额的一般水平及其变化趋势，还不能直接确定地租剥削的程度及其趋势。因为，缴纳钱租的蒙地一般都是以"倒兑"（即出卖耕作权）的方式租出的，佃农必须缴纳一笔相当数量的佃价或押契钱。如其他条件不变，单位面积租额同佃农支付的佃权价格成反比，佃权价格或押契钱无非是佃农提前缴纳的地租。所以，必须结合佃价或押契钱来考察地租剥削程度及其变化趋势。试看94宗永佃契约的佃价或押荒钱的分组统计（见表4）。

表4　　　　　　　　清代热河蒙地佃价或押荒钱分组统计

时间 \ 每亩佃价	500文及以下		500—1000文		1001—2000文		2001—5000文		5000文以上		合计	
	宗数	比重（%）	宗数	比重（%）	宗数	比重（%）	宗数	比重（%）	宗数	比重（%）	宗数	比重（%）
1840年前	6	54.5	1	9.1	1	9.1	1	9.1	2	18.2	11	100
1840—1894年	4	9.1	2	4.5	9	20.5	16	36.4	13	29.5	44	100
1895—1911年	0	0	0	0	4	10.2	9	23.1	26	66.7	39	100
合计	10	10.6	3	3.2	14	14.9	26	27.7	41	43.6	94	100

如表4所示，三个时期中，佃价在1000文以下的契约比重，均呈下降趋势，分别由1840年以前的54.5%和9.1%降至1840—1894年的9.1%和4.5%。1895年以后，每亩佃价已经没有在1000文以下的了。佃价在1001—2000文和2001—5000文的契约比重，1840—1894年曾一度上升，但1895年后开始下降，而佃价在5000文以上的契约宗数和比重则持续上升，1840年以前为18.2%，1840—1894年增

至29.5%，1895 年以后更增至 66.7%，即占契约总数的 2/3。可见，佃权价格和地租同时上升，其变动趋势大体相近。

那么，佃价和租额的上升速度谁快呢？这可以从佃价同地租的比较（佃权价格对租额的倍数）得到答案（见表5）。

表5　　　　清代热河蒙地佃价相当于租额倍数的分组统计

时间	10 倍及以下		10.1—20 倍		20.1—50 倍		50 倍以上		合计	
	宗数	比重（%）	宗数	比重（%）	宗数	比重（%）	宗数	比重（%）	宗数	比重（%）
1840 年前	9	31.0	8	27.6	8	27.6	4	13.8	29	100
1840—1894 年	15	19.0	19	24.1	28	35.4	17	21.5	79	100
1895—1911 年	3	5.1	5	8.5	15	25.4	36	61.0	59	100
合计	27	16.2	32	19.2	51	30.5	57	34.1	167	100

注: 本表除前两表 94 宗契约外，还包括 73 宗只有佃价和地租总额但无面积，因而无法计算单位面积佃价和租额的契约在内，故契约总数为 167 宗。

从表5可以看出，佃价对地租的倍数在不断增加，佃价分别相当于地租 10 倍和 20 倍以下的契约比重持续下降，1840 年以前为 31%和 27.6%，1840—1894 年降为 19%和 24.1%，1895 年以后更降为 5.1%和 8.5%。佃价为地租 20.1—50 倍的契约比重，曾一度上升，但 1895 年以后下降，并且低于 1840 年以前的比重。而佃价相当于地租 50 倍以上的契约比重，持续上升，1840 年以前为 13.8%，1840—1894 年增至 21.5%，1895—1911 年达 61%。

情况很清楚，佃权价格和租额都在上升，而佃权价格上升的速度更快。这就意味着佃农的负担不断加重。当然这中间存在着某些不可比因素，例如钱文对银两比值不断下降等。[①] 同时，由于永佃制下的地租（特别是钱租）一般是固定不变的，上述地租负担（包括正租和佃价）的加重，并不直接表现为同一佃农对同一土地地租负担的

①　乾隆嘉庆年间，中钱或京钱 1800—2000 文折银一两，而光绪年间约需 2500 文才能折银一两。

加重。尽管如此，佃农作为一个整体，地租负担无疑是加重了。①

四　永佃制下的租权和佃权买卖

同关内某些永佃制发达地区的情形一样，热河的永佃蒙地在形式上明显地分离为土地所有权和使用权两个部分。土地所有权（即通常所说的"田底"）被称为"租权""吃租权"或"租子"。蒙旗地主对土地的所有权只限于征收地租，并不过问土地的耕作使用，也无权随意夺地换佃。这就是所谓"认租不认地"。而土地使用权直接称为"地"。只要照额纳租，永佃农有权使用、处置土地，包括利用土地耕作、建房、掘井、植树、葬坟以及开店经商、抵押倒卖，等等。土地所有权和使用权的这种分离，以小牌地最为明显。

前面说过，按清政府的规定，蒙地同关内的旗地一样是禁止买卖的。但是，在土地日益商品化的情况下，完全禁止蒙地买卖是不可能的。事实上，到后来，特别是清代后期，蒙地的买卖越来越普遍。但是，在永佃制下，既然蒙旗地主已经失去了耕作经营和撤地换佃等直接支配土地的权利，地权的买卖和转移，也就仅仅是收租权的买卖和转移。因此在热河，蒙地地权的买卖通常称为"卖租子"或"退租子"。价格的确定，一般是以价为本，以租为息，视当时当地借贷利率的高低为转移，大体相当于租额的3—6倍。表6是几宗租权买卖的价格情况。

表6　　　　　清代热河蒙地租权买卖及其价格情况示例

年份	租额（文）	卖价（文）	价额/租额（倍）	折合利率（％）	备注
道光十八年（1838）	7725	45000	5.83	17.2	租额原为粮1.5石，小差钱3000文，草捆9个，原按粮每石3000文、草捆每个25文折成钱文

---

① 《民商事习惯调查报告录》，第1283页。

续表

年份	租额（文）	卖价（文）	价额/租额（倍）	折合利率（%）	备注
道光二十三年（1843）	4050	13500	3.33	30.0	原租 4.5 斗、小差钱 2.4 吊、草捆 12 个，换算同上
咸丰四年（1854）	5000	40000	8.00	12.5	增押退租
光绪七年（1881）	6000	18000	3.00	33.3	当
光绪十年（1884）	21500	70000	3.26	30.7	当，载明钱到许赎
光绪十二年（1886）	10500	45000	4.29	23.3	
光绪十五年（1889）	19015	70000	3.68	27.2	当
光绪十六年（1890）	1000	3000	3.00	33.3	
光绪二十四年（1898）	2000	5000	2.50	40.0	应佃户要求，缴价减租
光绪二十七年（1901）	140000	800000	5.71	17.5	当，载明钱到许赎
光绪三十四年（1908）	20000	96000	4.68	20.8	买主为该地佃户，原租 20500 文，卖去 20000 文尚留 500 文，保留名义上的租权（地权）

从表 6 看，租权卖价（或当价）与租额之比，最低 2.5 倍，最高 8 倍，大部分为 3—6 倍。买者所获利率为 17%—40%，大体相当或稍低于当时民间借贷利率。据此，可以得出蒙地永佃制下租权（田底权）买卖价格的一般公式：

$$租权（田底权）买卖价格 = \frac{租\ 额}{借贷利率}$$

因此，只要借贷利率不变，租权的买卖价格也不会有太大波动。

由于清政府禁止蒙旗地买卖，一些蒙旗地主在出卖租权时，往往要留下少量租额，象征性地保留收租权，亦即保留对土地名义上的所有权，以规避私卖蒙旗地的罪责。试举一例：

立卖地小租①文约人宝正开，今有小租十四吊正，近因途程遥远，相隔百十余里，年年取租不便，自可将此租项一吊作为六吊，合成七十八吊，留下一吊，以作执政。地东地户当面说妥，情愿将此租项卖与胡德成名下吃收，永无反悔。如有反复等情，俱照原卖钱项找回。空口无凭，立字永远存照。历年秋后交纳小租钱一吊正。

宣统三年二月初九日。

这纸契约有三点值得注意：第一，契约开宗明义，出卖的标的物是"地小租"，既不称"土地"或"租权""收租权"，亦未载明土地坐落、疆界、面积，只有租额。租额是唯一的买卖标的物。与此相联系，买卖价格也不同土地发生关系，而直接由租额决定，即以租额一吊作为六吊计算，来确定价格的标准。而这个标准大概又是以当时当地的借贷利率作为基本参数（另外，买卖双方的经济条件和急迫程度也有重要影响）。这表明，不仅地主已经同土地脱钩，真正"认租不认地"，田底价格也已同土地好坏及面积完全脱钩。第二，租权的出卖，既不是地主不受任何限制的单方行为，也不是买卖成立后由地主通知佃户，而是事先双方"当面说妥"。称谓亦非通常的"地主"（"田主"）、"佃户"（"佃农"），而是"地东""地户"，称谓的改换折射出主佃关系和佃农地位某种微妙的变化。第三，地主并没有将十四吊地租全部卖净，而是留下一吊作为卖主继续保留对该宗土地全部所有权的"执证"（依据）。在这里，买主尽管买下了这宗土地十四吊租钱的十三吊，占总额的92.9%，但并没有获得名义上相应比例的所有权，只不过是一种以地租为担保条件和利息支付的现金借贷。第四，买卖性质及契约效力也耐人寻味。

① 热河蒙地地租有大租、小租之分。大租相当于永佃制下的田底租或普通地租，小租则是蒙旗地主或一般牧民以倒卖方式和高于普通佃价向汉族佃农出卖土地耕作权（实际上出卖了一部分田底权）后而保留的一部分田底租。因而单位面积租额远比大租低。在这里，大租、小租的含义与关内永佃制下的大租（田底租）、小租（田面租）的含义不同。

从契约行文看，应是绝卖，并保证"永无反悔"。但处罚反悔的办法却是"俱照原卖钱项找回"，亦即日后如果反悔和要求收回租权，只需退还当日所收钱项即可。这实际上只是一纸活卖契或当契，也是地主留下一吊的真实意图所在。有了这一条文，卖主不仅保有对土地名义上的所有权，只要经济条件允许，随时可以恢复对土地的实际所有权，等于借债还本。

这种情况在地主将收租权卖给（或"退给"）佃农时更为普遍。试看下面这宗卖租契约：

> 立退租契余庆堂台吉宝瑞同近亲 <u>吴秉德</u>
<u>姚广茂</u> 因手乏不凑，今将自己所吃郭振明名下地租贰拾吊五百文，退去贰拾吊，变钱九拾六吊。其钱笔下交足，分文不欠，同众言明，永远为业。以后任其出入，不与余庆堂相干。所余五百文，遂〔随〕年交纳。此系两家情愿，各无反悔，恐后无凭，立文约存证。
>
> 光绪三十四年五月二十八日。

这家蒙古台吉地主，将二十吊地租卖给了佃农，却留下五百文零头，令佃户"随年交纳"，其目的无非是借以继续保留对该宗土地名义上的所有权。事实上，许多佃价特高、租额特低的永佃契约，大都是地主出卖了一部分收租权。也就是说，不管名义上如何，佃农持有的佃权中，已经包含一部分收租权。这是热河蒙地永佃制下一部分佃权的特点。因此，不能单凭租额判断蒙地永佃制下的地租水平和剥削程度。

清代热河蒙地佃权的买卖习惯，可以区分为大牌地和小牌地两种不同的情况。

前面提到，大牌地地主对佃农的支配能力强，定期丈地换契，不准佃农私相倒卖。佃农转让佃权，必须事先取得地主的同意，并在地主面前订立"顺契"，或由地主发给新佃"顺契"。日本人收缴的契约中，就有好几纸这样的"顺契"：

> 立写顺契文约人王万金，因手乏不便，将自置房屋〔一〕
> 所，有地三段，倒与安其名下居住耕种，永远为业，许立阴阳
> 宅。有前契使过地价钱。今认地主交租公孙札大了〔爷〕名下。
> 交租粮差斗按前契，永不打地①，永不长租。房地四至，有前
> 契、有本地主弘〔红〕契可凭。
> 道光二十八年三月二十六日。

　　这是佃农立契将佃权及永佃地上自置房屋出卖后，带领新佃到
地主家订立"顺契"，认契交租。也有的"顺契"是直接由地主书
立的，并同时收取相当于佃权卖价 10% 的"顺契钱"。② 试看以下
契约：

> 苏大爷府管理租差处为出给顺契事，令将谢制诏原种租地
> 一段，计二十四亩，顺于穆长春名下承种，永远为业，许种许
> 倒，每年交纳租钱壹吊八百文。谢制诏得去倒价中钱叁拾千文，
> 交到顺契钱叁千文，笔下交足不欠。恐后为〔无〕凭，立此顺
> 契为凭。……
> 光绪二十五年十月十二日。

　　也有的虽不立顺契，但在佃农卖契中载明，已经征得地主同意。③ 总
之，大牌地的佃权转移是不完全自由的。
　　与此相反，小牌地的佃权转移则十分自由，既不需要事先征得

---

　　①　"打地"，即丈地。
　　②　热河蒙地佃权转移过程中的"顺契钱"征收习惯类似于近代德国的"佃权承认
金"。按照德国的永佃习惯和有关法令规定，在佃权被让渡或继承时，新佃必须缴纳一笔相
当数量的"佃权承认金"。参见〔日〕泽村康《中欧诸国的土地制度和土地政策》，日文
本，第 370 页。
　　③　参见《锦热蒙地调查报告》上卷，第 346 页。

地主同意，更无书立"顺契"和缴纳"顺契钱"之说。在契约形式上，同普通土地卖契和前面提及的小牌地永佃契（土地耕作权卖契）没有多大差别，现举两例加以比较：

其一

立倒契地文约郭金宝，因当差不凑，今将自置马架子北山坡熟地……计数六亩，今烦中人说妥，情愿倒于〔与〕耶明财名下耕种，永远为业。言明倒卖契价钱四吊二百文。其钱当面交足不欠。恐后无凭，立倒契为证。此系两家情愿，各无反悔。别无杂项，按每年交租子钱每亩七十文，吃租敖德。

道光七年二月十五日。

其二

立卖契地文约人老赖毛子，因当差不凑，将自己南山坡地一段，计地七亩……四至分明，自烦中人说妥，情愿卖于〔与〕林天顺名下耕种，永远为业。言明押契钱四吊文。其钱笔下交足不欠。恐口无凭，立卖契为证。按每年租子钱七百文，吃租子人老赖毛子。别无杂项，立字为证。

大清道光三十年二月十五日立。

这是喀喇沁右旗的两纸契约。从行文看，似乎是普通的土地卖契，但从载明买主必须缴纳地租来判断，又不是普通的地权卖契，只能是一种土地耕作权（地权）卖契。再从收租人同立契人的关系看，第一纸契约的吃租人是敖德，不是立契人郭金宝，而第二纸契约的吃租人是立契人自己。由此可见，前者卖主是土地耕作权的所有者，这是永佃农顶退佃权，是佃农之间的佃权（田面）买卖关系；后者卖主是土地所有者，是地主出卖土地耕作权，是地主同佃农之间的租佃关系。事实上，在热河地区，相当一部分蒙地的土地买卖契约、租佃契约和佃农的佃权顶退契约都十分相似，只能从买主是否纳租以及收租人同卖主的关系来加以区别。

就买卖价格而言，影响佃权（田面）价格的因素比影响租权（田底）价格的因素复杂。如前所述，蒙地租权价格只同租额和借贷利率发生关系，而且是一种简单的正、反比例关系，而佃权价格则比较复杂，它同土地质量、面积、产量、单位面积租额以及佃农需求缓急等，都有密切关系。[①] 由于受到多种因素的制约，佃权价格比租权价格更为活跃，变化更大，差异更悬殊。日本人收缴的清代热河蒙地佃权买卖契约中，有 22 宗可以计算单位面积价格，最低每亩 700 文，最高 51797 文，相差 70 多倍。其中，1000 文以下者 2 宗，1000—5000 文者 17 宗，5000 文以上者 3 宗。

那么，在土地价格总额中，佃权价格和租权价格各占多大比重呢？由于同一宗土地同时有租权和佃权两种价格的契约资料很少，难以作出直接比较，只能分别通过两者同租额的比例关系，作一间接比较。租权价格同租额的比例关系，已如前述，即多为 3—6 倍。至于佃权价格同租额的比例关系，在可资比较的 66 宗契约中，最低的是 1.6 倍，最高的是 1250 倍。详细情况有如表 7 所示。

表7　　　　　　　　清代热河蒙地佃权价格相当租额倍数表　　　单位：宗

时间	5 倍及以下	5.1—10 倍	10.1—20 倍	20.1—50 倍	50 倍以上	合计
1840 年前	0	2	2	0	2	6
1840—1894 年	2	1	7	12	10	32
1895—1911 年	1	0	3	6	18	28
合计	3	3	12	18	30	66

如表 7 所示，66 宗契约中，佃权价格相当于租额 5 倍及以下者仅 3 宗，占总数的 4.5%，10 倍以上的 60 宗，占总数的 90.9%，而

---

① 佃权价格同土地面积、质量、产量以及佃农的需求缓急程度，基本上成正比例关系，而同租额既能成正比，也可能成反比例关系。在单位面积租额一定时，佃权价格与租额成正比例关系；在土地面积一定时，则佃权价格与租额成反比例关系。即租额越高，佃权价格越低；反之，租额越低，佃权价格越高。

其中 50 倍以上的又占近一半。

如果与这些佃权相对应的租权，其价格以租额的 5 倍计算，那么，上述土地的佃权价格只有 3 宗低于租权价格，另有 3 宗大体等于或略高于租权价格，其余 60 宗都大大高于租权价格。在土地价格总额中，大部分土地的佃权价格占 60%—90%，甚至更多一些。而且，从表 7 可以看出，佃权价格呈现不断上升的趋势，超过租权价格的倍数越来越大。

这种情况的出现，大概由于以下原因：第一，流入的汉族农民增加，可垦荒地和人均耕地面积减少，再加上汉族地主商人的兼并，导致佃权价格上涨；第二，土地上的各种附属设施，诸如房屋、场院、树木、车路、水井、碾磨、灌渠等增加，亦即佃农在土地上的投资增多，土地价值提高；第三，蒙旗地主特别是一般蒙民，在租出土地时，提高佃价或押荒钱，相应降低租额，变相出卖一部分租权，或者推迟起租年限。按惯例租出土地，熟地当年或次年起租，荒地三至五年起租，而热河有一部分蒙地，佃价极高，而起租年限特长，有的长达十到十五年。同时由于经济拮据，越来越多的蒙旗地主特别是一般蒙民，以"退租子"的形式，出卖或出当部分租权，甚至只留下极少量租额，以保留对土地名义上的所有权。结果，租额和以价为本、以租为息的租权价格大降，而佃权价格大升，二者的差距日益悬殊。

由于佃权价格在土地价格总额中占有极大的比重，在租权和佃权的买卖、转移过程中，租权流向佃农或第三者的可能性大，而佃权归并到蒙旗地主的可能性较小。[①] 从有限数量的契约资料看，大部分租权是卖给佃户。而佃权的买卖，一部分是在佃农之间进行的，大部分则落入汉族地主、商人或富农手中。

清代热河蒙地的佃权买卖十分普遍和频繁，租权买卖特别是变

---

① 在日本人收缴的清代热河地区 200 多纸蒙地佃权买卖或转移契约中，只发现 5 宗土地的佃权是由佃农卖给或退给蒙旗地主的。其出卖或出退的原因，2 宗注明"手乏不便"，1 宗"无力耕种"，1 宗因佃农历年欠租、无力偿还，还有 1 宗原因不详。

相的租权买卖也不少，但是缺少反映同一宗土地在较长时间内产权（租权和佃权）转移过程的典型材料。下面是仅有的一纸反映某宗土地80年间产权转移过程的契约，现转录如下①：

　　立倒契文书人于自来、于自有、于自宽弟兄三人，以〔一〕同因手中空束，无钱使用，今将南草房三间，大门外有地一块，有东山地三段，地十六亩，连荒代〔带〕地，……四至分明，于自来弟兄〔之〕情愿卖与赵文礼名下耕种，永远为业。地打万石，不与于自来弟兄三人一字相干，同说合 张　永／杨进福 说明卖地价钱柒拾吊正，当面言明，秋〔若〕交租四年〔斗〕，外有荒界五亩小道地交，二家情愿，恐口无凭，立文约字存证。其钱笔下交足，并不短久〔欠〕。

　　　　　　　　　　　　　　　　　　来

　　嘉庆十四年十一月十二日立文约地人于自有俱单

　　　　　　　　　　　　宽

　　立文约人僧宝情愿〔将〕南岭路东熟地每年交租四年〔斗〕，永远为业，水冲甲〔田〕，退租四斗，年〔斗〕使钱□千，恐口无凭，立文约为证。

　　光绪九年四月初六日

　　　　　　　　　　　　刘玉祥　杨运福
　　　　　　　中见人
　　　　　　　　　　　　张　永　田宏有
　　　　　　　代字人亲　笔　字　立

　　赵森出倒契于〔与〕张永，永远为业，草房三间，院子一所，大门一间，大门外地二段，每年交租一斗，皇若〔差〕代〔带〕叁百文，张永每年交租壹斗，赵森净交蒙租本〔叁〕斗，

---

①《锦热蒙地调查报告》下卷，第1729页。

按蒙古局会价支纳。

（光绪十四年十二月二十三日倒与王善熟地一段，边荒在
内，不与赵姓相干，四至在新契分明。）

这是一户永佃农嘉庆十四年（1809）的佃权倒卖契，契纸上先
后批有三纸租权、佃权和地权卖契。这些契纸所反映的土地转移全
部过程。

这宗土地的地权变化和转移过程，可以看作清代热河蒙地的开
垦和地权转移，以及蒙地永佃制的发生发展和瓦解过程的缩影。蒙
旗荒地在开垦过程中发生了地权形态的变化，出现了所有权（租权）
同耕作权（佃权）分离。在佃权几经转移后，蒙旗地主把租权卖给
了汉族农民，一度分离的所有权和耕作权，最后在既非租权主又非
垦荒人的第三者手中再度合并。不管清政府如何禁止蒙地在蒙汉之
间买卖，一部分蒙地还是转移到了汉人手中。

在蒙地的开垦和永佃制的发展过程中，特别值得注意的是汉族
地主、商人、高利贷者对佃权的垄断和兼并。当时关内不少地区人
口密集，地权分配处于饱和状态，地块分散、零碎，不利于大面积
经营。而热河地区人口稀少，荒原辽阔，地块成片，虽然禁止地权
买卖，但可"永远耕种"，还有不断流入的破产农民可供雇佣，有从
事较大规模农牧经营的许多有利条件。在这种情况下，关内一些地
主、商人、高利贷者把蒙地佃权视为重要的兼并对象，或从蒙旗公
署和王公贵族那里包揽荒地，或从垦荒农民手中购买佃权，进行各
种形式的农牧业经营。前面提到，有些揽头在揽到荒地后，并不立
即劈开倒卖，而是招募榜青户耕种，或者一部分劈分倒卖，一部分
自己经营。这些揽头揽荒的目的，主要不是通过荒地倒卖赚钱，而
是揽地经营，获取利润，而且经营规模相当大。据1895年的记载，
敖汉旗下洼附近一个叫王臣的，雇有种地工人五六百名；另一个叫
成全五的，有种地工人三百人，张三有种地工人百余人。据此推断，
他们的经营面积当在一二百顷至四五百顷。他们都还经营商业高利

贷，各有烧锅、当铺数处或十余处。并将农业、商业利润和高利贷
利息，用来投资土地，"有一文置一文山地"，进一步扩大农业经营
规模。[①] 在热河地区，类似的大面积农业经营是不少的。从表8列举
的几宗租揽契约，也可看出一些地主商人租揽和经营蒙地的规模：

表8　　汉族地主、商人、高利贷者租揽和经营热河蒙地情况示例

年份	土地种类和面积	契价	租额	备注
乾隆五年 (1740)	荒地48顷	纹银3500两	每顷粮5斗，猪草钱5.4吊，小差小米1斗，黑豆1斗，干草10束	王显廷等5人分垦
乾隆五十八年 (1793)	驿站荒场一处	中钱5200吊	开地后8年交租，租额不详	徐成、章贵2人分垦
嘉庆七年 (1802)	荒地一段	京钱600吊	毛银100两	商人垦种并开设烧锅、当铺
嘉庆十九年 (1814)	荒地25顷	1000吊	每顷24吊	乔国柱等6人分垦
嘉庆二十三年 (1818)	生荒8段19顷	4180吊	每顷50吊	召佃垦种
道光二十八年 (1848)	荒山一处	京钱600吊	30吊	3家商业高利贷字号充作牧场
同治十年 (1871)	荒熟地20顷、房8间	13500吊	每顷35吊，合计700吊	商人承租，契约载明，如开烧、当，年交猪1口、烧酒100斤
光绪三年 (1877)	熟地4段2.7顷	1350吊	13.5吊	契约载明，五年钱到许赎，如不赎，照额纳租
光绪十年 (1884)	熟地2段	2032吊	2吊	长价退租换新押契

---

① 徐润：《徐愚斋自叙年谱》，1927年，第79页。

续表

年份	土地种类和面积	契价	租额	备注
光绪三十三年（1907）	荒地5顷	1500吊	5年后每顷粮大斗1石	汪清等3人分垦
宣统三年（1911）	庙地5段、房5间	京钱16000吊	50斗	田福租垦

　　表8中部分租揽人身份不明，但从租揽土地面积、契价和租额看，不是普通农民力所能为的。

　　地主、商人、高利贷者还从佃农手中兼并佃权。而且，随着蒙地的不断开垦和可垦荒地的日益减少，加上佃农的不断分化，从佃农手中购买佃权成为地主、商人、高利贷者兼并佃权的主要途径。由于租差苛重和其他天灾人祸，大多是永佃农的经济地位不断恶化，被迫出卖佃权，而买主多为地主、商人、高利贷者。如喀喇沁右旗一家名号"永万兴"的当铺，从道光中后期到光绪中后期就先后兼并佃权6宗，总面积达400亩以上。① 各宗佃权的兼并时间、面积、契价以及佃权出卖原因如表9所示。

表9　　　　　　　　　　**"永万兴"当铺兼并佃权统计**

年份	卖主姓名	佃权面积	契价	出卖原因
道光十七年（1837）	李树林	喇嘛熟地83亩	—	—
同治六年（1867）	李辉光	王仓熟地2顷	380千文	典当到期，卖主无力交纳蒙租，加价绝卖
光绪七年（1881）	张存义	蒙古熟地56.4亩	255千文	因手乏不便
光绪十二年（1886）	于龙喜	熟地25亩	162.5千文	因手乏不凑
不详	周济	王仓熟地14亩	120千文	因手乏不便
不详	王家龙	蒙古熟地一段	154千文	因欠"永万兴"账款，无力归还

_____

　　① 这只是根据日本人收缴的6纸契约所做的统计，并非"永万兴"当铺兼并和占有的全部佃权面积。

从表9看，佃权出卖原因，不是"手乏不便（凑）"，就是无力还债、无力交租。总之，佃农是在走投无路的情况下才出卖佃权的。其他佃农的佃权出卖原因也大都如此。在收集到的187宗载明出卖原因的佃权倒卖契中，就有183宗载明的原因分别是"手乏不凑""无钱使用""当差无凑""无力交租""无钱还账""度日艰难""无钱埋葬""无力耕种"，占总数的97.9%。正是广大佃农经济状况的窘迫，给地主、商人、高利贷者的兼并提供了条件。又翁牛特右旗一家名号"永泰当"的当铺，其东伙曾因"手乏不便"，于光绪九年十二月一日分两笔卖出佃权296.5亩（契价1087.5千文）。①据此推断，该当铺兼并和占有的佃权也不在少数。以上仅仅是两个典型的例子。其他地主、商人、高利贷者兼并佃权的情况，不知凡几。

此外，在垦荒和耪青农民中，也有少数上升为地主富农。如原籍顺天府一李姓农民，嘉庆年间到敖汉旗打零工、耪青垦荒，后来一度上升为有地二十六七顷（其中耕地4顷）的地主；山东寿光一李姓农民，嘉庆年间到敖汉旗垦荒，后来买进佃权8顷，发展为有耪青7人的地主；一王姓农民于光绪二十年到喀喇沁右旗耪青，后来上升为有佃权270亩、雇工3人的富农。②

正是由于佃农的两极分化和地主、商人、高利贷者的兼并，清代热河蒙地的佃权日益集中，并不断与直接生产者相分离。到清末民初，热河相当一部分蒙地的产权分配，已经发展为蒙旗地主（包括蒙旗公署和寺庙）占有收租权，汉人地主、富农、商人、高利贷者占有佃权（田面权），而大多数永佃农丧失了佃权，沦为同时必须交纳田底租、田面租的贫苦佃农，或类似雇工的耪青人，蒙地永佃制趋于瓦解。当然，各旗各村发展情况也不一样，据日本人的实地调查，持有佃权（田面权）的佃农比重，最高为70%，最低不到20%，大部分村落为20%—40%。而持有佃权（田面权）的农户

---

① 《锦热蒙地调查报告》上卷，第658—660页。
② 《锦热蒙地调查报告》下卷，第2093页；中卷，第846页。

中，自耕的比重最高为75%，最低为20%，一般为40%—50%。招人耪青者50%—60%。有些地方，耪青户已经成为农民的主要成分，如敖汉旗的下洼、官家地、波萝和硕、白塔子等地，耪青户占农户总数的60%—70%。热河蒙地上的生产关系，从汉族农民耪青垦荒开始，经过永佃制的形成、发展和衰落，现在又回到了耪青。不过，现在的耪青雇主主要不是蒙旗王公贵族，而是汉人地主、富农或地主兼商人、高利贷者。

　　综上所述，清代热河蒙地在开垦过程中，发生了地权形态的变化，形成了土地所有制和封建主佃关系，永佃制一度成为该地区租佃关系的主要形式。从总体上说，热河蒙地永佃制属于清代旗地永佃制的一部分，但由于地权性质和土地所有制身份上的差异，清代热河蒙地永佃制可分为两类，即内、外仓地（大牌地）永佃和普通蒙地（小牌地）永佃。前者类似于关内的旗地永佃，后者类似于台湾高山族村社地上的永佃。因为佃农的永佃权是通过垦荒和价买取得的，特别是一些蒙旗地主和普通牧民以多收佃价、少收地租的方式租出土地或荒地，蒙地的佃权（田面）价格往往大大高于租权（田底）价格。随着永佃制的发展和佃权的不断转移，以及佃权价格的升高，蒙地实际上逐渐被控制在佃权所有者（田面主）的手里。与此同时，佃权（田面权）逐渐同直接上传者分离，大多为地主、商人所垄断。这同清代台湾地区永佃制的发展变化有相似之处，不过在形式上没有出现平行的大租权（田底权）和小租权（田面权）以及与此相应的大租和小租。在热河，地主在取得田面后，不是以普通的租佃形式转租，而是以雇工或耪青的形式进行经营，不管是雇工还是耪青户，一般都不同田底主（蒙旗地主）发生任何经济联系，这又是热河蒙地永佃制的特点。

　　从农业生产和经济发展的角度看，清代热河蒙地的开垦，对于中原农业生产技术的传播、关内外物资的交流、蒙汉两族人民之间联系的加强、地区社会经济和文化的发展，都有着巨大的促进作用。同时，关内农民移往热河等地开荒种地、佣工谋生，也在一定程度上缓和关内地区人多地少的矛盾，减轻了人口压力，稳定了当时的社会秩序。这些都是积极的一面。但是，热河蒙地的开垦，尤其是草原和山坡地的开垦，破坏了原有的生态平衡，导致牧场毁坏和水土流失，造成气候干旱和土地沙化。一方面，阻碍和破坏了热河地区原有畜牧业的发展，一些地区由单纯放牧而主牧从耕，由主牧从耕而半牧半农，最后由半牧半农而演变为单纯农耕，畜牧业基本上消失了；另一方面，由于草原、森林和水利的破坏，导致气候恶化和地力衰减，也给农业的发展带来严重障碍和困难。这是我们应当认真总结和吸取的历史教训。

（原载《中国经济史研究》1986 年第 3 期）

试论近代北方地区的分益雇役制

一 引言

在具体考察和讨论分益雇役制之前，必须先明确和统一它的内涵和外延。

所谓分益雇役制，是一种介于土地租佃和劳力雇佣二者之间的地主经营方式。在这种方式下，地主除土地外，还提供农民住房、耕畜、农具、种子、肥料、柴炭、雇工费用以及其他流动资金；而农民只提供小型农具等少量生产资料，甚至不提供任何生产资料，只出劳力，在地主某种形式的监督下，从事农业经营。土地收获物按一定比例分配，农民的所得部分大体相当于他的劳动力价格。在这里，地主几乎负担全部农业投资，直接干预农民耕作，显然不是通常意义上的那种只供土地的租出地主，但也不同于直接指挥生产、剥削雇佣劳动、独自承担风险的经营地主。而农民，由于丧失了全部或绝大部分生产资料，失去了相对独立的土地经营管理权，已经不是通常意义上的那种作为独立小生产者的佃农，但又不同于自由出卖劳力、领取固定的货币或实物工资而无须承担任何风险的长工。

由于分益雇役制兼有土地租佃和劳动雇佣的性质，使人们对它的内涵和外延产生不同的理解。这从它的不同名称就可以看出来。分益雇役制，又叫帮工佃种制。很明显，这两个名称的内涵或着眼点是不一样的。前者指的是以土地收益分成为报酬的劳力雇佣关系，它同支付固定的货币或实物工资的雇佣关系相区别，而后者指的是农民以不提供任何生产资料的"帮工"身份耕种地主土地的租佃关系,它同佃农自备耕牛、农具、种子、肥料等生产资料的租佃关系相区别。虽属同一事物,但两个名称反映和强调的侧面不一样。另外,有人把佃农以提供某种劳役(为地主"帮工")代替地租的租佃关系和雇主拨给雇工一定数量免租土地以抵工资的雇佣关系也归入帮工佃种制,则扩大了分益雇役制或帮工佃种制的外延,改变了它原有的含义。有人干脆将三者综合,称为"分益工偿制"。① 这三者在外表上虽有某些相似之处,但内容和性质是大不相同的。如上所述,帮工佃种制是农民使用地主工具耕种地主土地,分得若干农产品。农民的劳动范围、农民和地主的收益,都集中在这一部分土地上,农民的必要劳动和剩余劳动在时间和空间上都是不能分开的。而农民以给地主"帮工"为条件租种地主土地,则是一种典型的劳役地租。在这种方式下,农民使用自己的工具耕种地主土地,并获得全部收益;而地主得到的是农民的活劳动。农民的必要劳动和剩余劳动在时间和空间上都是分开的。至于地主以若干免租地为酬劳雇用工人,则完全是一种雇佣关系。它虽然同上面的劳役地租十分相似,都是以出卖劳动力为代价,取得对地主土地的耕作及其收益,但性质不同,前者是作为小生产者的佃农,他出卖给地主的劳动力只是一部分;而后者是地主的雇工,他出卖给地主的劳动力是全部,只有在工余或经地主同意,才能去耕管地主拨给的那一部分土地。这两种方式都不属帮工佃种制,不在本文讨论之列。

分益雇役制的具体形式和惯例,各地互有差异,名称亦不相同,有"拉鞭地"("小拉鞭""拉鞭种")、"把户地""批子地""牛把""把客""把种""小锄""包锄""二八锄地""分种""伴种""招分子""揽庄稼"("揽活")、"庄家""外班儿活""锅伙"("开过伙")、"青份""平分账""安庄稼""安伙子"("安伙则")等几十种名目。北方地区特别是东北、内蒙古一带,通常所说的

---

① 《中国经济年鉴》第三编,1936 年,第 G75—77、86 页。

"耪青"（"镑青""并青""办青"）、"代种"，其中也有相当一部分属于分益雇役制。

近代时期，特别是甲午战争后，北方一些地区分益雇役制的流行和发展，说明佃农经济严重恶化，几乎完全丧失生产资料。分益雇役制流行和发展的过程，就是佃农和生产资料不断分离的过程。同时，分益雇役制的流行，又反映了这一时期地主经济发展变化的某种趋势，意味着农业资本主义因素的增长，因而不能简单地把它看成对历史发展潮流的反动。本文要考察和分析的是，近代时期，特别是甲午战争后，分益雇役制在北方一些地区流行和发展的情况及其社会性质。

二　分益雇役制在北方地区流行和发展概况

分益雇役制是由普遍封建租佃关系发展而来的。

从历史上看，佃农所掌握的生产资料，有一个从无到有、从少到多，再从多到少、从有到无的发展变化过程。按照佃农同生产资料的结合方式、掌握生产资料数量的多寡，我们可以把它大致分为四种类型：第一种佃农几乎没有生产资料，土地以及其他生产资料全由地主提供；第二种佃农占有土地以外的部分生产资料，另由地主提供一部分生产资料；第三种佃农占有土地以外的全部生产资料，地主只提供土地；第四种佃农除了农舍、耕牛、种子、肥料、农具等基本生产资料外，还有永佃权（田面权），而地主只有田底权。①

这四种类型并非每个地区、每个佃农家族都依次出现，但从总体上看，是有时间先后的。在封建租佃制发展的早期，佃农占有的生产资料很少，甚至完全没有。与此相联系，佃农也很少有人身自由，甚至完全被束缚在地主土地上，成为土地的附属物。生产管理

---

① 也有的学者把佃农同生产资料的结合方式分为三类，即上面列举的前三种类型。参见魏金玉《明清时代佃农的农奴地位》，《历史研究》1963 年第 5 期。

则必须听从地主的指挥，尚未真正形成相对独立的个体经济。这种佃农实际上是没有人身自由的农奴。以后，随着社会生产力和封建租佃关系的发展，特别是商品生产和商业流通的发展，佃农逐渐有所积累，掌握了一部分生产资料，有了自己的农具、种子、肥料和少量的流动资金，一部分条件较好的佃农还有了自己的农舍和耕畜。随着佃农经济地位的提高，他们的人身自由和生产经营自主权也扩大了。地主已经不可能随意支配、役使、处分佃农，不能直接指挥生产。某些佃农甚至占有了田面权（永佃权），形成"一田二主"的局面。地主连自由撤佃的权利也没有了。这是佃农由依附农向自由农发展的极限，再前进一步就变成了自耕农。这时，封建租佃关系的发展进入了晚期阶段，而佃农的个体经济也达到了它的顶峰。

随着历史的发展，佃农的经济和政治地位有所上升，个体经济有所完善和扩大，少数佃农进入富裕阶层，成为佃富农、富农乃至地主。但是，在封建制度下，佃农作为一个阶级或阶层，不可能共同富裕，更不可能全面上升为自耕农、富农、地主。相反，由于残酷的封建剥削和经常性的天灾人祸，特别是由于商品经济自身的固有规律，佃农不断发生两极分化，少数经济地位上升，大多数经济状况恶化，甚至无法维持简单再生产，原来相对独立的个体经济日益削弱，乃至崩溃。

上述发展变化过程，各地区在时间上有先有后，有快有慢，在深度和广度上亦有差异。以南、北地区比较，到清代中叶，封建经济和租佃关系比较发达的南方地区，一般佃农已经掌握土地以外的其他生产资料。两江总督那苏图在乾隆初年的一个奏折中说，"南方佃户，自居己屋，自备牛种，不过借业主之块土而耕之"，因此，"交租之外，两不相问"；而北方佃农则相反，不但往往由地主提供庄屋，"牛、犁、谷种间亦仰资于业主"①。可见，南、北两个地区的佃农对生产资料的掌握情况有很大的差异。南方佃农已有比较独

---

① 《朱批奏折》，乾隆四年八月初六日两江总督那苏图奏。

立而完整的个体经济，而北方佃农则相当一部分尚未完全形成这种个体经济。但有一点是相同的，即近代时期特别是甲午战争后，佃农同生产资料的分离过程明显加快。19世纪下半叶，南方一些地区原来"自备牛种"的佃农，经济状况明显恶化，丧失耕牛、种子和其他农具。北方佃农也一样。[①] 甲午战争后，由于帝国主义的侵略加深和国内商品经济的发展，佃农分化加剧，生产资料的丧失更加严重。

佃农丧失耕牛、农具等主要生产资料后，有四条基本出路：（一）向地主或其他农户租赁或借用所需生产资料，在原有租佃形式下继续从事农业生产；（二）离开土地和农业生产，在农村从事各种非农业劳动，或流入城镇谋生；（三）出雇长工或短工，成为农业雇佣劳动者；（四）由地主提供耕牛、农具、种子、肥料等大部或全部生产资料，相应提高地主在农产品分配中的比例。第一种是南方许多贫困佃农常用的办法，第四种则为北方地主和贫困佃农所常用。亦即本文要着重考察和分析的分益雇役制。

分益雇役制虽然也存在于南方某些地区，但为数甚少，如江苏南通，分益雇役制只占全县租佃的1.5%。[②] 广西只有恭诚、平乐、西林等少数地方存在。[③] 江西的分益雇役制，据说也"极少"[④]，这种制度大量的还是存在于北方地区。近代时期，特别是甲午战争后，江苏、安徽淮北地区、河南、山东、河北、陕北以及内蒙古和东北地区，分益雇役制都十分普遍，已经成为这些地区地主经营的一种重要方式。

江苏铜山、萧县、沛县一带，分益雇役制十分流行。据1931年的调查，铜山12个区中，4个区存在分益雇役制的经营方式。[⑤] 萧

---

① 关于这一时期佃农丧失生产资料的情况，参见章有义、刘克祥《太平天国失败后地租剥削问题初探》，《中国社会科学院经济研究所集刊》第4辑。

② 乔启明：《江苏崑山南通安徽宿县农佃制度之比较以及改良农佃问题之建议》，第32页。

③ 薛雨林、刘端生：《广西农村经济调查》，《中国农村》1934年第1卷第1期；国民党农村复兴委员会：《广西省农村调查》，第157页。

④ 吴顺友：《江西之农佃概况》，转见冯和法编《中国农村经济资料》续编，第545页。

⑤ 金维坚：《铜山农村经济调查》，第43页。

县，据 1932 年对长安村的调查，全村租出的 1175 亩土地中，由佃
农负担土地以外全部生产资料的 150 亩，占 13%，而地主提供全部
生产资料、佃农仅出劳动力的为 400 亩，占 34%。另有 625 亩是种
子、肥料业佃分半负担，收成也对半分配。① 这是从普通租佃关系到
分益雇役制的一种过渡形态。在沛县，分益雇役制俗谓"二八锄户"
或"锄户"，是地主土地经营的一种重要方式。② 砀山县的地主札萨
克承种，据说有"分种""把牛地"和"二八地"三种形式。后二
者都是分益雇役制，前者亦有主佃双方分担肥料、种子者。③ 还有调
查说，在整个徐海地区，地主租出土地大都是采取分益雇役制的
"分种"形式，普通形式的承租很少。④

皖北临泉有一种当地称为"小拉鞭"的分益雇役制，地主提供
一切生产资料，佃农只带一把锄头去耕种。⑤ 安徽宿县，据 20 世纪
20 年代中叶的调查，多年以前，该县北部曾有大量的帮工佃户存在。
当地俗名"拔牛腿"。⑥ 定远据说有一种"雇工"，由雇主给以田地
耕种，房屋居住，并给种子、肥料与口粮，但无工资，耕作用的农
具则由雇工自备。土地收成，扣除成本，主雇对半分配。据说种瓜、
种烟多用此法。⑦ 从上述情况看，这是一种伙种制，在性质上类似于
分益雇役制。

河南、河北和山东一带，分益雇役制和苏北、皖北一样普遍。

在河南各地，分益雇役制为地主广为采用。此种制度，淮阳俗
称"拉鞭种"，意即地主拿鞭赶牲口，耕种土地。汝南俗称"把户
地"，上蔡则谓之"牛把"。南阳、方城等地俗称"批子地"。⑧ 据

---

① 《长安农村经济调查》，《教育新路》第 12 期，转见《中国农村经济资料》续编，
第 19—20 页。
② 陈颜湘：《沛县农村见闻记》，《农行月刊》1934 年第 1 卷第 2 期。
③ 《中国民事习惯大全》第二编第五类，第 8 页。
④ 吴寿彭：《逗留于农村经济时代的徐海各属》，《东方杂志》1930 年第 27 卷第 7 号。
⑤ 华东军政委员会土地改革委员会：《安徽农村调查》第四分册，第 41 页。
⑥ 乔启明：《江苏崑山南通安徽宿县农佃制度之比较以及改良农佃问题之建议》，第 32 页。
⑦ 陈正谟：《各省农工雇佣习惯之调查研究》，《中山文化教育馆季刊》1934 年创刊号。
⑧ 金陵大学农学院农业经济系：《豫鄂皖赣四省之租佃制度》，第 56 页。

20 世纪 30 年代初的调查，在从前社会秩序安定时，南阳的分益雇役制一度明显发展，"尤其是在近城的乡间，一村一村的佃农"，几乎全是由地主提供住房和生产资料的分益农。只是到 20 世纪 20 年代后，当地兵匪充斥，社会动荡，地主多迁居城市，不再提供生产资料和监督佃农生产，分益雇役制才走向衰落。[①]

京汉铁路沿线的鄢陵、许昌、商水、新郑、新乡、滑县、淇县等处，都是分益雇役制比较普遍的地区。

鄢陵的分益雇役制俗称"外班儿活"。据说 20 年代中叶以前，一些地主大户经营农田，并不全雇长工，往往召集附近贫苦农民当他们的"外班儿活"，在他们的地里做工。种子、肥料、牲口，都由地主供给，有的农具、住房也出自地主。同南阳一样，可能在 20 年代中叶后，此种经营方式明显衰落，到 30 年代中叶已几乎绝迹。[②]

在商水，分益雇役制谓之"把牛"。它是当地两种基本的租佃形式之一。民国《商水县志》载，"佃田规矩有二：佃户自备牛车籽粒者，除麦秸养牛马外，所获均分之，俗谓之分种，若仅出力代主种植芸锄者，所获分十之三，谓之把牛"。[③] 新郑唐河村一带，租佃关系分为三种，即"课种式"（课租式）、"把种式"和"分种式"。课种式是地主仅供土地的定额租制，把种式是基本上由地主供给全部生产资料的分益雇役制，分种式则是由前者向后者的一种过渡形态。[④]

在新乡、许昌、滑县等地，分益雇役制分别被称为"揽活""揽庄稼"或"伙计"。新乡因交通便利，商业性农业十分发达，不但分益雇役制盛行，而且还有几户采用此种制度的大经营者。据 1934 年调查，20 世纪初，该县八柳镇一户大地主，雇有 25 个"揽活"，经营 3000 亩土地。许昌洼孙庄保长孙某，也雇了 3 个"伙计"

---

① 冯紫岗、刘端生：《南阳农村社会调查报告》，第 69 页。
② 作周：《从许昌到鄢陵》，《新中华》1934 年第 2 卷第 5 期。
③ 民国《商水县志》卷 5，地理志，第 19 页。
④ 卢锡川：《新郑县唐河农村调查》，《中国农村经济资料》，第 687—688 页。

经营农业。① 在滑县，城居地主将土地全部租给农民，收取定额租，不供给其他生产资料，而乡居地主往往采用分益雇役制的形式经营农田。② 不过，这类"揽活"或"伙计"，都须自备小型农具。

河北的地权比较分散，自耕农较多，佃农较少，地主的相当一部分土地是雇工经营。但分益雇役制在一部分地区同样相当流行，铁路和公路沿线地带似乎更多一些。邯郸县属，地主土地以雇工耕作为主，但其东南乡与成安接壤地区，据说因为附近无短工市，地主不便雇工，多采用分益雇役制的形式③，在南和，也有一部分佃农由地主提供土地以外的大部或全部生产资料。这些佃农被分别称为"大庄家"或"小庄家"。④ 深泽南营村和黎元村一带，有当地称之为"客种"的分益雇役制存在。1930 年的调查说，在十余年前，此种制度"尚颇普遍"，但调查时已不很通行。⑤ 在固安，佃农租种地主土地有三种基本形式，即租种、分种和"开过伙"。租种是普遍租佃中的定额租制；分种是地主供给土地并一半种子；"开过伙"则系地主提供全部生产资料，佃农"只任耕耘收割之役"⑥。以上各县，除深泽外，都在京汉铁路沿线。

河北京奉、津浦沿线，是分益雇役制比较流行的另一个区域。在天津附近，据说土地所有者的租出条件，通常是地主八成、佃农二成分配产品。同时，地主完纳田赋，负担耕畜、肥料、农具及杂项费用，而佃农只出人工。⑦ 如果此说可信，那么，分益雇役制即是当地租佃关系的基本形式。安次一带把分益农称为"锅伙"。他们是地主的一支重要耕作力量。据日本人对该县大地主庆

① 国民党农村复兴委员会：《河南省农村调查》，第 103 页。
② 西超：《高利贷支配下的滑县农村经济》，《新中华》1934 年第 2 卷第 1 期。
③ 《邯郸县之经济状况》，《中外经济周刊》1926 年第 198 号。
④ 范琢之：《河北南和农村情况》，《新中华》1934 年第 2 卷第 22 期。
⑤ 韩德章：《河北省深泽县农场经营调查》，《社会科学杂志》1934 年第 5 卷第 2 期。
⑥ 民国《固安县志》(2)，经制志，食货，第 15 页。
⑦ 《海关十年报告》(英文本)卷 1，1912—1921 年，第 155 页。

安堂的调查，该地主 6000 余亩土地中，2275 亩自种地是由"锅伙"耕种的。[①]

津浦铁路沿线的景县、故城、枣强以及南宫一带，分益雇役制在当地租佃关系中都占有一定的比重。

景县的分益雇役制出现很早。万历《景州志》即有所谓"把锄"的记载[②]：

> 主田者为庄家，招甸（佃）者为客户。客户具牛四头，谓之陪牛。春种（若谷、黍之类）出之庄家；秋粮（若豆、麦之类）主客各出一半。收则均分。无牛者惟管庄田耕种，谓之"把锄"。子粒均分，而秆草 庄 家 收之。力大者耕至三顷，一顷以下为小□。岁则黄云遍野，百室宁止。此则务农之俗犹存也。

从这则记载看，当时大部分佃农有耕畜，自备土地以外的大部分生产资料，但也有一部分佃农丧失了耕畜等大型生产资料，也许他们从来就没有占有过这些大型生产资料，而只有锄、镰等小型农具，大型农具和耕畜全靠地主供给，因此谓之"把锄"。这里没有谈到主佃之间的人身依附关系。单从这段记载看，"把锄"在形式和内容上，都类似于近代的分益雇役制。

又民国《景县志》有关于该县租佃关系的另一段记载[③]：

> ……分种者，以己之田，招他人耕种，俗名曰佃种。佃者即代耕农也。人工与肥料，均由佃者担任。至收获时，与地主平分之。又有佃者只担任耕种、收获各人工。至牲畜及肥料，仍由地主供给。至收获后，佃者得收入全数之二成或三成，地

---

①　德武三郎：《安次县白家务村庆安堂的家计调查报告书》，转见草野靖《中国的地主经济——分种制》（日文本），第 198 页。

②　万历《景州志》卷1，风俗。

③　民国《景县志》卷2，产业志，农业状况。

主得收入全数之八成或七成，亦有按四六分者。其中手续亦稍
有不同。

从上述两段记载可以看出，景县地区的分益雇役的历史至少可
以追溯到明代万历年间。从明代万历到民国的300余年间，它一直
是租佃关系的一种重要形式。至于其间在数量和范围上有何重大变
化，则不得而知。

故城、枣强、南宫一带，田地租种有"包租"和"分收"两种
基本形式。包租是通常的定额租制。而分收则有多种办法。据说地
主只供土地、佃农负担一切生产费用、产品对半分配，是一般的方
法，"各县皆然"。但同时也有地主提供肥料、种子、牲畜、农具，
种地人只效耕种收割的"三七分收"和"二八分收"。① 可见在这些
地区，分益雇役制在租佃关系中也占有某种比重。

山东的分益雇役制，据说各县都有②，但我接触的材料，主要集
中在鲁西津浦铁路沿线一带，德县、武城、恩县、清平、临清、馆
陶、朝城、郓城、菏泽等县，都是分益雇役制比较盛行的地区。有
的地方，分益雇役制甚至是租佃关系的主要形式。如恩县，佃农极
少。而佃农仅有当地谓之"招分子"的分益式佃农一种。③ 临清的
租佃习惯是，"田赋、牛马、肥料及一切捐摊，均归地主担任"；地
主佃户分摊牛马、籽种、肥料诸费者，不过间或有之。④ 在清平，租
种地主土地的农民，分自备牛种肥料、缴纳货币定额租的"租农"
和只出劳力的帮工式佃农两种。据说租农仅在县境西北有之，而佃
农全县皆有，"在富庶各村尤占多数"⑤。朝城一带，俗称"二八（三

---

① 《德南长途汽车路沿线经济状况》，《中外经济周刊》1927年第230号。
② 中山文化教育馆的调查说："山东各县，二八种地虽似租佃，却非完全之租佃形
式，种子、肥料、耕畜概由地主担任，农工只负耕耘收获之责。"（陈正谟：《各省农工雇佣
习惯之调查研究》，《中山文化教育馆季刊》1934年创刊号。）
③ 《鲁北十县农业调查报告》，《山东农矿公报》，转见《中国经济年鉴》续编第七章
"租佃制度"，第169页。
④ 民国《临清县志》，经济志，农业，第30—31页。
⑤ 民国《清平县志》，实业，第5页。

七）劈粮食"的分益雇役制是地主经营的基本方式。通常,地主的土地并不分散租出,而是雇长工和当地俗称"种地头"的分益农共同耕作。据说除"种地头"外,朝城基本没有佃农。① 在菏泽,租佃有"课地""大种地"、三七分(俗称"小种地")、二八分(俗称"二八锄地")四种形式。"课地"和"大种地"分别属于普通的定额租制和分成租制,而"小种地"和"二八锄地"都属于分益雇役制。据说"小种地"在当地租佃中"占大多数"。②

山西、陕西也有某些地区实行分益雇役制。山西五台县,据说帮工佃种制"最为普遍"。通常由地主供给佃农生产所需的一切,只有雇工和锄头、镰刀等小型农具由佃农自备。③ 代县亦有地主供给一切生产资料、佃农仅出人工者。④ 陕西的分益雇役制,主要集中在北部绥德、米脂一带,当地俗谓"安伙子"("安伙则")。据调查,米脂县杨家沟马家大地主,从光绪到抗日战争期间,每年都要招若干"伙子"经营一部分土地。⑤

不过总的来说,"安伙子"这种形式在当地租佃关系中所占比重不大。1942 年,杨家沟共有租地户 170 户,租进土地 1420 垧,其中"安伙子"21 户,种地 325 垧,分别占总数的 12.4% 和 22.8%。⑥ 又据 1941 年对米脂县印斗乡九保的调查,2155 垧租佃土地中,"安伙子"地 188 垧,只占 8.7%。⑦

热河、察哈尔、绥远和东北,主要是清代特别是 19 世纪末 20 世纪初发展起来的新农垦区,直接生产者大都是来自河北、山东、山西、陕西等地的破产农民,几乎没有任何生产资料。他们不是给当地蒙旗王公贵族、旗人地主或揽垦荒地的汉人地主扛长活、打短

---

① 刘克祥:《近代农村经济调查札记》(未刊稿)。
② 《中国经济年鉴》第三编,1936 年,第 G205 页。
③ 卜凯:《中国农家经济》,第 197 页。
④ 国民党政府司法行政部:《民商事习惯调查报告录》,第 837—838 页。
⑤ 柴树藩等:《绥德、米脂土地问题初步研究》,第 49—50 页;延安农村调查团:《米脂县杨家沟调查》,第 110—111 页。
⑥ 《米脂县杨家沟调查》,第 19 页。
⑦ 《绥德、米脂土地问题初步研究》,第 51 页。

工，就是以只出劳力的方式租种地主土地。经过几年、几十年甚至几代人的努力，一部分人逐渐有所积累，成为占有土地以外全部生产资料的普通佃农，有的还获得了佃权，成为永佃农，或者购买土地，成为自耕农、土地租出者。但是，继之而来的众多新户，还是赤手空拳，或佣工，或以只出劳力的方式租种土地。同时，原有的佃农和其他农户在不断两极分化，大多数不断丧失土地和其他生产资料，沦为雇工或帮工式佃农。因此，在上述地区，不管是在清代土地开垦初期，还是进入 20 世纪以后，分益雇役制都是租佃关系的一种重要形式。而且，越到后来，随着商业性农业的发展，农民的两极分化越迅速，分益雇役制在租佃关系中所占的比重越大。

这种情况在热河特别典型。从清代前期开始，到 20 世纪初叶，来自关内的垦荒农民经历了从一无所有的雇工或耪青户到占有生产工具和佃权的永佃农，又破产沦为没有基本生产资料的耪青户的发展过程。他们从耪青开始，经过普通佃农、永佃农的发展阶段，现在又回到了耪青。所不同的是，原来的耪青户只限于汉族农民，而现在一部分召佃贫民也加入了耪青户的行列①；原来的耪青雇主，是以土地所有者身份出现的蒙旗王公贵族，而现在主要是以田面主（尽管当地没有"田面主"这一称谓）身份出现的汉人地主、富农或地主兼商人、高利贷者。② 热河不同于皖南、浙江、江西、福建、台湾等永佃制流行地区，地主、富农、商人、高利贷者买进田面后，不是以普通的租佃形式转租，而是以雇工或者耪青的方式进行经营。因此，随着永佃农的两极分化及其田面权的丧失，耪青户的数量不断增加，分益雇役制在租佃关系中占有越来越大的比重。表 1 是根据 20 世纪 30 年代日本人实地调查材料编制的，大体

---

①　如敖汉旗前后王子庙雇有的 8 名耪青户中，即有 4 名是蒙人。伪满地籍整理局：《锦热蒙地调查报告》下卷，日文本，第 2026—2027 页。

②　关于热河佃农获得和丧失佃权以及其他生产资料的发展过程，参见拙文《清代热河的蒙地开垦和永佃制度》，《中国经济史研究》1986 年第 3 期。

反映了当时热河一些地区汉人农户中田面占有和分益雇役制流行
情况（见表 1）。①

表 1　　　　热河若干村镇汉人村户田面占有和耢青情况示例

村镇别		耕地面积（亩）	村户数（户）	田面占有情况		田面经营情况		耢青户占农户总数比重（%）
				有田面户（%）	无田面户（%）	自耕（%）	耢青（%）	
喀喇沁右旗	王府村	15000	1148	40	60			30
	边家店	12849	673	80	20	67	33	
	大牛群村	11200	886	70	30	60	40	
	黑水村	33900	1238	60	40	50	50	
	六家村	19500	1004	70	30	80	20	
	二十家子村	31700	1051	70	30			30
	马厂村	40000⁺	987	80	20			30
	建平街	64400	2465	80	20	60	40	
敖汉旗	七协营子村	27000	676					33⁺
	下洼村	52000	1788	64	36	20	80	60±
	平顶子庙村	60000	840	25±	75±	50	50	15±
	官家地村	50000	1399	25	75	60	40	70—80
	玉田沟村	15200	533	20	80			
	波罗和硕村	50000	1000	30	70		70±	
	小哈拉道口街	50000	966	36	64	40	60	36
	萨力把村	18000	416	30	70			50±
	小河沿村	40000	1593	23	77	87	13	48
	四德堂村	44000	1132	50⁻	50⁺	50	50	
	菜园子村	45000	1053	40	60	10±	90±	50
	白塔子村	51500	1026	24	76	70	30	66
	捣各郎子村	37000	1260	40	60	50	50	
	马架子村	28000	907	44	56			56

---

　　①　根据《锦热蒙地调查报告》中卷、下卷各页计算编制。

从表 1 中看，持有田面权的农户，各村数量和比重不等，最高为 80%，最低为 20%，大部分不足 50%。敖汉旗尤为突出，除下洼村外，各村半数以上的农户丧失了田面权（当然也有一部分农户可能从来就没有获得过田面权）。而那些占有田面的农户相当部分是以招人耪青的方式经营的。因此，耪青户在农户或村户中占有不小的比重。有统计的 13 村中，12 村在 30% 或 30% 以上。最高的达 70%—80%。由此可见分益雇役制在热河地区地主土地经营方式中的比重。

察哈尔陶林一带，据 1926 年的记载，每年有好几万农民到那里垦荒。他们春往秋返，农具、耕牛、种子、房屋等都由地主供给。甚至口粮也往往由地主借给。秋后获得 30% 粮食。[1] 这是以分益雇役制的方式招垦荒地的一个例子。

在东北，不论南部还是北部，都有不少称为"耪青"（办青、分种、分青）的分益雇役制的记载。辽宁义县、北镇等地，租佃分租种、代种或分种两种基本方式，租种是地主只提供土地的定额租制，而代种或分种则是佃农基本上只出劳力的分益雇役制。[2] 吉林榆树县于家烧锅一带，还在清代乾隆年间垦荒时，即流行一种谓之"劳金青"的分益雇役制。这种制度直到 1922 年以后，据说由于佃户说地主所得过多，而地主又嫌太麻烦，有流弊，才不再流行。[3] 该省吉敦铁路沿线一带，租出土地者大多提供全部生产资料，并借给口粮，由春来秋返的关内农民耕种。[4] 桦甸县属，据说除普通租佃外，"又有以人力承种田地，由东道供给食宿，余有所需，皆承种者担任"。[5] 敦化、宁安一带，地主将土地租给朝鲜族农民栽种水稻，

---

① *Chinese Economic Bulletin*，1926 年第 8 卷第 263 号。

② 民国《义县志》中卷 9，民事志，实业，第 68 页；民国《北镇县志》卷 5，实业，第 24 页。

③ 伪满国务院产调资料：《1934—1936 年度农村实态调查报告书》，满洲的租佃关系，第 205—206 页。

④ 《吉敦铁路沿线调查录》，《经济半月刊》1927 年第 1 卷第 3 期。

⑤ 民国《桦甸县志》卷 7，经制，第 14 页。

也有不少是采用分益雇役制的形式。①

通过以上粗略考察，可以看出，以地主供给全部生产资料为特征的分益雇役制，虽非始于近代，但在近代，特别是 20 世纪初，有了明显的发展，在北方不少地区已经成为租佃关系的重要形式，分益式佃农是农民的重要成分。这些佃农或帮工已经丧失主要乃至全部生产资料。但是，分益雇役制的发展原因，不能只从农民贫困破产一个方面来解释，更不能把它看成近代租佃关系中的中世纪痕迹。它同一些地区商业性农业和农村雇佣劳动的发展以及与此相联系的地主经营方式的变化有着密切的关系。从农民贫困破产的程度看，南方地区不亚于北方地区。但南方的地主富户往往以高价租出耕牛、农具的方式剥削佃农，而不以农业投资的方式进行分益雇役制的经营。在北方，分益雇役制也主要集中在交通较方便、商业性农业较发达的地区，或者是封建租佃制历史较短、封建宗法统治比较薄弱的农业新垦区。与此相联系，分益雇役制比较流行的地区也往往是地主雇工经营和富农经营相对发展的地区。因此，关于近代时期一些地区分益雇役制流行的原因，需要进行全面的分析。

三　一些地区分益雇役制的经营方法及其惯例

各地分益雇役制经营的具体形式是多种多样的。按照地主提供的生产资料种类数量多寡、农民提供的劳力范围及其数量多寡、经营单位和产品分配比例，分益雇役制可以分为多种类型，各有其惯例。下面就手边收集到的有关资料，对北方各地分益雇役制的若干类型及其惯例，作进一步的考察和说明。

河南地区的分益雇役制十分普遍，种类也相当多。新郑、淇县、上蔡、南阳、方城等地，都有两三种不同的类型。

---

① 李琴堂：《北满水田事业之近况》，《东北新建设》1929 年第 7 期。

新郑的"把种式"有"外把""内把"和"牛把"三种基本形式。它们既有共同特点，也有不同之处。共同点是地主供给耕畜、农具和大部分种子、肥料、雇工费用，农民只负担小部分种子、肥料和雇工费用。通常是佃二主八分摊。其不同点是，"外把"除人力外，尚须提供若干数量的畜力。所得粮食与所出畜力成正比。"内把""牛把"则只出人力，不出畜力。从经营单位看，"外把""内把"是各把种户单独经营，而"牛把"是若干把种户合伙经营。并且只能分粮食，而无柴草。他们从地主那里分得二成或三成粮食后，内部还须按实际耕作人数重新分配。①

在豫东南的上蔡，帮工式佃农亦称"牛把"，且有"大牛把""小牛把"之分。大牛把须为地主喂养牲口，小牛把则否。其产品分配办法是，秋收作物中的棉花、黄麻、红薯等，多为主六佃四，但高粱、黄豆、芝麻等为主七佃三。至于大麦、小麦、豌豆等夏收作物，有主七佃三者，亦有主八佃二者，以土地之肥瘠而定。作物副产品如高粱秆、芝麻秆等，所谓"带腰"者，多为主六佃四分配，"不带腰"者，如麦秸、豆秸、薯藤、谷草等，全归地主。②

淇县的分益雇役制，有"庄稼""包锄"两种形式。"庄稼"和新郑的"内把"相同。地主提供一切生产资料，分益佃户只出劳力。所收粮食，夏麦得 2/10，秋粮得 3/10。如果佃户住地主房屋，必须为地主提供劳役。"包锄"则是佃户只管播种、中耕、收割，夏得十分之一，秋得十分之二。③

豫西南阳、方城等地的"批子地"有"里批儿""外批儿"两种基本形式，前者有农活时，由地主供给伙食，至秋收产品分配时扣除，后者则不由地主供给伙食。农产品的分配办法，和上蔡基本相同。④

---

① 卢锡川：《新郑县唐河农村的调查》，转见《中国农村经济资料》，第 687 页。

② 金陵大学农学院农业经济系：《豫鄂皖赣四省之租佃制度》，第 56 页。

③ 《淇县农村现状调查》，转见草野靖《中国的地主经济——分种制》（日文本），第 29 页。

④ 《豫鄂皖赣四省之租佃制度》，第 56 页。

豫东鹿邑，分益雇役制也有两种基本类型。据光绪《鹿邑县志》载："受田代耕者曰佃户，尊授田者曰田主人。主居之以舍，而自备牛、车、籽粒者，所收皆均分；主出籽粒者，佃得十之四；主并牛、车、刍秣者，佃得十之三，若仅仅代为种植芸锄，则所得不过什二而已。"① 四种形式中，前两种属于普遍租佃关系，后两种是分益雇役制，分别相当于淇县的"庄稼"和"包锄"。农产品分配比例亦大致接近。

在河北南部地区，分益雇役制俗谓"种地"，基本性质类似于淇县的"包锄"，但按照种地户是否为地主提供劳役，可分为两种情况，产品分配比例，亦稍有差异。供劳役者，夏粮得一成半，秋粮得三成；不供劳役者，秋粮只得二成半。②

河北东部故城、枣强以及邻近的山东武城一带的情况大致相似。那里的分益雇役制有"三七分收"和"二八分收"两种。前者须为地主干家内杂活，无饭食工资；后者为地主做家内杂活时，地主须供饭食，但无工资。③

河北南和县的情况稍有差异。该地的帮工式佃农分"大庄家""小庄家"两种。他们都由地主提供全部生产资料。但"大庄家"须为地主饲养牲口，并负担一切赋税。而"小庄家"只出劳力耕作，其余一概不管。农产品分配比例也不相同。"大庄家"可得50%的小麦、20%的豆子和谷子，以及全部谷草，而"小庄家"仅得20%的小麦和30%的豆子、谷子。④

山东菏泽，分益雇役制同样有"三七分""二八分"两种形式。"三七分"俗称"小种地"。耕畜、农具、住房均须地主提供。青黄不接时，还须借给种地户口粮，名为"月粮"。此外，八月中秋和阴历年关，地主须请种地户喝酒，"借以联络感情"。此类种地户除了

---

① 光绪《鹿邑县志》卷9，风俗。
② 《中国经济年鉴》第三编，1936年，第210页。
③ 《南德长途汽车路沿线经济状况》，《中外经济周刊》1927年第230号。
④ 范琢之：《河北南和农村情况》，《新中华》1934年第2卷第22期。

耕作，须为地主挑水、铡草。"二八分"俗称"二八锄地"。其惯例是，地主自行翻耕、播种，种地户只管锄地、收割。据说前项办法在乡间"占大多数"，后项办法"占最少数"。[①] 临清的分益雇役制，其形式和惯例类同菏泽的"小种地"。不同的是，为地主服劳役的不是男人，而是女人。据说该县的种地户，"在男子操作时中，其妻子必须至地主家中听指挥，田中操作完毕，方能回家"[②]。条件甚为苛刻。恩县的"招份子"也类似菏泽的"小种地"，只是种地户无须为地主提供劳役。[③] 东平分益雇役制不甚普遍，只有"小锄佃田法"一种形式，和菏泽的"二八锄地"同属于一个类型。但在耕作过程中需"众佃通力合作"[④]，大概是若干锄户合伙经营，这又类似于河南新郑的"牛把"。

陕北绥德、米脂等地的分益雇役制，主要是"按庄稼"（又称"安伙子""安伙则"）一种形式。据抗日战争时期的调查，在这种形式下，地主除土地外，还供给耕畜、农具、肥料。但种子和牲口饲料是地主垫借，由"伙子"归还。秋收后，先扣除种子、牲口饲料[⑤]，再按议定比例分配。通常是粮食对半分，柴草归地主。"伙子"一般也不是一户单独耕作，而是几个"伙子"联合耕作。因此，和地主平分后，伙子内部还要按人平均分配。

这类"伙子"大都是一无所有的农民，除种地外，还要为地主服各种劳役。有的甚至还要替地主贩炭经商。据估计，各种劳役每月误工五天。[⑥] 有时如做工日数太多，除吃饭外，也给点工资，但比普通工资要低一半以上，显然是象征性的。逢年过节，有的地主请"伙子"吃顿饭，算是平时零星使唤的报酬。在产品分配时，另给

---

① 《中国经济年鉴》第三编，1936年，第G205页。

② 《中国经济年鉴》续编，1935年，第169—170页。

③ 《鲁北十县农业调查报告》，转见《中国经济年鉴》续编，1935年，第169页。

④ 民国《东平县志》卷8，实业，第2页。

⑤ 按照米脂县杨家沟马家大地主的惯例是，每垧（合3—4亩）地出牛料五升。参见延安农村调查团《米脂县杨家沟调查》，第112页。

⑥ 柴树藩等：《绥德、米脂土地问题初步研究》，第49—50页。

"伙子"一二背黑豆秸或几捆高粱秆作引火柴用。同时，在"伙子"的佃种地中，拨出一二垧地给"伙子"种瓜、种山芋，其收成全部归"伙子"。[①] 这些使地主和"伙子"的关系上，抹上了一层"人情"色彩，掩盖了残酷的人身奴役和经济剥削。

在分益雇役制比较发达的热河、东北地区，"耪青"基本上可分为"外青""内青"（"里青"）两大类。里青是比较典型的分益雇役制，外青则比较复杂。在一部分地区，外青是指耕者自备生产资料的分成制佃农。如热河丰宁，耪外青者，地主只供土地，其余概自备。[②] 这些情况在东北南部地区更为普遍[③]，但在另外一些地区，外青也是一种分益雇役制。如吉林穆棱，租佃有三种："死租""内青""外青"。死租即普通租佃关系中的定额租制，内青是与地主同住，被"立于雇工之地位"，用地主农具垦种地亩，秋后分得40%—60%的收成。外青则是由地主供应住房及伙食。所用牲畜及农具，或由地主供与，或由青户自行购备，所得收成，青户得50%—70%，地主得30%—50%。[④] 可见那里一部分外青是完全由地主供给生产资料的，和里青没有质的区别。在热河绝大部分地区，里青、外青都属于分益雇役制[⑤]，都是地主提供耕牛农具等全套生产资料，借贷口粮和流动资金。只是住食、粮钱借贷条件以及是否为地主提供劳役等方面有所差异。

奉天洮南（今属吉林省）、热河吐默特右旗（朝阳县）等地，分益雇役制的类型更复杂一些。

据民国《洮南县志》载，"地主呼佃户为青户，佃户租种土地为耪青"。召佃之法有四："外青""里青""半青半伙""里青外住"。

---

① 延安农村调查团：《米脂县杨家沟调查》，第110—111页。

② 日伪热河省长官房土地科：《热河省之土地》（日文打印本）卷1，第417页。

③ 参见满铁农业试验场编《到田间去》，汤尔和译，第38页；《民商事习惯调查报告录》，第758页；民国《洮南县志》卷4，农业，第29页。

④ 《吉黑两省移垦之测查及指针》，《中东经济月刊》1930年第6卷第3号。

⑤ 只有吐默特右旗（阜新县）的外青，又叫"力量青"，相当于普通佃农。《锦热蒙地调查报告》上卷，第88—89页。

　　外青是地主提供土地、房屋、农民自备其他生产资料的分租制佃农；里青、半青半伙和里青外住都是住地主房屋、用地主农具耕种地主土地、秋后分得五成粮食的分益农。不同的是里青由地主提供伙食，所以必须为地主服劳役，里青外住（又叫"里青外冒烟"）自备伙食，因而不必服劳役，半青半伙则是将应得的五成粮食中的三成改为货币工资，因而带有半长工的性质。

　　热河吐默特右旗汉人之间的土地租佃也有四种基本形式，即："力量青""外青""里青"和"半青半活"。

　　力量青——相当于洮南的外青，是普通分租制佃农。外青、里青、半青半活基本上是只出劳力的分益农。外青和里青分别相当于洮南的里青外住和里青，但稍有差异。他们住地主房屋，由地主垫借口粮，但须在秋后加利偿还。外青须负担全部雇工费用（由地主垫借，按分五厘利息偿还），在农闲时，须为地主修理农具、粉刷墙壁、积肥以及准备牲畜饲料等。产品分配，粮食对半，秸归地主。里青由地主负担一半雇工费用（另一半通常由地主无息垫借，秋后偿还）。但不管农闲、农忙，都须听从地主使唤，提供各种劳役。半青半活与里青条件相同，但地主另派一名雇工协同"青人"耕作。至于产品分配，外青和内青可净得五成粮食，而半青半活分得五成粮食后，尚须与地主雇工平分，实得二成五。[1] 这里"半青半活"和里青、外青则有明显的差别，主要是前者雇工作为地主的"代表"直接参加耕作、管理，青户所得产品的份额也减少了一半。[2] 地主派雇工和青户一起耕作管理的情况，在河南、河北、山东等地也是常见的，下面还要进一步论述。

　　此外，热河地区的分益雇役制还有某些特殊的惯例，值得加以叙述。喀喇沁右旗（建平县）王府村，大田榜青的青户所住地主房

────────

① 日伪地籍整理局：《锦热蒙地调查报告》上卷，第263—266页。
② "半青半活"所得产品减少了一半，但并不等于说他所得的绝对数也会减少一半。因为在正常情况下，耕作面积会随劳力数量增加。如耕作面积和总产量同劳力成正比，"半青半活"的所得部分仍然同里青、外青相等，只是地主加强了土地耕作管理的直接控制。

屋，需要自己修理，但由地主提供材料；罂粟榜青，地主所贷粮、钱均不加利，但青户须负担50%禁烟税。鸦片收入对半分。① 又该旗公爷府地方，榜青多采用粮谷对半分的"外青"形式，而地主应得一半粮谷，"外青"有时也可以按市价折成现金交纳。② 分益雇役制而采用折租的纳租方式，尚属罕见。建平县城一带则有这样的惯例：青户借用地主牛马、农具等，凡秋收以前损坏的，全由地主负担。③ 这一惯例可能是为了避免由于牲口的病害、农具损坏而引起的纠纷。敖汉旗官家地一带的惯例是，外青的种子、农具、住房均由地主提供，口粮、衣料（大布）及雇工费由地主垫借，秋后加利三至五分偿还。但遭凶年，地主垫借的钱、粮由地主负担，无须偿还，榜青契约解除，青户则转为雇工，由地主发给年薪30—50元。④ 这种显然有利于农民、不利于地主的惯例，不知是从何时以及如何形成的。是由于榜青户力量的强大⑤，还是出于地主的"仁慈"？抑或其他因素？无从证实。

以上所说的各种类型的分益雇役制，大多是农民一家一户单独耕作，各自构成一个相对独立的生产单位，仍是一种农民经营。除此而外，还有一种以地主为经营单位的分益雇役制。前面提到的山东朝城的"二八（或三七）劈粮食"，河南许昌、滑县的"伙计"，河北安次的"锅伙"，江苏铜山、沛县一带的"锄户"，奉天洮南的"半青半伙"，热河吐默特右旗的"半青半活"，都明显地属于这种类型。

这种类型的共同特点是，全部生产资料都由地主提供，农民基本上只出劳力；地主土地不分散租出给农民单独使用，而是统一耕作，统一经营；有的地主还雇有长工和农民一起耕作。按照长工和

---

① 据说一青户可种烟15亩，应征禁烟税75元，青户负担37.5元；收入240元，青户得120元。（《锦热蒙地调查报告》中卷，第727—729页。）

② 《锦热蒙地调查报告》中卷，第839页。

③ 《锦热蒙地调查报告》中卷，第1022页。

④ 《锦热蒙地调查报告》下卷，第2109页。

⑤ 该地全村1399户中，只350户占有土地，其余1000多户靠榜青和采集甘草为生。据说农户中有70%—80%榜青户。《锦热蒙地调查报告》下卷，第2108、2116页。榜青户力量是比较强大的。

农民在生产中所处的地位，又可分为两种情形：一种是农民处于组织者的地位，领导和指挥长工进行生产；另一种是长工处于组织者的地位，代表地主指挥和监督农民进行生产。

农民指挥地主长工生产的分益雇役制，只见到一例，即山东朝城的"种地头"制。这种"种地头"通常都是本村人，同地主关系比较密切。按照当地经营习惯和耕作能力，一个百亩左右的地主，通常雇一个"种地头"和一个长工。如地多，"种地头"亦相应增加。"种地头"不提供生产资料，但须负担一半的农忙短工费用。按惯例，短工由地主和"种地头"分别雇请，各自管饭付酬，但雇工数量必须对等。

"种地头"的职责是带领和指挥长工劳动，计划和安排生产，负责田间和场院的一切活计。包括驾车、铡草、养牲口和各种田间劳动。但只限于农业劳动，而不管家务杂活。[①] 长工则不同，既要干农活，也要干家务杂活。

如果只有七八十亩地的农户，通常只雇一名长工，而不雇"种地头"。这时，土地所有者自己直接管理生产，并参加田间劳动。这种方式就是通常说的富农经营了。据说当地的地主和富农界限非常明显，凡同时雇有长工和"种地头"的，即是地主，只雇长工而无"种地头"的，即是富农。这是当地土地改革时划分地主、富农的一个重要标准。[②]

同朝城的情况相反，河北安次的"锅伙"，河南新乡的"揽活"，滑县、许昌的"伙计"，江苏铜山、沛县一带的"锄户"，都是在地主长工的指挥和监督下从事耕作。

前述安次地主庆安堂雇有 10 名长工和 32 名"锅伙"。长工带领和监督"锅伙"劳动。"锅伙"于每年二月一日上工，十月一日下

---

① 哪些是"种地头"该干的农活，哪些是家务杂活，据说当地都有一套惯例，如土地施肥方面，"种地头"只管出粪、运粪、施肥，而不管给猪圈垫土，因为后者在当地属于家务杂活。

② 参见刘克祥《近代农村经济调查札记》（未刊稿）。

工。在这八个月中，由地主供给住宿，并暂垫伙食，"锅伙"和长工同吃同住同劳动。秋后，锅伙分得四成粮食，偿还地主垫借的伙食，各自回家。据调查，32 名"锅伙"共耕种 2275 亩土地，每人平均 71 亩。可分得 40% 即 28.4 亩地的粮食和棉花。1934 年，每名"锅伙"分得籽棉 787 斤，粮食 95.7 斗。① 这在各地帮工式佃农中，算是收入比较高的。

河南新乡的"揽活"、滑县的"伙计"也是和地主的长工协同耕作，并由后者指挥。如滑县的"雇工常处于领导地位，可以指挥伙计"。② 和安次的"锅伙"不同，"揽活"和"伙计"劳动时必须自带锄头、镰刀等小型农具，而所得农产品的成数远比"锅伙"低。不但只能得到二成或三成粮食，而且有时还要同地主长工和牲口（三头当一人）再次平分。③ 此外，不管采取何种分配方式，"揽活"或"伙计"都必须给地主服若干天的劳役。

江苏沛县、铜山一带的"二八锄户"制的情形又有所不同。这里的地主虽然同时雇有长工和"锄户"④，长工也是处于指挥和监督的地位，但并不自始至终和"锄户"协同劳动。他的主要职责是管理田场、喂养牲口、翻地播种。以后的农活，即从耪地、收割直至谷物入仓，全由"锄户"承担⑤，长工不再参加。这里，长工和"锄户"采取的是"流水作业法"。

生产资料方面，耕畜、农具、车辆、种子、肥料自然是由地主提供的。由于不少"锄户"来自外省或外县，大部分"锄户"的住房也是地主的。此外，庄稼成熟时，"锄户"守夜看庄稼，由地主供给晚饭，收割打场时，由地主供应茶水。至于平时劳动，"锄户"必

---

① 转见草野靖《中国的地主经济——分种制》，第 188—189 页。

② 西超：《高利贷支配下的滑县农村经济》，《新中华》1934 年第 2 卷第 1 期。

③ 新乡土门村一带的"揽庄稼"制分配就属于这种情况。张锡昌：《河南农村经济调查》，《中国农村》1934 年第 1 卷第 2 期。

④ 按面积计算，通常每百亩雇长工 1 人，一个 200—300 亩的地主雇长工 2 人，同时，每 30 亩地雇"锄户"1 人，一个 200 亩的地主，雇 6—7 个"锄户"。

⑤ 在犁地、耙地、播种时，"锄户"中必须有一部分人参加，地主只供伙食，不给工资，但按照契约和惯例，这是"额外"的工作。

须自备伙食,自带锄头、镰刀等小型农具,如果生病或其他原因误工,必须自己雇人代替。收割打场时,"锄户"不但必须全家参加,还要自己出钱雇短工。

产品的分配比例是,小麦、大麦一九分成,即地主九成,"锄户"一成;豆类、高粱、谷子、黍稷等粮粒,以及能捆的柴草,均二八分成,不能捆的全归地主。按照惯例,产品分配的当天,地主请众"锄户"吃饭,届时将粮粒等堆放一起,量出总数,按约定比例留下"锄户"应得部分,其余的归地主,并由"锄户"运送入库,然后"锄户"内部再进行分配。①

以上考察表明,不管不同地区,还是某一局部地区,分益雇役制都有多种类型,每一大类中,又可分为若干小类,各有自己的惯例。按照生产资料的所有关系、劳力的使用情况、生产经营的组织和单位、产品的分配原则和比例,可以将上述各地区分益雇役制的各种类型归纳如下:

从生产资料的所有关系看,可以分为两大类:一类是所有生产资料,全由地主提供,农民只出劳力;另一类是地主提供耕牛、大型农具、种子、肥料等主要生产资料,农民自备锄头、镰刀等小型农具,也有的需要农民提供若干比例的种子和雇工费用。

从地主对农民劳动力的支配和使用情况看,可分为两类:一类是农民只承担所种土地的农业生产劳动,而不为地主服任何其他劳役,亦即地主只能在农业生产的范围内支配农民劳力;另一类是农民除从事田间劳动外,还必须为地主干家务杂活,或从事地主认为需要的其他劳役。服劳役的时间可以是农闲季节,也可以是农忙期间,可以是农民本人,也可能包括他的妻子。

从农民参与的农业生产过程看,也可以分为两类,一类是农民参与地主农业生产的全过程,即从土地翻耕直至庄稼收割、谷粒上场;另一类是农民只参与农业生产的某几个环节,一般是从播种或

---

① 《沛省的二八制》,上海《大公报》1936年8月18日,转见天野元之助《支那农业经济论》(日文本),第599—600页。

锄地开始，至庄稼收割上场。犁地、播种由地主自理。

从生产经营的组织和单位看，基本上可以分为三大类：第一类是单个农户成为相对独立的生产经营单位。第二类是若干农户或单身农民协同劳动，组成一个临时性的生产单位。第三类是若干农户或单身农民和地主长工协同劳动，以地主家庭为生产单位，其中又有两类情况，一是农民处于指挥和监督地位，二是地主长工处于指挥和监督地位。

农产品的分配情形最为复杂，基本上可以分为两大类：一类是农民只能分取一定比例的粮食，一切秸秆柴草全归地主；另一类是农民除粮食外，还可分得少量柴草，主要是所谓"带腰的"或"能捆的"秫秸、麦秆等。

以上从不同角度划分的各种大小类型，互相联系，彼此交错，形成各种不同的组合，使分益雇役制的情形十分复杂。通过对各种类型的考察分析，可以看出分益雇役制下地主对农民政治支配和经济剥削关系的情形及其变化，可以看出各个地区土地租佃关系、劳力雇佣关系、钱物借贷关系的某些异同和发展变化，可以看出农民经济和地主经济的某些发展变化。

四　分益雇役制的社会性质和历史地位

关于分益雇役制或帮工佃种制的社会性质和历史地位，学术界一直有不同的看法，有的把它划作租佃关系，也有的把它归入雇佣关系；有的把它看成中世纪农奴制的陈迹，也有的把它说成农业资本主义的雏形。归纳起来，大致有以下五种观点：

第一种观点认为，分益雇役制是一种"封建的农奴制度"，分益农带有"农奴之性质"[1]，或谓之"雇佣性质的农奴"[2]。

第二种观点认为，分益雇役制是"从农奴制向单纯代役租过渡

---

① 吴寿彭：《逗留于农村经济时代的徐海各属》，《东方杂志》1930年第27卷第7号。
② 孙晓村：《现代中国的农业经济问题》，《中国土地和商业高利贷》，第135页。

的租佃关系"①，或谓之"从农奴的定雇（地主的佣人）到佃农（分益佃农）的过渡形态"②。认为"从形式上看，这种租佃关系下的佃农和雇工有些相似，但是，实际上是很不相同的"③。

第三种观点认为，它是封建租佃关系中的一种"分种制"或"分租制"。持这种观点的人较多，不过一般只限于将其归类，而没有进行具体而系统的分析。

第四种观点认为，分益雇役制或帮工佃种制一是种"似佃非佃、似雇非雇"的"佃农兼雇农"的租佃制④，或者说是"接近于富农式经营的一种租佃形式"，是"从租佃过渡到雇佣的一种中间形式"⑤，是"从佃农到雇农，从农民经营到地主经营的过渡形态"，说它"同资本主义式的地主经营，相差仅只一步而已"⑥。他们还就某些地区帮工佃种制的性质进行了较为全面的论述。如柴树藩等同志系统分析了陕北绥德、米脂一带的"按庄稼"的性质，认为从土地关系上看，按庄稼同租种、伙种没有多大区别，都是农民向地主取得使用权、自己成为一个农业经营单位，以收获物的一部分交给地主作为地租。若从其他生产手段看，则有很大不同，它们的所有权属于地主，使用权属于农民。再从借吃粮食看，又包含一种借贷关系。而农民所负的劳役，可以看作付给地主的生产工具的租子和借粮的利息。因此，"按庄稼可以说是一种土地租佃、农具牲口的租佃、粮食借贷混合型的剥削关系"⑦。

第五种观点认为，分益雇役制"名义为佃种，事实上等于包工制"⑧，"也可以说是一种变相的雇佣劳动"⑨。在这种制度下，地主

① 王方中：《中国近代经济史稿》，第504页。
② 天野元之助：《支那农业经济论》（日文本），第598页。
③ 王方中：《中国近代经济史稿》，第505页。
④ 陈颜湘：《沛县农村见闻记》，《农行月刊》1934年第1卷第2期。
⑤ 柴树藩等：《绥德、米脂土地问题初步研究》，第51页。
⑥ 张益圃：《江苏的土地分配和租佃制度》，《中国农村》1935年第1卷第8期。
⑦ 柴树藩等：《绥德、米脂土地问题初步研究》，第50—51页。
⑧ 吴顺友：《江西之农佃概况》，引自《中国农村经济资料》续编，第545页。
⑨ 薛暮桥：《中国现阶段的租佃关系》，《中国农村》1936年第2卷第4期。

所得部分，"名义上是地租，实际包括着农业的成本和利润"；佃农所得部分，"也可以说是一种实物工资"①。"他们和工资劳动者在本质上可说是同一的东西"②。因此，帮工佃种制"实非一种佃租制，因地主与种者彼此不是地主与佃户之关系，而是雇主关系"。帮工式佃农"实无异于长工"③。

上述观点大多是就某一地区或某一类型的分益雇役制提出来的，观点的差异反映了分益雇役制本身性质的复杂。这种制度本来就不是一种单一的地主土地经营方式。前面说过，由于地主提供生产资料的品种、数量及其方式、条件不同，分益雇役制的形式和内容各式各样，再加上各个地区社会经济发展水平、租佃和雇佣习惯，地主和农民阶级力量的对比、土地和劳力的供求关系等，相差悬殊，使分益雇役制的种类和性质更加复杂。事实上，上述每一种观点都不难找出一两个实例来加以论证。问题不在于是否存在某种类型或性质的分益雇役制，而是该种类型或性质的分益雇役制在整个制度中占有多大比重，有多大代表性。应当怎样从总体上来把握和分析分益雇役制的社会性质和历史地位？这就不仅要具体考察各个地区、各种类型的分益雇役制，了解其惯例和个性，而且要结合当时总的社会历史条件，对整个分益雇役制进行综合考察，找出它的共性，揭示它的本质特征。否则就会只见树木，不见森林，以偏概全。

如果将分益雇役制放到当时总的社会历史条件下来考察，我们就会发现，认为分益雇役制是一种"封建的农奴制"或"从农奴制向单纯的代役租过渡的租佃关系"的观点，是不符合历史实际的。

前面关于分益雇役制流行和发展情况的考察表明，这种制度虽然可以追溯到明代后期和清代前期，但主要是近代特别是 20 世纪初

---

① 薛暮桥：《中国现阶段的租佃关系》，《中国农村》1936 年第 2 卷第 4 期。
② 冯紫岗、刘端生：《南阳农村社会调查报告》，第 69 页。
③ 《中国经济年鉴》第三编，1936 年。

叶流行和发展起来的。

到明代后期和清代前期，中国封建社会已经发展到晚期，城乡商品货币关系明显扩大，商业性农业有了不同程度的发展。封建租佃关系发生了显著变化，佃农的政治和法律地位提高，封建依附关系有所松弛。实物地租逐渐取代劳役地租，成为占主导地位的地租形态，实物地租本身也在发生变化，即由低级形式的分成租制向高级形式的定额租制过渡。货币地租也出现了。这一切标志着封建租佃关系正在由农奴型向契约型转变。

鸦片战争后，特别是 20 世纪初叶，中国由原来的封建社会沦为半殖民地半封建社会。一方面，农村的封建生产关系被保存下来；另一方面，广大农村，特别是口岸附近和铁路交通沿线地区被卷入资本主义世界市场，农产品进一步商品化，农村中的资本主义生产关系有了某种程度的发展，一些地区的地主经济也开始发生变化。由于商品经济的增长，特别是外国侵略者和国内剥削阶级的残酷压榨，广大农民两极分化加剧，经济地位不断恶化，但封建依附关系无疑在进一步松弛。

在这种历史条件下，那些偏僻和经济落后地区，部分保留由地主供给一切生产资料的农奴型租佃关系的情况是存在的，也不排除少数完全丧失生产资料的普通佃农沦为农奴式佃农，但不会大量产生或普遍重新出现封建社会中期以前那种农奴型的封建租佃制。从地区和社会经济条件来看，如前所述，近代分益雇役制大部分发生在铁路交通沿线地区、经济作物种植和商业性农业比较发达的地区以及农业新垦区。这些地区商品经济比较发达，农民流动比较频繁，封建宗法统治相对薄弱，带有资本主义性质的富农经济也有某种程度的发展，不存在大量滋生农奴型租佃制度的土壤和条件。

判断分益雇役制是否属于封建农奴制性质，除了考虑生产资料的结合方式外，主要是看地主和农民之间的支配与被支配关系。我们知道，农奴制的特点是封建领主占有土地和部分占有农奴的人身。

农奴没有人身自由，完全被束缚在地主土地上。"农民对地主的人身依附是这种经济制度的条件"①，而近代北方地区的分益雇役制，情况则不同。农民和地主之间的关系大多是一种契约关系，有关权利和义务由双方议定，契约持续的时间也很短，一般以一年为限。如东北，据说耪青契约期限"概为一年，每年更换合同"②。其他地区也大致如此。届时，双方均有权终止契约关系，十分自由。热河吐默特右旗一带，通常是每年10—11月决定第二年是否继续耪青关系。如契约终止，青户即离开地主家。③ 河北安次的"锅伙"，每年农历二月一日上工，十月一日下工。④ 契约期限只八个月。下工后契约关系即行解除。山东朝城的"种地头"的契约期限通常也是一年。按照惯例，每年中秋节，地主请"种地头"和长工吃饭，同时决定契约关系的续、断。只有在地主、"种地头"和长工三方满意时，契约关系方能继续，否则即行终止。⑤ 江苏沛县的"二八锄户"契约的订立和终止也是十分自由的。据说"地主无强制佃户之权"。地主可以分招数家锄户；锄户亦可分锄数家地主土地。平时，地主并不催督锄户劳动，如锄户懒惰，第二年地主即取消其锄地资格；而在锄户方面，如地主肥料供给不足而减收，第二年即行退锄。⑥ 这些都说明，在分益雇役制下，地主和农民之间显然不存在类似欧洲中世纪农奴制的人身依附关系。地主对农民的剥削主要不是凭借超经济强制，而是经济强制。换言之，分益雇役制和农奴型的租佃关系，在性质上是有重大区别的。

与分益雇役制的性质相联系，上述五种观点之间的重大分歧还在于对这一制度的历史进程和发展方向的判断，亦即分益雇役制是

---

① 《列宁全集》第3卷，人民出版社1959年版，第158页。

② 满铁：《东省之农业》，第16页。满铁的另一调查材料说，耪青"期限不一定，大抵以一年为限"（满铁农业试验场编：《到田间去》，汤尔和译，第38页。）

③ 《锦热蒙地调查报告》上卷，第264页。

④ 草野靖：《中国的地主经济——分种制》，第198页。

⑤ 刘克祥：《近代农村经济调查札记》（未刊稿）。

⑥ 陈颜湘：《沛县农村见闻记》，《农行月刊》1934年第1卷第2期。

由农奴型的租佃关系向普通封建租佃关系演变，还是由普通封建租佃关系向资本主义性质的雇佣关系演变？这种制度下的农民是由农奴式的佃农向普通佃农演变，还是由普通佃农向雇佣劳动者演变？换句话说，近代北方地区大量出现的分益雇役制是封建前期或中期的历史产物呢，还是封建主义向资本主义过渡时期的产物？通过对分益雇役制社会性质的分析，我想回答应该是后者，而不是前者。认为分益雇役制是由农奴制向普通封建租佃关系过渡的观点，是把形式相似而性质不同的历史事物混同了。

　　前面提到，在封建租佃关系的发展变化中，佃农对生产资料的占有关系，有一个从无到有、从少到多而后从多到少、从有到无的发展过程。在前一阶段，随着佃农占有的生产资料数量增加，人身自由不断扩大，即由原来很少人身自由的依附农逐渐向有较多人身自由的契约佃农或普通佃农发展。这时，佃农的人身自由程度同他占有的生产资料数量成正比。在后一阶段，佃农不断丧失和减少生产资料，但并没有因此丧失或减少人身自由，而退回到原来的封建依附农状况。相反，随着社会经济的发展，特别是城乡商品经济和资本主义因素的增长，佃农的人身自由继续扩大，由小私有者的普通佃农逐渐向既无生产资料又不受封建人身束缚的农业雇佣劳动者转化。从某个角度看，这时佃农的人身自由程度同他占有生产资料的数量成反比。那些没有任何生产资料、给外村外乡地主充当"里青""锅伙""锄户""伙子"的农民，显然比占有土地以外的全部或部分生产资料的佃农更为"自由"。

　　如果用两根坐标线表示佃农生产资料的占有和人身自由的关系（见图1），则前者是一根抛物线，后者是一根直线，两线组成一个喇叭口形状。从生产资料的占有情况看，近代的分益农同封建社会前、中期的依附农是一样的，即占有的生产资料很少，甚至完全没有生产资料。但他们的人身自由程度相去甚远，前者基本上实现了双重意义上的自由，即既无（或很少）生产资料，也无（或很少）封建束缚；而后者则很少人身自由，完全被束缚在地主土地上。他们的发展趋势和结局也不一样。前者是向资本主义性质的农业雇工演变，即由个体小生产者向雇佣劳动者演变；而后者是由依附农向普通佃农演变，由没有独立经营权和较完整的个体经济的农奴向有独立经营权和较完整的个体经济的佃农转化。因此，只从生产资料的占有情况着眼，把近代的分益雇役制说成是中世纪的农奴制或由农奴制向单纯代役租过渡的租佃关系，根据是不足的。

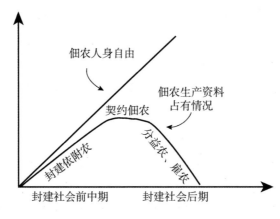

图1

当然，这并不等于说，近代时期的分益农都是从有比较完整的个体经济的普通佃农演变来的，前面已经提到，有些分益农可能从来就没有占有过任何生产资料。同时，也不排除一部分益雇役制演变为普通租佃关系，分益农演变为普通佃农。如前所述，这种情况在20世纪30年代就时有发生。但这是在社会动荡、经济衰退、富农经营和地主雇工经营萎缩的历史条件下出现的。不能据以说明正常的历史发展趋势。相反，分益雇役制的扩大和缩小与富农经济和地主雇工经营的兴衰同步，正说明分益雇役制不是中世纪农奴制的陈迹，而是近代农业资本主义因素增长的产物。

列宁在论述俄国废除农奴制后的农业资本主义状况时说，"资本主义经济不能一下子产生，徭役经济不能一下子消灭。因此，唯一可能的经济制度只能是一种既包括徭役制度特点又包括资本主义制度特点的过渡的制度"①。这种有着双重特点的制度就是"工役制"。近代北方地区的分益雇役制虽然在内容和形式上不同于工役制,② 但性质上有某些相似之处。分益雇役制是从租佃发展到雇佣的一种过渡形态,兼有封建租佃关系和资本主义雇佣关系的某些形式和特征。在这种制度下,尽管土地仍然是地主和农民之间经济联系的主要纽带,地主将土地交给农民耕种,农民将一定比例的生产物交给地主作为地租,但由于地主提供全部或绝大部分生产资料,农民缴纳的地租包含了地主垫支的农业投资及其利息,农民所得只大体相当于劳动力价格,有的还不能像普通佃农那样自成一个经济单位,进行独立经营。因此,分益雇役制已经不是原来意义上的农民经营,已经带有地主经营的某些形式和特征。它是从农民经营发展到地主经营的一种过渡形态。

分益雇役制下的直接生产者,是由佃农到雇工的一个过渡阶层,兼有二者的某些特征。但是,如果作进一步的考察,就会发现,分益农本身的性质差异很大。有的很像伙种制下的佃农,有的则更接近于长工。因此,分益农在性质上可以大体区分为佃农和雇工两种类型。区分的标准是:第一,地主的土地是统一经营还是分散租出,农民是否构成一个相对独立的生产经营单位;第二,在地主决定种植计划和作物结构的前提下(只要地主提供种子,也就实际上决定了土地种植计划和作物结构),农民是否有权独立安排活计,自由支配自己的劳力;第三,在产品分配方面,农民所得部分是作为地主支付的报酬还是作为农民租种土地的收入,与此相联系,地主所得部分是作为农民交纳的地租还是自耕地的收入。如果地主将土地分

---

① 《列宁全集》第3卷,人民出版社1984年版,第165页。
② 俄国的工役制是农民用自己的工具耕种地主土地,以抵偿地租或债务。在工役制下,地主的租出土地和自营土地是分开的,农民的必要劳动和剩余劳动在时间和空间上是分开的。而中国的分益雇役制是农民用地主的工具(也有自备部分工具的,但占少数)耕种地主土地,并分取一定比例的收益。在这种制度下,地主的租出土地和自营土地是统一的,农民的必要劳动和剩余劳动在时间和空间上也是不可分割的。因此,有的学者把分益雇役制完全等同于工役制,并不恰当。

散租出，并不直接监督分益农的生产活动，分益农之间亦不发生横向协作关系，各自构成一个相对独立的经营单位，秋后按契约规定分配产品，农民将地主应得部分作为地租送交地主，这种分益农在性质上仍是佃农。反之，如果地主并不将土地分散租出，而是集中经营，雇请若干分益农协同耕作，甚至同时雇请长工管理土地，监督或协同分益农劳动。有时，地主还垫支伙食，分益农和地主或长工同吃同住。分益农的一切生产活动都在地主的直接或间接监督下进行，他们已经不构成一个相对独立的经营单位。和长工一样，他们分得的一部分产品也是地主支付的报酬。所不同的是，长工所得是固定的货币工资，而分益农所得是产品分成，收入的多寡同农业收成相联系。从性质上看，这种分益农已经不是佃农，而是雇工。

　　根据这三条标准，前面提到的各类分益雇役制中，江苏砀山的"把牛"，河南新郑的"外把""内把"，上蔡的"大牛把"，淇县的"庄稼"，河北故城、枣强的"三七分收"和"二八分收"、南和的"大庄家"，冀南某些地区的"小代种"，山东菏泽的"三七分"，恩县的"招分子"，陕北绥德、米脂一带的"按庄稼"，等等，一般仍是佃农。而河南商水的"把牛"，许昌、滑县的"伙计"，新乡的"揽活"，新郑的"牛把"，淇县的"包锄"，河北南部地区的"种地"，固安的"开过伙"，安次的"锅伙"，山东东平的"小锄"，朝城的"种地头"，江苏沛县、萧县、铜山一带的"二八锄户"，等等，性质上更接近于雇工。

　　热河、东北地区的情况比较复杂。从种类上看，前述热河吐默特右旗的"里青"和"半青半活"，奉天洮南的"里青"和"半青半伙"，和雇工性质接近。奉天通化的"内青"，据说"也与雇工同，惟无工价，一切食用，由地主供给，秋天平均分粮"[1]。吉林《桦甸县志》把当地俗称"青份"（亦称"平分账"）的分益农放在"雇工"项内记载[2]，可能也是"里青"。"里青外住"是否构成相对

────────

① 《中国民事习惯大全》第一编，第七类，第12页。
② 民国《桦甸县志》卷7，经制，第14页。

独立的经济单位，难以判断，因而不能确定它的性质。至于"外青"，在性质上似乎更接近于佃农。但在热河敖汉旗一带，凡是耪青地，不管"内青""外青"，都被看作地主直接经营，而青户被看成雇佣劳动者。这从日本人的调查项目分类中也可看出来①：

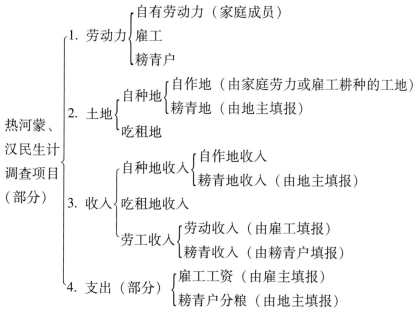

在这里，耪青户被划入地主的劳动力，耪青地算作地主的自种地，由地主填报而不由耪青户填报，土地产量全部列入地主所收入，而耪青户所得部分列入地主支出。在耪青户方面则是列为劳工收入，而非土地收入。可见，当地耪青的雇佣性质是十分明显的。

分益雇役制不是中世纪农奴制的历史陈迹，而是从租佃到雇佣的一种过渡形态，它是伴随近代商业性农业的发展、资本主义因素的增长而大量出现的一种地主经营方式，从一个侧面反映了新的历史条件下地主经济发展的一个新的动向。虽然这种制度没有、也不可能根本改变当时地主制经济的腐朽性和反动性，但相对于当时已成为农业生产力发展桎梏的封建租佃制而言，仍有某些历

---

①　参见《锦热蒙地调查报告》各卷。

史进步性。

首先，地主将一部分剥削收入投资农业，向农民提供耕畜、农具、种子、肥料和一部分雇工费用，这比把剥削收入全部用于生活享受、窖藏以及高利盘剥、杀鸡取卵要好一些。当然，在一部分地区的分益雇役制中也包括明显的高利贷剥削。同时，为了收回投资和取得利息，这一部分地主比其他租出地主更关心农业的生产过程，他们的寄生性比租出地主稍小一些。

其次，采用分益雇役制的地主为了减少设备（如住房、农具等），节约开支，便于生产上的指挥和管理，尽可能减少分益农的数量，扩大其耕作面积。这就避免了普通佃农分散经营常有的人力浪费，提高了单位劳力的耕作面积和劳动生产率。通常分益农的耕作面积比佃农要大。如前述河北安次庆安堂的"锅伙"，平均每人71亩，如果加上长工，人均耕作面积也还有约54亩，而该地主所招的112名佃农，耕作面积约4000亩，人均耕地面积不到36亩。[1] 前者比后者约高50%，河南新乡八柳镇杜氏地主采用分益雇役制经营的3000亩土地，按监工、长工、"搅活"合计41人计算，每人平均耕作面积约73亩[2]，热河耪青户的人均耕作面积，据日本人所做的生计调查，少的有50亩，多的有100亩，一般为70—80亩[3]，即使在人多地少的山东朝城，一个百亩左右的地主也只雇一名长工和一名"种地头"，人均耕作面积在50亩左右。[4] 河北故城、枣强，山东武城一带，据说分益农普通一人能种40亩，多的可达50亩。[5] 这些都比当地佃农或中小自耕农的人均耕地面积大得多。据金陵大学20世纪20年代的调查，在帮工佃种制比较普遍、帮工佃农在佃农中占一定比例的安徽宿县和山西五台县，佃农的平均耕作面积都大于自耕

① 这些佃户中也许有的同时租种其他地主的部分土地，但是这些佃农的家庭劳力，肯定平均不止1人。通常应在1.5人以上。两相抵消，人均耕作面积肯定在36亩以下。
② 《河南省农村调查》，第103页。
③ 参见《锦热蒙地调查报告》各卷。
④ 刘克祥：《近代农村经济调查札记》（未刊稿）。
⑤ 《中外经济周刊》1927年第230号。

农和半自耕农。宿县的自耕农和半自耕农平均耕作面积分别为 51.2
亩和 40.5 亩，而佃农为 98.2 亩。在"帮工佃种制最为普遍"的五
台县，自耕农平均耕作面积为 62.1 亩，而佃农达 181.2 亩，比前者
几乎高出二倍。①

　　土地使用的零碎、分散，单位劳力耕作面积的窄小，是中国农
业落后、劳动生产率低下的突出标志，而分益雇役制使土地的经营
管理相对集中，有利于土地的合理使用和劳动力的充分利用，这不
能不说是一种进步。

　　第三，分益雇役制有利于土地产量和收益的提高。这有三方面
的原因：一是上面说的土地的相对集中经营管理，可以因地制宜，
提高了土地利用的合理性，减少了因使用分散而造成的土地浪费；
二是保证了耕畜、农具、种子、肥料的供给。近代时期，广大佃农
经济状况日益恶化，耕畜、农具、肥料十分缺乏，种子也难以保证，
往往延误生产季节，导致农业生产的萎缩。② 分益雇役制在一定范围
内避免了这种情况的出现；三是有利于调动直接生产者的积极性。
如前所述，分益农不同于长工，不是领取固定的货币工资，而是产
品分成。分益农的收益直接同产量挂钩。为了增加收益，地主和分
益农都希望提高土地产量。为此，地主要求分益农多出劳力，而分
益农要求地主多施肥料，互相制约。这种制约关系在前述江苏沛县
的"二八锄户"制中表现得十分明显。充足的人力和肥料必然促成
产量的提高。在地主长工和分益农协同耕作的情况下，也会形成一
种制约关系，促成土地产量的提高。一个曾为地主扛过长工的八路
军老战士分析山东朝城的"二八（或三七）劈粮食"制时说，这种
经营方式的优点是：可以由"种地头"筹划生产，地主不必事事过
问，比只雇长工省心。由于是同"种地头"分粮，使"种地头"
的劳动积极性提高。不但自己拼命干，还会督促长工干活，而绝

---

　　①　《中国农家经济》，第 202 页。
　　②　关于这方面的具体情形，参见章有义、刘克祥《太平天国失败后地租剥削问题初
探》，《中国社会科学院经济研究所集刊》第 4 辑。

不会同长工联合一气，用怠工来对付地主。据说采用这些经营方式，地主如同租出一样不必操心，但比租出多收二至四成粮食，扣除垫支的生产资金，可净多收一成粮食。[1] 所以，从某个角度看，分益雇役制不但优越于普通封建租佃制，也胜过地主的雇工直接经营。

　　当然，在分益雇役制下，地主对农民的剥削是十分残酷的。分益农的劳动时间长、条件差，而收入低、生活苦。产品分配比例，陕北、热河、东北等地，或因气候干旱、土地瘠薄，产量低下，或因地多人少，劳力缺乏，或因土地初垦，没有肥料投资，分益农所得比例稍高，可达四五成，其他地区，通常都是三七或二八分配，分益农只得二至三成，一般并不比长工多。如前述河北故城、枣强，山东武城一带，分益农普通一人种 40 亩，即使三七分收，亦仅获 12 亩地的收益，据说"比雇工所得，亦多出无几"[2]。江苏沛县一个耕作 30 亩的"二八锄户"，只能获得 6 亩地的粮食和 2 亩地的柴草。即使在丰年也只能维持 4 口人最低限度的生活。[3] 更有甚者，一部分地区的地主，通过垫借口粮、流动资金进行残酷的高利贷盘剥。据 20 世纪三四十年代的调查，陕北、热河一带的分益农，耕作期间的口粮、现金，全由地主垫借。秋收后，分益农用所得部分还了债务，还是两手空空。陕北米脂大地主马维新说："伙子的账，一辈子还不清。"[4] 在热河，地主借给青户的现金和粮食一般附加三分或五分利息，春天借一石小米，秋后还三石谷子。一个种五六十亩地的内青，全年在地主家吃饭，扣粮 2.2 石，而分得的粮食为 2—3 石，大体只够个人伙食。在敖汉旗小河沿一带，虽榜青面积可达百亩，但普通年成，榜青户口粮不足四个月。[5] 因此，不少分

① 参见刘克祥《近代农村经济调查札记》（未刊稿）。
② 《德南长途汽车路沿线经济状况》，《中外经济周刊》1927 年第 230 号。
③ 上海《大公报》1936 年 8 月 18 日，转见天野元之助《支那农业经济论》（日文本），第 599—600 页。
④ 《米脂县杨家沟调查》，第 115 页。
⑤ 《锦热蒙地调查报告》下卷，第 2234 页。

益农全年靠借债度日。

　　完全丧失生产和生活资料的破产农民的存在，是近代北方地区分益雇役制广为流行的重要原因。农民的贫困破产既是分益雇役制赖以存在的前提，又是它的结果。只有彻底消灭封建土地所有制，建立社会主义制度，这种状况才能根本改变。

　　　　　　　　　　　　（原载《中国经济史研究》1987 年第 2 期）

甲午战争后的农村换工劳动及其
向雇佣劳动的转变

　　甲午战争后，随着农村经济半殖民地化的加深，农村生产关系性质更加复杂、形式更加多样。农业雇佣劳动无论在量和质的方面，都发生了显著变化。由于商业性农业的扩大和雇工农户的增加，以扩大经营和追逐利润为目的的自由雇佣劳动，包括资本主义性质的雇佣劳动，有了较大幅度的发展，在农业雇佣劳动中占有越来越大的比重。① 但这只是事情的一方面。另一方面，形形色色的封建性强制劳动乃至奴隶劳动，有很多残留。同时，一些地区更普遍的情况是，农户经营规模狭小，劳动力的使用多不充分，有的甚至经常处于失业或半失业状态。一些农户使用雇佣劳动，既不是由于家庭劳力缺乏，也不是为了榨取雇佣劳动者的剩余价值，而只是一种农户间的劳力协作和调剂。这是一种互助性的换工劳动。更有相当多的农户直接以工换工。结果，在一些地区乃至单个农户内部，形成多种雇佣关系或劳动交换形式的并存；前资本主义强制雇佣劳动与资本主义自由雇佣劳动并存；雇佣劳动与换工劳动并存，等等。

　　本文的目的是通过对甲午战争后农村换工劳动及其向雇佣劳动的演变的考察，更全面地了解近代农业雇佣关系和农业生产关系的发展变化，认识其复杂性和多样性，也借以窥测农业雇佣劳动本身的起源和发展过程。

---

　　①　关于这一时期自由雇佣劳动的发展，参见刘克祥《甲午战争后自由的、资本主义的农业雇佣劳动的发展》，《中国经济史研究》1990 年第 4 期。

同时，广大农民在长期的农业生产实践中，为克服单个农户资金短缺、劳力单薄、工具不配套等诸多缺陷，在劳力、耕畜和生产工具的调剂互助方面创造和积累了许多行之有效的方法，这对今天以家庭为单位的联产承包责任制的农业经营方式，仍有某种借鉴作用。因此，关于农村换工劳动的考察，很有意义。

一　直接换工劳动的广泛存在

从劳动补偿和报酬支付的情况看，农户间的换工劳动有两种：一种是以雇佣劳动为外形的换工劳动，即按时计算付酬，如普通雇工，雇主和雇工不断易位。今天的雇主，明天变为雇工；同样，今天的雇工，明天变为雇主，即所谓"互佣"。单个农户的雇工和佣工时间也大体相等，收支平衡。另一种是直接换工劳动，即以工还工，不计工资报酬，仅以饭食相待，有的连饭食也不管。这是一种直接的活劳动交换和调剂。甲午战争后，上述两种换工劳动都还在一些地区不同程度地流行着。

直接换工劳动是最早出现的农户劳动互助和交换形式。战国以前的"耦耕"可能是这类劳动交换的典型形式，也是它存在的基本原因。[①] 长期以来，直接换工劳动在各地都很流行，直至20世纪初叶，仍不乏这方面的记载。

在南方，如湖北，每届插秧，"农人彼此换工，不计工资者甚多"[②]。据1928年对该省16县113处的调查，79处有比例不等的农户实行换工（另有8处情况不详），占总数的69.9%。换工内容包括插秧、锄草、灌溉、运粪、整秧田、打麦、割稻、插（或挖）白薯、筑堤等主要农活和水利劳动。[③] 湖南安乡，贫苦农民在农忙时虽

---

① 关于耦耕的具体形式和内容，学术界颇多争论。耦耕不一定是换工。但有两点可肯定：第一，耦耕必须有两个劳力；第二，在农业雇佣劳动尚不普遍的古代，不足两个劳力的农户，一般只有通过换工劳动才能进行耦耕。

② 《鄂省农业经济状况》，《中外经济周刊》第178号，1926年9月4日，第6页。

③ 据金陵大学农林科《农业丛刊》（第7号）《农村调查表》各表统计。

然雇用短工，"但主要的，还是由邻近的各个小农户彼此交换帮工为多"①。澧县的情况是，"在乡妇女劳于城市，种植收获无暇时。农人工作，附乡同村换工，不计工资，以酒食丰者为称说（悦）"②。沅陵县，一般小的佃农，平时使用家族劳动，但在农忙时，则多数采取近邻农家帮工的方式。③

江苏太仓，农户换工谓之"盘工"，据说十分普遍。④无锡也有小部分贫苦农民，以换工方式进行劳动调剂。据1929年的农户调查表统计，直接换工的约占调查农户的2%。⑤浙江开化县环翠等村，"雇农极少，农忙期间邀邻人互相帮助"⑥。

广东庆德，"普通耕田者（以土人计）互相为助，茶饭供足，少有言及工金者"⑦。在广西，据说除苍梧、邕宁二道外，都盛行直接换工制度。不但不付工资，"有些地方竟连膳食都不叨扰雇主"。该省还有一种互助制度，如农民遇有需要通力合作的工作，可以鸣锣召集邻近农民前来协助，不必支付工资，只要以丰盛饭食款待即可。遇到对方也有同样需要时，自然也须照此办理。⑧

在西南地区，四川宣汉县，"农人率以换工相辅助，换工者三五比邻协作互助。或彼或此，按日偿还，工资、饮馔不致有多寡丰俭之争执也"⑨。看来这里的换工劳动是互不供饭的。云南昆明、禄丰、玉溪、马龙、开远等地，情况大致相似。在昆明、马龙，农户插秧及收割时，均须他人协助，但多数是"交换工作"。玉溪也"大都是互相合作。甲家在插秧或收获时，乙家帮同插秧割

---

① 伍忠道：《湖南安乡县湖田区域中的农田经营》，《中国农村》第1卷第5期1935年2月，第72页。
② 民国《澧县志》卷1，《风俗》第5页。
③ 伍忠道：《湖南沅陵县农村经济的速写》，《中国农村》第1卷第10期1935年7月，第46页。
④ 满铁上海事务所调查室：《江苏省太仓县农村实态调查报告》，第90页。
⑤ 据《江苏无锡农民地主经济调查表》各表统计。
⑥ 蔡斌咸：《浙江农业劳动之分析》，转见天野元之助《支那农业经济论》，第556页。
⑦ 广东大学农科学院：《广东农业概况调查报告书》，第199页。
⑧ 薛暮桥：《广西省农业经济调查》，转见《中国农村经济资料》续编，第77页。
⑨ 民国《宣汉县志》卷5，《职业·农业》，第7页。

稻；乙家在农忙时，甲家亦如此"。据说这是"农村内普遍的状况"[1]。

在北方，农户换工劳动也相当普遍。河北宛平石景山一带，换工劳动十分流行。播种、耪地、收割都有，耪地更普遍。不过主要发生在贫农中间。他们地不多，劳力也少。几亩地，一个人耪不过来，两三家合作互助。自家农活完后，一起出外打短工挣钱。[2]该地八角村、高井、麻峪等村的现存农户档案中，多有这样的记载："农忙时同别人换工互助"；户主"本人和本村几个人在农忙时换工"；"没雇过短工，农忙时请人换工"[3]，等等。

河北清苑县，据1930年对19个村庄的调查，农户实行换工的有5村，没有换工的有7村，另有7村情况不详。有换工的5村情况，详见表1[4]：

表1　河北省清苑县解庄等5村农户换工（1920年前至1930年）

单位：户

项目 村别	1920年前		1927年前		1930年	
	农户数	换工农户	农户数	换工农户	农户数	换工农户
解庄	20	10	30	7	39	5
温家庄	17	?	19	2	21	2
南大冉	?	30	?	30	480	30
李八庄	?	?	224	38±	236	38±
李家罗侯	130	40	150	60	150±	60

各村换工农户的比重，低的如南大冉，1930年为6.3%；高的如解庄，1920年前为50%。平均约为15%（1930年）。从1920年前至1930年十余年间的发展情况看，有明显上升的如李家罗侯村，

① 国民党农村复兴委员会：《云南省农村调查》，第100页。
② 据八角村退休村干部周瑞（1920年生）提供。
③ 分别据八角村《阶级成分登记表·家史简述》；高井《阶级成分登记表·家史简述》；麻峪《阶级成分登记表·家史简述》。
④ 据《河北省清苑县村户经济调查表》各表编制。

但更多的是呈下降趋势。

据日本人 1937 年对河北丰润米厂村的调查，120 家农户中，相互换工的有 24 户，占农户总数的 20%。这种换工基本上是对偶式的。[①]

山东历城、恩县等地，也都有换工劳动。据调查，历城冷水沟的惯例是，在除草、收割等农忙时节，两家临时组合，换工互助。通常换工农户的耕作面积大体相等。如果面积不等，面积较多的农户则通过其他途径偿还劳动。在该县潞家庄，有农户 131 家，有换工农户四五组，每组两户。据此，该村有换工农户 8—10 户，占全村农户总数的 6%—8%。恩县夏后寨，同族或邻里间也都有只管饭、不给工钱的换工互助。[②]

农户间这种直接换工劳动的长期存在是由农业生产季节的紧迫性、单个农户低下的经济力量和劳力调节能力决定的。农业生产的季节性很强，时间紧迫。有的地方有"农忙如救火"之谚。但是一家一户的劳力有限，这就需要其他农户的临时支援，否则就会耽误生产。

要特别指出的是直接换工劳动不仅仅是农户间的劳力调剂，它还包含了劳动的简单协作以及由此产生的劳力节省和劳动生产率的提高。浙江衢州的"守牛会"是这方面的突出例证。守牛会是一种农忙期间放养耕牛的换工互助组织。在该地，每当插秧以后，放养暂时不用的耕牛，是农户的一大负担。为了节省劳力，搞好田间管理，因此有"守牛会"的成立。其惯例是，凡本村有牛户都入会，将耕牛集中放养，每日轮流由两家负责看守。通常每年五月立会，秋收后解散，为期四至五个月。[③] 这样，如果一个有 20 家养牛户的小村，各养牛户即可节省 90% 左右的放牛劳力。养牛户数量越大，节省的劳力也越多。

---

① 据满铁《第二次冀东农村实态调查报告书》统计篇，丰润县，第 25—30 页。
② ［日］中国农村惯行调查会编：《中国农村惯行调查》卷 4，第 25、357、462 页。
③ 孤芬：《浙江衢州的农民状况》，《东方杂志》第 24 卷第 16 期，第 58 页。

　　如果换工劳动包含了农具、耕畜的联合和相互调剂，更可改善劳动条件，提高农户生产资金的利用率，无形中产生了一种新的生产力。

　　由于贫苦农民生产资金和工具短缺，加上生产方法本身的限制，部分农业生产环节以及某些水利工程的修护，是单个劳力和农户无法完成的。即使勉强进行，也会事倍功半，浪费劳力。适当的劳力协作和互助，一家一户劳力单薄、工具不齐的问题即可解决。这是换工劳动具有强大生命力的原因。例如，广西东北、西南的瑶族和苗族农民，翻地工具为落后的锄头和铁耙。垦地最费劳力。由于普遍实行休耕制，隔几年就要开垦新的荒地。垦荒是农户的艰巨工程，换工互助也就显得异常重要。长期以来，该地的惯例是，如某一农户须开辟新地，可预定日期，通知村里其他农户。届时，村中男女壮丁须全体出动。他们大多不取工资，还要自带工具，甚至自备早餐和晚餐，只有午餐由主人供给。他们自己开新地时，方法照旧。①地处湖南山区的蓝山县，"因一人不便工作，合数人则工半事倍，且农器亦可互用，省费尤多"，故换工十分普遍。"农忙如插秧、割禾时，甲邀乙、丙、丁换工，乙丙丁邀甲亦如之，但参差时日而已"②。湖北大冶碧石渡地方，如田在一处，均须灌溉，则三两家联合，各出一两个劳力，共用一部水车，按人照线分水，"以省搬车之劳，而免雇人之苦"③。阳新费师铺、壹堡等处，情形相似。如田在一处，则各出人若干，共用一车或二车汲水，"以省搬车之劳"④。湖南的一些洲田灌溉，也有不少采用此种换工办法。为了互不吃亏，一般都用点香的方法计算车水时间。湖北黄梅独山镇一带，播种、灌溉、收割等主要农活，有一半的农户实行换工，据说这样可减少30%的生产费。⑤

---

① 农英：《广西各地的农业劳动》，《东方杂志》第32卷第22期，第95页。
② 民国《蓝山县志》卷13，《礼俗》三，第14—15页。
③ 《农村调查表·大冶县碧石渡》。
④ 《农村调查表·阳新县费师铺》《农村调查表·阳新县壹堡》。
⑤ 《农村调查表·黄梅县独山镇》。

北方一些地区以联合各家劳力、耕畜以及车辆等大型农具为目的的换工劳动，在长期的实行过程中，逐渐形成了一套细密的方法和惯例，有的发展为长年性的劳力交换和互助组织，在农业生产中起着重要作用。江苏萧县的"搁犋"和东北一些地区的"插犋"，是这方面的典型。

江苏萧县全是旱地，翻地、播种、拉车等都需要大量畜力。该地牲口的使用不是以头而是以"犋"为单位。通常两三头牲口并在一起使用，叫作一"犋"，而且其中必有一牛。一般贫苦农民，种田既少，经济力量也异常单薄，喂不起一"犋"牲口，往往只有一头小牛或小驴，无法单独使用，即所谓"孤牛不成犋"。因此，常常是两三家喂单牛或单驴的农户相互联合，把牲口组成一犋，其中也必有一牛。这就叫"搁犋"。其成员则互称"犋伙计"。牲口集中使用，由各户分散喂养。重要农具如大车、犁耙、耩子（条播器）等，一般由喂牛的"犋伙计"置备，因为养牛户耕种的田亩较多。换工范围主要是翻地、播种和收割。翻地时只集中牲口，谁耕地谁使用牲口。不耕地的户仍干自己的活。播种和收割需要的人多，牲口和人力都需要合作，以各户田亩多寡作为出工的标准。人工合作期间的饭食，有用户供应的，也有回自己家吃的，也有轮流供饭的，颇不一致。搁犋期限无一定，合、散自由。如果彼此合意，有延续数年甚至终身的。否则，即可"散犋"，各户另找新的"犋伙计"。通常惯例，"搁犋"或"散犋"都在小麦播种以后。据30年代初的调查，萧县东南9个村，"搁犋"的农户达84家，占农户总数的38%。[1]

东北的"插犋"性质与上述"搁犋"相似。而以辽南地区较为普遍。[2]

换工劳动在一定程度上克服了农民由于生产单位过小而出现的

① 卢株守：《江苏萧县东南九个村庄的生产方式》，《中国农村》第1卷第5期1935年2月，第66—67页。
② 满铁：《到田间去》，第27页。

劳力调配灵活性小、资金短缺、耕畜农具不配套等缺陷，保证了农业生产的顺利进行，节约了劳力和资金，提高了劳动生产率。同时反映了中国农民勤劳、智慧、团结互助的优良传统。但是，个体小生产者有极大的局限性。历史证明，生产单位、劳动组织和经营规模一定要与生产力发展水平相适应。在私有制条件下，生产单位和经营规模过小所造成的土地、劳力、资金的短缺和浪费，是不可能通过换工互助根本解决的。

二　直接换工劳动向雇佣劳动的演变

直接换工劳动，从另一个角度看，又是社会经济落后的象征，是农民劳动的价值形态尚未得到充分发展的产物。而且，直接换工劳动在地理区域和劳力调配两方面都受到很大限制。在地理区域上，直接换工劳动一般只限于村内近邻和地邻，不同村户之间的农户换工劳动很少，也难以实行；在劳力调配上，换工搭档最好是双方家庭劳力和经营规模大体相同，这样对农业劳力的需求接近，容易形成对等的劳动交换。然而，也由此产生劳力调配上的冲突，往往由于双方都需劳力，无暇换工，无法达到换工的预期目的。

基于上述原因，当农村商品经济、农业雇佣劳动，尤其是流动性雇工和雇工市场有所发展时，传统的直接换工劳动就会受到冲击，逐渐为雇佣劳动所取代。前面的叙述表明，这一时期，有的地区的换工劳动已经消失，也有不少地区的换工劳动正在为雇佣劳动所取代。

取代的情形是多种多样的。有的以直接换工为主，差额部分计算工资。如广西北流县，换工只限于无力雇工的贫苦农民，换工通常以户为单位。如今天是这一家工作，换工搭档便全家男女老幼都来帮忙，不能干活的小孩也跟着父母来吃饭。另一家工作时，亦复如此。这似乎并不严格计较换工的得失。但是如果彼此的劳动时间不能相互抵消时，仍需计算报酬，支付工资。每日薪金为一角五分。[1] 又如河北涞水，无牛户和有牛户之间的换工，虽然人工和牛工分别按时间和翻耕面积计价，但仅是一种走账方式，大部分互相冲销，只有冲销以外的余额才支付现金。

有的雇佣劳动多为外来流动雇工，本地农户之间，仍多为直接换工。如广东德庆，本地农民耕地互助，只要"茶饭供足即可"，很少言及工资报酬。不过，本地农户之间的换工互助范围只限于耕田种稻等传统自给性粮食生产。至于商业性的农业生产，如"取桂、采桑、锄山等事，即土人亦有工金也"[2]。本地农民的换工劳动也变成了雇佣劳动。这个例子生动地反映了商业性农业经营和外来雇工对传统换工劳动的冲击。

有的地区，换工性劳动全部计算和支付工资，原来的换工互助变成了"交互佣作"。如安徽潜山，"力役喜合作，比如春耕夏薅，往往交互佣作。今日在甲，明日在乙，后日在丙"，循环往复。[3] 合作互助的对象、范围和性质都没有变，但直接劳动交换变成了以货币为媒介的劳动交换，只是雇工、雇主不断易位，形成一种循环式的交互雇佣关系。

在更多的地区，不但换工性劳动全部计算和支付工资，而且雇用或出雇的对象和范围不再限于原有的换工圈子。传统的直接换工劳动变成了更加纯粹的雇佣劳动。但换工的性质没有根本改变。就某一农户而言，他既雇请别人劳动，自己也被别人雇用，而且数量大体相等。如1929年对江苏无锡的农民调查，一户农民的调查表这样记载："忙时雇零工二十余工，在闲时也替人作十余工。故收入可以不算。"[4] 北京西郊"四清"运动时填写的《阶级成分登记表·家史简述》中也有类似记载，如"一年要雇十余个短工，本人有时也

---

[1] 麦宪：《广西北流县的租佃制度和商业高利贷》，《中国农村》1934 年第 1 卷第 2 期。

[2] 广东大学农科学院：《广东农业概况调查报告书》，第 199 页。

[3] 王恩荣：《安徽的一部——潜山农民状况》，《东方杂志》1927 年 8 月，第 63 页。

[4] 《江苏无锡农民地主经济调查表》，任巷 N.2。

要给别人干十个工"①；"种地有时雇短工，但夏天也给别人打短"②；
"农忙时雇两个短工，自己有时也打两天短工"③；"农忙时雇过几个
短工，有时也给别人帮几天工"④；等等。在这里，雇主和雇工既不
是一对一相互易位，也不是三五家循环往返，"交互佣作"，而是一
种纯粹的、任意的自由雇佣关系。但是，无论雇用者还是被雇用者，
都是为了调剂劳力。这种劳动可以叫作换工性的雇佣劳动，或者叫
作雇佣劳动形式下的换工劳动。

　　上述的四种情况依次反映了换工劳动向雇佣劳动演变的四个阶
段：第一阶段，以直接换工劳动为主，但换工中相互抵消以外的剩
余部分，支付现金报酬，雇佣劳动开始成为换工劳动的补充。第二
阶段，雇佣劳动取代商业农业中的换工劳动，外来流动短工的雇佣
劳动取代自给性农业中的部分换工劳动。雇佣劳动开始同换工劳动
分庭抗礼，甚至占优势。第三阶段，换工劳动在形式上全部为雇佣
劳动所取代，劳动的交换和调剂是以货币为媒介来实现的，但其范
围尚未超出原来的换工圈子。第四阶段，农户劳动的雇用和被雇用
不再局限于以往换工的狭小圈子，需要换工的农户通过自由雇工和
佣工实现劳动调剂和平衡，在形式上同一般雇佣劳动已无差别。

　　当然，一个地区的雇佣劳动取代换工劳动，并不一定要经过上
述四个阶段。雇佣劳动取代换工劳动，如同商品经济取代自然经济
一样，是一个长期而复杂的历史过程。前面引用的大量资料表明，
直至 20 世纪初叶，这一过程还远未完结。而且，地区间的发展极不
平衡，情况千差万别。即使在局部范围内，也往往是几种情况同时
存在。一般地说，那些商业性农业比较发达、农村经济生活中商品
货币关系比较普遍的地区，雇佣劳动也会在较大程度上取代换工劳
动。相反，在那些自然经济占统治地位的地区，农户间的直接换工

---

① 《阶级成分登记表·家史简述》，高井 N. 56。
② 《阶级成分登记表·家史简述》，高井 N. 54。
③ 《阶级成分登记表·家史简述》，麻峪 N. 54。
④ 《阶级成分登记表·家史简述》，杨庄 N. 54，又古城二队 N. 41。

劳动也往往比较普遍而难以被取代。

一些资料表明，不少地区，农户劳力的互相调剂都是通过雇佣劳动的途径来实现的。江苏松江，农业雇工除长年、忙月外，据说"还有一种短工，农家于忙时都雇的。它的起源，大概是由于替换工作"①。短工劳动当然不一定全是换工性质的劳动，但如果家家都雇短工，大家既是雇主又是雇工，其中确有相当一部分属于换工性质。也就是说，一部分雇工劳动是取代传统的换工劳动。前述湖北113处中不换工的26处，也都是雇用短工代替换工劳动，如沔阳脉旺嘴，"不合作，叫短工"；蒋家湾、阎家湾，"若忙时雇工一两天或三五天，不换工"；袁家湾，"若忙时叫短工"；麻城溥兴集，"换工少，多雇短工"②，等等。这些雇用少量短工的农户，为了实现收支平衡，有的自己也必须充当短工。在这里，农户之间的直接劳动交换和调剂，已完全被农忙短工取代。

正是由于雇佣劳动取代换工劳动，一些地区雇工农户的数量和比重增加，不少地区都在50%上下，有的甚至高达80%—90%。据1921—1925年对安徽等7省17处的调查，雇工农户的比重接近或超过50%的有8处，其中山西五台、浙江镇海、江苏江宁太平门的雇工农户比重依次达99.6%、98.5%和86.2%。③又据1934年对川东荣昌等18县的调查，雇用短工（男工）的农户比重，除渠县、璧山外，均超过50%，18县平均为62.3%。④但是各地农户的雇工数量并不多，按村庄和地区平均，长、短工合计，每户一般只有50天左右，其中短工大多不超过20天。相当一部分农户雇用少量短工，不是为了补充劳动力的不足，而只是劳动调剂。

在一般情况下，因换工农户的经营规模异常狭小，家庭劳力在总量上供过于求，单个农户的换工，无论直接换工，还是雇佣劳动

---

①　邱宗义：《各地农民状况调查——松江叶榭乡》，《东方杂志》1927年第24卷第16期，第127页。

②　分别参见各村《农村调查表》。

③　据卜凯《中国农家经济》第109页第39表计算。

④　叶懋：《川东农业调查》上编，第4表，第59页。

形式下的间接换工，数量都很小。少则几天，多则十天半月。但是，在雇佣劳动发达、就业机会较多的地区，也不排除部分农户大进大出，通过雇佣劳动进行较大数量的劳动交换和调剂。如运输副业兴旺的宛平麻峪村，有的贫苦农民自己给人扛长活，赶车种地，而家里的地雇短工耕种；也有的自己在城里摇煤球，做苦力，家里雇长工赶车、搞运输。① 这种劳力大进大出的情况，在东北地区，更是不乏其例。据满铁1922年对该地区30家农户的调查，22家雇有长工的农户，有5户自己外出打短工。时间短的150天，大体相当该地一名长工的劳动日，多的达500天。具体情况如表2②：

表2　　东北5农户雇工和佣工及其工薪收支比较（1922年）

地区	经营面积（晌）	家庭男劳力（人）	雇用长工		外出打短工		C/A（%）	D/B（%）
			人数（A）	工资（B）：元	天数（C）	工资（D）：元		
奉天安东	24.0	6	4	200	500	225	83	113
凤城	5.2	3	2	100	300	125	100	125
关东州	18.0	4	1	80	150	100	100	125
吉林怀德	14.5	7	1	80	500	200	333	250
吉林县	8.5	4	1	25	450	157.5	300	630

注：长工全年按150个农业劳动日计算。

如表2所示，这5家农户劳力充裕，经营规模没有超出家庭成员的耕作能力，完全没有雇用长工的必要。然而，他们不但雇了，而且有的还不止一人，目的何在？用长工腾出自家劳力外出打短工，利用短工、长工薪金高低不同的条件，赚取差额。将各户雇请长工的工资费用和出雇短工的现金收入作一比较，就清楚了。从薪金收支看，5户的佣工收入全部超过雇工支出，最高的如吉林县那家农户。这大概就是5家农户在劳力方面大进大出的奥秘所在。

① 参见该村《阶级成分登记表·家史简述》N.25、35。
② 据《满洲农家之生产与消费》第78页编制。

这里虽然不是对等的劳动交换，但也看不出剥削与被剥削的问题。在雇佣关系上，他们既是雇主，又是雇工。这种雇佣劳动的换工性质仍然可以从雇用和被雇用的交叉部分看出来。当然这种情况在其他地区未必带有普遍性。尽管如此，仍有两点值得注意：第一，在某些地区，不仅雇佣劳动取代了传统的换工劳动，而且部分农民改变了在劳力方面"自给自足"的封闭状态。这无疑是商品经济和农业雇佣劳动明显发展的反映；第二，它反映了这一时期农业雇佣劳动在性质上的多样性和复杂性。既有以榨取雇工剩余价值、追求利润为目的的雇佣劳动，也有以劳动交换和调剂为目的的换工性雇佣劳动。而后者又表现为两种不同的形式：一种是少量的、劳力或工资的收支基本平衡的换工性雇佣劳动；另一种是大进大出、劳力或工资的收支不平衡、但仍包含了部分换工性劳动的雇佣劳动。一方面，他们较大量地使用雇工，甚至雇用若干长工；另一方面，他们又受雇于人，而且不限于家庭某一个劳力。这种劳力的雇用和被雇用，可能同时进行，也可能有一个"时间差"。但不管怎么样，换工的性质是明显的。因此，切不可一见雇佣劳动就连上资本主义，一见雇用长工就认为必定是地主、富农无疑。

（原载《中国农史》1992 年第 1 期）

北京西山农户的养牛"卖套"业

——近代农村社会经济调查札记之四

北京西郊玉泉山、卢师山及其西部山区，习惯上统称西山。这里峰峦错落，林木葱茏，风景秀丽，是北京寺庙和权贵坟茔最集中的地方，也是进香拜佛、游山避暑的重要处所。也许由于这个原因，1929 年国民党政府调整行政区划时，它比原来同属于宛平县的东南平原地区更早地划归当时的北平市管辖。

在西山，位于八大处以西的翠微山西北麓以及猴山、克勤、天泰、双泉、青龙诸山方圆近二十里的区域内，分布着十余个村庄，住着四百多家农户、两千多人口。这里的大部分村庄在山坳，环境偏僻，交通不便，农业经营和农户经济结构不同于山下平原地区，一个显著的特点是农、林、牧三业的发展比较均衡，尤其是养牛业比较发达，农户的耕畜占有量远高于山下平原地区。养牛"卖套"是山西农户的一项重要副业。

一　耕畜的种类构成和分配

西山地区的农业生产条件较差。由于大部分村庄位于山谷或山顶，耕地短缺，更谈不上水利灌溉。1948 年，黑石头等 14 个村庄，439 家农户，2161 口人，只有 4667.8 亩耕地，平均每户 10.6 亩，每人 2.2 亩，且全为旱地，其中相当部分还是山坡地，一年只能种一茬，亩产只有百斤上下，低的只有六七十斤。农民生活十分困苦。

山崖沟壑、荒坡野岭给农业生产带来了困难，但也给畜牧业的发展提供了某些条件。"靠山吃山，靠水吃水"。这里的农民就利用广阔的山野饲养和放牧牛、驴,少的一两头,多的五六头,乃至十余头不等。一到放牧的季节,牛驴漫山遍野。有一座叫"卧牛台"的山峰,山顶是一个大平台,每到夏季,附近村民常来这里放牧。在平台上,群牛卧躺,牧童戏耍,因以得名。

近代中国农村,耕畜严重不足是一个十分突出的问题,日本侵华战争开始后的华北地区尤甚。但北京西山地区是个例外。表1是1948年黑石头等14村的耕畜种类和数量统计。[1]

如表1,14村439家农户,共有各类耕畜632.5头[2],平均每户1.44头。按耕地面积计算,每百亩的耕畜数,最低为8.5头,最高31.3头,平均为13.6头。也就是说,每头耕畜承担的耕地面积,最少的只有3亩,最多也不到12亩。无论按户还是按耕地面积计算,都比邻近地区高得多。据1934年对北京东、南、西、北四个郊区的测查,每一农户的耕畜依次为0.19头、0.18头、0.26头、0.26头,四个郊区平均为0.21头;每百亩耕地的耕畜依次为1.42头、1.95头、2.41头、1.95头,四个郊区平均为1.96头。[3] 西山农户的百亩耕地耕畜占有量比四郊区高出将近6倍。

表1　　　　　　　西山黑石头等14村农户耕畜统计

单位:户、头、亩

村别	农户数	耕畜头数					耕地面积（亩）	每百亩耕畜数
		牛	驴	骡	马	合计		
黑石头	79	53	22	4	0	79	746.5	10.6
上石府	38	46	17	0	0	63	367.9	17.1
下石府	46	15	22	2	1	40	443.6	9.0
秀府	63	15.5	22	7	1	45.5	534.1	8.5
佟家坟、河涧	31	33	20	0	2	55	524	10.5
板凳沟、满井	40	23	20	5	2	50	432	11.6
双泉寺、转马台	25	45	23	1	1	70	453.7	15.4

---

① 据各村《阶级成分登记表》统计、编制。以下各表同,不另加注。

② 存疑,原文如此。

③ 前北平市政府刊:《北平市四郊农村调查》,第48页,附表4。

续表

村别	农户数	耕畜头数					耕地面积（亩）	每百亩耕畜数
		牛	驴	骡	马	合计		
陈家沟、南马场	33	87	33	1	0	121	368.9	31.3
潭峪	22	18	18	0	0	36	187.2	19.2
龙恩寺	62	31	33	3	6	73	609.1	12.0

注：表中数据经过四舍五入处理。下同。

西山耕畜的种类结构也和山下平原地区不同。据 1934 年的调查，北京四郊区 5807 头耕畜中，驴、骡分别占 46.6% 和 39.8%，牛、马分别只占 5.8% 和 7.9%。而西山 14 村的耕畜以牛为主，其比重达 60.8%，驴次之，骡马很少。这种结构上的差别，有自然条件和耕畜用途两方面的原因，山区适合牛的放牧和饲养，耕畜自然以牛为主。同时，在用途上，牛一般只用于耕地，而骡、马、驴除耕地外，多供运输用，甚至以运输为主。平原地区的力畜耕地和运输并重，故以驴、骡为主；山区除驴驮外，无驾车运输的条件，力畜自然以牛为主。

表 2　西山黑石头等 14 村农户土地占有和土地经营面积分组统计①

面积分组	土地占有					土地经营				
	农户数			土地面积		农户数			土地面积	
	户数	占总户数（%）	占有地户（%）	亩数	（%）	户数	占总户数（%）	占有地户（%）	亩数	（%）
无地	117	26.7				27	6.2			
5 亩以下	108	24.7	33.5	320.2	10.1	89	20.3	21.6	242.0	5.2
5—9.9 亩	95	21.6	29.5	650.7	20.6	118	26.9	26.9	835.1	17.9
10—19.9 亩	93	21.2	28.9	1219.8	38.5	153	34.9	37.1	2129.5	45.6
20—29.9 亩	15	3.4	4.7	476.5	15.1	36	8.2	8.7	880.4	18.9
30—49.9 亩	8	1.8	2.5	300.9	9.5	14	3.2	3.4	475.8	10.2
50 亩以上	3	0.7	0.9	197.0	6.2	2	0.5	0.5	105.0	2.2

① 列宁：《给农村贫民》，《列宁全集》第 6 卷，人民出版社 1959 年版，第 344 页。

耕畜作为传统农业的基本动力，在生产中的地位仅次于土地，是反映农民生产能力和经济状况的一个重要标志，其准确度有时甚至超过土地。所以，列宁曾经提出，按马匹数量来划分俄国的富农、中农和贫农是"最正确的办法"①。在通常情况下，农户耕畜数量是同其经营面积相适应的，但西山地区情况迥异。这里农户的耕畜占有数量和土地经营面积不成正比，两者甚至明显背离。我们不妨分别考察一下农户的土地（包括占有和经营两个部分）和耕畜的分配状况。从表 2 可以看出，14 村的土地占有比较分散，经营规模异常狭小。332 家有地户中，96.6% 的农户占地面积不足 30 亩，土地面积占总面积的 84.3%。没有占地百亩以上的农户，超过 50 亩的也只有 3 户，占地面积仅占总面积的 6.2%。经营情况大致相似。412 户直接经营土地的农户中，96.3% 的农户耕作面积不足 30 亩，这部分农户的耕地占经营总面积的 87.6%，其中耕地不足 10 亩的极小经营达 207 户，占总户数的 47.2%。耕作面积在 50 亩以上的只有 2 户，其土地仅占总面积的 2.2%。

按一般规律，伴随这种地权分散、绝大部分农户经营规模异常狭小而来的是，耕畜的饲养相应分散，数量稀少，畜力普遍短缺。然而，西山 14 村的情况不是这样，耕畜的分配相当集中。表 3 关于农户耕畜数量的分组统计显示，一方面，439 家农户中有 234 户完全没有耕畜，占农户总数的 53.3%，其耕地占经营总面积的 28.8%。这些无畜户绝大多数是经营规模极小（无畜户的户均耕作面积只相当有畜户的 35%）的贫苦农民。他们主要的还不是不需要耕畜，而是无钱购买和饲养，或者没有劳力放牧；另一方面，耕畜在养畜户内部的分配也很不平衡，大部分耕畜集中于少数养畜大户。养畜 2 头和 2 头以下的农户占有畜户总数的 61%，而耕畜仅占 24.9%，即 1/4 弱。养畜 5 头以上的农户，情况恰好相反，户数只占 25.8%，即 1/4 强，而耕畜占 61%，最多的一户养了 13 头耕畜。值得注意的是，各组之间农户经营规模的差异很小。耕畜在 6 头以下的 4 个组，

①　列宁：《给农村贫民》，《列宁全集》第 6 卷，人民出版社 1959 年版，第 344 页。

相邻两组的户均经营面积之差，最大不超过2.2亩，最小的只有0.6亩，10头以上的养畜大户，经营面积也只相当于耕畜不超1头的农户的2.7倍。随着农户耕畜数量的增加，畜均耕地面积递减，由不超过1头组的13.8亩减少到7—9头组的2.7亩。10头以上组略有回升，也只有3.2亩。在其他地区，多数农户因经营规模过度狭小，要么养不起牲口，表现为畜力的缺乏，要么饲养牲口而无法充分利用，又表现为畜力的浪费。经营规模较大的农户，则可根据生产需要饲养牲口，比较合理和充分地利用畜力，避免了过小经营上述两方面的缺陷。因此，在一般情况下，畜均耕作面积往往随农户的耕畜数量递增。西山14村畜均耕作面积的上述递减趋势，反映了这一地区耕畜分配和农户经济结构两方面的不同特点。

表3　　　　　　　西山黑石头等14村农户耕畜分组统计

耕畜分组	农户数			耕畜数		经营面积				
	户数	占总户数（%）	占有畜户（%）	头数	（%）	亩数	占总面积（%）	占有畜户面积（%）	平均每户亩数	平均每畜亩数
无畜	234	53.3				1342.2	28.8		5.7	
不超过1头	90	20.5	43.9	87.5	13.8	1204.1	25.8	36.2	13.4	13.8
2头	35	8.0	17.1	70	11.1	547.5	11.7	16.5	15.6	7.8
3—4头	27	6.2	13.2	89	14.1	437.3	9.4	13.1	16.2	4.9
5—6头	23	5.2	11.2	130	20.5	417.8	9.0	12.6	18.2	3.2
7—9头	26	5.9	12.7	210	33.2	572.5	12.3	17.2	22.0	2.7
10头以上	4	0.9	1.9	46	7.3	146.4	3.1	4.4	36.6	3.2

二　农户的"卖套"情况

北方农户的力畜有三个基本用途：一是耕地，二是运输，三是积肥。西山因自然条件的限制，农家牲口很少用于运输，力畜是纯粹的耕畜。又因牲口多而经营面积窄小，自家耕地的活量也不重，农户喂养牲畜的主要目的是积肥和外出耕地。在北方，农户自备耕畜、犁耙替人耕地，获取报酬，叫作"卖套"。由于大部分农户耕畜短缺，卖套户不多，主要是少数有剩余畜力的富裕农民。西山情况有些特殊。如前所述，这里的畜力十分充足，绝大部分养畜户畜力自用有余。因此，各村卖套的农户数量很大。陈家沟、双泉寺、板凳沟、潭峪等村，二三十年代卖套活动最盛时，70%左右的农户养牛卖套。其他各村的卖套农户也不少。14村平均，卖套户约占农户总数的30%—40%。他们中既有中农、富农和地主，也有下中农、贫农乃至雇农。我们可以通过各类农户的耕畜数量分组和耕地面积统计，大致了解和推断各类农户的卖套情况。请看表4：

如表4，绝大多数耕畜为中农、下中农和贫农所占有。632.5头耕畜中，地主、富农只占有42头，占6.6%，而中农、下中农和贫农达590.5头，占93.4%，其中雇农、贫农和下中农又达347.5头，超过14村耕畜总数的一半。中农、下中农和贫农不但占有的耕畜总数多，而且也不乏养畜大户。14村养畜5头以上的53户中，这三类农户即占50户。他们的特点是，耕畜多，但经营规模不大，畜均耕地面积，少的不足2亩，多的也只有3亩左右，耕畜主要用于卖套。如黑石头的中农许文贵，养了10头牛、2头驴，只有27.5亩耕地；上石府中农高士明，经营面积15.5亩，养有7牛1驴；潭峪下中农赵天志，种18亩租地，养有7牛2驴；双泉寺中农厉进祥，自有耕地13.7亩，也养了5牛2驴；陈家沟贫农陈万树，自己只有1.6亩旱地，另种5.7亩租地，但养了5牛1驴，同村的中农陈万支，只种了3亩租地，但有7牛1驴。类似这样的情况很多。他们大都把卖套作为主业，土地经营则处于次要地位。有的甚至没有耕地，养牛纯为卖套。如上石府雇农戴明，自己没有土地，也不种租地，但养了4头牛，以卖套、打短工维持生活。我们不妨把他们称为"卖套专业户"。这部分农户约占卖套农户的1/4。

表4

西山黑石头等14村各类农户耕畜分组统计

耕畜分组	贫农			下中农			中农			富农			地主			合计		
	户数	耕畜（头）	耕地（亩）	户数	耕畜（头）	耕地（亩）	户数	耕畜（头）	耕地（亩）	户数	耕畜（头）	耕地（亩）	户数	耕畜（头）	耕地（亩）	户数	耕畜（头）	耕地（亩）
不超过1头	46①	44①	368.1①	22	21.5	311	19	19	489.5	3	3	35.5	—	—	—	90	87.5	1204.1
2头	8	16	60.4	12	24	181.7	11	22	199.9	3	6	77.5	1	2	28	35	70	547.5
3—4头	10②	33②	118.9	6	20	69.5	9	30	190.9	2	6	58.0	—	—	—	27	89	437.3
5—6头	9	50	98.8	6	34	128.7	6	34	116.3	1	6	34.0	1	6	40	23	130	417.8
7—9头	5	38	71.6	7	57	125.9	14	115	375	—	—	—	—	—	—	26	210	572.5
10头以上	—	—	—	1	10	26.4	2	23	68	—	—	—	1	13	52	4	46	146.4
合计	78	181	717.8	54	166.5	843.2	61	243	1239.6	9	21	205	3	21	120	205	632.5	3325.6

注：①包括雇农2户、耕畜2头、耕地5亩。
　　②包括雇农1户、耕畜4头。

一年卖套的时间约四个月，分为春、秋两段，以秋季为主。春季一个月，主要是翻地、耙地；秋季约三个月，主要是翻地种小麦或休闲过冬。每年农历处暑前后，卖套农户一俟谷子收割和土地翻耕完毕，就牵着牲口、扛着犁杖下山，到附近各村代人耕地，直到立冬前后才返回山上。

山下平原地区，一则因耕畜短缺，二则因骡、马多用于运输副业，不但养不起牲口的贫困农户要雇套耕地，畜力充裕的农户雇套耕地的也不少，卖套者不愁没有雇主。秋分前后种麦高潮时，甚至因几家农户争雇而出现抢夺犁具的情况。和普通短工不同，卖套既无专门市场，卖套人也不能像普通短工那样走村串户和大范围流动。他们通常是依靠原有的老关系寻觅雇主。有时村里也会有人出来说合，代为寻找雇主，安排活计，当地叫作"应活"。到时候卖套人少不了要给这种应活人些许酬劳。

耕地的报酬支付一般采用包工制，按亩计酬。按惯例，耕地期间，人由雇主管饭，但牲口草料由卖套人自理，雇主不管。因此，卖套人白天使牛耕地，夜里还得将牛赶到附近山坡（因平原无空地草场）放牧。等牛吃饱躺下，已是深夜，卖套人疲乏至极，裹着棉袄就近打个盹，算是睡觉歇息。如此风餐露宿，三个月下来，人都变了样，可见山里卖套人之辛苦。

三 卖套所反映的经济关系及其社会性质

卖套的经营形式和它所反映的经济关系比较复杂。

从牲口和犁具的构成来源看，有合伙经营和独家经营两种基本形式。

所谓合伙经营，就是两三家，甚至四五家农户，将各自的牲口集合到一起，组成一套牛具，再每家出人若干，一起下山卖套，所得报酬，则按畜力、人力分配。同北方其他地区一样，西山和附近平原地区，耕畜（主要是牛、驴）的使用，也是以"套"（有的地方叫"犋")为单位。在西山，三头牛为一套。也有少数用牛、驴（2牛1驴或1牛2驴）配套的，称之为"花套"。比起牛套来，花套的耕地效率就差多了。因为独牛、独驴不成套，无法使用。那些只养一两头牛（或驴）的农户，两三家联合起来，实行畜力、人力互助，当地叫作"插套"。到秋后，插套户耕完了自家的地，有的一起下山卖套。这就是上面说的合伙经营。那些养有三头以上牲口的农户，无须同别人合伙，自然是独家经营了。西山14村卖套户中，独家经营的多，合伙经营者较少。

从卖套的劳力来源看，有三种情况：一是全部为家庭成员；二是家庭成员加雇工；三是全部为雇工。有的除了卖套时雇人外，平时还要雇一个人放牛。

卖套特别讲究牲口和人力配套。按其需要，牲口最少一套，即3头牛（用"花套"卖套的很少）。职业卖套的则备有5头牛，即所谓"套半"。卖套时用一套犁地，剩下半套（2头牛）用来耙地，或替换。不论套半还是一套，都要配备三个人，即一人扶犁把，一人驾驭牲口，一人耙地，或歇晌时放牧牲口和准备草料。如果是一套，可用一个半大小子放牧牲口，如果是套半，则需三个壮劳力。

一般地说，合伙卖套的都是家庭成员，无须雇人；而独家卖套的，由于一家一户的劳力数量有限，很难凑足三个人（特别是三个壮劳力），大多需要雇用一到二人使牛。这种使牛的，当地称为"牛把式"。但完全靠雇工卖套的也很少。在西山，牛把式的雇用也有一套惯例。卖套户通常于农历六月下旬以前物色好对象，在六月二十三日（马王爷生日）请牛把式吃一餐饭，谈好条件，订立口头契约，牛把式就算雇妥了；但并不立即上工，直到处暑才同雇主一起牵牛下山。在卖套使牛期间，牛把式不能回家，更不能中途辞工毁约。在西山，一些养不起耕畜的农户，大多给卖套户充当牛把式。这两类农户加起来，约占农户总数的70%。

农户雇工卖套使卖套中的雇佣关系及其社会性质变得更加复杂

了。这里出现了两层雇佣关系：牛把式受雇于卖套户；卖套户又受雇于雇套户。牛把式的身份很清楚，他们是没有生产资料的、纯粹的雇佣劳动者，至少在充当牛把式期间是这样。卖套户的身份则比较复杂。对于牛把式来说，他是雇主，有指挥和使唤牛把式的权利。同时他有耕畜、犁具等生产资料，并部分赋予它以资本的职能，因而能够占有牛把式的若干剩余劳动；但对雇套户来说，他又是自带工具的雇佣劳动者，同自带锄头、镰刀的普通短工没有根本的区别，不同的是卖套者所带的生产工具，是仅次于土地的基本生产资料，他所获得的报酬中包含了这部分生产资料的成本（折旧）及其利息。而普通短工和牛把式所获报酬只是劳动力价格。至于全靠雇工的卖套户，其耕牛、犁具变成了纯粹的资本，其经济关系和性质又变得简单了。

卖套耕地的报酬和分配情况是这样的：如前所述，西山卖套是采用按亩计酬的包工办法。抗战期间，翻 1 亩地（包括犁和耙）的工价为 1 元。① 翻地效率因牲口强弱、劳力技术高低而异。通常，连犁带耙，一套牛一天可翻地 5—6 亩，"套半"为 11—12 亩。② 这样，一套（3 人 3 牛）一天可收入 5—6 元，"套半"（3 人 5 牛）一天可收入 11—12 元。按惯例，牛把式由雇套户供饭，由卖套户支付工资。数量多寡视耕地工价而定，一般相当于 1 亩地的报酬。按抗战期间的标准计算，即每日 1 元。少数略高，但最多没有超过 2 亩的报酬的。③ 如果牛把式的工资以 1 亩地的报酬计算，在耕牛为一套的情况下，其工资占卖套户收入的 20%—25%；如耕牛为套半，则只占卖套户收入的 9%—10%。如果再扣除卖套户本人应得工资（假定其标准与牛把式相同），剩余部分即为耕牛、犁具租金（折旧及其利息）。在

---

① 据老人回忆，当时当地的玉米面价格为 0.08 元/斤，1 元钱可买玉米面 12.5 斤。

② 耕牛增加 66.7%，劳力构成略作调整（由 2 个壮劳力、1 个半劳力改为 3 个壮劳力），耕地效率即提高一倍。由此可见畜力在传统农业中的地位和作用。

③ 关于牛把式的工资报酬，笔者分别向卖套户和牛把式作过调查。卖套户说，牛把式的工资，最低不少于 1 亩地的报酬，最高不超过 2 亩地的报酬。牛把式说，也就相当于 1 亩地的报酬，没有再高的。但都承认，牛把式的工资比其他农忙短工高。

耕牛为一套的情况下，单位耕畜的租金或收益略低于人力。① 如果耕
牛为套半，每天耕地 12 亩，则一个牛工的收益为 1.8 元，相当于人
工的 135%。即一个牛工约合 1.33 个人工。大量的资料表明，近代
牛工同人工的交换比率多为 1∶2—3。而这里按收益计算，牛工对人
工的比率，低的为 1∶0.75，高的也只有 1∶1.25，大大低于 1∶2—3
的比率。因此，尽管卖套户在外形上部分赋予耕畜、犁具以资本的
职能，但所占牛把式剩余劳力的数量和比重恐怕是十分有限的。在
多数情况下，卖套户和牛把式之间的经济关系，主要还是劳动交换
关系，而不是剥削与被剥削的关系。从卖套户的阶级成分（大部分
为贫下中农）看是如此，从卖套的收益分配看也是如此。而且，还
有一部分卖套农民，本身就是农业雇佣劳力，他们一年中除了卖套，
还要打几个月的短工。在卖套期间，他们雇用牛把式；过了卖套
期，又同牛把式一起到雇工市场上卖短，或到门头沟煤矿下井
背煤。

　　从某种意义上说，农户卖套劳动也是一种雇佣劳动，卖套者通
过出卖劳力而获取报酬。这同雇工自备工具的农业雇佣劳动是一样
的。但两者之间又有差别。第一，耕畜、犁具不是小型工具，而是
最基本的农业生产资料，无论价值和使用价值，都比锄头、镰刀大
得多。卖套人所得报酬中包含了耕牛、犁具租金，其数额和比重甚
至大大超过本人的劳动力价格；第二，在多数场合，卖套的主要是
畜力有余、生产条件较好的富裕农户，而雇套的则大多是养不起牲
口的贫苦农民，结果形成雇工（卖套户）和雇主（雇套户）经济地
位的倒置；第三，由于上述经济条件的制约，贫苦农民急需雇套耕
地、播种，而富裕农民并不急等卖套收入来维持家庭的基本生活，
再加上耕畜的严重缺乏，卖套户往往把工价抬得很高，结果形成卖
套户对雇套户的要挟、富裕农户对贫苦农民的额外剥剥。卖套户和

---

　　① 如每天耕地 6 亩，则畜力和人力收益均为 1 元，二者相等。但人力报酬中还包括伙
食。假定伙食相当货币工资的 1/3（即 0.33 元，约合 4 斤玉米面），那么，一头牛一天的收
益约等于一个劳力的 75%，即一个牛工合 3/4 个人工，比通常牛工换人工的比率低得多。

雇套户双方的经济状况、工价的高低合理与否，在很大程度上决定着卖套劳动的社会性质。因此，对农户卖套劳动所反映的经济关系及其社会性质，要进行具体分析。

同其他地区比较，西山农户的卖套劳动在性质上似乎更接近一般的农业雇佣劳动。第一，如前所述，牛工对人工的交换率较低，耕牛、犁具租金在卖套户工资报酬中所占比重不大，劳动力价格是卖套户收益的主要成分。尽管不少卖套户雇用牛把式，形成两层雇佣关系，但耕畜、犁具的资本性质反而不如其他地区明显。第二，西山养牛卖套的多数是贫苦农民。虽然耕牛数量超过某些地主富农，少数甚至可以称为"养牛大户"，但他们耕地很少，不是"种地大户"。耕牛是主要的、甚至唯一的生产资料。养牛卖套是他们的主要谋生手段，而不像那些牲口多、土地也多的农户，卖套只是赚"外水"；雇套的则相当一部分是经济条件较好的富裕农户。[①] 按土地面积计算，甚至以富裕农户为主（山下平原地区的富农经营和地主雇工经营都比较发达），因此较少出现卖套户和雇套户经济地位倒置的情况。第三，与上述情况相联系，尽管卖套劳动供不应求，但在雇佣条件和价格上，没有形成卖套户对雇套户的片面要挟。因为相当多的雇套户是自有耕畜的富裕农户。他们雇套翻地，而自家的牲口用来跑运输，是有条件的，即雇套支出少于运输收入，可以赚取若干差额。如雇套价格过高，或运输价格过低，两者差额过小，甚至没有差额，他们无利可图，就会立即将用于运输的牲口抽回来，自己耕地。这样，雇套户的数量大大减少，雇套价格就会大幅度下跌。所以，尽管这里的卖套劳动供不应求，有时甚至出现雇主争抢犁具的情况，但价格始终不高，牛工对人工的交换比率反低于一般水平。

山上农户养牛卖套耕地，山下平原农户养骡搞运输，也是一种

---

① 这同十月革命前的俄国情况有某些相似之处，在那里，卖套的是尚未完全破产的中农，而雇套的是地主。"因为地主需要没有破产的，又有两匹马，又有全套农具的农民去做包件活"。（列宁：《给农村贫民》，《列宁全集》第6卷，人民出版社1959年版，第351页）

分工。这既是一种基于自然条件差异的区域性分工，更是一种社会分工。因为导致这种分工产生的根本原因是近代商品经济和新式城市某种发展。如同其他形式的社会分工一样，这种分工也是社会生产力发展的一个标志，它不但解决了京西平原地区运输业和农业争夺畜力的矛盾，在平原农户普遍从事运输业的情况下，满足了农业用畜的需要，保证了山下平原地区农业生产的正常发展，而且提高了单位劳力特别是耕畜的劳动生产率。在农户耕牛只限于自用的情况下，西山地区一套半（5头）的最高耕作面积一般为50—60亩。而职业卖套，一套牛的实际耕作面积，最高可达600—700亩，大约提高10倍。从而大大节省了畜力和人力，降低了农业生产费用。这对农业生产的促进作用是不言而喻的。

（原载《中国经济史研究》1992年第3期）

近代城市的发展与资本主义
中小农场的兴起

近代时期，资本主义新式工业的兴起，城市的发展，特别是新型工商业城市的兴起和发展，开始改变传统的城乡关系，城乡经济联系更加密切。新式工业和城市的发展产生了新的市场需求，刺激和加速了商业性农业的扩大，促进了农业中资本主义因素的滋长，资本主义中小农场更是近代城市发展的直接产物。

一 城市的发展与新的市场需求

鸦片战争后，尤其是 20 世纪初叶，随着资本主义侵略的深入，对外贸易和城乡商品经济的扩大，特别是新式工业和轮船、铁路、公路等新式交通运输业的兴起，各类城市加速发展。

原有的一些口岸和城市规模扩大，工商业发展，人口增加。上海开埠后，各方面发展迅速，城厢内街很快由嘉庆（1796—1820）年间的 63 条扩展到 19 世纪 50 年代的百余条，人口增加到 1852 年的 54 万余[1]，到 1910 年超过 100 万，20 年代中期达到 150 万—160 万。1948 年 6 月，上海总人口已超过 500 万，比 100 年前增加了 9 倍。[2]

广州、福州、南京、汉口、天津、北京、重庆、成都等城市的规模都在明显扩大，人口增加。广州 1921 年前的人口据说已不下数

---

① 刘惠吾：《上海近代史》上册，第 86 页。

② 丁日初主编：《上海近代经济史》卷 2，第 351 页；张仲礼主编：《上海城市研究》，第 55 页；张仲礼主编：《东南沿海城市与中国近代化》，第 665 页。

十万，1921 年达 90 万，1936 年增至 109 万；福州 1921 年有人口 32
万，1935 年增至 42.3 万[①]；南京 1919 年的人口为 30 万，30 年代初
增加到约 75 万；1861 年汉口开埠前，武汉三镇只有人口 20 余万，
1910 年增加到 83.2 万。天津开埠后尤其是 20 世纪初，发展也很快，
1917 年有人口 72 万，1936 年增至 125 万，1945 年达 172 万余人。[②]
据统计，1927 年北京已有人口 140 万，30 年代初达 150 万。[③] 地处
长江上游的成都、重庆，其发展也十分明显。成都 1869 年只有 8 万
人，1910 年增至 32 万人，1935 年已达 50 万人。重庆在抗日战争期
间，人口更是大幅度增加，由 1937 年的 47.4 万人上升到 1943 年的
91.5 万人。[④]

在原有城市发展、扩大的同时，又兴起了一大批新的城市。石
家庄、郑州、青岛、唐山、大连、哈尔滨、齐齐哈尔、安东等，都
是近代时期涌现出来的新城市。

石家庄直至 1903 年还是荒僻村落，正太铁路修筑，始成集镇。
正太、京汉两路在此交会，现代工业和商业迅速发展，遂成冀、鲁、
豫等省货物的重要中转市场，到 30 年代已有人口 10 万。

唐山本是直隶滦县、丰润两县交界处开平镇所属的一个小村庄，
1877 年创办开平矿务局，用新法采煤，渐形发达，京奉铁路通车后，
唐山遂成重镇，人口移居亦众。据 1926 年的调查，全市 47853 人，
其中土著仅 305 户，2543 人，而客户达 9985 户，44853 人。[⑤]

郑州在历史上只是一个小县城，虽是军事要地，工商业却不发
达，自从成为京汉、陇海两大铁路干线的交会点，迅速发展为中原
交通枢纽，河南、直隶、山西、陕西、甘肃、山东、安徽等省的货

---

① 张仲礼主编：《东南沿海城市与中国近代化》，第 678、673 页。

② 何一民：《中国城市史纲》，第 353、350—351 页。

③ 麦叔度：《河北省小麦之贩运》，《社会科学杂志》1930 年第 1 卷第 1 期；千家驹
编：《中国农村经济论文集》，第 267 页。

④ 张学君、张莉红：《成都城市史》，第 193、229 页；隗瀛涛主编：《近代重庆城市
史》，第 384—386 页。

⑤ 《唐山之经济近况》，《中外经济周刊》第 213 号，1927 年 5 月 28 日。

物以此为集散,人口随之增加。

青岛原来只是胶州湾东岸的一个荒僻渔村,德国修筑胶济铁路的同时,在此开始了筑港工程,山东等地的货物又由此出口,于是迅速发展,人口急剧增加。据统计,1902年的人口不到1.6万,1910年增至16.5万,抗战前夕已达60万。

尤其是东北,由于土地开发和铁路运输、新式工业的发展,新兴城市更多。20世纪以前,东北稍大的城市只有沈阳、吉林、长春以及作为与关内联系孔道的营口等少数几处,人口最多的也不超过20万,而且只有两个。到1925年,20万人以上的城市增加到3个,5万—10万人口的城市由1907年的4个增加到9个,1万—3万人口的城镇由24个增加到51个。

原有城市中,长春、沈阳等继续扩大。长春1907年开埠通商,1930年已有人口14万。1931年日本帝国主义侵占东北后,又被作为伪满洲国国都,被进一步大规模扩建,1942年,人口增至89万,成为当时东北最大的城市。

同时,哈尔滨、齐齐哈尔、安东、大连等城市兴起了。

哈尔滨原来只是松花江边的一个小村镇,1896年被沙俄强占。1898年俄国人在此开筑铁路,顿成交通枢纽。加上周围土地肥沃,农产丰富,开垦迅速,很快成为东北重镇。1900年已有人口2万,1905年激增至10万。1906年被辟为商埠后,1942年人口达70余万。

大连旅顺本是一荒凉海滩,1898年被俄国强租,称"青泥洼市",准备把它建成一个国际性的自由贸易港和中东铁路出口,1904年后又被日本侵占,改名大连,作为侵略东北和华北的基地,进一步加大投资,进出口贸易扩大,很快成为东北粮食和其他工农产品的最大吞吐港,成为全国仅次于上海的第二大对外贸易港口。大连人口也迅速增加,1936年已达37万人。[①]

随着原有城市的扩大和新的城市的兴起,全国城市尤其是大中

---

① 以上参见宓汝成《帝国主义与中国铁路》,第606、609—610页;何一民《中国城市史纲》,第352—355页。

城市的数量明显增加。据统计,1919 年全国 5 万人口以上城市为 140 个,1936 年增加到 191 个,增长了 36.4%。其中 100 万人口以上的大城市由 2 个增加到 6 个,增长了 2 倍。① 城市人口数量也有较大幅度的增长。

近代城市尤其是新型口岸与工商业城市的兴起和发展,明显扩大了城镇居民商品粮、蔬菜、水果、副食品和工业、手工业原材料的市场需求,并出现了新的市场需求。

城市居民所消费的口粮、蔬菜、肉蛋、水产品、水果和其他副食品等,随着城市人口增加而不断扩大。1920 年前后,上海已有人口 150 万左右,"每日食米需万石"②,全年需米 365 万石左右。1948 年上海人口超过 500 万,每年食米当在千万石以上。1927 年的北京,年需面粉 7690 万斤,折合小麦约 9590 万斤。到 1933 年前后,全年面粉消费更增至 17600 万斤,加上白米、杂粮,全年口粮消费达 6.7 亿斤。③ 唐山在 20 年代中还只是一个四五万人的小城市,但每年输入的粮食,仅杂粮一项即达 30 万—50 万石,小麦、面粉等细粮尚不在内。④ 蔬菜、肉禽蛋、水产品、水果和其他各类副食品的消费也相应增加,20 世纪 40 年代的上海,每年消费的各类蔬菜达 750 万担。30 年代初,每年销售的鲜猪超过 100 万头。⑤ 北京每年销售的鲜猪也不下四五十万头,销售的鸡蛋约 2500 万枚。消费的蔬菜,1929 年通过崇文门运入北京的鲜姜就达 71 万余斤、山药 3.9 万斤、土豆 10 万斤、洋葱 16.6 万余斤。其他类新鲜蔬菜、瓜果数量更大。⑥

---

① 何一民:《中国城市史纲》,第 340 页。

② 《上海米粮之调查》,《江苏实业月志》1921 年第 3 期。

③ 麦叔度:《河北省小麦之贩运》,《社会科学杂志》1930 年第 1 卷第 1 期;千家驹编:《中国农村经济论文集》,第 267 页。

④ 《唐山之经济近况》,《中外经济周刊》第 213 号,1927 年 5 月 28 日。

⑤ 张仲礼主编:《东南沿海城市与中国近代化》,第 485 页;上海市社会局:《上海之农业》,第 244 页。

⑥ 张铁铮:《北京农产品贩卖方法和市场组织的研究》,千家驹编:《中国农村经济论文集》,第 285、298、301 页。

　　这些粮食和蔬菜副食品，全部要由郊区和周围农村供应。随着城市规模的扩大和商业、交通运输业的发展，一些城市吸纳粮食、蔬菜、副食品的地区范围越来越广。上海、广州的粮食供应来源，上海除了长江三角洲和邻近的苏北，广州除了珠江三角洲和邻近的广西，都还包括安徽、江西和湖南诸省。汉口更以湖南为主要粮食供应地，将湘米"视为生命"，"若无湘米接济，立召变乱"。[①] 宁波、杭州食米也有相当部分依赖外省乃至国外供应。宁波 1927 年时约有人口 68 万，年消费大米约 180 万石，但当地只生产 120 万石，短缺部分起初由安徽、江苏供应，20 年代中期后更多的由印度支那和暹逻补充。[②] 杭州每年约需食米 120 万石，本地仅产 20 万石，其余全恃省内其他地区和外省接济。安徽的巢湖、芜湖、广德，江西的九江、修水、铜鼓，江苏的常州、无锡、松江、溧阳、宜兴，都是杭州食米的重要供应地。[③] 北京、天津居民口粮同样来自外地，两市的粮食供应来源包括河北、山西以及察哈尔、绥远、东北等地。据 1913 年直隶商品陈列所调查，直隶全省有小麦外销的 36 县中，有 3 县向北京供应小麦，13 县向天津供应小麦，11 县同时向北京和天津两市供应小麦。[④] 山西的小米、高粱、小麦，也有相当数量东经太原、北由大同运销京津。[⑤] 唐山的粮食则大部分来自辽宁和察绥地区。[⑥] 20 世纪前 10 年中，济南消费的小麦、玉米、小米、高粱等 8 个品种的米谷杂粮的产地或发运地包括山东、安徽、江苏、辽宁 4 省 24 府县或城镇。[⑦]

---

　　① 《湖南谘议局呈抚院代奏鄂乱损失湘省不任赔偿文》，转见《近代史资料》1955 年第 4 期。

　　② 《宁波经济状况》，《中国经济杂志》（英文）第 1 卷第 4 期，1927 年 9 月。

　　③ 《杭州湖墅之米市》，《工商半月刊》第 3 卷第 6 期，1931 年 3 月。

　　④ 《社会科学杂志》第 1 卷第 1 期，1930 年 3 月。

　　⑤ 上海国民党政府实业部国际贸易局：《中国实业志》，山西省，第 2 册，第 16—17、53、66 页。

　　⑥ 《唐山之经济近况》，《中外经济周刊》第 213 号，1927 年 5 月。

　　⑦ 刘克祥：《1895—1927 年通商口岸附近和铁路沿线地区的农产品商品化》，《中国社会科学院经济研究所集刊》第 11 辑。

　　蔬菜和副食品的供应，除郊区农村外，也都还来源于邻近州县或更远地区。上海的蔬菜供应，相当一部分来自长江三角洲地区以及山东、福建、广东等地。猪肉、鸡鸭则大多来自苏北。天津居民消费的鸡鸭，不少来自百多公里外的南皮等县。据说南皮所养洋鸡，因肉肥味美，在天津十分畅销。[①] 北京销售的猪肉，本地猪只占3/10，其余7/10分别来自周围几十个州县以及山西太原、大同等地。一年总计不下四五十万头。鸡和鸡蛋的来源地也十分广泛，鸡按来源地划分，除产于郊区的京鸡外，还有产于大北口一带的北口鸡，产于怀柔、延庆等地的西口鸡，以及来自京东三河、蓟县、玉田等地的鸡，等等。蛋的来源地与鸡大致相同。[②] 鲜果的供应地更远，上海市的鲜果即大多来自福建、广东。1920年，潮州销往上海的柑子达1610万斤。[③]

　　不仅城市本身消费的粮食、副食品明显增加，通过城市集散和运销的粮食数量也不断扩大。如吉林长春，在其发展过程中，不但本身需要越来越多的商品粮，而且成为重要的粮食集散中心。据调查，1907年开埠通商时，长春每年集散的大豆和粮食总额尚不过30万石，之后逐年增加，"输出之发达大有一日千里之势"。1909年增至40万石，1910年达50万石，1912年一跃而为75万石，次年更达85万石。哈尔滨则兼具面粉加工和粮食集散的双重功能。据1919年的统计，哈尔滨各面粉厂一昼夜耗小麦172万斤，集中哈尔滨的粮食每年在3万车皮（合90万吨）以上。这些粮食小部分为该市居民所消费，大部分转运他处。[④] 无锡、芜湖、南昌、九江、岳阳、长沙、梧州等都是近代时期重要的粮食转运和集散中心。各市每年集散和转运的米谷少则一二百万石，多则在五六百万石以上。据海关统计，19世纪末20世纪初，每年从芜湖运出的大米在200万—500

---

　　①　民国《南皮县志》卷5，实业，第38页。
　　②　张铁铮：《北京农产品贩卖方法和市场组织的研究》，转见千家驹编《中国农村经济论文集》，第285—298页。
　　③　广东大学农科学院：《广东农业概况调查报告书》，潮安县，第84页。
　　④　中国银行总管理处：《东三省经济调查录》，第233、239页。

万石，1925 年最高达 620 万石。这些大米的运抵或销售地主要是广
州、汕头、上海、烟台、天津以及汉口、厦门、九江等口岸。每年
从长沙外运的稻谷达 300 万—500 万袋（每袋 150 斤）。岳阳每年外
运大米一二百万石，1920 年最高达 230 万石。① 这些米谷也主要是
运往汉口、上海、广州等城市。

除了粮食、蔬菜、副食品等传统的市场需求外，随着资本主义
新式工业的发展和一些口岸城市外国侨民数量的增加，又产生了新
的市场需求。

甲午战争后，以农产品为原料的机器缫丝、棉纺织、面粉、碾
米、榨油、卷烟、蛋品加工等新式工业的兴起与发展，进一步扩大
了蚕茧、棉花、小麦、稻谷、大豆、花生、油菜籽、烟叶、禽蛋等
农产品的市场需求。20 世纪 20 年代前后，无锡机器缫丝业蓬勃发
展，全市有大小缫丝厂 50 余家，每年消纳干茧 140 万担上下，其中
本地所产占 1/3。② 第一次世界大战前，机器棉纺织厂和工业用棉数
量有限，江苏农民植棉"尚形粗放"；1916 年后，随着机器棉纺织
业的发展，棉花市场需求迅速扩大，到 1918 年，棉花产量"几倍于
昔日"③。山东棉花原来大都只供生产者直接消费，第一次世界大战
及其以后一段时间，日本在青岛大建纱厂，棉花市场需求大增，该
省所产棉花亦转供纱厂消费，或出口及转运他省。④ 米麦、油料、烟
叶、水果等市场需求也都明显增加。

近代时期，随着西方列强对华侵略扩大和中外往来的日益频繁，一
些口岸城市的外国侨民不断增加。如上海，1844 年仅有外国侨民 50 人，
1860 年增至 569 人，1895 年再增至 4684 人，1925 年达 29947 人⑤；

① 《海关十年报告》（英文），1892—1901 年，卷 1，芜湖，第 379 页；1922—1931
年，卷 2，芜湖，第 559 页；1902—1921 年，卷 1，长沙，第 312 页，岳州，第 335 页；
1912—1921 年，卷 1，岳州，第 295 页。
② 陈真：《中国近代工业史资料》第 4 辑，第 175—176 页。
③ 章有义：《中国近代农业史资料》第 2 辑，第 147 页。
④ 《中国实业志》，山东省，第 170 页。
⑤ 丁日初主编：《上海近代经济史》卷 1，第 713 页；卷 2，第 352 页。

汉口 1892 年有外国侨民 374 人，1905 年增至 2151 人。[①] 其他如广州、厦门、福州、镇江、青岛、天津、大连等通商口岸的情况也都大同小异。由于生活方式、饮食习惯的差异，随着外国侨民数量的增加，这些口岸在蔬菜、水果、食品和其他生活用品等方面，产生了新的市场需求，如对牛肉、牛奶和洋种蔬菜、水果、花卉的需求，等等。而且随着时间的推移，这种需求持续增加。如镇江，1875 年清朝地方政府曾规定，每天宰杀一至二头牛供洋商和外国船员食用。但实际宰杀的牛只因外国侨民日多而不断增加，到 20 世纪初，每天为供洋商食用而私宰的黄牛、水牛多至三四十头。[②] 洋商不仅大量宰杀和食用牛肉，而且还到内地收购牛只贩运出口，1910 年有报道说，某洋商往来海参崴一带，在各地方招人购买耕牛，每星期达 600 头之多，以致各处牛价骤涨三倍。[③] 外国侨民和来华外国船员等对洋种蔬菜、水果的市场需求大得多。所有这些牛羊肉和洋种蔬菜、水果自然都要城市郊区和周围农村生产供应。

二　专供城市的商业性农业的发展

近代以来，各地城市在其发展过程中，对各类农产品市场需求的扩大和新的市场需求的产生，城乡经济联系的加强，对一些地区的农业生产和农村经济产生了深刻的影响。

在不断扩大的市场需求的刺激下，一些大中城市郊区和邻近州县，以直接供应城市市场为目的的商业性农业加速发展，农业结构和农民的生产目的、经营方式逐渐发生变化。许多城市的普遍情况是，随着城市规模的扩大和城区的扩张，一方面，耕地和农业种植向后退缩，另一方面，专供城市需要的农副业生产，在地域和门类上不断扩大。

---

① 刘克祥：《1895—1914 年资本主义对汉口的掠夺性贸易》（未刊稿）。
② 《申报》1905 年 1 月 25 日。
③ 《大公报》1910 年 9 月 5 日。

　　城市郊区和邻近州县商业性农业的发展，突出地表现为直接供城市居民消费的蔬菜、水果、畜禽、花卉等生产的扩大。

　　一些城市郊区专营或兼营蔬菜、瓜果种植的农户增加。如广州附城东北一带，"民多为圃，蔬果瓜豆，因时易种，以供城市"。到二三十年代，由于城内居民增多，水陆交通方便，对蔬菜的需求增大，附近农家栽培蔬菜者日众，各地输进市内售卖者更多。蔬菜来源除附城的西村、河南、大北、东北外，较远的尚有江门、新会、潮州以及西江各县，而且所供蔬菜各具特色。如新会河塘的芥蓝，江门的白菜，潮州的大芥菜，泮塘的莲藕，河南的韭菜，沙河的竹笋，石滘的苦瓜等，都是有名的产品。① 在上海，20 世纪 30 年代初有调查说，"年来上海人口骤增，需要亦多，蔬菜事业正有无穷之希望"。郊区宝山，菜圃"获利颇丰"，宝山县城"内外业此者甚多，各市乡近镇之四周亦属不少"，并逐渐形成各具特色的专业性蔬菜种植区，如县城的塌菜、菜青，罗店的瓜茄，扬行、月浦的红白萝卜，刘行、广福的韭菜、韭芽，江湾的马铃薯，真如的洋葱头，彭浦的卷心菜和洋种菜等，"均甚著名"。② 无锡城郊农民，也"大都栽种蔬菜，以供给城厢内外之需要"③。福州近郊鼓山区一带，农户"多半种菜售卖"，其中菜园口、馆尾、菜园中及炉头等村，菜农约占农户总数的 70%，耕地除水田外，园地全部种菜。④ 20 世纪初，北京郊区的蔬菜种植业也有很大的发展，供应城市居民的冬储大白菜是郊区作物"三大件"之一。位于北京东部的三河，则以生产葱蒜闻名，邑北灵山等处，蔬菜占农业收入之半，"北平所需葱蒜，恒仰给焉"⑤。辽宁安东城市不大，但县城附近专以种蔬为业者 530 余户，

---

　　① 宣统《番禺县续志》卷 21，第 1 页；冯松林：《广东之蔬菜事业概况》，《农林新报》1932 年总 288 期。

　　② 上海市社会局：《上海之农业》，第 41 页；民国《宝山县续志》卷 6，农业，第 2—3 页。

　　③ 《东方杂志》1927 年第 24 卷第 16 号。

　　④ 华东军政委员会土地改革委员会：《福建省农村调查》，第 42 页。

　　⑤ 民国《三河县新志》卷 15，实业篇，第 4 页。

用地 3000 余亩。①

　　随着菜农数量的增加，城市郊区和邻近州县蔬菜种植面积扩大。越是近郊，菜农数量越多，菜地比重越高。② 城郊原有的闲荒瘠地被纷纷辟作菜园，一些原来种植粮食作物的土地，现在也改种蔬菜。广东三水，20 世纪初"出现了蔬菜种植的发展，特别是三水城四周，从前的闲荒瘠地，现在布满了菜园"③。奉天辽阳，城厢市镇中专以种菜为业者，"不可胜计"，"城内四隅空地，皆系菜园"④。开原县城"四隅旷土，今已悉改为园圃"。附城厢关农户，"因获利较巨，不种谷而种菜"⑤。菜地在耕地面积中所占比重亦随之提高。上海据 30 年代初的统计，全市菜地占耕地总面积的 4.4%。⑥ 宁波所在的鄞县，30 年代初各类蔬菜种植面积达 9 万亩，占全县耕地面积 10% 以上。⑦ 广州郊区番禺、河南岛 57 村 7.4 万亩耕地中，菜地达 3 万余亩。⑧

　　在蔬菜种植不断扩大的过程中，除原有蔬菜外，一些蔬菜新品种包括若干洋种蔬菜得到了推广。如上海吴淞江、蒲江塘两岸间，马铃薯"种植甚富"，洋葱、卷心菜、花菜等，"近邑人种植日多"。蔬菜的种类更加丰富和多样化。同治十一年（1872）《上海县志》所载蔬菜品目为 33 种，1920 年《上海县续志》增加到 50 种，其中 15 种是新增的。新增品种包括洋葱、马铃薯、劈兰、药芹、卷心菜、生菜、花菜、洋百合等；瓜类也从原来的 9 种增至 14 种，其中东洋西瓜来自日本；豆类从 11 种增至 12 种。⑨ 无锡城郊，茭白种植的发

　　① 民国《安东县志》卷 6，农业，第 15 页。
　　② 华东军政委员会土地改革委员会：《山东省、华东各大中城市郊区农村调查》，第 124 页。
　　③ 《海关十年报告》（英文）卷 2，1902—1911 年，三水，第 199 页。
　　④ 民国《辽阳县志》卷 27，实业志，第 6 页。
　　⑤ 民国《开原县志》卷 9，实业，第 7 页。
　　⑥ 上海市社会局：《上海之农业》，第 41 页。
　　⑦ 民国《鄞县通志》卷 5，农业。
　　⑧ 转见张仲礼主编《东南沿海城市与中国近代化》，第 486 页。
　　⑨ 民国《上海县续志》卷 8，物产，第 1—4 页。

展"尤为迅速。原仅个别地方种植，今则四乡多有种植者"。① 奉天安东，洋白菜等新品种也都扩大了种植。②

在蔬菜生产扩大的同时，一些城市郊区的果树种植也有了明显的发展。

19世纪末20世纪初，福建厦门、福州，广东汕头、江门附近地区，柑橘等果树种植，迅速扩大。据1925年的估计，福州附近一带，年产柑橘60余万担，橄榄三四十万担，龙眼20余万担。此外还有荔枝、香蕉、桃、梨、黄皮果等。鼓山区的水蜜桃驰名省内外。这些水果除供应福州外，还大量运销上海、青岛、烟台、天津以及南洋各地。③ 20世纪初，在汕头及其附近地区，由于水果罐头工业的飞跃发展，开辟了许多新果园，潮安、饶平、普宁、蕉岭、惠来等地发展为产橘中心。1920年，潮州销往上海和香港的柑橘分别达1610万斤和850万斤。④ 江门附近地区的柑橘和其他水果生产，发展也很快，出口逐年增加。⑤ 广州郊区番禺及其邻近地区的水果种植也日益兴盛。荔枝、杨梅、香蕉、橄榄、栗、梨之属，生产甚丰。罗冈洞一带，农民"多种果为业，梅、荔独盛。夏时荔火流丹，全洞皆赤；冬时梅花数十里，高下远近，一白如雪"。黄村至朱村一带，香蕉、梨、栗、橄榄"连冈接阜，弥望不穷"⑥。

上海郊区的水果生产以水蜜桃著称。19世纪后半叶，水蜜桃产地由城西黄泥墙移至南门外小木桥、龙华、漕泥一带。20世纪初，龙华西南长桥一带，水蜜桃"栽培范围不下数十里"。同时，其他果树的种植也有所发展。当地的果树种类从同治年间的17个增加到民

① 《东方杂志》1927年第24卷第16号。
② 民国《安东县志》卷6，农业，第15页。
③ 《福州生果产额及其进出口情形》，《中外经济周刊》1925年第104号；《福建省农村调查》，第151—152页。
④ 广东大学农科学院：《广东农业概况调查报告书》，第84页；《海关十年报告》（英文），1912—1921年，汕头，第175—176页。
⑤ 《海关十年报告》（英文）卷2，1912—1921年，江门，第245页。
⑥ 宣统《番禺县续志》卷12。

国初年的 31 个。① 苏州、无锡郊区的果树种植业也十分发达。由于果园收益较丰，以种植果树为业的农户很多。苏州太湖东北的新四村，99% 的耕地是果园。苏州、无锡生产的枇杷、橘、桃、石榴等鲜果，除供应本市消费外，还运销上海、南京、常熟、嘉兴、杭州等地。②

烟台附近一带的果树栽培，据说是 19 世纪 80 年代才开始的，到 20 世纪初，已经成为一个重要的行业。③ 据 1931 年的记载，福山县苹果、海棠等果树，从前"植仅庭院，近数十年来，以此为业者甚多，每年出口数十万"④。邻近秦皇岛的昌黎县，过去的果树栽培，仅限于山边或贫瘠土地，自从京奉铁路通车，苹果销路大畅，"山间农家恒于农地之内，竞植果树"。又据海关报告，20 年代后半期，在昌黎的一些肥沃土地上，开辟了许多新的果园。⑤

城市郊区和邻近州县农户的畜禽养殖业同样有了明显的发展。19 世纪末 20 世纪初，广东江门及其邻近地区，每年都有大量鸭、鹅、鸡、猪和鸡蛋投放当地和国外市场。⑥ 位于广州北面的清远，20 世纪二三十年代，由于交通便利，小贩纷纷到各乡间收购鸡只，运销广州，每年售价数万元。运销广州的鹅亦不少。⑦ 由此促进了清远鸡鹅养殖业的发展。上海郊区的家禽养殖业也发展了。30 年代的《川沙县志》记载，鸡蛋近日广销国外，价甚昂；鸭蛋尤多，只销本地。⑧ 河南安阳，居民养鸡甚多，但过去只供自食，并非营利。到 20 世纪 20 年代，由于该地蛋厂的创办，饲鸡遂成为营利性副业之

① 民国《上海县续志》卷 8，物产，第 4 页；上海国民党政府实业部国际贸易局：《中国实业志》，江苏省，第 5 篇，第 195 页；上海市社会局：《上海之农业》，第 38 页。
② 华东军政委员会土地改革委员会：《江苏省农村调查》，第 315—328 页。
③ 《海关十年报告》（英文）卷 1，1902—1911 年，烟台，第 229 页。
④ 民国《福山县志》卷一之三，物产，第 8 页。
⑤ 《中外经济周刊》1927 年第 211 号；《海关十年报告》（英文）卷 1，1922—1931 年，秦皇岛，第 328 页。
⑥ 《海关十年报告》（英文）卷 2，1902—1911 年，江门，第 186 页。
⑦ 民国《清远县志》卷 14（上），物产，第 7 页。
⑧ 民国《川沙县志》卷 4，物产志，第 16 页。

一。① 北京的鸡鸭饲养业随着北京城市人口的增加不断扩大，西北郊和东郊成为养鸭业最集中的地区，地处北京西南的房山县，养鸡产蛋"为人大利，畜者甚多"②。在四川成都平原，直接供应城市市场的游牧式养鸭业相当发达。1926 年，有调查描述当地农民的放鸭情形说，"每当十一二月，有无数鸭群被慢慢赶往各大市场，每一群鸭常有好几千只。这时稻田已经灌水，但尚未播种。鸭群逐田而游，布满整个田野和沟渠，一面觅食，一面向市场方向前进。经过几周的旅行喂养，逐渐肥硕壮大，等到达市场时，便可发卖了"③。

家畜饲养业方面，在养猪业明显扩大的同时，奶牛饲养业在各城市郊区普遍兴起。早在 1884 年，上海郊区宝山已有人畜养乳牛，以供应停在吴淞口外的外国兵舰。进入 20 世纪，随着城市居民生活方式的改变和牛奶市场需求的扩大，上海郊区农村饲养奶牛者日益增多。30 年代初，上海闸北潭子湾、浦东及沪南地区有 65 家牛奶棚，养有奶牛 300 余头。郊区农民也以其耕牛与西种牛交配，将所生杂种牛于冬季牛奶畅销时，牵来市内，寄养于他人奶棚中，产奶售卖，待明年开春后，又牵回乡间，从事耕作。二三十年代，这种役奶两用的杂种牛喂养者，据说"有逐渐增加之趋势"④。20 世纪初，广州郊区以及邻近的南海、顺德等县，都兴起了奶牛饲养业。番禺沙湾三姓有乳牛百余头；南海三山地有乳牛 200 余头；顺德大良、龙江一带，农民也有饲养奶牛的。⑤ 福州郊区光绪后期也已开始饲养奶牛，20 世纪初继续扩大，鼓山区岳后、后屿、鳝溪、横屿等的奶牛饲养业尤为发达。抗日战争前，仅岳后一村，即有四五十家奶牛业者，畜有奶牛 400 余头。东山、竹屿、安宁下、溪口、馆尾、

---

① 民国《续安阳县志》卷 3，地理志，物产，第 14 页。
② 民国《房山县志》，物产，第 67 页。
③ 布朗、李民良：《四川成都平原 50 农户调查》，《中国经济杂志》（英文）1928 年第 2 卷第 1 号。
④ 上海市社会局：《上海之农业》，第 219—224 页。
⑤ 宣统《番禺县续志》卷 12；国立中山大学农科学院：《广东农业概况调查报告书续编》上册，第 130、138 页。

三角池、朝天桥等村，也有若干从业者。[1]

20世纪初，一些城市郊区和邻近州县的营利性养蜂业和种花业都有明显发展。以往养蜂只是一种农家副业或业余消遣。20年代，由于城市发展和蜂蜜市场需求的扩大，加上西方养蜂新法的传入，养蜂成为一种有利的营生，养蜂业在各地很快发展起来。上海、南京、北京、哈尔滨及其周围地区，涌现出一大批养蜂户。30年代初，上海有较大的养蜂户14家，养有蜜蜂2680余群。[2] 南京在20年代中期，有各类养蜂户20家，养有蜜蜂129箱。[3] 北京及其周围地区，养蜂也十分普遍，西郊、北郊和西南郊都有不少养蜂户。从北京到张家口铁路沿线，养蜂户更多。仅怀来就有较大的养蜂户15家，养有蜜蜂1066箱，年产蜂蜜21320斤。[4]

一些城市的营利性种花业更是盛极一时。上海的营利性花圃最早产生于19世纪四五十年代，但大量涌现在20世纪初，尤其以20年代为多。农民因普通作物获利甚微，纷纷转而经营花卉，其中潜泾、张华、张翔等区，小规模的花圃，更是“日增月盛，大有一日千里之势”。据30年代初的统计，上海共有大小营利性花圃175处，占地面积1400余亩，其中开办于20年代的86处，占49.1%，即将近一半。[5] 这时花圃内部已开始出现专业分工，漕泾区的花圃主要生产暖房花卉，花农大多建有玻璃花棚，主要供应市民冬季所需鲜花，彭浦区主要栽培露天草花，花圃占地大者一二十亩，小者不足1亩。市民插花和鲜菊花，主要来自该区。也有一部分花农兼植观赏树木，这类花农不下200余户。[6] 广州的营业性养花业也十分兴盛，据宣统《番禺县续志》载，河南庄头村颇多花田，栽植的花卉品种繁多，诸如茉莉、含笑、夜合、鹰爪兰、珠兰、白兰、玫瑰、夜来香之属，

①　华东军政委员会土地改革委员会：《福建省农村调查》，第42页。
②　上海市社会局：《上海之农业》，第269—273页。
③　《中国经济周刊》（英文）1926年第8卷第264号。
④　李延墀、杨实：《察哈尔经济调查录》，第52—53页。
⑤　上海市社会局：《上海之农业》，第41、196—207页。
⑥　转见张仲礼主编《东南沿海城市与中国近代化》，第488页。

"皆广为插植，连畦盈陌，香气氤氲。每日凌晨，花贩络绎于道"。另外，不少果园也都栽培花苗、制作盆景。① 福州、苏州郊区种植的茉莉、白兰、玳玳等香花主要供茶商熏制茶叶，但也有部分供市民消费。福州鼓山区，在抗日战争前茶业兴盛时，农户普遍种植茉莉花，相当一部分农户把它当作主业。苏州虎丘镇、花园街和吴县枫桥区一带，直至 40 年代后期，还有好几千户种花。其中虎丘地区有两三千家种花户，种有玳玳花 2.1 万株，年产花 300 余担；茉莉花 225 万株，年产花约 5000 担；白兰花 4000—4500 棵，年产花近百担。玳玳花成批卖给花行，转售给茶商作为熏制茶叶香料，白兰、茉莉则售与小贩，零售供市民消费。② 30 年代，上海浦东杨思荡里一带，也有玫瑰花田千余亩，花农摘花干制后，售与茶食店和茶叶店制作点心或熏制茶叶，每年销售额可达五六万元。③

三 农业经营方式的变化与资本主义中小农场的兴起

随着城市郊区和周围地区专供城市市场的商业性农业的加速发展，这些地区的农业结构和农民的经营方式开始发生某些变化，并促成了资本主义中小农场的兴起。

由于城市市场需求的不断扩大，城市郊区和周围地区的农产品商品化程度比其他地区高，不仅蔬菜、副食品，即使其他农产商品也主要是供给城市需要。为了适应和满足这种不断扩大的需要，越来越多的农民将原来作为家庭副业生产的蔬菜、果树种植和畜禽饲养转为专业性生产，或从事以前没有的生产，如种花、养蜂或饲养奶牛等。郊区的农业结构也开始发生变化，由以粮食生产为主的自给性全面种植，转为以供应城市消费为目的蔬菜、水果和畜禽饲养等商业性生产。即使原来是以种植某类经济作物为主的一些城市郊

---

① 国立中山大学农科学院：《广东农业概况调查报告书续编》下卷，第 22 页。
② 《福建省农村调查》，第 42 页；《江苏省农村调查》，第 334 页。
③ 上海市社会局：《上海之农业》，第 42 页。

区，也改种直接供应城市的菜蔬瓜果。如上海等县，原以种植棉花为主，直至 19 世纪末，棉田仍占耕地的 70% 左右。20 世纪后，由于蔬菜和园艺作物种植的扩大，棉田面积不断缩减。到 30 年代初，上海郊区的 50 万亩耕地中，棉田已经只占 34.8%。① 广州郊区番禺，19 世纪时，还因所产棉花洁白松软、纤维细长而有韧性，为各属之冠，到 20 世纪 20 年代则完全为菜蔬瓜豆所取代，田野"数里之内不见一棉"②。当然，具体到每一个城市，郊区的作物结构也不完全一样。如杭州郊区绝大部分土地种棉、麻、茶，苏州郊区种花多。但蔬菜瓜果等园艺作物多则是各城市郊区的普遍情形。而且，越是近郊区，蔬菜等园艺作物所占比重越大。如在上海远郊区，农民大多种植稻、麦、棉花等一般性作物，而近郊农民则多种植蔬菜、豆类等园艺作物，农产品的商品化程度比远郊区更高。③

农业的专业分工和农民的生产经营也有某些变化。蔬菜瓜果种植方面，专业和区域分工均有发展，上海、广州等大城市郊区，开始形成多个各具特色的蔬菜专业性种植区。水果和花卉生产也有同样的变化。广州、汕头和珠江三角洲地区鸭鹅饲养的内部专业分工，发展更为显著。到 20 世纪初，鸭鹅的饲养已是成群专业饲养，作为农家副业的零散喂养基本上已被淘汰。而且出现了比较明细的专业和地域分工。有的专养母鸭（鹅）产蛋；有的专养种鸭（鹅）产蛋孵雏；也有的专养肥鸭（鹅）。没有自孵自养直至肥大后出售的。如鹅的饲养分为种鹅孵雏、草鹅（瘦鹅）和肥鹅三个专业或阶段。一部分饲养户专养种鹅产卵孵雏，谓之"鹅厂"。鹅厂在雏鹅出壳 3 天后，即出售给称为"鹅群"的草鹅饲养户。"鹅群"将雏鹅养至六七十天，待长至二三斤，再卖给肥鹅饲养户催肥后，方才上市出售。养鸭的专业分工也大致相似。如在清远，养鸭业分为三种：一是养

① 上海市社会局：《上海之农业》，第 33—34 页。
② 转见张仲礼主编《东南沿海城市与中国近代化》，第 491 页。
③ 华东军政委员会土地改革委员会：《山东省、华东各大中城市郊区农村调查》，第 107、124 页。

种用鸭者；二是孵鸭苗者；三是养鸭苗者。养种鸭者每年七月以前将鸭蛋售与孵鸭苗者用火力孵鸭，八至十二月所产鸭蛋，则作菜蛋沽售。养鸭苗者向火力孵鸭户买进鸭苗，养至 60 天后售卖，除少量供本地外，概沽于广州。与内部专业分工相联系，又形成某种地域性分工。如惠阳、博罗的养鸭业十分兴盛，但全是养肉鸭，而没有养种鸭和孵鸭苗者，即使间或有养母鸭者，也仅供产卵售卖，而不孵雏。养鸭者所需鸭苗，全部由东莞石龙和深圳购入。英德也只有"鸭群"，而无"鸭厂"。所需鸭苗，全由邻县运来。①

在商业性和专业性的生产发展过程中，生产者不断发生两极分化。一部分经济条件较好的生产者的经营规模有所扩大。到 20 世纪初，某些城市郊区和周边农村，具有一定规模的专业种植户和养殖户已不在少数，如辽宁辽阳的果树经营规模，"每处数千百万株，所在多有"②。苏州一些富裕花农，拥有 10 间以上的花厢。③ 部分畜禽专业养殖户的经营规模更大。20 世纪二三十年代，北京有专业养鸭户数十家，最多的有鸭三四千只。1927 年，养鸭户还成立了"北京市鸭业同业公会"④。广州郊区和珠江三角洲地区，经营规模较大的鸭鹅养殖专业户数量更多、比重更高。在沙田区，据说"鸭群最少都有几千头，至多几万头，几百头的一群是见不到的"⑤。番禺、清远、惠阳、博罗、新会、顺德、南海、中山、台山等地，都有若干较大规模的鸭、鹅饲养专业户。番禺的饲养专业户所养鸭鹅一般都达一二千只，惠阳的鸭均系群养，没有散养户。南海、顺德、新会、中山等地，鸭的饲养多的也在千只以上，最多可达两千只。⑥

---

① 参见广东大学农科学院《广东农业概况调查报告书》有关各页。
② 民国《辽阳县志》卷 27，第 6 页。
③ 华东军政委员会土地改革委员会：《江苏省农村调查》，第 330 页。
④ 张景观、刘秉仁：《北平鸭业调查》，转见千家驹编《中国农村经济论文集》，第 452、457 页。
⑤ 陈权：《广东沙田见闻录》，转见冯和法编《中国农村经济资料续编》，第 298 页。
⑥ 广东大学农科学院：《广东农业概况调查报告书》，第 16—17、28—29、221 页；国立中山大学农科学院：《广东农业概况调查报告书续编》上卷，第 21、45、130—131、138、146 页。

随着经营规模的扩大，一些专业种植户和养殖户使用雇佣劳动的情况也越来越普遍。20 世纪 30 年代，在上海郊区，一些地主和富裕农户，雇用长工、短工从事蔬菜生产。[①] 福州、苏州、无锡郊区，栽培果树和花卉的专业户，都有不少使用雇工。福州鼓山区富裕农户还从广东汕头雇用种桃工人。在苏州，由于种植花卉所需要人工较多，如家中只有一个主劳力，拥有三间以上花厢的种花户，即须雇用月工帮忙，超过五间花厢，至少要雇一名长工，超过十间花厢，则至少要雇一名长工和等于一名长工以上的月工。同时，少于两间花厢或完全没有花厢的种花户，则要为其他种花户做临时工或月工。[②] 在广州和珠江三角洲地区，使用雇佣劳动的鸭鹅饲养专户也占相当比重。据 20 世纪 20 年代的调查，用两名工人能管理 300—400 只鸭或鹅。[③] 因此，养鸭（鹅）三四百只以上的饲养户，大部分必须使用雇工。故使用雇工的鸭鹅饲养户当不在少数。北京、上海、成都郊区等地的养鸭专业户使用雇工的也很多。北京西郊一户养有两千只鸭的专业户，即雇有一名长工。[④]

一些城市郊区和周围地区商业性与专业性农业的扩大，农户的加速分化和雇佣劳动的发展，加上对外贸易、城市资本主义新式工业和西方资本主义思想文化的影响，使这些地区近代农业资本主义发展的历史条件，比其他地区更成熟一些。这就不仅刺激了带有某种资本主义因素的经营地主和富农经济的发展，而且促成了资本主义色彩更浓的中小农场的兴起。

有关资料记载显示，近代时期的资本主义中小农场首先起源于某些城市口岸及其郊区，也主要集中在城市郊区和周围地区，并且以供应城市市场需要的蔬菜、水果、花卉、畜禽、禽蛋、牛奶、水产品、蜂蜜等为主要目的。从经营范围和组织形式看，有些是综合

---

① 徐洛：《黄渡农村》，《新中华》1934 年第 2 卷第 1 期。

② 华东军政委员会土地改革委员会：《江苏省农村调查》，第 332—333 页。

③ 国立中山大学农科学院：《广东农业概况调查报告书续编》上卷，第 97 页。

④ 张景观、刘秉仁：《北平鸭业调查》，转见千家驹编《中国农村经济论文集》，第 448 页。

性农场，更多的是专业农场或饲养场、果园、花圃、蜂场等。

资本主义中小农场中最早出现的是奶牛场和养鸡场。在地区上则最早产生于上海。同时，上海作为近代中国最大的口岸城市，也是资本主义中小农场最集中的地方。早在1884年，即有人在郊区宝山殷行创办牧场，饲养大约20头奶牛，牛奶供应停泊在吴淞口的外国兵舰。四五年后，因兵舰停泊不常，销路渐减，牧场几至歇业。到20世纪初，因铁路通车，运输便捷，江湾南境又多外国侨民，牛奶营业又渐见发达。① 不仅如此，新的牧场、饲养场接踵问世。1903年，一名广东人在江湾创设畜牧公司，集股万余元，圈地30余亩，专养鸡鸭，兼种棉花、菜蔬，实行养殖业与种植业相结合；1916年，又有福建人在彭浦开办江南养鸡场，集股3万元，圈地27亩，仿照德国鸡场式样建筑铁丝网鸡场及新式鸡舍百余间，畜鸡万余只，多为洋种。并建有牛棚，计划养牛。② 到20年代初，宝山毗邻上海一带，已是"畜牧公司林立，畜牛及养鸡者，日多一日"。据1931年的调查，上海市共有大小奶牛棚51家，共饲有奶牛315头。其饲有奶牛10头以上的奶牛棚6家。③ 20年代中后期，又出现了一个创办养鸡场的热潮。1925—1928年，每年都有一家新鸡场问世。除了畜牛养鸡，宝山县各沙又有专业养鸭者，每年约产鸭数万只，专供上海各菜馆之用。④ 其中亦不乏类似养鸡场的资本主义性质的鸭棚产生。上海东郊川沙，也在20年代初建起了两家畜牧场，即创办于1920年的大丰畜植试验场和创办于1923年的泳源畜植场。这两场除畜鱼牛鸡豕外，还兼种棉桑蔬果。⑤ 据不完全统计，宝山、川沙等上海郊区，到20年代后期，共先后建有资本主义中小畜牧场或养鸡场12家（详见表1）。

---

① 民国《宝山县续志》卷6，农业，第4页。
② 民国《宝山县续志》卷6，第4—5页。
③ 《江苏省农业调查录》，沪海道属，1924年，第49页；上海市社会局：《上海之农业》，第221、227—230页。
④ 民国《宝山县再续志》卷6，农业，第2页。
⑤ 民国《川沙县志》卷5，实业志，第36—37页。

表1　　　上海郊区主要畜牧场、养鸡场示例（1884—1929年）

名称	创办年份	地址	创办人	面积（亩）	经营范围	年产量
陈森记牧场	1884	宝山殷行	陈森记		乳牛约20头	日产乳30余磅
江湾畜植公司	1903	宝山江湾	粤人某	30余	饲鸡鸭，兼种棉蔬	
江南养鸡场	1916	宝山彭浦	何拯华	27	养鸡万余只	每只鸡年产卵160枚
大丰畜植试验场	1921	川沙高昌乡	陈有容等	20余	养鱼鸡牛豕，兼种植	
泳源畜植场	1928	川沙	黄琼等		养鱼，植棉、蔬、桑	
彭浦养鸡场	1925	宝山彭浦	林泽民	4	养洋种鸡	蛋万余枚
德园鸡场	1926	宝山江湾	黄中成等	15	养来亨鸡	雏鸡5000只
品园养鸡场	1927	宝山彭浦	沈钊明等	4	养洋种鸡	雏鸡百余，蛋千枚
高氏农场	1928	宝山	高伯俊	10余	养洋鸡，蜜蜂	700元
民生养鸡场	1929	上海翔殷路	张瑞芝	60	养来亨鸡，浦东鸡	已繁殖5000只
立达养鸡场	1928	宝山江湾	冯焕文	50	养来亨鸡，芦花鸡等	已繁殖2600余只
中国实用鸡场	1928	宝山江湾		23	养来亨鸡	

　　资料来源：据民国《宝山县续志》卷6，第4—5页，民国《宝山县再续志》卷6，第2页，民国《川沙县志》卷5，第36—37页；《上海之农业》，第263—267页综合编制。

　　以经营蔬菜、水果和花卉为业的中小农场、果园、花园数量更多。在宝山，因菜圃获利较一般农地为丰，县城内外以种菜为业者甚多。到20世纪初，杨行、江湾、彭浦、真如等乡，业此者亦复不少，其中有的就是资本主义的中小农场。如成立于1909年的金氏农场，成立于1918年的江苏农场，成立于1925年的官生农场，各有地30亩至40余亩不等，都主营或兼营蔬菜种植，它们用汽车运输，供应上海各菜市。① 上海、川沙两县也有经营蔬菜的资本主义农场。20 年代初，穆湘瑶和农学博士葛敬中创办于上海杨思乡的东大蔬菜农场，额定资本 2 万元，租用土地 180 余亩，并准备扩充到 300 余亩。② 这在种植蔬菜的农场中可能是规模最大的。

同时，也有不少农场专营或兼营果园、花圃。宝山的维亚农场、殷氏桃园、寿星农场，川沙的南洋公司，上海县的南华园、芳园、小离垢园等，相继成立于 20 年代前后，专种各种桃、杏、杨梅以及葡萄等果树。自有土地 75 亩的川沙顾氏植物园，则专种杉木、香樟、松树等用材乔木。③ 这些农场、果园的创办和经营情况，详如表 2，至于营利性花园、花圃，数量更多。据不完全统计，1892—1930 年，上海及其郊区先后创办的营利性花园或花卉试验场共 174 处。这些花园大多投资数百元至一二万元，占地一二亩至八九十亩不等。均以种植和出售观赏花木、花卉为业。④ 毗邻上海的嘉定桃溪乡，也先后办起了金家园、侯家园、金氏农场、江苏农场、官生农场、黄氏农场 6 家营利性花园。⑤

表 2　　上海郊区资本主义中小农场、果园举例（1909—1927 年）

名称	创办年份	地址	面积（亩）	创办人	经营范围	年产量
金氏农场	1909	宝山真如	30 余	金颂声	洋种蔬菜、花木、樟、稻	400 元
江苏农场	1918	宝山真如	30 余	徐友青	树木、球根植物	6000 元
维亚农场	1919	宝山大场		胡维亚	果树	
东大农场	1924	上海杨思乡	200 余	穆湘瑶等	洋种蔬菜，瓜果	

① 民国《宝山县再续志》卷 6，农业，第 1—2 页。

② 张益三《上海县纪略》，《江苏省农业调查录》，沪海道属，第 4 页；民国《上海县志》卷 4，农工，第 4—5 页。

③ 民国《宝山县续志》卷 6，农业，第 5 页；民国《宝山县再续志》卷 6，农业，第 1—2 页；民国《川沙县志》卷 5，实业志，第 37 页；民国《上海县志》卷 4，农业，第 5 页。

④ 据上海市社会局《上海之农业》第 196—207 页统计。

⑤ 民国《桃溪志》卷 3，农业。

续表

名称	创办年份	地址	面积（亩）	创办人	经营范围	年产量
顾氏植物场	1923	川沙八团	75	顾氏	杉、松、樟、杏、柏	
殷氏桃园	1924	宝山吴淞	8	殷兆麟	桃、葡萄、杏、杨梅	3200 斤
管生农场	1925	宝山真如	40 余	陈应谷	花木、蔬菜	5000 元
寿星农场	1926	宝山彭浦	15	德和公司	桃	700 担
南洋公司	1925	川沙三王庙	6 余	顾应白	桃	出口推销甚广
南华园	1923	上海 21 团、31 团	20	刘东海等	水蜜桃、除虫菊	
小离垢园		上海 28 团、29 团	12	刘李平	桃、桑	

资料来源：据民国《宝山县再续志》卷6，第1—2页，民国《川沙县志》卷5，第37页；《江苏省农业调查录》，沪海道属，第4页；民国《上海县志》卷4，第5页综合编制。

　　苏州、无锡、镇江、南京、杭州、宁波郊区和周围太湖流域、钱塘江三角洲地区，都办起了若干资本主义农场、果园。无锡有富商合股开办桃园，"实行资本主义方式的经营"。到 1947 年还有种植桃树的新农场成立。[①] 南京的天宝树木公司则是这一地区规模最大的资本主义合股果树造林场。1919 年，由旅居南京的直隶人陈子兰发起，联合若干人集资 3 万元，共分 3 股，每股 1 万元，价买长 30 里、宽 10 里的官有荒山天宝山，开垦种植桃、李、杨梅、杏、梨、石榴等各色果树以及其他经济林。到 1924 年，已全部开垦完毕。[②] 在钱塘江三角洲慈溪南乡，研习农学的陈小圃，早在 1904 年就开辟自田百余亩，办起了独资农场，种植桑树和果树。开办四五年后，效益颇佳，因需增资扩大规模，遂组建南园树畜有限公司。[③] 在杭州、萧山则分别建有西城树艺园、王氏植物园和萧氏陈氏果园等。[④] 以蚕桑闻名的浙江南浔和江苏震泽，本无果树栽培习惯，20 年代后，因蚕

---

　　① 施琦：《无锡开原乡的农村经济》，《中国农村》1935 年第 1 卷第 9 期，《江苏省农村调查》，第 364—366 页。

　　② 《中外经济周刊》1925 年第 109 号，杂纂。

　　③ 《农工杂志》第 4 期，宣统元年四月。

　　④ 《东方杂志》第 4 期，光绪三十四年四月，又第 3 期，宣统元年闰二月。

桑逐渐失利，而城市因人口增加而水果等的需求量扩大，于是一些有财力者纷纷把资金转向果树经营，办起了一批采用资本主义经营方式的果园，如南浔的湖阳公司、南林果园、张氏桃园，震泽的紫阳植园、醒农场、好友农场、联益农场等。这些果园以栽培桃树为主，同时兼种李、杨梅、杏、枇杷、葡萄以及蔬菜等。所产水果大都销往苏州、无锡、常州、湖州、上海等地。有关情况详见表3。

表3　　　　　　　　南浔、震泽桃园简况（1923—1931年）

名称	创办年份	所在地	面积（亩）	创办人	果树种类	年产量
湖阳公司	1923	南浔黄杨兜	约40	崔国英	桃、李、枇杷、杨梅	桃1.3万斤
南林果园	1926	南浔闵塘兜	13	邱雁群	蜜桃、蟠桃等	桃9000斤
张氏桃园	不详	南浔陶凳	10余	张清儒		
醒农场	1924	震泽杨林浜	14	黄颂元	桃和其他果树	桃1.5万斤
紫阳植园	1922	震泽徐家浜	20	石雄声	桃和其他果树	桃1.4万斤
好友农场	1928	震泽张善坝	29	陈德凤等	桃、李、杨梅、蔬菜等	桃2万斤
联益农场	1931	震泽旦字圩	7	龚吟梅	桃、梅、葡萄、李等	桃6000斤

资料来源：据《农林新报》1932年总第288期，第329—333页编制。

广州及其周围地区和汕头及其周围地区，是资本主义中小农场另一个比较集中的地区。第一次世界大战和20年代前后，先后成立了一大批农业公司。香山有大星畜植有限公司（简称"大星"）、植益公司、同兴公司、香山农业公司等。据说大星在沙土上种植蘑菇的试验非常成功；新会有合股造林公司；东莞有林业振兴公司；番禺有植牧公司，宝安也在1925年建起了裕民垦牧公司。[①] 这些公司在名称上类似垦牧公司，但从规模和经营方式看，应归类于资本主义中小农场。如广州城内的岭南农业公司，主要饲养乳牛，生产乳制品和其他食品。实际上是一个附设乳品加工的中小型奶牛场。据

---

① 《中国经济周刊》（英文）1926年第8卷第265号。

1926 年的记载，广州共有牛奶公司 5 家。① 同上海及其周围地区一样，这里的中小农场也集中在果园和家禽饲养两业。花县赤岭的萃芳园是用资本主义方式经营果园的一个较典型的例子。1904 年，江联富、严朝辉等集股 2100 元，租得严姓荒地 70 余亩，租期 55 年，栽培荔枝、杨梅等果树，取名"萃芳园"。不过据说由于土地硗瘠，收获不丰。直至 20 年代初，"仍无成效可睹"。② 在广州郊区番禺，则集中了一批营利性花园。据 20 年代末的调查统计，共有醉观园、万芳园、纵香园、翠杜园、合记园、长春园、馥荫园、永春园、顺记园、梁园、余香园、评江园、成林园、美兰园 14 家。其中最大的如醉观园，有资本四五万元，花果树木 500 余种。同时还有 20 余处专门培育花果树苗的"围头"（苗圃）。每个围头面积都在 3 亩以上。各围头和花园出产物，每年销于本地及外洋者总在 10 万元以上。③

　　20 世纪初，广州和珠江三角洲地区商业性和专业性鸭鹅饲养的发展，也刺激和促进了资本主义鸭鹅饲养场的兴起。而且随着时间的推移，这类饲养场在家禽饲养业中所占的比重越来越大。前面说过，在珠江三角洲沙田区，鸭群至少有几千只，多的可达几万只。"几百头的一群是见不到的"。这些鸭都是由"资本家"经营。其中有不少应是资本主义性质的养鸭场。因为放牧鸭群的水田都要向地主缴租，而贫苦农民缴不起租，没有资格养鸭，这一地区的养鸭业也就为"资本家"所垄断了。④ 在三角洲其他地区，也有若干从事鸭鹅饲养的新式饲养场。如龙门有专门饲养母鹅孵雏的"鹅厂"两家，共养母鹅约 1000 只，两厂均配有工人室、储藏室、孵卵室和鹅舍等设备。⑤ 从化的养鹅业分为母鹅、草鹅、肥鹅等三个专业，全县有"鹅厂"8 家，以附城的街口墟最多。同时各米店大抵

① 《中国经济周刊》（英文）1926 年第 8 卷第 269 号。
② 民国《重修花县志》卷 6，实业志，第 5 页。
③ 国立中山大学农科学院：《广东农业概况调查报告书续编》下卷，第 22 页。
④ 冯和法编：《中国农村经济资料续编》，第 298 页。
⑤ 国立中山大学农科学院：《广东农业概况调查报告书续编》上卷，第 178 页。

都养鹅，其数量由几十只至三四百只不等，均建有离地尺许的竹木栏栅，进行圈养，而不再放牧。所养肥鹅则用船运往广州销售。米商所经营的三四百只的肥鹅饲养，已属资本主义性质的饲养场了。清远的鹅厂更远多于从化，其中亦当有新式饲鹅场。[1] 番禺则有小型新式养鸡场。罗岗的垦殖公司和河南的繁殖牧场，都养鸡千只以上。[2]

　　北方一些城市郊区和周围地区资本主义中小农场、果园、养殖场数量较少，但也不是没有。毗邻石家庄的河北正定，早在 1907 年就有商人杨荫棠独资价买府属荒地 200 亩，开办"林业公所"，陆续栽植桑、柏、桃、杏、葡萄、杨柳等树万株[3]，实际上是一个兼植杂树的果园。在果树种植比较发达的奉天海城、辽阳、安东等地，都有官绅、商人和农学界人士创办各种果园。海城钟家台钟某，在 1920 年前后开办果园，栽培葡萄、果树百余亩，其规模为该县"果园之最大者"[4]。在辽阳，虽果园多为农家副业，仅在地傍宅畔栽植，但也不乏专业性果园。县内东南山最多。该地每一林园栽植各色果树"数千百株至万株所在多有"。其中有一部分可能是用资本主义方式经营的果园。另外，1920 年前后，军阀王大中在县南乡购地 300 余亩，栽植西洋梨、苹果及各种果树，建成后当是一个规模可观的果园。[5] 安东在一二十年代也相继办起了一批新型果园。其中有的规模较大，创办人本人精通园艺学，雇有技工，果园办得颇有声色。如 1922 年创办的知悔果园，创办人之子系园艺学校毕业生，果园面积达 180 亩，土质优良，并自有苗圃，直接从日本、美国等地购进种苗，栽培进展顺利，开办不到 3 年，即栽种果树苗木 27.2 万余株，收入胜于支出。[6] 其余果园的创办情况有如表 4：

---

① 广东大学农科学院：《广东农业概况调查报告书》，第 241 页。
② 国立中山大学农科学院：《广东农业概况调查报告书续编》下卷，第 21 页。
③ 《农工商部统计表》第 2 册，农政，第 32 页。
④ 民国《海城县志》卷 7，实业，第 30 页。
⑤ 民国《辽阳县志》卷 27，实业志，第 6 页。
⑥ 民国《安东县志》卷 6，林业，第 67—68 页。

表 4　　　　　　　　奉天安东果园简况（1914—1927 年）

名称	创办年份	创办人	面积（亩）	果树种类
曲东省堂果园	1914	曲恒谦	200 余	山楂、葡萄、苹果、梨、桃、栗、杏、樱桃
关氏果园	1920	关文斌	8	苹果、梨、桃、鲁桑，另有苗圃
知悔果园	1922	周正伟	180	桃、梨、杏、李、葡萄、樱桃、杂果、杂树
张氏果园	1922	张元夫	1000 余	果苗万余株，另有苗圃
日旭堂果园	1922	刘长甲	42	专植各种苹果，另有梨百余株
韩氏果园	1923	韩树堂	32	梨、苹果、桃，另有桑苗、洋槐苗
温氏果园	1924	温先礼	9	苹果

资料来源：据民国《安东县志》卷 6，林业，第 66—68 页综合编制。

　　北方某些城市郊区也办起了少数养殖场。20 世纪初叶，北京郊区随着养鸭业的发展，出现了数十家专业养鸭户。养鸭数量多的达一二千只至三四千只不等。据 1934—1935 年对北京郊区 76 家养鸭户的调查统计，其中养鸭数量 500—1000 只的 10 户，1000—2000 只的 10 户，2000 只以上的 6 户。饲养方法亦颇为规范和讲究。[1] 其经营规模较大的不少就是采用资本主义方式的鸭场。京东香河、晋南河津也相继有人创办新式养鸡场。[2] 1924 年前后，山西农林学校毕业生李光远、冯炎展合资千余元，在晋中文水创办光农牧羊场，购买种羊二三百只及美利奴羊数十只，进行繁殖。当地行家认为，光农虽然资本不多，但创办者对畜牧素有研究，"将来成绩可预卜焉"[3]。哈尔滨同记商场亦曾于 1917 年在该市江北购地 300 余坰，创办了一处大型繁殖牧（猪）场，可惜因经营不善而倒闭。[4]

　　此外，20 世纪初叶在一些城市口岸郊区和周围地区还出现了一

---

　　① 张景观、刘秉仁：《北平鸭业调查》，转见千家驹编《中国农村经济论文集》，第 438—454 页。

　　② 民国《香河县志》卷 3，实业，第 25 页；《中国经济周刊》（英文）1925 年第 187 号。

　　③ 《中外经济周刊》1925 年第 107 号，杂纂。

　　④ 哈尔滨市整理私营工商业历史资料委员会办公室编：《同记商场五十年概况》，第 1—2 页。

大批新式养蜂场。

在引进和传播西方养蜂法以前，养蜂只是一项农家副业和业余爱好。20 世纪初，西方养蜂法的传播和城市市场对蜂蜜需求的扩大，使养蜂成为一种有利的营生。在许多地区，尤其是一些城市郊区，不仅农民养蜂很普遍，而且出现了一批有一定规模的新式养蜂场。如民国初年，著名养蜂人华绎之创办于无锡的新式蜂场，投资超过 5 万元，所养蜜蜂在 800 箱以上，并在上海设有营业部。上海市内和近郊更有多家大型蜂场。其中勤业养蜂场约有 500 箱蜂，大部分是意大利黄蜂，每年的蜂蜜产量约为 3000 斤。[①] 1925 年开办于宝山真如的青青养蜂场，有资本 1.5 万元，蜜蜂 800 箱，在上海北京路设有办事处。相继成立于 1925 年、1926 年的宝山中华、乐群两家蜂场，分别有蜂 150 箱和 300 箱。较大的蜂场还有 1925 年成立的中国养蜂公司和戚秀甫养蜂园。[②] 上海 1930 年进行登记的新式蜂场和外地蜂场驻沪营业处等共 14 家（详见表 5）。加上未填报登记的中华蜂种改良场和惠立、立达、天生、吕园等蜂场，上海市区和近郊，实有新式蜂场 19 家。另外，在松江，吴新民于 1917 年创办了亨达养蜂公司。据说该公司的经营相当成功。为了扩大规模，1923 年又在金山成立了一个养蜂园。成立于 1923 年的南京受谦养蜂园也是著名的新式蜂场。据 1929 年的调查统计，南京共有养蜂场 19 家，其中 14 家采用养蜂新法。[③] 武汉和湖北地区也有多家新式蜂场和养蜂试验场。在武昌城内紫阳桥北，有商人集资创办的武昌养蜂试验场，养有 18 箱中国蜂和 40 箱意大利蜂，中蜂每箱年可采蜜 50—100 斤，意蜂每箱年可采蜜 70—150 斤。场内并附设养蜂讲习所。在武胜门外，1924 年成立了武昌祥兴第一养蜂厂。该厂养有中国蜂种 20 箱、意大利蜂种 2 箱和混合蜂种数箱；并培植花园，购买蜂种，准备大

---

① 《中国的养蜂业》，《中国经济杂志》（英文）1929 年第 4 卷第 2 期。

② 民国《宝山县再续志》卷 6，农业，第 2 页；《中国经济杂志》1929 年第 4 卷第 2 期；《中国经济周刊》（英文）1926 年第 8 卷第 258 号。

③ 《中国经济周刊》（英文）1926 年第 8 卷第 264 号。

加扩充。1922 年创办的麻城养蜂试验场，也有 100 多箱蜂，曾一度"获利颇巨"。[①]

表 5　　　　　　上海新式养蜂场简况（1907—1930 年）

场名	创办年份	资本	蜂箱数	备注
戚秀甫养蜂场	1907	20000	50	1929 年起盈利千余元
华绛之养蜂场	1923	70000	800	民初设立于无锡，1923 年设营业部于上海
大生蜂场办事处	1921	5000	120	场部在浙江上虞，连年亏本
亚洲养蜂场	1923	5000	100	1923 年开办于武昌，1928 年迁上海
青青养蜂场	1925	15000	800	场部在宝山真如，在上海市内设有营业处
乐群养蜂场	1925	1000	70	年可盈余四五百元
陈曙明养蜂场	1925	4000	100	尚在试养期
东方公司发行所	1928	4000	100	初创无经验
华东养蜂场	1928	5000	100	1929 年起营业略有起色
远东兄弟养蜂公司	1929	5000	100	营业不佳
上海大陆养蜂社	1930	5000	90	
大华二宜养蜂公司	1930	1000	50	亏本
生生蜂场	1930	6000	100	
民生养蜂场	1930	8000	100	初创，无产品出售

资料来源：据上海市社会局：《上海之农业》，第 269—273 页综合编制。

在北方，北京及其周围地区的新式蜂场也不少。1926 年成立于北京交道口的先声养蜂场，装备有全套现代设备；在西郊西山，有一家公司开办了一个养蜂试验场，从上海、湖北订购了全部现代设备，同时养有中国蜂和意大利蜂。每群中国蜂可年产 50—100 斤蜂蜜，而意大利蜂的产蜜量可高 40%。广安门外建有一家兴农养蜂场。在北京周围以及河北其他地区，都有百箱以上的大养蜂场。仅京西怀来县就有亚农、公民等养蜂场 15 家，共养有洋种蜂 1066 箱，年产蜂蜜 21320 斤（当地秤），蔚县的岭南蜂场有中国蜂 525 箱，年产

[①] 《湖北省的养蜂业》，《中外经济周刊》1925 年第 131 号。

蜂蜜 12185 斤。[①] 20 世纪初叶，黑龙江哈尔滨周围和吉黑中东铁路沿线地区，新式养蜂场都有很大的发展。据 1929 年的记载，北满共有 18990 箱蜂，年产蜂蜜 38.9 万斤。大多数养蜂场集中在哈尔滨、帽儿山、红胡子和六道河子一带。[②]

资本主义中小农场的兴起和发展主要是在第一次世界大战前后和 20 世纪 20 年代。进入 30 年代，由于世界经济危机和日本资本主义对东北的侵占，工业生产衰退，城市市场萧条，中小农场的发展速度明显减慢。日本侵华战争期间，中小农场的发展更完全停滞和呈衰退状态。沦陷区的农场，则不是被日本侵略者劫夺，就是被敌伪破坏。如无锡周泾苍和吴江庞山湖公营农场的土地先后被敌伪霸占租出；私营农场如镇江三益农场，桑树被日寇砍伐、焚毁殆尽；金坛茅麓公司的树木、房屋、家具也被敌伪毁坏。资本主义中小农场同工矿企业一样遭到了空前浩劫。

四 资本主义中小农场的经营状况与特点

资本主义中小农场是在近代城市口岸发展、城市市场需求不断扩大的强烈刺激下产生和发展起来的，其生产物主要直接供应城市居民需要，绝大部分中小农场位于城市郊区，甚至在市区。由于城市及其周围地区土地价格明显高于其他农村，而中小农场的创办者财力有限，因此，资本主义中小农场在经营规模和方式上，明显不同于农牧垦殖公司，规模一般都比较小，大都是利用少量土地进行集约经营。

无论南北，绝大部分中小农场的土地面积都不足千亩。据对苏南地区 105 家农场的调查统计，土地总面积为 93465.9 亩，平均每家农场为 890 亩。这些农场包括私营农场和公营农场两部分。私营农场的土地面积更小。其中官办或公营农场 30 处，占有或使用土地

---

① 李延墀、杨实：《察哈尔经济调查录》，第 52—53 页。
② 《中国经济杂志》（英文）1929 年第 4 卷第 2 期。

57748 亩，平均每场 1924.9 亩；私营农场 75 处，占有或使用土地 37717.6 亩，平均每场 476 亩。当然，单个农场占有或使用的土地面积差异很大，但大规模的农场只占极少数。据对 102 处农场占有或使用土地的分组统计显示，100 亩及其以下的农场达 56 处，占 54.9%；101—1000 亩的 25 处，占 24.5%；1001—20000 亩的 21 处，只占 20.6%。而且规模较大的农场所占土地主要是山荒瘠地。农场规模以金坛、溧水两县最大，土地最多的达 2 万亩。但两县农场的山地占 97%—98%。农场规模较大的江宁，山地也占农场面积的 66.4%。林场是这部分农场的主体。①

果园、菜园、花园、养殖场等专业性农场，占有或使用的土地面积更小。上海、宝山、川沙 3 县 11 个果园，土地面积最大的 200 余亩，最小的只有 6 亩，平均不足 45 亩。安东 7 个果园，最大的 1000 余亩，最小的 8 亩，平均约 210 亩。菜园、养殖场的面积更小。宝山、川沙 9 家养鸡、牛、鱼和兼种蔬菜的养殖场，占地最多的有 30 余亩，最少的只有 4 亩，平均约 16 亩；上海江湾附近有土地面积可查的 5 家养鸡场，面积最大的有 60 亩，最小的只有 6 亩，平均 31.8 亩；嘉定桃溪乡 6 个兼种棉稻蔬菜的营利性花园，最大的有 40 余亩，最小的只有 20 余亩，平均约 30 亩，上海 179 处营利性花园，占地面积为 0.3—90 亩，其中 162 处不足 10 亩，占总数的 90.5%，平均每处花园面积只有 7.96 亩。可见中小型农场的经营规模普遍狭小。

技术装备方面，部分农场已同传统小农有所区别，拥有拖拉机、抽水机、收割机等农业机械和谷机、碾米机、机器粉磨等农产品加工机械。如江苏吴江庞山湖农场共备有柴油发电机、电动机、抽水机和碾米、磨面、榨油等各种机械 68 台；松江大有农场在抗日战争前，农业耕作和养蜂、栽花等设备也相当齐全。又据调查，松江、青浦、吴江、太仓、句容等 8 家私营农场共有拖拉机、抽水机、开

① 华东军政委员会土地改革委员会：《江苏省农村调查》，第 341—346 页。

山机等耕作机械15台。公营的丹阳练湖农场有拖拉机7台，割稻机1台，等等。[①] 部分菜园、畜禽养殖场、养蜂场等也有新设备。20年代宝山一些主营或兼营蔬菜的农场、菜园，都备有汽车，向上海运送新鲜蔬菜；创办于第一次世界大战期间的宝山江南养鸡场和创办于1924年的上海德园鸡场以及民生、立达、品园等鸡场，分别有仿照德国式样建筑的铁丝网和美国的新式鸡舍以及孵化器、保姆器、阄割器、巢面碎骨机、饮水器等设备。[②] 上海戚秀甫养蜂场、无锡华绎之养蜂场和福建闽侯张品南创办的养蜂试验场，养蜂器具均有"种种发明"。[③]

然而，大部分甚至绝大部分农场在装备和生产技术方面并无根本性的变革。耕畜是基本的动力，生产工具也全部是传统的手工工具。有的小农场，甚至连畜力也没有，全靠人工锹铲锄挖，上海一些有雇工10余人的专业化孵鸡场，孵鸡的全部设备竟是茅草屋和缸形稻草窝。[④]

农场的生产经营范围，大致分为两种情况：一些规模稍大的综合性农场，生产经营范围较广，农林牧副渔五业俱全，有的还进行农产品加工，自己碾米、磨面、榨油，甚至酿造葡萄酒；更多的是专业性农场，专门从事水果、蔬菜、花卉或林木生产，或专业养蚕、饲鸡、鸭、鹅、牛、鱼、蜂等。从地区上看，离城市较远的农村，不少是综合性农场，而位于市区、近郊区或邻近州县的农场，则多为单一经营的专业化农场，生产蔬菜、水果、禽蛋、花卉等产品，直接供给城市需要。

由于农场规模、土地有限，为了提高土地和资金利用率，大部分农场，尤其是果园、菜园、花园等专业化农场，生产经营的集约

---

① 华东军政委员会土地改革委员会：《江苏省农村调查》，第353—354、359—360、363页。

② 民国《宝山县再续志》卷6，农业，第1—2页；民国《宝山县续志》卷6，农业，第4—5页；《上海之农业》，第263页。

③ 《中外经济周刊》1925年第131号。

④ 上海市社会局：《上海之农业》，第256—257、268页。

化程度都比较高。同经营地主、富农一样，农场生产也都使用长工和短工，但单位面积雇工人数往往高于经营地主和富农。在南方水田区，通常10—15亩雇用一名长工，但不少农场则是6—7亩雇用一名长工。如浙江南浔，种植果树的湖阳公司，40亩地雇有6名长工；有地13亩的南浔南林果园和有地12亩的震泽醒农场，各雇有2名长工，这3家农场农忙时都还加雇短工；有地20亩的震泽紫阳植园雇有3名长工。[①]广东大埔裕园永兴公司，在进行集约化经营时，30余亩果园，雇有10余名长工进行管理[②]，每名长工的耕作面积只有3亩。规模较大，可以相对节省人工，同时经营也相对粗放，因而相应提高了雇工的耕作面积。震泽联益农场，120亩的果园和菜园，雇工10人；广东泰享农场，有地400亩，雇用40名工人种植水果和蔬菜；大埔农场有地120亩（实种90亩），雇用7名工人生产水稻和蔬菜[③]，每名工人的耕作面积都在10亩以上。一些面积更大的普通林场或果树、杂树综合性林场，则经营更粗放一些。如南京天宝树木公司，其土地范围包括一座长30里、宽10里的土山。该公司自1919年开始，雇70余名短工分区进行开垦，栽种乔木、杂树和果树，1924年垦栽完毕后，只雇用10名工人进行管理。[④]

雇工的劳动报酬，一般采用固定的计时工资制。工资高低视工人的技能、经验而异。如上海的鸡鸭孵化场，工人有"大司务""小司务"等名目，30年代初，大司务最高年工资为75元，小司务最低的仅18元。奶牛场奶夫工资，每月自5元至10元不等，通常为6元。与孵化场大司务工资相近。[⑤]在一些农场，长工由雇主供膳，而短工大多伙食自理。对雇工的工作时间，少数规模较大的农场已有某些规范，如江苏镇江四益农场视季节忙闲而伸缩工作时间，

---

① 孙云蔚：《浔震两地之桃园调查》，《农林新报》1932年总第288期。
② 国立中山大学农科学院：《广东农业概况调查报告书续编》上卷，第23页。
③ 《农林新报》1932年总第288期；《中国经济周刊》（英文）1926年第8卷第266号。
④ 《中外经济周刊》1925年第109号，杂纂。
⑤ 上海市社会局：《上海之农业》，第259—260、224页。

规定长工工作时间为夏季 10 小时，春季 9 小时，秋冬二季 8 小时。一些小农场则无明确规定，一般仍是从日出干到日落，短工工作时间尤长。除计时工资外，也有的农场采用雇工包种制或产品分成制。吴江庞山湖农场在抗日战争前所用的包种办法是，雇工耕 1 亩田，以全年计给工资 8.5 元（可买米 1.5 石），所有种子、肥料、灌溉费用，均由农场负担，土地收益亦全为农场。后因雇工来源增多，工资下降，到 1937 年已减至 3.8 元。更有个别农场并不支给货币或实物工资，只拨给若干土地让工人耕种，用劳役地租的方式来获取劳动力。①

资本主义中小农场的生产目的和市场定位十分明确，绝大多数中小农场，尤其是菜园、果园、养殖场、蜂场和营利性花园，其产品就是直接供应城市市场。位于市内或郊区的各类农场或养殖场，其产品则基本上是满足本市居民的需要。如上海江湾一带的几家鸡场，所产鸡和蛋全供本市居民，鲜蛋和童子鸡则大部分供应外国侨民；奶牛场的鲜奶销场更是基本上限于租界。当夏季牛奶供过于求不能及时销售时，被迫倒入江中。② 一些位于市镇或农村的农场、果园，其产品也就近供应城市。如前述南浔、震泽的果园，所产桃、李等鲜果，即由小贩销往苏州、无锡、上海、湖州等城镇。③

由于市场定位明确，加上作物或产品品种优良，一些农场和养殖场的产品销路不错，营业状况颇佳。如上海东大蔬菜农场，专种西洋菜蔬瓜果，栽培亦“悉依西法”，菜蔬“收获独早，为市上时鲜最”，因此上市后十分走俏，在上海租界各菜市都有承销贩卖部，外国侨民“咸乐于购食”④。专植桃树的川沙南洋公司，也“以种植精良，出品推销甚广”。⑤ 上海民生、立达、德园、品园和中国实用等养鸡场，引进国外优良鸡种，进行科学繁殖和喂养，产品甚为畅

① 华东军政委员会土地改革委员会：《江苏省农村调查》，第 360、353 页。
② 《上海之农业》，第 264—268、220—221 页。
③ 《农林新报》1932 年总第 288 期。
④ 民国《上海县志》卷 4，农工，第 4—5 页。
⑤ 民国《川沙县志》卷 5，实业志，第 37 页。

销，供应外国侨民的鲜蛋及童子鸡，"均有供不应求之势"。德园资本 3000 元，每年盈利 3000 元；立达资本 3.3 万元，每年盈利 4000—5000 元。① 经营花果树苗的广州醉观园，资本四五万元，每年的产品销售额达 10 万元以上。② 奉天安东的知悔果园，1922 年开办，由日本、美国购进种苗，到 1925 年春已收大于支，略有盈余。当时论者预期，到果树结果期，"谅能收获大利"。③

中小农场作为具有资本主义性质的农业生产经营单位，有它自己的显著特点：它的经营规模与经营地主和富农接近，但不像经营地主和富农那样以家庭为生产经营单位，而已完全脱离家庭，生产中不再包含供生产者家庭成员直接消费的自给性生产成分。因此，商品量和商品率比同等规模的富农和经营地主高得多。这是一种更加完全意义上的资本主义商品生产。中小农场占有或使用的土地数量虽远不如大型农牧垦公司多，但也不像后者那样以土地垄断、投机为直接目的，或将土地分散召佃收租，蜕变为封建集团地主，因而是更完全意义上的资本主义农业企业。

资本主义中小农场的创办者，既非军阀、官僚、豪绅，也不是旧式农民，而大多是有较高文化并懂得农业生产与市场行情的乡绅、商贾和受过新式教育的知识分子，其中不少是农桑学校的毕业生或农牧专业的归国留学生。他们中的许多人开办农场，不仅仅是为了牟利，同时有传播国外先进的农业科学、引进国外优良品种、振兴中国农业的抱负。因此，他们在自己的农场或养殖场中，力求采用国内外的新品种、新方法和新技术，并对某些传统方法和原有的作物、畜禽品种进行改良，为引进和传播国外新品种、新技术，振兴和发展中国农业作出自己的贡献。如上海民生、立达、德园、品园、中国实用等养鸡场，都是从美国、日本等地购进优良种鸡进行繁殖，并通过杂交，对国内原有鸡种进行改良。所得种鸡除去本场饲养外，

① 《上海之农业》，第 264—268 页。
② 国立中山大学农科学院：《广东农业概况调查报告书续编》下卷，第 22 页。
③ 民国《安东县志》卷 6，林业，第 67—68 页。

还供给国内其他鸡场、农校和周围农民，达到引进和传播国外优良鸡种、发展国内养鸡业的目的。[1] 一些农场、果园除直接从美国、日本等地购进优良果苗进行栽培外，同时设有苗圃，出售培育的优良种苗。不少养蜂场也都采取多种措施引进和传播国外优良蜂种和养蜂新法，以促进新式养蜂业的发展。如北京一家公司创立的养蜂试验场，开办了培训班，免费招收学员，传授新式养蜂法，还出售养蜂设备，只收成本费；北京吴某还发起成立了中国蜂改造社，以促进中国蜂种的改良；南京受谦养蜂园的创办者倡议组织了益群养蜂会；北京兴农养蜂场出版了有关华北地区养蜂的杂志，等等。[2]

因此，20世纪初叶，一些城市郊区和周围地区出现的资本主义中小农场、果园、菜园、养殖场、养蜂场等，虽然数量不多，规模不大，在全国农业生产中所占比重极其微小，但不仅在某种程度上满足了城市居民和外国侨民对某些蔬菜瓜果和副食品的需求，密切了城乡之间的经济联系，而且在引进传播国外某些新品种以及先进的农业技术与方法，改良中国原有的作物和畜禽品种、改造传统农业和促进新型农业的发展等方面，发挥了不可忽视的作用。

当然，20世纪初叶资本主义中小农场的发展尚处于起步阶段。由于是在半殖民地半封建社会的特定历史条件下产生和发展起来的，它也同其他带有资本主义性质的农业经营形式一样，必然打上那个时代的烙印。说它是一种比较纯粹的资本主义农业经营形式，只是相对于经营地主、富农和农牧垦殖公司而言，如与欧美资本主义租地农场比较，仍有很大的区别。在土地的占有和使用方面，虽然有一部分中小农场是租地经营，但更多的还是认领、价买官公荒地、闲地或使用自有土地，在离城市较远和从事一般性作物和林木种植的综合性农场中，价买官荒和使用自有土地的农场比重则更高，而且也并非全部进行雇工经营。据对苏南地区35家私营农场的调查，其土地的占有和使用大体分为四种情况：第一种，全部或大部租进

---

[1]　上海市社会局：《上海之农业》，第264—268页。
[2]　《中国经济杂志》（英文）1929年第4卷第2期。

土地并采用雇工经营的有 5 家，占 14.3%；第二种，全部或绝大部分为自田并采用雇工经营的有 21 家，占 60.0%；第三种，基本上雇工经营，但同时有小部分租出的有 5 家，占 14.3%；第四种，小部分雇工经营，大部分乃至全部土地租出的有 4 家，占 11.4%。① 可见就土地的占有和使用而言，纯粹的资本主义租地农场只占少数，大部分农场的收益中包含了地租剥削的成分。这同富农和经营地主是一样的。即使是租地农场，在近代农村封建制度下，租地农场缴纳的地租也仍然是封建地租，而非作为平均利润以上余额的资本主义地租。单就这一点而言，它也仍然不能称为真正的资本主义农场。而且，由于土地供不应求，佃农竞佃激烈，封建地租非常苛重，并有继续加重的趋势，使得这种并非真正的资本主义租地农场不可能获得充分发展的空间。不仅如此，一些使用自有土地进行雇工经营的农场，还在高额地租的刺激下，转而将部分土地租出，甚至完全靠榨取地租维持。所以，在近代半殖民地半封建社会条件下，资本主义中小农场也同经营地主、富农和农牧垦殖公司一样，不可能顺利而充分地发展。

（原载《中国经济史研究》1998 年第 3 期）

---

① 华东军政委员会土地改革委员会：《江苏省农村调查》，第 350 页。

近代农村庙会及其功能与作用

农村庙会是近代农村商业贸易的一个重要组成部分，在有些地区，其重要性不亚于集市，甚至超过集市。一个时期以来，研究农村集市贸易的文章颇多，获得了可喜的成果，但农村庙会似乎被忽略，有些论著虽有涉及，亦甚简略。本文试图对近代农村庙会作一初步考察，重点探讨其功能与作用。

一 庙会的起源和分布状况

与专为商品买卖而设立的市集圩场不同，庙会原本是民间一种祭神拜佛的封建迷信活动。庙会的起源和最初目的，几乎都是庆祝某一神灵的诞辰，纪念某一个重大节日，缅怀或酬谢某个神灵的恩德，祈求神灵再降福祉，保佑平安。

由于年代久远，绝大多数庙会的起源和形成过程，现在已经无从得知。不过 20 世纪 30 年代初，山东民众教育馆关于该省庙会的调查，在这方面给我们提供了不少宝贵而有趣的材料。

该调查资料显示，虽然各庙会名称、祀奉主神及其来历各不相同，但从建庙安神到有人烧香拜佛，并发展为一种群体行为，最后形成庙会，都经历了一个或长或短的过程，而其中人为的因素起了重要的作用，并非一个纯"自然"过程。

庙会要先有庙，建庙要先有神。而神（包括一些乡土化的全国性巨神）大都是人造出来的。有的是因神"显灵"而建庙、形成庙会。如山东莒县有座名叫障流山的小山，山下有一名叫罗店的小村，本无神奇之处。传说在明末时，村里有个叫王子明的人，夏天常往山顶纳凉，一天夜里梦见神人叱曰："这里是上帝的地方，你怎敢在此！"王回家后即募捐修庙，供起了玉皇大帝、关帝、王母娘娘等众多神灵。庙落成后，又定下每年正月初九、四月初八、九月初九三期庙会。[①]

有的是捕风捉影，牵强附会，建庙立会。如泰安华佗庙，据说最先只是在某处墙上，有一个略具人形的石像，有人附会为三国华佗神医的刻像，烧香跪拜求医，捐款建庙还愿。结果烧香求医者愈众，于是形成庙会。

有的是想借助神力抵御自然灾害，建庙立会。如栖霞臧家庄镇，有一个以龙王庙发起的庙会，传说其来源是，该镇西北有一小河，每年夏季洪水泛滥，街巷房屋，倾倒无数。镇人发起修筑石坝，抵御洪水，并在坝上建造龙王庙，装塑神像，希望借龙王之威抵御洪水。神像开光时祭祀演戏，积久成俗，发展为庙会。

还有的是装神弄鬼，借神驱邪，重修庙宇金身，恢复和扩大庙会。如平原县某村，原有"北极元天大帝"庙，并有香火大会。清末民初，因庙宇日益破旧，加上土匪猖獗，社会治安恶化，庙宇香火中断。这时当地人有发起组织供奉元天大帝的"同心会"（又名"红枪会"），宣称画符念咒，能避枪炮，又佯装大帝显灵附体，讲经说法。自此红枪会迅速兴盛，而土匪无形消失。乡民为报答元天大帝，于是重塑金身，再修院墙，于1926年阴历三月初三日举办原已中断的香火大会，赶会者不下万人。

更有的并不修庙，只是"请"神立会，借助神的力量聚众。济宁王贵屯庙会的立会过程就属于这种情况。王贵屯原无庙宇，也无庙会，该村有人羡慕邻近王家埚等庙会的牙佣收入，决定搞庙会。遂于光绪二十七年阴历三月初六日，"请"来泰山娘娘，搭台唱戏立会，并在戏台对面搭建神棚，黄纸手书"泰山行宫"四个大字贴于

---

① 山东省立民众教育馆：《山东庙会调查》1933 年第 1 辑，第 99 页。以下有关山东庙会的资料，除注明者外，均来源于此书。

席上，外加纸匾对联，将泰山娘娘"请"到村里，香火黄纸供奉起来。同时大造声势，分派各家妇女邀集邻村亲朋前去烧香膜拜；又分赴四乡张贴"王贵屯三月初六日演戏三天骡马大会"告示，并与各商贩接洽，殷勤照料。数年间，庙会果然初具规模。"商贩云集，骡马皆有"。每届三月初六日，货物买卖如期举行，不过神棚消失，香火杳然。泰山娘娘不过是一块敲门砖而已。同年立会的白家寺、喻屯两处庙会，可能也是采用类似手法。

在有些地方，除原有神灵外，乡民把死去的凡人神化，也建庙立会。山东即墨某乡，传说有一女子，修身成仙，显灵各乡。乡邻于是为她修建庙宇，名为"小庙"，不过香火不甚旺盛。后来唐王东征，军中缺粮，女神化作一老姬，送去粮米。她仅提一小罐米粥，手捏几粒谷子，将粥倒给兵士吃，又将谷放入沟里，做汤让兵士饮。这些东西，五千人马，也未用完。后来唐王察觉是女神显灵，于是封"小庙"为"大庙"。自此女神声名远播。烧香膜拜的人多了，也就形成了庙会。20世纪30年代的调查说，唐王东征时所筑土城和做饭的沟，依然存在。

各地庙会起源的具体时间，多数已无从查考。一些调查资料显示，不少是历经数百年的老会，早在清代前期、明代甚至唐宋时期就已存在。如江苏无锡，被称为"节场"的庙会，存在的时间都在一百年或二百年以上。[1] 不过也有不少是鸦片战争后甚至20世纪初叶发起成立的新会。如上述济宁王贵屯、白家寺、喻屯三处庙会都是1902年成立的。江苏江都东南沙洲，1935年调查时，共有5处庙会，其中3处依次是1919年、1929年和1932年创立的。另两处庙会的存在时间约有八九十年至一百年左右。[2]

近代时期，庙会的地区分布十分广泛，无论南方或北方，还是汉族地区或其他兄弟民族聚居区，都有大量庙会存在。

---

① 叶宗高：《无锡城乡的节场》，《新中华》1934年第2卷第8期，第85页。
② 适时：《江都新益乡的流动市场——"集"》，《新中华》1934年第2卷第12期，第83页。

中国南北各地农村，神多，供奉神灵菩萨的庙宇也多。既有单奉或主奉某一神灵的"专庙"，也有同时供奉诸神的"综合庙"。每一个县一般都有数十处规模较大的寺庙庵观。如山东寿张，光绪末年全县有名的可稽的寺庙达41处①；20世纪30年代的德县，全县有规模较大的坛庙、寺观、庵堂84处，其中庙宇42处，庙宇名称或供奉的神灵有关帝、土地爷、火神、药王、八蜡、大王、八仙、菩萨、龙神、东岳、财神、河神、三皇、刘猛将军、晏公、北极、昭惠（即二郎神）、北斗、玉皇大帝等②；河南郑县，民国初年有寺庙庵观49处③；陕西岐山有寺庙庵观60处。④

由于庙会大多是依庙立会。各地的寺庙多，庙会也多，供奉上述神灵的寺庙大都有香火会。据20世纪30年代初对山东博兴、福山、泰安、临淄、济宁、栖霞、莒县、平原等15县28处庙会的调查，供奉和据以立会的神灵有：神农、华佗（药王）、孙思邈（唐代医学家）、北极元天大帝、龙王、菩萨、释迦牟尼、罗汉、送子娘娘、城隍爷、碧霞元君、泰山娘娘、伏羲、玉皇大帝、王母娘娘、僧格林沁等，总数不下百种。

这样一来，各地庙会分布十分广泛，数量可观。如江苏无锡，全县有春季庙会8处⑤，江都东南沙洲有庙会5处。⑥

北方一些地区的庙会更多。河南各地均有多种庙会，其中尤以关帝庙会分布最广，规模最大。在豫西，许多村庄均有"关帝社"，每社成员28—32家不等。每家约出洋2角，由社首于二月买羊羔一只，负责放牧，待至九月或次年正月，宰杀祭祀关帝神，并供社员聚餐。如演神戏，再由社员按所种地亩摊派费用。庙会最大场所则

---

① 光绪《寿张县志》卷2，建置，第9—13页。
② 民国《德县志》卷4，舆地志，第16—27页。
③ 民国《郑县志》卷3，建置，第25—29页。
④ 民国《岐山县志》卷3，祠祀，第1—7页。
⑤ 叶宗高：《无锡城乡的节场》，《新中华》1934年第2卷第8期，第86页。
⑥ 适时：《江都新益乡的流动市场——"集"》，《新中华》1934年第2卷第12期，第83页。

设于洛阳城南 15 里外的关帝塚。每年阴历正月十五至十七日，豫西各县的农民都前往关帝塚敬香赶会。豫北辉县百泉，一地即有天爷会、药王庙等两个庙会。① 鄢陵全县有 20 处（次）庙会。其中县城一地即有庙会 9 处（次）。② 山西榆次，也有多处庙会，而且会期彼此错开，正月怀仁，二月聂村、东阳，三月郭家堡，四月王都村，五月县城城隍庙，七月源涡谦驿等。③ 河北徐水，全县有庙会 16 处，一年中每处庙会往往有两三个会期④；新河各地除市集外，又有庙会，"以有易无，乡人便之"⑤。

山东的庙会数量可能是最多的，留下的调查资料也较丰富。据 20 世纪 30 年代初一些极不完全的调查统计显示，博兴仅春季庙会即有 11 处，此外还有一部分以夏、秋、冬三季为会期的庙会；临淄全县有庙会 13 处；济宁有庙 21 处。该县南乡，只有居民千余户的两城寨村，村内有关帝庙、大神庙两处庙会，另外在村西 4 里的鲁桥、村北 5 里的鲁庄和村东 10 余里的凫山各有一处庙会。这样，在两城寨横直不到 20 里的范围内，共有 5 处庙会，其密度显然超过市集。栖霞臧家庄也有两处庙会。聊城周围五六十里的范围内，竟有大小庙会六七十处。在金乡，据说全县有 140 多个集、会。妇女烧香带着交易，叫"香火会"，只有交易的叫"骡马会"。骡马会是当地对集市的俗称。该县的集市数量不详，"香火会"恐怕远远多过"骡马会"。

西部偏远地区和少数民族地区，庙会分布也十分广泛。如青海，寺庙多，庙会也多。据民国时的统计，西宁（包括湟中）、互助、大通、乐都（碾伯）、民和、湟源、贵德、化隆、循化 9 县，共有喇嘛寺 122 座，此外还有汉族寺庙，其中较大的寺庙都有定期或不定期

---

① 《豫西农村社会组织状况》，《农村经济》1935 年第 2 卷第 4 期，第 96 页；刘桐先：《河南百泉的乡村集市》，天津《益世报》1935 年 8 月 24 日。

② 道光《鄢陵县志》卷 6，地理志下，第 12 页。

③ 同治《重修榆次县志》卷 7，风俗，第 3—4 页。

④ 卞乾孙：《河北省徐水县事情》，1938 年，第 92—93 页。

⑤ 民国《新河县志》第 2 册，社会经济，第 39 页。

庙会。如互助县每年举行的庙会、戏会有：佑宁寺两次观经会；阴历二月初二大庄龙王庙会；三月初三姚马龙王庙会；三月十四却藏寺龙王庙会；六月初六至十一的丹麻戏会；六月十三至十四的松番寺庙会。湟中塔尔寺每年有 4 次大庙会。这些庙会都有交易活动。①

二　庙会的基本功能及其演变

近代时期，大部分庙会兼具三种基本功能，即迷信、娱乐和商业贸易。如河南武陟，"香火之会，敬祀神明，有祈有报，且因以立集场，通商贩，并为士女游观之乐"②。宜阳四月十五日"祭城隍，商贩如云"，同日演剧者不止七八处。③ 山西太谷沙河村会，"民于里社祀神、演戏，四乡商贾以百货至，交易杂沓"④。榆次庙会，除求神拜佛和百货交易外，又必"陈优伶合乐"⑤。山东博山，每年阴历四月十八至二十日的凤凰山碧霞元君行宫香会，"设优戏，商货云集"⑥。该县其他大部分庙会的情况也都相同。据 30 年代初对该县 16 处庙会活动内容的调查，有 9 处的活动内容为演戏、酬神和买卖。⑦

庙会的迷信、娱乐和商业贸易三种功能中，迷信和商业贸易是目的，而娱乐是手段。演戏、杂耍、赌博等活动，为的是聚众，吸引人们烧香拜佛，消遣购物，以达到庙宇僧道多得布施、香火钱，商贩赚取利润，地主乡绅收取摊租、牙佣的目的。不过这是就一般情况而言，具体到每一个庙会和不同历史时期，各种功能的作用和地位是互不相同的，而且有一个明显的演变过程。

庙会源于求神拜佛，最初的发起和组织者是寺庙僧道，封建迷

---

① 崔永红：《青海经济史·古代卷》，第 228 页；翟松天：《青海经济史·近代卷》，第 247 页。

② 道光《武陟县志》卷 10，风俗，第 3 页。

③ 光绪《宜阳县志》卷 6，风俗，第 4 页。

④ 光绪《太谷县志》卷 3，风俗，第 4 页。

⑤ 同治《重修榆次县志》卷 7，风俗，第 3—4 页。

⑥ 民国《续修博山县志》卷 2，风俗，第 39 页。

⑦ 据《山东庙会调查》第 1 辑第 1—11 页综合统计。

信是庙会最原始和最重要的功能。初期的赶会者主要是烧香拜佛、许愿还愿的善男信女，娱乐和贸易活动不多，均居从属地位，是直接为迷信活动服务的，或本身就是迷信活动的一部分。如作为娱乐的戏曲演唱，原本是善男信女"还愿"酬神的一部分①，戏曲内容也多是为神灵歌功颂德，劝喻世人行善积德。如果说娱乐，它首先是供神灵"娱乐"。世人看戏解闷，不过是沾神灵的光。如同人们分食祭神的猪羊、鸡鸭和其他供品，只是捡食神灵"吃"剩的残渣剩菜而已。当然，演戏以及杂耍、赌博也是为了吸引世人赶会和求神拜佛，利用"羊群效应"提高神威。至于商业贸易，最初买卖的商品只限于祀神用的香火、蜡烛、黄纸，供应烧香人的食品、瓜果以及小孩玩具等。这也是直接为庙会的迷信功能服务的，在庙会活动中也不占重要地位。

随着时间的推移，尤其是社会商品经济和商业流通的发展，庙会的功能和性质逐渐发生变化。由于烧香拜佛、游玩消遣的人越来越多，四乡商贩抓住这一时机，纷纷前往设摊交易。买卖的商品也由原来的香火、食品、玩具扩大到衣帽鞋袜、日用百货乃至牲畜农具、木料器具等，如前述河南武陟的"因以立集场，通商贩"；山西太谷沙河的"四乡商贾以百货至，交易杂沓"；榆次的"合百货而市易焉"，等等，都反映了这种变化。有的地方干脆把庙会定为集期。前述江苏江都新益乡的庙会就是这种情况。调查者介绍该地被称作"集市"的庙会说，这种集市的最初起源是由于宗教关系，因为集期当天是某菩萨的诞日，各地农妇都来烧香，少数小贩利用这一时机来卖货，交易很盛。僧侣和地主们看到这一情形，觉得有利可图，于是号召各地农民都来参加，就规定这天为集期了。② 随着商品交易的不断扩大，各种功能的作用和地位

---

① 如山东莒县障流山庙，直至 20 世纪 30 年代，除一年三期庙会外，还有一年一次唱大戏。四月初八日麦秀时许愿，收麦后还愿。

② 适时：《江都新益乡的流动市场——"集"》，《新中华》1934 年第 2 卷第 12 期，第 83 页。

也发生了变化。商业交易逐渐取代迷信活动，成为庙会的主要功能，或二者并重。也有部分庙会，只有商品交易，而无烧香拜佛的迷信活动。娱乐虽然仍是聚众的手段，但目的主要不是吸引世人烧香拜佛，而是推销商品。戏曲主要内容也不再是为神灵歌功颂德和劝喻世人行善积德之类的正统戏，改成了招徕看客的低级庸俗戏甚至黄色戏。

相当一部分庙会的主办和组织权也开始由寺庙僧侣转入地方乡绅和商人手中，或由地主僧侣共同主持。如前述河南辉县百泉药王庙庙会（药材大会）早已是商人操办；山东栖霞龙王庙庙会的主办首事，也由该镇商家充当；江苏江都的庙会被定为商品交易的集期后，一直由地主僧侣主持，到 20 世纪 30 年代则由国民党基层政权乡公所和僧侣共同主持。税捐也由商人包缴包收，如山东博兴药王庙庙会的木器税由木行头征收。收税后在木器上涂一红色标记。如所买木器无此标记，便是漏税，即行处罚。

由于资料缺乏，今天自然无法得知庙会演变的详细过程，但是20 世纪 30 年代初的一些调查材料，揭示出清末民初庙会活动的许多生动情景，从中可以窥见庙会演变的轨迹。

山东调查以及其他资料显示，各个庙会的活动和在社会经济生活中扮演的角色，互有差异。庙会的起源和目的，几乎都是缅怀和酬谢某个神灵。直至清末民初，仍有一部分庙会，活动只限于烧香、酬神，没有买卖，或买卖不多，交易商品也只有直接为酬神活动服务的黄纸、香火、饮食等。这部分庙会始终保持着原始功能。这类庙会在乡村庙会中尚占有一定的比重。如江苏六合，阴历三月二十八日的东岳庙庙会、五月十三日的关帝庙庙会，都只有演戏建醮，河南郑县三月二十日的裴昌庙会，"善男信女崇拜焚香，络绎不绝"，但均不见商品交易。① 福建建瓯，有"迎土地、迎东岳泰山、迎五方五帝、迎城隍"等多种庙会。其活动除迎神游街外，有"春台彩船、

---

① 光绪《六合县志》附录，礼俗，第 2 页；民国《郑县志》卷 6，风俗志，第 6 页。

抬阁装古文"等种种游戏，又有"许愿穿红衣、带枷锁"甚至"臂肉刺针、悬炉"等迷信活动。而且赶会者众，"城乡聚观，途为之塞"①。但因采用游街的活动方式，同样无任何商业买卖。河南遂平，三月十五日西山赛会，乡民"远近往游"；二十八日东岳庙赛会，"男女少长杂沓成集"，则似游乐为主。② 陕西岐山的乡村赛会，"拜偶像，演戏剧"，各会"香火甚盛"，赶会者"乐而忘倦"，庙会也"由信仰神权，渐变为娱乐"③。

　　然而，更多的庙会，活动重心逐渐转向游乐消遣和商品交易，而游乐又只是地方官绅和商贾吸引顾客的一种手段。据对山东博兴部分庙会的调查（详见表1），16处庙会中，只有4处活动限于烧香酬神，商品买卖不多，其余12处庙会均有买卖。买卖不多的庙会，除伊家园会外，都是赶会人数不多的小庙会。没有买卖或买卖不多的庙会，所占比重不大。其他一些地区的情形也都相似。如临淄全县12处庙会中，只有2处没有买卖。济宁17处庙会中，只有1处没有买卖。

表1　　　　　　　　　　　　山东博兴部分庙会简况

会名	庙名	会期	赶会人数	活动内容	销售较多物品
药王庙会	药王庙	4.28—5.6	10000$^+$	烧香、酬神、演戏、买卖	牲畜、木料、铁木竹器、布匹等
崇德会	龙华寺	3.3—3.10	10050	烧香、酬神、买卖	木料
三月会	观音堂	2.2—2.10	8000	演戏、酬神、买卖	铁器
正月会	关岳庙	1.15—1.20	500	演戏、酬神	买卖不多
木家寨会	南海庙	3.15—3.20	6000	演戏、酬神、买卖	木料
将军会	将军冢子	2.2—2.8	250	烧香、酬神	买卖不多
兴福会	土帝庙	3.8—3.12	8000	演戏、酬神、买卖	柳器
陈户殿会	太安庙	2.2—2.10	6000	演戏、酬神、买卖	铁器

---

① 民国《建瓯县志》卷19，礼俗，第7页。
② 光绪《遂平县志》卷3，风俗，第13页。
③ 民国《重修岐山县志》卷5，官师，风俗，第26页。

续表

会名	庙名	会期	赶会人数	活动内容	销售较多物品
南湖会	青冢子庙	1.15—1.20	50	烧香、酬神	买卖不多
寨里会	观音庙	1.15—1.20	1500	演戏、酬神、买卖	木料
佛爷会	丈八佛庙	3.1—3.8	1000	演戏、酬神、买卖	土布
东关会	天齐庙	1.1—1.10	6000	演戏、酬神、买卖	牲畜
八月会	城隍庙	8.15—8.20	5000	演戏、酬神、买卖	木料
伊家园会	太安庙	9.9—9.16	4000	烧香、酬神	买卖不多
菩萨庙庙会	菩萨庙	9.9	300 +	烧香	买卖不多
胡家台庙会	胡家台庙	3月初	10000 +	演戏、买卖	服饰、木料、器具、洋广杂货

注：各会会期均为阴历。

资料来源：据山东省立民众教育馆编《山东庙会调查》第 1 辑，第 1—11 页编制。

有商品买卖的庙会，具体情况或发展程度也各不相同。这也从一个侧面反映出庙会功能的演变过程。

有的仍以烧香拜佛为主，商品买卖尚处于次要地位。如山东济宁的爷娘庙（伏羲庙）庙会，庙大菩萨多，烧香者众，每年清明和十月初一日两次庙会，远近七八县的善男信女，都来赶会烧香打醮，进进出出长达半月之久，但商品交易，无论骡马牛驴、木器和各界用物服饰玩具等，都只有半天的买卖。次日，庙内妇女念经不绝，庙外已"寂然无人"了。泰安华佗庙庙会，烧香磕头的老少妇女以及孩童，难以数计，"真是道为之满，途为之塞，街多宽人多宽，好不热闹"。但商品买卖则不外小香摊、元宝市、玩具摊、食品挑。都是为庙会的烧香磕头服务的。

有的烧香酬神、商品买卖并重。如河南郑县阴历三月十八日城隍庙庙会，自十五日起，或焚香烧纸，或奠献花果，或恭悬匾额，或割股披红、枷锁伏罪，仪式虔诚而隆重，会上又有买卖，茶果、玩具、农器俱备。① 莱芜的黄花店庄庙会，一般都是男的买东西，

---

① 民国《郑县志》卷6，风俗志，第6页。

女的去烧香。"烧香跪拜的人，络绎不绝"；商品交易亦热闹非凡。商品琳琅满目，"无异于商业繁盛的大市"。即墨大庙庙会，焚香顶礼的老妇少女挤得水泄不通，庙内人山人海；交易商品也异常丰富，牲畜、铁木竹器、农家应用各物都有，"好像一个小上海"。济宁鲁庄庙会，"烧香者居半数，买卖者居半数"，也是烧香买卖两旺。博兴胡家台庙会，则干脆将烧香与买卖的时间分开，二月十九日只烧香，那天远近赶来烧香的妇女"络绎不绝"，但并无买卖。到三月初才是演戏和做买卖。商品种类"无不应有尽有"。因为只做买卖而不烧香，"买的非常多，卖的也不少"。烧香酬神、商业交易两不相妨。

更多的庙会则已是商业买卖为主，烧香拜佛等宗教迷信活动退居次要地位。

庙会本源于寺庙香火，商贩沾神灵的光才得以推销商品。但随着岁月的流逝，商品的吸引力逐渐超过神力。商品交易日益兴旺，而寺庙香火不一定同步增加，甚至日趋冷清，形成此消彼长的态势。如山东肥城固留寺庙会，香火被其他寺庙夺走，"烧香拜佛的人，简直是一个也没有"。但"赶闲会的很多"，买卖十分兴旺，尤其是木料交易，在全县庙会中首屈一指。山西太谷庙会据说有大小之分，"终日而罢者为小会；赁房列肆，裘绮珍玩，经旬匝月而市者为大会"[1]。小会应当还是祀神商贸并重，经旬匝月做买卖的大会，则求神拜佛活动也已相形见绌了。有的则发展为小庙大市场。如山东济宁的鲁桥会庙会，是以奶奶庙香火起会，庙会的香火比别处小，但交易规模比别处大，交易商品，无论农工商学各界所用器具"俱全"，来往买卖者不下数万人，通会交易额不下数万元。有的庙会，贸易基础已经稳固，不再需要借助神威，买卖的兴衰不再以香火的旺淡为转移。如金乡城隍庙庙会，国民党上台后，一度大力破除迷信，庙中神像被拉走了十之八九，烧香拜神的人减少了十之七

---

[1] 光绪《太谷县志》卷3，风俗，第4页。

八，然而买卖的兴盛还和从前一样。有的庙会已经同庙宇和神像脱钩。有人在调查山东临淄庙会的情形后说，庙会源于迷信，但临淄庙会似乎偏重于交易和娱乐。有的庙会还依傍着破庙和残坏木偶，有的简直连破庙和残像都没有，但商品交易"仍能够极一时之盛"。

这样，庙会原有的封建迷信色彩逐渐淡化，而商品交易的气氛日益浓厚。庙会由原来的香火会最后演变为农村商品交易会。河南辉县百泉药王庙庙会的发起和演变过程是一个典型例子。据记载，该会最初源于明洪武八年（1375）阴历四月初八，山西闻喜商人出款公祭卫源神，"令起大会，以报神功"。庙会由此产生，但庙会本身似乎只是一种封建迷信活动，并无直接商业色彩。此后由于百泉独特的地理条件，药材交易逐渐兴起和扩大。为了借助神力推动这一贸易的发展，陕西西安府和河南怀庆府药材商捐款建造药王庙，庙会的依托由卫源神转为华佗神医。庙会规模扩大，交易更加兴旺。据乾隆二十二年重修药王庙的碑文记载，"四月初八日祭卫源神庙，四方贸易者皆至，南北药材商亦聚十余日始散。"到清末民初，药王庙庙会发展为远近闻名的南北药材和物资交流大会。每年大会是否举行、会期长短以及相关事务，均由商人或商会决定和主持。庙会期间也无烧香拜佛活动。[1] 一般庙会的宗教迷信色彩已基本消失。

前述江苏江都新益乡庙会功能的演变，是另一个典型例子。僧道和地主把庙会会期定为集期，号召各地农民和商贩都去做买卖。为了吸引顾客，还设立赌台，大兴赌博之风。这样，庙会的迷信色彩逐渐淡化，娱乐和交易日益红火。据20世纪30年代的调查，始创于鸦片战争前后的东岳庙庙会，开集当日参加者多达万余人，800多个货摊和18个赌台布满了庙前10余亩的广场和长长的圩堤。往日寂静的乡村顿时变成"热闹市场"。庙会的原始功能发生根本性变

---

[1] 刘桐先：《河南百泉之乡村集市》，天津《益世报》1935年8月24日。

化，人们也就干脆将庙会叫作"集"了。

山东地区的一些庙会也有类似情况，如成立很早（可能为道光咸丰年间）的平原县青陵冢庙会，据说并非祭神的香火会，而是"完全站在交易的立场上成立的"。买卖有"内行""外行"之分。内行货品以布匹居多，其他有妇女用的钗环梳栉等；外行货品则以木料、牲畜、瓷器、铁器、丝绸、麻布以及各成衣为主。同时，货品也因时间而异。如四月会，除上述货品外，另有锄镰、绳索、权耙等各色农具；而十月会，没有农具，但另有皮袄一市。

一些庙会在会期以及赶会人员的结构等方面，也都突显其商品交易会的功能。如山东临淄城隍庙庙会，会期自阴历五月二十八日起，六天或七天不等，时间长短，"完全看交易时的情形怎样而定"。博兴药王庙庙会，会期6—8天，实际天数随交易状况增减，必要时亦往往延长。肥城固留寺庙会，在演戏4天结束后，木行买卖总要延长五六天始罢会。从人员结构也可看出庙会的商品交易会功能。如金乡城隍庙庙会，赶会人员不下2万人，按性别分，男人占7/10，女人只占3/10；按赶会目的分，从事木料、牲口等交易的占65%，烧香的只占30%，其余的属于看热闹。

三 庙会的交易活动及其地位与作用

由于功能的演变，商品交易越来越兴旺。庙会在农业生产和农村经济生活中的地位与作用日益重要，某些地区和某些方面并不亚于甚至超过定期集市。

同集市相比，庙会商品交易的最大特点是会期较长，交易时间集中，商品来源地广，商品数量大，种类和档次齐全，交易规模较大。

集市的集期按天干（旬）、地支（12日）计算，每旬（或12

日）二三次或四五次，每次半天或一天。商品交易间隔和每次交易的时间都较短。庙会会期则按年计算，每年一次或两次，最多不超过四次。每次最短一天，不少为三五天或一星期[①]，也有长达半月乃至一个月以上的。如前述山西太谷有的庙会"经旬匝月"。山东聊城海华寺的四月会，"生意做半月之久"；东阿少岱山庙会，从阴历四月初开始，往往持续到麦熟，"经一月之长期"。河南辉县百泉的药材大会，会期更超过一个月。[②] 也有些庙会的会期长短，完全根据交易的需要决定。所以，庙会会期的间隔和每次持续的时间都比较长。

　　会期间隔长，意味着它对商贩和顾客都是一次难得的和不能轻易放弃的机会；交易持续的时间长，则扩大了商品交易量，相应降低了商品尤其是大型和笨重商品的运输和交易成本，同时加大了购买者和乡民的参与机会。这就吸引了更多和更大范围的商贩和乡民赶会。20世纪30年代的一些调查资料显示，有商品交易的庙会，每天的赶会人数，少则二三千人，多则万余人乃至数万人。表2所列为山东部分庙会的会期、赶会人数和主要交易商品。18处庙会的会期，除5处（次）为1天外，其余都在3天以上。赶会人数大多超过万人，东阿少岱山庙会最盛时超过6万人。江苏无锡有的庙会，更多达10余万人。[③] 青海地区的庙会规模也很大。前述湟中塔尔寺正月初八至十五日的庙会，每天达几万人，商贾云集；大通元朔山（老爷山）"六月六"庙会，前往赶会的大通、西宁、湟中、湟源等地的各族群众摩肩接踵，商贩摊棚连接不断。[④]

---

①　据调查，山东临淄12处庙会的会期，除3处不详外，其余均超过5天，其中4处为7天，2处为8天。济宁17处庙会，只有2处为1天，1处为2天，其余都在3天以上，其中3天的4处，4天的6处，5天的1处，6天的2处，8天的1处。

②　刘桐先：《河南百泉之乡村集市》，《益世报》1935年8月24日。

③　叶宗高：《无锡城乡的节场》，《新中华》1934年第2卷第8期，第86页。

④　翟松天：《青海经济史·近代卷》，第247—248页。

表 2 山东部分农村庙会情况简表

县别	庙会名称	会期	赶会人数	主要交易商品
博兴	药王庙庙会	4 月 28 日— 5 月初	万余人 （每天）	牲畜、木料、农具、土布、服饰、文 具、生活日用品
	胡家台庙会	2 月 9 日； 3 月初	万余人 （每天）	服饰、木料、器具、洋广杂货，生活 日用品 "应有尽有"
平原	天原大帝庙会	3 月 3 日— 3 月 7 日	约万人	牲畜、木料、布匹、日用品
	青陵冢庙会	4 月 5 日— 4 月 8 日	千余人 （每天）	分内外两行：外行为牲畜、木料、器 皿、农具，内行为布匹、妇女用品
肥城	固富寺庙会	10 月 5 日— 10 月 8 日	2 万以上 （每天）	木料、牲畜、农具
福山	吕楚庙会	2 月 28 日— 3 月 5 日	3000 余人	农具、生活日用品
东阿	少岱山庙会	4 月初至麦熟 （约一个月）		农器、牲畜
莱芜	黄花店庄庙会	3 月 3 日	15200 人	山果、玩具、广货、食品
聊城	海华寺庙会	4 月 （约半个月）	4000— 5000 人	牲畜、布匹、绸缎、木料、土特产、 日用品
临淄	菩萨庙庙会	3 月 11 日— 3 月 13 日	千余人 （每天）	牲畜、布匹、绸缎、日用品、木器 "应 有尽有"
	城隍庙庙会	5 月 28 日— 6 月 5 日	万余人	牲畜、铁木农器家具、布匹、玩具、 书籍
海阳	社眼庙庙会	3 月 3 日	超过万人	农工商学用品 "应有尽有"
济宁	寺堌堆庙会	2 月 24 日— 2 月 29 日		畜禽、木材、铁木器具、农家日用杂 货
	鲁桥会庙会	2 月 8 日（18）	数万人	牲畜、农工商学所用器具 "俱全"
金乡	城隍庙庙会	3 月 27 日— 3 月 29 日	约 2 万人	牲畜、木料、铁木农具器具、陶器、 服饰、皮革、日用杂货
莒县	浮来山庙会	1 月 16 日	1 万人	农具、玩具、食品
	障流山庙会	1 月 9 日； 4 月 8 日； 9 月 9 日	万余人	烟花爆竹、木制农具器具、玩具、杂 货、水果
栖霞	龙王庙庙会	2 月 28 日	7000— 8000 人	耕畜、农具、日用杂货、玩具

注：各会会期均为阴历。

资料来源：据《山东庙会调查》第 1 辑综合整理编制。

庙会大多是综合性的，但也有少数专业庙会，如河南鄢陵庙会中，有专卖农具和夏布的"农器会"和"夏布会"。①

庙会的交易商品，从骡马牛驴、犁耙锄锹等生产资料到箱柜桌椅、锅盆碗勺等生活用具，从当地农产品、手工业品到进口洋货、京广杂货，从布匹绸缎、服装鞋帽到书籍笔砚、小孩玩具，无不应有尽有。如江苏无锡庙会交易的有农具、家具、渔具、种子、杂品和其他多个门类，仅农具就有好几十种，几百个摊位，平时人迹罕至之处，顿时"变为极热闹的摊头市镇"。江都庙会上商品名目也差不多，有农具、种子、家畜、家具、杂品等数个门类。②

北方一些地区的庙会，交易商品种类更多，规模更大。前述河南辉县百泉的药王庙庙会尤为隆重。该处有本地和外地药商组成的药王会，作为主办庙会的常设机构。每年春节后，如地方平靖，本地会首即向各地药商发出通知，准备集会。消息一经传出，各地杂货、洋货各行早已探得，便于3月15日前纷纷前往百泉筹备，租赁房屋、家具，占领摊位。该会虽然名为"药材大会"，但交易的商品并不限于药材，而是一个综合性的规模宏大的南北物资交流大会。据1935年的调查，当年赶会的商贾包括23行623家。计：

药材178家	麻绳24家	洋货45家	草帽23家
杂货25家	桑权8家	帛布18家	铁货18家
京货27家	竹货14家	估衣54家	挂货37家
碗器2家	皮货8家	篦针11家	柳货3家
风箱5家	扇行32家	笔行19家	席行2家
巾带9家	磨石3家	扫帚5家	

这些商贾来自5省42县，内计河南27县、587家，江苏6县、

① 道光《鄢陵县志》卷6，地理志下，第12页。
② 叶宗高：《无锡城乡的节场》，《新中华》1934年第2卷第8期，第86页；适时：《江都新益乡的流动市场——"集"》，《新中华》1934年第2卷第12期，第83页。

19 家，山东 5 县、10 家，山西 3 县、5 家，安徽 1 县、5 家。每次大会，总交易额至少一二百万元。[①]

山东各县庙会的交易商品也十分丰富，种类齐全。如济宁鲁桥会庙会，各类商品"无一不有"，"农工商学界所用的器具俱全"；博兴胡家台庙会，"凡民众用的东西，任什么都有"；海阳社眼庙会，凡乡农用、工用、商用、学用、食尝用、药用等物品，"无不应有尽有，差不多和开物品展览大会一般"；该县黄山冈庙会，从农具、生活日用品到食品、妇女化妆品、儿童玩具等，无所不包，"俨然是一个百货俱全的市街"；即墨大庙庙会上，马牛牲畜、铁器木货竹货、各种玩物，样样齐全，"好像一个小上海商埠"。

同时，一些庙会的主要商品种类，随季节进行有规律的调换。如直隶徐水城关东胡同庙会，二月初十日为石木料，三月二十三日为石木料和农器；大王店庙会，三月十五日为农具，六月十五日为夏货，九月二十一日为皮货和女子妆奁；遂城镇庙会，二月十五日、四月十五日为农器、木料，六月八日为夏货；山东平原青陵冢庙会，会期是阴历四、十两月初五到初八，交易商品主要是布匹、旧衣、木料、牲口和各种器具等，但四月会除上述货品外，又有锄镰、绳索、权耙、扫帚等农忙用具，等等。[②] 总之，各地庙会商品尤其是各类农用商品，种类繁多，而又随时令变化。

庙会不仅商品种类多，而且交易规模宏大。每届会期，往往寺庙周围三四里范围内乃至半个县城，都成了商品市场，场面十分壮观。如前述江都新益乡东岳庙庙会，庙前十数亩的广场和广场前一条很长的圩岸，都摆满了货摊。许多远方卖货农民，先一天就睡在了圩岸两旁。当日赶会的农民有一万多人。几里外就听见嘈杂的人声，"把一个寂静的乡村变做一所热闹市场了"[③]。东阿少岱山庙会，

---

① 刘桐先：《河南百泉之乡村集市》，《益世报》1935 年 8 月 24 日。
② 卞乾孙：《河北省徐水县事情》，第 112—113 页。
③ 适时：《江都新益乡的流动市场——"集"》，《新中华》1934 年第 2 卷第 12 期，第 83 页。

号称"鲁西第一个乡村大会"。其交易辐射范围包括聊城、阳谷、东平、茌平、堂邑、平阴、济宁等七八个县区。有人记述 20 世纪 30 年代初交易的壮观场面说，交易场所以山顶为中心，西望从山顶至半山数百尺高的盘山路两旁，摆满香火纸码摊；从半山到城里 3 里长的道路两旁，是"采绣耀目的"布匹鞋袜之属；再从山顶盘山路南望，"乌烟瘴气，响声杂然"，是几十家铁匠店；从盘山路北望，有数顷大的山坡，全是农具；从山顶北望，是占地 10 余顷的牲口市。余如饭棚、茶棚、木材、玩具等，不胜枚举。庙会持续一月之久，最盛时赶会者达五六万之众。临淄、金乡两县城关的城隍庙庙会，交易规模也很可观。前者买卖兴盛时，商摊能分布半个县城；后者仅牲口市即有一方里之谱。河南鄢陵，各个庙会都是"男女骈阗，街衢充塞。静坐一室，但闻人声矣"①。

大量资料显示，庙会是近代农村商品流通的一种极其重要的形式和渠道，是集市贸易的重要补充，某些方面发挥着集市贸易无法起到的作用，在农业生产和农村经济、文化生活中处于十分重要的地位。

庙会在地域分布上，弥补了集市的不足。集市多位于居民较多、交通较方便的村落或乡镇。而庙会除少部分为县城、市镇和圩集所在地外，相当一部分位于偏僻村野或山麓，在地域上填补了市镇和圩集的空白。在这些地区，由于没有圩集，农民生产和生活资料的购置，农产品和手工业品的销售，几乎完全依靠每年一两次的庙会。如前述河南辉县百泉，由于太行山的阻隔，农民手工业品无法外销，外地商品难以到达。周围数十里内生产生活资料的购销和调剂，主要依赖每年三月初三的天爷会庙会。② 山东的一些县区也有类似情况。如临淄，因是偏僻小县，平常农家用品供不应求，不得不依赖庙会，所以全县庙会的地点和会期分布十分均匀。河南鄢陵，庙会也发挥着圩集的功能。道光《鄢陵县志》称，该县"城乡之有会，

① 道光《鄢陵县志》卷 6，地理志下，第 12 页。
② 刘桐先：《河南百泉之乡村集市》，《益世报》1935 年 8 月 24 日。

犹江浙之有集，闽广之有圩也"。

在西部一些少数民族聚居区或汉族和少数民族杂居区，游牧区或农牧交界区，庙会更是少数民族和汉族农牧民以及寺院僧侣进行商贸活动的主要乃至唯一场所，青海部分地区的情形即十分典型。

青海土地辽阔，人烟稀少。到鸦片战争前，虽然东部农业区尤其是西宁及其周围地区，城乡集市已初步形成网络，但中西部和南部牧区，因牧民逐水草游牧，居无定所，难以形成固定的商业场所和网点。寺院及其周围地区是牧区不可多得的固定建筑和居民点，又大多位处自然条件较好和交通方便地段，是部族和当地经济、政治、文化中心，而寺院僧侣和喇嘛又大多有从事商贸活动的习惯，经商营利是寺院经济的一个重要组成部分。于是牧区逐渐形成以寺院为中心的集贸网点，而寺院祀祝庙会日自然成了周围农牧民的交易集期。如前所述，这些地区的寺庙很多，各寺庙的庙会日期又相互错开。如青海南部玉树结古寺周围地区，寺院密集，各寺庙会日期分布均匀，从正月至十二月，基本上月月有庙会，有的寺庙一年还有多次庙会。如前述藏传佛教格鲁派六大寺院之一的湟中塔尔寺，一年有四次庙会（阴历正月初八至十五日、四月初十至十九日、六月初三至初十日、九月二十至二十四日），届时各区牧民以及西藏藏民都远道前往"观经"，并携带畜产和土特产品进行交换。[①] 事实上形成了一个类似集市贸易的市场网络，解决了因无定期集市而给商品流通带来的困难。

庙会交易的商品，种类齐全，但和定期集市各有侧重。耕畜、猪羊等家畜、各种农具、铁木竹器和家具以及布匹服饰（包括旧衣服）等生活资料，在庙会交易的商品中占有异常重要的地位，其比重远远高于定期集市，而作为集市主要商品的粮食、蔬菜，在庙会上绝少见到。一些供出口或充当工业原料的农产品，也很少在庙会

---

① 崔永红：《青海经济史·古代卷》，第 228 页；翟松天：《青海经济史·近代卷》，第 247 页。

上交易。即使庙会位于市集，二者交易的商品差异也十分明显。如山东平原青陵冢，每旬五、十在两个集市上，买卖以牲口和粮食为大宗，平均每集粮食的交易量达二三万斤，其余为蔬菜瓜果。但在每年四、十两月初五至初八日的庙会上，买卖的主要商品却是布匹、木料、牲口、铁器等，粮食和蔬菜瓜果不见踪影。庙会上大量销售的家具、玩具、书籍以及成衣、旧衣等，在一般市集上也很少见到。可见庙会上与集市上的商品，各有侧重，相互补充。总的来说，集市上的商品主要是当地农副产品、手工业品以及包括进口洋货在内的日用工业品，主要作用是本地居民之间的余缺调剂。庙会的大宗商品是耕畜、家畜、农具、家具和家庭器具以及婚丧用品等，主要是满足农民大型生产和生活资料的供应。

凡是以商品交易为主的庙会，耕畜和农具是商品买卖最重要的内容，如表2所列庙会中，牲畜和农器几乎都是头号商品，其数量和规模远非一般集市所能比拟。如前述山东东阿少岱山庙会的牲口市占地10余顷；金乡城隍庙庙会的牲口市占地1方里，兴盛时能上牲口万余头，销三四千头。济宁寺堌堆庙会以牛驴骡马及木料两市"生意最大，销路最广"。牲口市占地长达2里，占全会面积的4/10，盛时牲口有一两万头，销一两千头。清末民初，外省的牛驴骡马贩子，多来会交易，6天庙会的税额占全县的17%以上。栖霞龙王庙庙会最大的交易就是骡马牛驴，周围四五十里的农家牲畜，多在此交易。平原元天大帝庙会的买卖物品中，牲口、木材"最多"；博兴药王庙庙会，牛驴骡马是销卖品的一"大宗"。河南百泉天爷会庙会的牲畜市场也"颇不小"。

农具是和牲畜同等重要的商品。在不少地区，庙会是农民添置农具的主要甚至唯一场所。如豫西各县农民所用农具，大多是每年正月前往洛阳关帝庙会购置；以正月十六日为会期的山东莒县浮来山庙会，据说是附近30里内农具买卖的一天，因为一到春天耕种，便没有闲人再到别处延误时间了。即便价格贵些也要买。所以，各庙会的农具特别多，买卖十分兴旺。又如河南郑县城隍庙庙会，茶食果品和小儿玩具，"在在成市"，而"一切耕具、农器尤属色色俱备"①。宜阳城隍庙庙会，"农器山积"，鄢陵更有专门的"农器会"②。山东东阿少岱山庙会，打造农具、铁器的铁匠店多达数十家，农具摊位占地数百亩；临淄城隍庙庙会，拖车、拉叉、木锨、锨柄、扫帚、叉子等铁木家具，"销路都很广"；金乡城隍庙庙会，各类农具和铁木器具，"买卖都很畅旺"。

庙会对农业生产所起的作用是不言而喻的。

庙会在农民日常生活（包括文化生活）中的作用，也十分重要。一些地区农民盖房用的木料、门窗、家具、器具和婚丧用品的置备，主要依赖庙会。同时，由于庙会的交易辐射面广，起着更大范围物资调剂的作用，商品种类、档次更齐全，弥补了集市的不足，也满足农村富户的需要。所以，乡村居民无论贫富都离不开庙会。在文化娱乐方面，庙会也是几乎唯一的形式。在广大农民的心目中，一年一度的庙会无异是一个盛大的节日。尤其是妇女儿童，盼庙会甚于盼年节。山东一些地区的惯例，每逢庙会，即使终年不得休息的长工，也得放假一天，并由雇主发给若干铜钱的庙会费，让其度过欢快的一天。由此亦可看出庙会在农村生活中的地位。

当然，庙会也有其消极的一面，主要是封建迷信的泛滥及其对农民所造成的精神毒害和经济负担。国民党政府为了破除封建迷信，曾在一些地方砸毁神像，废除庙会，并将庙宇移作学校、工厂或机关团体办公之用。结果，封建迷信没有破除，而作为农村商品交易的庙会却急剧衰落，使本已日趋凋敝的农村经济雪上加霜。

（原载《近代史学刊》2001 年第 1 辑）

---

①　民国《郑县志》卷6，风俗志，第6页。
②　道光《鄢陵县志》卷6，地理志下，第12页。

近代四川的押租制与地租剥削

押租是中国封建社会晚期出现的一种地租剥削形式和手段。它的产生首先是由于封建依附关系松弛，佃农逐渐获得人身解放，封建租佃关系中的超经济强制部分为经济强制所取代。同时也同商业、城市发展，地主日益贪婪，对现金需求更加急迫密切相关。因此，一些地区的押租一经产生，即迅速流行、发展，数额不断升高，名目与日俱增，手段花样翻新。性质也随之蜕变，由起初的地租保证演变为残酷的高利贷盘剥，使地租剥削变得更加苛重。在这方面，近代四川押租制的发展变化最为突出和典型。

一 押租制的流行和押租高度

押租在四川各地有多个名称或俗称，诸如押金、保证金、佃钱、押佃钱、上庄钱、保租押金、压头、押佃、座底、稳租、稳首、稳钱、稳谷、稳谷银、顶头钱、顶首、随租、打押，等等。

四川押租始于何时，无明确记载。资料显示，清代雍正乾隆年间，四川已有押租。南部永川，雍乾年间因贯彻移民政策，废除佃仆制，定额租制取代分租制，人口增加，佃农生产积极性提高，生产发展，地权日趋集中，佃农竞佃，地主凭借地权垄断，开始征收押金，押租由此产生。① 邻近州县以及其他地区，也可能有类似情况。

---

① 《永川县志》，1997年，第97页。

进入近代，押租开始普遍流行。19 世纪末，大部分地区已有押租。重庆周围，嘉陵江流域，川西成都地区，川北西充以及川南地区，都普遍通行押租。[①]

20 世纪 20 年代后，四川人口增加，军阀割据，苛敛钱粮，兼并田产，地权加速集中。加上工商业和城镇发展，洋货充斥，地主更加奢侈，对钱财的需求愈加贪婪。抗日战争时期，四川成为"大后方"，人口膨胀，地主富户云集，地权进一步集中。所有这些，都为押租制的扩张、渗透创造了条件。进入 20 世纪，尤其是 30 年代后，四川押租加速扩张。以成都周围地区为例，1934 年有人调查该地区 13 县押租数额时，温江、华阳、新都、双流、新津、金堂、大邑、简阳 8 县尚无记载。这 8 县或无押租；或有，但未盛行。而 1936 年的调查，除华阳、新津、灌县、彭县外，都有押租了。1937 年后，则除灌县不详外，华阳、新津、彭县也全都有押租了。[②] 到 30 年代后期，押租制已遍及全省。笔者检索新编地方志 100 余种，除阿坝藏族羌族、甘孜藏族、凉山彝族地区尚未流行押租，少数县（市）志无近代租佃记载或记载不详外，其余各县，几乎全有押租。川东、川西、川北、川中的押租制都极为盛行。

押租制不仅在区域上遍及全省，而且几乎渗入每宗租佃个案、每块租地，押租如同地租一样，成为土地租佃不可或缺的条件。在巴县，地主授人以田，"必索金为质，谓之押佃"[③]。江津、涪陵、宜宾等县农民租种田地，必须找中人作保，交足押金或押谷，方能"上庄"（开始耕种）[④]；巫山民间有"上庄先交押，无押不成佃"之谚；[⑤] 涪

---

① 参见庄延龄《长江上游游记》（E. M. Parker, *Up the Yangtze*），第 102—103、115、189 页；沈秉堃《敬慎堂公牍》卷 2；《申报》光绪七年三月十六日，以及有关州县志。

② 参见陈太先《成都平原租佃制度之研究》，《民国二十年代中国大陆土地问题资料》（以下简称《土地问题资料》）第 62 册，第 32507—32511 页。灌县、彭县最晚光绪年间已有押租。

③ 民国《巴县志》卷 11，农别，第 13 页。

④ 《江津县志》，1995 年，第 87 页。

⑤ 《巫山县志》，1991 年，第 107 页。

陵的租佃条件和必备手续是立字据、找保人、交押金①；宜宾的规矩是立佃约、交押金，押金不足，以耕牛农具甚至人身为奴作抵。② 一些调查统计清楚反映出押租制的扩张和渗透程度。据 1950 年对双流县永福乡 15 保的调查，该保有水田 1184.3 亩，其中租田 872.3 亩，全部征收押租③；另据 1949 年的调查，泸县有租佃农 83286 户，其中缴纳押租的 72312 户，占 86.8%。④ 除因劳力缺乏或其他原因租出小块土地的小农和其他小土地所有者外，地主富农租出土地，几乎全都索取押租，可见押租制的盛行程度。

押租的内容、品种，因时因地而异，既有现金，也有粮食、棉花、油料等实物。有些地方，押租内容与地租形态一致。如梁山的惯例是"银押银租，粮押粮租"⑤。总的来说，以货币为主，实物次之，如上述双流 15 保 872.3 亩租田中，押租为银元、银锭、法币的 550.9 亩，占 63.2%，其余 257.6 亩为大米，63.8 亩为黄谷。但各地互有差异，前后亦有变化。大部分州县，清代时，押租多交银两、铜钱；民国初期多交银元；1935 年国民党政府推行币制改革后，改交法币；30 年代末，尤其 1941 年后，物价暴涨，法币急剧贬值，押租绝大部分改收实物。少数地区在法币流通后，即开始改交实物。

押租数额及其计算方法和标准，各县不同，同县不同个案亦高低悬殊。

大部分地区按年租额计算，数额从年租额的一成多到数倍不等，最低的江油，押租是年租额的 15% 左右；稍高的富顺、南充，分别占年租额的 1/2—2/3 或至少年租额的一半。梁山租田一石押谷 2 斗，即为年租额的 20%，但也有高至"石租石押"者，即押租等于年租额。双流全县平均，押租为年租额的 80% 以上，已有相当部分押租等于或超过年租额。押租等于或超过年租额的情况更为普遍。

① 《涪陵市志》，1995 年，第 356 页。
② 《宜宾县志》，1991 年，第 124 页。
③ 《双流县志》，1992 年，第 179 页。
④ 《泸县志》，1993 年，第 176 页。
⑤ 《梁平县志》，1995 年，第 140 页。

广汉、兴文、涪陵、忠县、彭水、会理、重庆沙坪坝区等地，押租一般相当一年租额或略多。押租超过年租额甚至高达年租额数倍的情况亦不少见。在璧山，押租不得少于年租额；江津、中江、重庆南岸区，押租一般都超过年租额，江津一般为 20%—30%，重庆南岸区高的超过数倍，该市沙坪坝区，押租高的也有超过年租额数倍的。在武隆，押租一般是年租额的 2 倍①，成都平原地区押租更高。有调查指该地一亩水田纳租 16.74 元，押租为 70 余元②，押租为年租额的 4 倍多。

也有些地区，押租按土地产量或地价计算，或二者兼用，数额亦高低各异。按产量计算的，广安押租轻的为租地常年产量的 1/3，重的达 1/2；合川一般占租地产量的一半以上，铜梁大致占 60%，但高的占地价的 60%—70%；西充则占土地一季产量；邛崃最高，押租占 2—3 年的常年产量。按地价计算的，隆昌、大足押租分别占地价的 1%—5% 和 4%—5%，这是最轻的。屏山占地价的 25% 或土地一年的产量，仪陇为地价的 20%—50%；蓬安押租只稍低于地价，而忠县押租高的更等于地价。③

为了考察和比较各地押租的高度，可将按土地产量和地价计算的押租统一按地租计算。资料显示，20 世纪初，四川大部分地区的租额占土地产量的 50%—70%，占地价的 8%—12%，中位数分别为 60% 和 10%。

二   押租制的发展及演变

近代四川押租制有一个明显的发展和演变过程。

押租制的产生为贪婪的封建地主提供了一个新的生财门道和剥

---

① 参见相关县（区）志。

② 陈太先：《成都平原租佃制度之研究》，《土地问题资料》第 62 册，第 32580—32582 页。

③ 参见相关各县县志。

削手段，而且不受传统和惯例的限制，比地租正租更为灵活和广阔。于是，押租制迅速流行和蔓延，地主在押租制上大做文章，押租数额不断上升，征收手段花样翻新，押租的性质随之发生演变，由最初的地租担保蜕变为肆无忌惮的敲骨吸髓的高利贷盘剥。

永川押租制的发展变化颇具代表性。雍正乾隆年间，永川地主开始向佃农征收押金。押租制产生后，征收手段即日见严酷，如佃农无力交押，必"照依银数，每岁入息三分"，或向他人"贷银偿足"。押租变成借贷资本，并引发新的高利贷剥削。随着时间的推移，押租额不断攀升。到清末，开始出现"大押金"（又名"大顶首"）。佃农缴纳高额押金（也叫"稳钱"），可以少交租甚至不交租，少数佃农开始富裕。地主愈加贪婪，通过增租增押和退佃换佃，加重押租和地租榨取。进入民国，剥削更重，地租常占土地产量的70%以上，还有豆租、力租；押租一般已在年租额以上。抗日战争时期，地主趁着货币贬值，大肆加押，甚至一年加几次。佃农缴不起押租，地主就放佃农"大利"，夏借秋还，借一还二，并在青黄不接时，以市价的20%—50%买青苗，进行盘剥。①

永川押租制的发展过程显示，押租产生不久，很快从地租担保变成高利贷资本和高利贷剥削手段，押租性质开始发生变化。随着地主贪欲的恶性膨胀，押租数额急剧扩大，远远超过地租额，地租、押租即担保对象和担保本末倒置。接着，地主又"杀鸡取卵"，增押减租，押租极度膨胀，成为地主的主要收入来源，而地租反而微不足道，甚至消失，押租的性质再次变化。地租大幅减少甚至完全消失，使地主失去了正常收入，日常生活和经济活动都受到影响。为保证和扩大原有的现金和实物收入，地主又同时加租加押，并以撤租换佃为杀手锏，结果形成高租高押的"双高"局面。佃农因苛重的押租和地租负担，加上恶性通货膨胀，经济陷入困境，地主趁火打劫，再次大肆加押，将通货膨胀的灾难转嫁到佃农头上。佃农无

① 《永川县志》，1997年，第282—283页。

力缴押，地主乘机大放高利贷。利率之高，手段之残酷，亘古未有。这样，押租直接引发新的高利贷剥削，而押租本身自然是地主高利贷资本的重要组成部分。这是押租性质的第三次变化。

其他地区的情形大致相似，只是不如永川典型。

各地的普遍情况是，押租范围不断扩大，数额持续上升，剥削日益加重。押租本来是地租形态和征租方式发展到较高阶段的产物，只有定额货币租和定额实物租才有押租。押租制主要在南方地区流行，北方并不普遍，一个重要原因是南方地租以定额租为主，而在北方，分成租尚占优势。在南方一些押租制流行的地区，也未见分成租或劳役租征收押租。但是，四川的情况很特别，押租制在其流行和扩张过程中，无孔不入。不仅定额租有押租，连分成租乃至劳役租，都征收押租。如南充，据1937年的调查，地租形态和征租方式有四：即定额货币租（占21%）、定额实物租（占66%）、分成租（占9%）和劳役租（占4%），"无论哪种方式，都须交押金"①。在其他一些押租异常盛行的州县，也会是这种情况。定额租征收押金作为地租保证，还说得过去，分成租是临田监分，多则多分，少则少分，无则不分，根本无租可欠。至于劳役租，佃农以劳力抵充地租，在时间上属于预租性质，更不会有欠租的问题。分成租制和劳役租制下的押租，完全是彻头彻尾的额外敲诈和盘剥。

押租数额也在不断上升。为了获取更多的现金和实物，地主无不增加押租和地租。有的每逢正常年份，即加押加租（如梁山）；有的趁着通货膨胀，"连年加租加押"（如仪陇）；有的不论丰歉，"任意加押加租"（如南充）②，或几乎年年加押（如广安、南部）。③ 不仅民田私地主大肆加押，官田公田地主亦莫如此，如江油庙田，多次"向各佃多加押租"④。

---

① 《渠县志》，1991年，第206页。
② 《南充县志》，1993年，第152页。
③ 参见相关各县县志。
④ 蒋德钧：《求实斋类稿》卷12，第24—25页。

因此，各地押租无不持续升高，民国时期尤为突出。潼南大佛乡，1937 年 1 亩坝地收押租 4 元，1941 年增至 5 元，1945 年达 10 元，1946 年改收押谷 4 斗，1949 年增至 1—2 石。[①] 乐至 1931 年亩收押金 5 元，1941 年租谷 10 石，要收押金法币 1 万—1.5 万元。[②] 成都平原各县，过去通例每亩押银 5 两（合 7 元），1934 年平均为 8 元，1936 年已普遍增至 13—15 元，简阳最高达 30 元。[③] 川东江北、巴县押租，1927—1938 年，平均增长了一倍多。岳池有的地主押租，年年增加，一胡姓佃农，1930 年租种地主水田 40 挑，年租 30 石，立约时交押租铜元 3400 吊，折谷 28.4 石。1931 年、1935 年、1937 年先后加押 5 次，累计银元 100 元、铜元 5700 吊，共折谷 38.5 石，为初押的 1.36 倍。[④] 在南川、南充以及其他许多地区，押租原来通常为上田占地价 5%，山田占地价 1%。进入民国后，因累年加增，或采行"明佃暗当"，押租步步攀升，不少地方的押租已与地价相埒。[⑤] 前述各地离奇的高额押租，也都是这样一步步攀升上来的。由最初相当地租的一部分，发展到等于地租，超过地租和土地产量，由超过一倍上升到数倍，最后发展到等于乃至超过地价。

为了最大限度地增加押租，地主使用的一个欺骗手段是"增押减租"，即当押租超过一定限度后，每增加若干数量的押租，相应扣减若干地租，作为所增押租的利息。押租越高，佃农所纳地租越少，这就是所谓的"重押轻租"。如宣统年间，永川地主萧卫封将田 120 挑（4 挑合 1 亩）租与佃农龙照临耕作。该田约值价钱 1100 串，收押金 300 串，年纳租谷 23 石。随后将押金加至 580 串，

① 《潼南县志》（六），农业，1993 年，第 217 页。
② 《乐至县志》第五篇，农业，1995 年，第 172 页。
③ 陈太先：《成都平原租佃制度之研究》，《土地问题资料》第 62 册，第 32509—32510 页。
④ 川南区党委档案材料，见何承朴《辛亥革命后四川农村土地剥削情况初探》，《四川师院学报》1983 年第 3 期。
⑤ 民国《南川县志》卷 4，农业，第 28—29 页；民国《南充县志》卷 20，文艺志；瞿明宙：《中国民田押租底进展》，《中国农村》1935 年第 1 卷第 4 期，第 26 页；吕平登：《四川农村经济》，第 199 页。

租谷减至 2 斗。① 金堂一宗官田 94 亩，先征"正压租"钱 1280 千文，后征"抵押租"银 2400 两，年租 2.14 石。②

在四川其他不少地区，都有增押减租、重押轻租的习惯。重庆南岸区，地租征收有"押重租轻""押轻租重"之别③；铜梁的情况是，地租一般占土地产量的六成，若"押重租轻"，押租达地价的 60%—70%，而地租只占产量的二三成④；蒲江也存在"重押轻租"的现象，即押租高于一般标准，租额则低于一般标准。⑤ 在有的地区，"押重租轻"更成为地租的一种基本形式。如西充，地租分为铁板租、重押轻租和先称后做三种⑥；古蔺地租有定额租、"顶首高"、分租三种。⑦

由于押租数额太大，绝大多数佃农根本无力负担，只能如同永川佃农一样，高利借贷，或任由地主将其变为高利贷。江津佃农为了筹措押租，"八方高利借贷"⑧；在合江，押租称为"稳谷银"，无力缴纳稳谷银的佃农，每铜钱百串，须加纳"稳谷"1—4 石作为利息；⑨ 宜宾地主更以佃农的耕牛、农具作抵，并转为租用，另计租金，甚至有以身为奴作抵的。⑩ 押租本是佃农人身解放的产物，现在却反过来变成地主购买奴婢的本钱，佃农因为无力缴押而卖身为奴。这是对历史的莫大讽刺。

随着押租演变成高利贷，凭借押租谋利的行当应运而生。在江北、巴县一带，不少富佃或租地者靠转租收押得利，并成惯例。该地租佃有"大押""小押"之分，如佃农缴押超过一定数额（通常为地价的五分之一），即称为"大押"，大押佃农将租地一部分或全

① 吴光耀：《永川公牍·堂判》卷 8，第 24 页；转见《永川县志》，1997 年，第 282—283 页。
② 民国《金堂县续志》卷 3，食货，第 15 页。
③ 《重庆市南岸区志》第八篇，农林，1993 年，第 247 页。
④ 《铜梁县志》，1991 年，第 324—325 页。
⑤ 《蒲江县志》，1992 年，第 199 页。
⑥ 《西充县志》第十二篇，农业，1993 年，第 339 页。
⑦ 《古蔺县志》卷 5，农业，1993 年，第 147 页。
⑧ 《江津县志》，1995 年，第 187 页。
⑨ 瞿明宙：《中国民田押租底进展》，《中国农村》1935 年第 1 卷第 4 期，第 26 页。
⑩ 《宜宾县志》，1991 年，第 124 页。

部转租，并收取押租，则承租者为"小押"（如不转租，则无"大押"名称）。① 在合江，更有富户单独或联合行动，集资缴纳押租，成批租进田地，分散转租给无力缴押的佃农，赚取"稳谷"。有人还发起成立名为"田园会"的专门机构，筹集巨资，充当押租，整批佃田转租，赚取"稳谷"瓜分。据说"田园会"所集款额，每年多达数千两。②"田园会"成为借押租谋利的高利贷集团，是押租极度盛行和苛重的产物，是押租利益在封建阶级内部的再分配。至此，押租不仅由最初的地租担保蜕变为残酷的高利贷盘剥，而且盘剥者由单个租出地主扩大到封建剥削阶级整体。

三　地租剥削的空前加重

押租制的产生和流行，押租数额的持续上升，地主征收手段的日益严酷和不断翻新，导致地租剥削空前和急剧加重。

押租使佃农承受剥削的时间大大提前，条件更加严酷，境遇更加悲惨。

在押租出现以前，除了西充的"先称后做"（即预租），佃农一般是在田地收获后才交租。租额不论轻重，只要不超过产量，佃农尚能尽土地所出加以应付，不须另外筹措。押租则不同，佃农必须在上庄耕种之前全数缴清。绝大多数佃农既无土地，又无积蓄，甚至衣食短缺，根本不可能凭空拿出相当一年地租甚至更多的现金和实物。这样，佃农要想租种土地，只有两条路：一是将押租直接转为债款，按年偿付利息，或将耕牛、农具等抵押，然后转为租用，或者两者兼行；二是向其他地主富户高利借贷，缴付押租。不论哪种情况，都是陷入高利贷的泥淖。佃农为筹集押租，八方高利借贷，

　① 张伯芹：《江巴两县租佃制度之研究》，《土地问题资料》第 61 册，第 31513—31514 页。
　② 瞿明宙：《中国民田押租底进展》，《中国农村》1935 年第 1 卷第 4 期，第 26 页。

地虽租到，但已负债累累，元气大伤，甚至破产。① 如既无耕牛农具作抵，又借不到钱，则只有卖身为奴了，情况更为悲惨。

押租不仅使佃农承受地租剥削的时间提前，直接导致佃农经济状况急剧恶化，而且会刺激和加速地租正租增长，导致地租总量加倍扩大。

押租在产生和流行后，即同正租一起构成地租的主要成分。由于押租是地租的保证，两者紧密关联，并构成一定的比例关系。地租的升高和变动，是押租升高和变动的条件和"理据"，直接导致后者的升高和变动；同样，押租的升高和变动，反过来又影响和制约地租。当押租大幅增加，改变同地租原有的比例关系，地租迟早会上升，恢复同押租的"正常"比例关系。不过押租同地租的这种相互关系和数量变化，并非脱离人们意志的纯客观现象和客观规律，而是封建地主凭借主观意志，恣意加重地租榨取的表现和结果。地主为了最大限度地榨取佃农血汗，轮番增加押租和地租。结果，押租、地租你追我赶，交替上升，最后形成高押高租的"双高"态势。如井研千佛乡刘民生等 4 租户，1914 年共佃地主水田 320 挑（3.75挑折 1 亩）、土 20.8 石（0.24 石折 1 亩），共缴押金铜元 2700 吊（相当 121 石黄谷），年纳租谷 54 石，杂粮 1.5 石，押租相当租额的218%，租额相当常产的 42%。1932 年，押租增至 3200 吊，按不变价格计算，对租额之比升至 258%。随即租谷增至 78 石、杂粮 1.8石，租率升为 61%。抗战时期，物价上涨，押金转为黄谷，租谷又增至 91 石、杂粮 1.8 石，租率升为 70%。这样，由于押租地租你追我赶，很快由高押平租演变为高押高租。到 1948 年，租谷更增至100 石、杂粮 3.6 石，租率达 78%。② 其他地区的情况也都大同小异。为了全面考察四川押租、地租的一般水平，现将成都、重庆南岸区等县（区）的押租率和地租率列如表 1。

---

① 《江津县志》，1995 年，第 187 页。
② 《井研县志·农业》，1990 年，第 134 页。

表1　　　　近代四川部分县（区）押租率、地租率一览

项目 县区	押租率 ［占地租或产量、地价的比重（%）］			地租率 ［占土地产量的比重（%）］		
	最低	一般	最高	最低	一般	最高
成都		400⁺			80	
广汉	79	111—119	135—143		72—76	81—86
双流		80 以上①			85	
金堂		87—167			60—70	83（上田）
绵竹		29—43			60	
邛崃		200—300② （400—600）			50—70	
丹棱	234 （下田）	250—288 （上田旱地）	301 （上田）		50—60	
青神		53—60		40	50	60
井研	50 以上			50（下田）	60（中田）	70（上田）
汉源		109③			60—70	80
大邑		110—130			50	80
永川		100 以上			30—60	70
富顺		33—50			50—60③	70±③
兴文		100		50	60	70
隆昌		100±	250±	40	60	70
屏山		100② （167—200）		50 （土租）	60 （田租）	
江津		120—130	200		60—70	
会理		100	100④ （1000）		30—50	
重庆 南岸区		100	100④ （1000）	30—40 （下田下地）	50—60 （中田中地）	70—80 （上田上地）
沙坪坝区	50 以上			60	70	80—90
九龙坡区		140—150			70 以上	
巴县	61.5（全县总平均）				70	
万县	146（上田）	444（下田）	533（中田）	50	60	70

项目 县区	押租率 〔占地租或产量、地价的比重（％）〕			地租率 〔占土地产量的比重（％）〕		
	最低	一般	最高	最低	一般	最高
涪陵	150（下田）	200 （中上田）		50	67—70	80
合川		50 以上② （70—167）			30—60	70
大足		48.4② （69—81）			60—70	
忠县		100	100④ （1000）	50	60—70	80
彭水		100—100⁺		50	60	70
武隆		200		50	60—70	80
璧山	100				70	
梁山	20—25		100		70—80	
垫江		33—50		50	60—70	80—90
铜梁		60 以上② （100 以上）	60—70④ （600—700）	20—30	60 以上	
江油		15±			50—60	
仪陇		20—50④ （200—500）			50—70	
青川		10—20② （25—50）			40—60	
中江		100 以上			60—70	
西充		100② （200 以下）			50 以上	80
南充	50 以上				70—80	
广安		33.3—50② （66.6—100）		40—50	50—70	70—80
渠县		104—140			60	70
蓬安		100—200	100⁻④ （1000⁻）		50 以上⑤	

续表

项目	押租率			地租率		
	［占地租或产量、地价的比重（%）］			［占土地产量的比重（%）］		
县区	最低	一般	最高	最低	一般	最高
乐至		36—42			70	80以上
潼南		50—100			50以上	

注：①该县永福乡15保押租总额对地租总额百分比。②占产量百分比，括号内数字为折算后对地租百分比，下同。③按10成收成计算。④占地价百分比，括号内数字为折算后对地租百分比，下同。⑤占农田总收入百分比。

资料来源：据《土地问题资料》以及相关各县（区）新编地方志综合整理、计算编制。

　　据表1，可以得出以下结论：一是大部分或绝大部分县（区）的押租额相当或超出地租，而地租达到或超过产量的一半，都属于"高押高租"。押租率达到或超过100%的有32县（区），占总数的56.1%；会理、重庆南岸区、忠县、蓬安县（区），押租最高的相当地租的10倍左右。地租率全部达到或超过50%的达50县（区），占总数的87.7%。其中全部达到或超过60%的有30县（区），占总数的63.2%。在这些地区，60%或60%—70%是一般租率，或"法定租率"。① 到20世纪三四十年代，"双高"已是四川农村租佃关系的常态。二是押租高度与地租高度成正比，押租率高的地区，地租率也高。押租率达到或超过100%的32县（区）中，29县（区）的地租率达到或超过50%。虽然不少地区的地主采用"增押减租"的手段，提高押租，但表中数据显示，除永川、蓬安等个别地区外，并不存在"押重租轻"的现象。因此，"增押减租"并未导致地租额的减少和地租率的下降。

　　押租对地租剥削的影响，除了佃农提前缴纳巨额现金或实物而加重的负担外，还必须考虑和计算押租所生利息及其对佃农所造成的损失。

---

　　① 如泸县，法定租额占常年产量的60%—70%，这已是高得惊人。但地主仍不满足。据统计，该县10025户收租者，仅1889户按"法定数"征收，占18.8%，而超"法定数"的达8136户，占81.2%。《泸县志》，1993年，第176页。

押租全部为无息抵押，但佃农所交押租全部或绝大部分系高利借贷而来，必须支付高额利息。而押租一旦进入地主手中，立即变成商业或高利贷资本，获得高额利润或利息。这一进一出，地主、佃农得失泾渭分明。不仅如此，在实际生活中，乙佃高利借贷的押租款，可能就是甲佃交纳的押租。地主就是利用这种手段，将押租辗转增值谋利。押租所生的利息，实际上是佃农多缴的地租。通过计算，可以得知佃农地租加重的程度。

在合川，1925 年拨给县立初中的 53 宗学田，征有稳银 7280 两、钱 40 千文（折银 6.15 两），年征租谷 876 石。当地借贷，一般每银 100 两，收息谷 4 石。据此计算，押租可收息谷 291.5 石，佃农所受地租剥削加重 33.3%；又该县另拨学田 18 宗，计租 327.7 石与县立高小，收有稳银 2461 两，押租可生息谷 98.4 石，地租实际加重 30%。[1] 灌县 1878 年有公产 510 亩，收有押租 4320 两，岁征租谷 411 石[2]，押租可生息谷 172.8 石，佃农实纳租谷 583.8 石，增加 42%。又该县文庙祀田 564 亩，收有押租 6424 两，岁征租米 148 石、租谷 140 石[3]，押租可生息谷 257 石，佃农实纳租谷 693 石（以租米 1 石折谷 2 石计算），地租增加 62.7%。

这是就个案而言，如按地区平均计算，也可看出地租加重的程度，表 2 是 20 世纪 30 年代中期成都等 8 县谷租租率和按年利 2 分将押租利息计入地租后的实际租率比较。

表 2	成都等 8 县谷租租率和实际租率比较		单位：%
县别	I 谷租租率	II 实际租率	II / I
成都	80.6	88.0	109.2
温江	81.0	88.8	109.6
华阳	75.0	82.0	109.3

---

① 民国《合江县志》卷 3，教育，第 14—16、19—20 页。
② 《近代史资料》1955 年第 4 期，第 11 页。
③ 光绪《增修灌县志》卷 7，学校志，第 51 页。

续表

县别	Ⅰ　谷租租率	Ⅱ　实际租率	Ⅱ／Ⅰ
新都	83.3	92.0	110.4
双流	85.4	95.0	112.4
新津	78.6	91.0	115.8
彭县	77.8	92.0	118.3
简阳	76.3	86.0	112.7
平均	79.7	89.0	111.7

资料来源：据陈太先《成都平原租佃制度之研究》，《土地问题资料》第 62 册，第 32547—32549 页综合编制。

必须指出，当时四川农村（其他地区也一样）通行借贷利率并非 2 分，一般至少在 3 分以上；成都地区的押租在 1937 年尚未狂升，20 世纪 40 年代才到达顶峰。实际情况比统计数字要严重得多。表 1 的统计显示，成都押租相当年租额 4 倍以上，双流以及邻近的广汉、金堂也都接近和超过年租额。如以年利 3 分计算，各县谷租租率的升幅大都接近甚至超过 30%，实际租率大都远远超过 100%。其他押租数额较大，特别是达到和超过年租额的县（区），情况也都一样。

当然，如果是"增押减租"，情况稍有不同，但决不等于地租率和佃农所遭受的剥削程度没有变化。恰恰相反，所谓"增押减租"或"押扣"，不过是封建地主加重押租和地租剥削的一个花招。一些地主为了掩人耳目和避免广大佃农的激烈反抗，虽然在押租超过一定水平后，每增加若干押租，会相应扣减一定数额的地租，抵充押租利息。但是，扣减的租额远比押租所生利息为低。如成都通例，每增加押租银洋百元，扣减租额 3 石 5 斗，谓之"三扣五"。[1] 但当时农村的借贷利率是借洋百元，应还息谷 6 石。佃农被剥削 2 石 5 斗。1921 年后，因借贷利率高涨，"押扣"曾一度上升，有多至"四

_____

[1]　马正芳：《成河铁路成都平原土地之利用问题》，《土地问题资料》第 44 册，第 22519—22520 页。

扣"者。但 30 年代后，因佃农竞佃，"押扣"又降至"四扣"以下，地主的口号是"升租少扣"。意即租谷增加，"押扣"减少。[1]佃农所受盘剥进一步加重。

也有"押扣"等于甚至超过押租利息的，但这不过是地主设下的陷阱。佃农不仅不能通过少交地租获取应得利息，最后连押租本金和土地耕作也全部化为乌有。如前述永川地主萧卫封，将租给佃农龙照临的 120 挑水田，押金由 300 串加至 580 串，地租由 23 石减至 2 斗。该田约值价 1100 串，佃农实际上以 52.7% 的价格当（买）到手，似乎并不吃亏。故论者谓"与贱价出卖无异"。地主当然不会善良和愚笨到将土地贱卖与佃农的程度。不久，萧卫封即加押加租，将土地改佃陈顺铣。而且诬称龙照临积欠地租 27 石，以吞霸龙照临所交押金。[2] 结果，佃农不仅无法收回押租本金，连租种的土地也没了。所谓"增押减租"，结局大都如此。而且，押租增幅越高，扣减租额越多，佃农丧失押租本金的概率越高。因为高额押租如同到口的肥肉，地主决不会轻易吐出来。同时，大量扣减地租，地主失去了正常收入，经济活动和家庭生活大受影响，地主必然进一步增押，并反过来增租。佃农无法满足其要求，即吞押撤佃，佃农以失押失地告终。

需要强调的是，地主侵吞押租，并不限于"增押减租"的场合，而是一个普遍规律。在彭水，地主退佃时，"多以各种理由赖账不还（押租）"[3]。40 年代后，地主更普遍利用通货膨胀匿吞押租。为此，一些地区的地主把租期定得很短。如乐至，租期大都只有 3 年，到期退押退佃，或重新订约续佃。由于货币贬值，原纳押金已无价值，既不能将其换约续佃，更不能向其他地主租地。[4] 中江的情况也一样。民国时期，地主借货币贬值不断增押换佃，农民退佃因货币贬

---

① 马正芳：《成河铁路成都平原土地之利用问题》，《土地问题资料》第 44 册，第 22519—22520 页。

② 《永川县志》，1997 年，第 282—283 页。

③ 《彭水县志》，1998 年，第 155 页。

④ 《乐至县志》第五篇，1995 年，第 172 页。

值，往往破产。① 重庆南岸区，因货币贬值，加上几经换约，原先所交银元变为纸币，佃农所交押租皆不抵原值。② 有的更完全变成废纸。蓬安碧溪乡佃农吕星基，1943 年佃田 50 挑，交押租法币 100元，值黄谷 5 石，1947 年退押，仅能买个烧馍。③ 巫山一佃农交押租法币折谷 2 石，1948 年退押，只够买一根油条。④ 不论哪种情况，押租本金都是有去无回。

除了高押高租和侵吞押租本金，还有苛繁的劳役和五花八门的需索。

押租制本来是佃农人身解放的产物，在一般情况下，押租制在加重对佃农经济剥削的同时，也有助于佃农人身的进一步解放，使佃农在生产经营上有更大的自主性，佃农除缴纳地租外，一般不承担其他义务，租佃关系开始由传统封建型向契约型转变。在部分地区，押租还代表佃权价格，有保证佃农耕作的作用。

四川则相反，押租制的流行和发展，不仅没有促进佃农人身的进一步解放和自主经营的加强，没有促成租佃关系由传统封建型向近代契约型的转变，没有保证佃权、稳定租佃关系的作用，反而成为地主要挟、勒索、奴役佃农的本钱和手段。佃农的经济状况更加悲惨，社会地位更加低下。

四川各地的普遍情况是，地主除了高押高租高利盘剥外，还强迫佃农无偿提供各种劳役，贡献新鲜果菜、谷物和各种土特产品，甚至要顶替地主子弟当壮丁。地主稍不如意，即以加押加租撤佃进行惩罚。在金堂，逢年过节、红白喜事，佃农都须帮工送礼，稍不遂意，地主即加租加押、夺佃。⑤ 万源更是等级森严，主佃等同父子，故有"主客如父子"之谚。凡遇地主吉、凶、庆、吊，佃农必须送礼、帮忙，"否则有退佃之忧"⑥。铜梁、合川等县，地主需索

---

① 《中江县志》，农业，1994 年，第 174 页。
② 《重庆南岸区志》第八篇，农林，1993 年，第 247 页。
③ 《蓬安县志》（十），农业，1994 年，第 221 页。
④ 《巫山县志》，1991 年，第 107 页。
⑤ 《金堂县志》，第 191 页。
⑥ 《万源县志》，1996 年，第 235 页。

更是名目繁多。铜梁地主除高押高租外，还索取鲜菜、新粮、鸡、鸭、鹅、鱼等，红白喜事必须帮忙，秋收前，地主查看庄稼，需办酒席供其吃喝。佃农为了较久耕作，减少搬迁之苦，只得忍受沉重剥削。① 合川除正租外，地主还加收豆租、谷草租、挂红租、力租、附加租等。佃农为了生存、耕种，每年产新季节，要"孝敬"瓜果、蔬菜、粮食供地主"尝新"，生日、婚丧、年节还要送礼、帮工。② 其余如涪陵、万县、武隆、宜宾、广安、仪陇等地，都有五花八门的劳役、需求，并形成惯例，载明契约。这样的佃户，已不是普通的佃农，而是中世纪式的佃奴了。

在高押高租高利盘剥、任意役使和需索下，佃农不仅绝大部分的正产物被地主囊括一空，相当一部分土地副产物和家庭副业产品也被地主夺走，而且情况越来越严重。在 20 世纪 30 年代，一般佃户尚可靠杂粮及副业为生。在成都平原，百分之八九十的稻谷都被地主征走，佃农"收益"和"生活指望"全在少数杂粮。③ 有人在 30 年代末调查四川租佃关系后得出结论说，"无论大佃小佃，纯依佃耕之收入，大都不能维持全家最低之生活，尤以小佃为甚。而所以能勉强维系之者，全恃因佃得房地一份，以为居住耕作之所，再利用农暇操之副业"④。可见这时佃农尚可靠地产杂粮和家庭副业勉强维持。进入 40 年代，地主的剥削和需索，愈加残酷和贪得无厌。押租、地租的数量和比例不断升高，征收的范围空前扩大。30 年代前，地租一般只征水田稻谷，不及副产和旱地。抗日战争开始后尤其进入 40 年代，水田副产和旱地全部征租。如潼南，1937 年前只征水田，1938 年后，不但水田征收谷租，旱地也收谷租。⑤ 不仅如此，绝大部分家庭副业产品也在需索之列。这样，佃农完租和供地主需索后，劳动产品已所剩无几。在西

① 《铜梁县志》，1991 年，第 325 页。
② 《合川县志》，1995 年，第 354—355 页。
③ 陈太先：《成都平原租佃制度之研究》，《土地问题资料》第 62 册，第 32540 页。
④ 郭汉鸣、孟光宇：《四川租佃问题》，1944 年，第 132 页。
⑤ 《潼南县志》（六），农业，1993 年，第 217 页。

充，不少佃农交租后，只剩下一些秕谷和副产物。[1] 1948 年，美国农林部派遣来华的雷正其，曾到四川各县"视察"，和许多佃农谈话，得到的信息是佃农 95% 到 100% 的农产物都交了地租。[2]

这样，佃农交租后，家徒四壁，仓瓮如洗，家庭经济和生活完全陷入绝境，大多只能靠借贷和糠菜度日。前述雷正其说，"当我看到四川农民的生活时，我相信是世界上最苦的"[3]。"天府之国"已变成佃农地狱。

（原载《中国经济史研究》2005 年第 1 期）

---

[1]　《西充县志》第十二篇，农业，1993 年，第 340 页。

[2]　四川省档案馆藏资料，转见《阆中县志》，1993 年，第 364 页。

[3]　转见《阆中县志》，1993 年，第 364 页。

1927—1937 年中资银行再统计

　　1927—1937 年的中资银行，有各类年鉴所做的多种统计，其中较为全面、系统、被引用最多的是《全国银行年鉴》的统计，而《申报年鉴》的首份全国中资银行名录发表的时间最早。《中国经济年鉴》《中国金融年鉴》等，都有这方面的统计，《上海市年鉴》则对总行或分行设于上海的中资银行有相当全面的记载。这些统计各有侧重，详略互异，内容互有交叉，可以相互参照、补充。但都有一个共同缺点，资料都不是十分完整、全面和准确。普遍情况是，已停业银行往往仍被列入现存银行名单，而大量新设银行及地方银行被漏计。准确性相对较高的《全国银行年鉴》统计，虽然没有将停业银行列入现存银行名单的明显差错，但许多停业银行被漏计。尤为奇怪的是，该《年鉴》的历年新设和停业银行统计表中，1935 年、1936 年、1937 年的 3 年中，竟无一家银行停业。漏计的新设银行更是为数不少。其他统计则两种疏漏并存，情况尤为严重。因此，这些统计都未能全面、准确反映当时的实际，据此所做的某些概括或结论，亦不符合历史。如 1937 年《全国银行年鉴》总结 1927—1937 年的中资银行发展时说，"在此十年中，新设之银行达一百三十七家，其中已停业者仅三十一家，现存者达一百零六家，占现有银行的三分之二强。易言之，现有银行一百六十四家，其中三分之二，均成立于最近十年之内。可见此短短十年实为我国银行史上重要阶段"。[①] 然而，实际情况

---

　　①　1937 年《全国银行年鉴》，第 A5 页。

是，这 10 年间停业的银行远不止 31 家，新设的银行也大大超过 137 家，而现存银行也没有新设银行的 2/3 强。该统计和结论与历史实际有相当大的距离。

为了准确和全面揭示历史真实，有必要对近代尤其是 1927—1937 年的中资银行统计，进行补充和修正。近年已有学者对 1927 年前的中资银行进行考察，作出了新的统计，指出 1925 年实存银行为 159 家①，比《全国银行年鉴》统计的 57 家多出 102 家，比 1935 年的中资银行还多 3 家。这就使 1927—1937 年中资银行的调查和重新统计变得更加紧迫。否则，这一时期的相关研究会面临一种尴尬的境地：一方面说，中资银行新设的多，停业的少，数量逐年增加，银行业不断发展；另一方面所列举统计反比 1925 年低，到 1936 年中资银行的数量才超过 1925 年，势难自圆其说。

当然，要对 1927—1937 年的中资银行统计进行全面补充和修正，有一定难度。漏计的银行大部分是地方中、小银行和东北地区的银行，资料零细、分散，尤其是原始档案的搜寻、整理相当困难，甚至几乎不可能。好在近年出版的新编地方志，对这类银行大多有所记载，有的还相当清晰、翔实，为新的调查、统计提供了条件和依据。我用数年时间查阅和检索了全国 1000 余种新编方志，新的统计主要就是利用这些新编的有关资料制作的。

20 世纪 30 年代关于中资银行的各种统计中，1933 年《申报年鉴》根据国民党政府财政部的银行注册所做的 1932 年实存银行一览表，时间最早，且较为准确。我们即以该表为基础，参照、综合其他统计，重点补充新编地方志的有关资料，编制 1932 年全国中资银行名录，有如表 1。

---

① 唐傅泗、黄汉民：《试论 1927 年以前的中国银行业》，《中国近代经济史研究资料》第 4 辑。

表1　　　　　　　　　1932 年全国中资银行名录

序号	行名	设立年份	总行所在地	资本额（万元）	序号	行名	设立年份	总行所在地	资本额（万元）
1	一大银公司		上海	20	31	中国国货	1929	上海	500
2	大中	1919	重庆	400	32	中和商储	1931	上海	50
3	大生	1919	天津	60	33	中国盐业	1915	天津	750
4	大同商储	1930	崇明	20	34	中南	1921	上海	250
5	大陆	1919	天津	500	35	中鲁	1931	青岛	50
6	大来商储	1930	上海	50	36	中原商储	1931	天津	100
7	大兴实业	1922	常熟	25	37	正大商储	1925	上海	25
8	上海女子商储	1924	上海	50	38	世界商储	1930	上海	20
9	上海江南商储	1922	上海	50	39	东方信托公司		上海	100
10	上海信托公司	1930	上海	20	40	东边实业	1921	安东	150
11	上海国民商储	1922	上海	25	41	东南信托公司	1931	上海	50
12	上海永亨	1918	上海	70	42	东莱	1918	上海	300
13	上海通易	1921	上海	75	43	龙游县地方	1930	龙游	7.68
14	上海通和商储	1925	上海	100	44	四川美丰	1923	重庆	50
15	上海商储	1915	上海	500	45	四明商储	1908	上海	225
16	上海煤业	1921	上海	40	46	江苏	1912	上海	80
17	上海绸业商储	1931	上海	60	47	江苏省农民	1928	上海	50
18	山左	1922	青岛	50	48	江浙商储	1932	上海	150
19	川盐	1930	重庆	200	49	宁波实业	1932	上海	50
20	川康殖边	1930	重庆	100	50	民信商储	1930	上海	50
21	太仓	1921	太仓	16	51	亚东商储	1931	上海	50
22	太平	1930	上海	100	52	华东商储	1930	上海	25
23	天津义生		天津	20	53	华通商储	1931	上海	50
24	中汇	1929	上海	200	54	安徽商储	1926	芜湖	50
25	中孚	1916	上海	200	55	利华	1929	常熟	50
26	中华劝工	1921	上海	100	56	吴县田业	1921	苏州	25
27	中华商储	1912	上海	50	57	辛泰银公司	1931	上海	100
28	中国农工	1918	上海	500	58	杭州惠迪	1921	杭州	13.5
29	中国企业	1931	上海	200	59	瓯海实业	1923	温州	15.4
30	中国实业	1919	上海	350.7	60	金城	1912	天津	700

续表

序号	行名	设立年份	总行所在地	资本额（万元）	序号	行名	设立年份	总行所在地	资本额（万元）
61	明华商储	1920	上海	275	90	嵊县农工	1924	嵊县	10.7
62	和昆信托公司		上海	50	91	嵊新商业	1931	嵊县	5
63	信孚商储	1929	苏州	100	92	新华信托储蓄	1914	上海	200
64	信通商储	1921	上海	50	93	聚兴诚	1914	汉口	100
65	恒利	1928	上海	75	94	嘉兴商储	1922	嘉兴	50
66	恒顺信托公司		上海	75	95	嘉定商业	1922	嘉定	20
67	国华	1928	上海	257.5	96	上海中华		上海	25
68	国安信托公司	1928	上海	50	97	广东	1912	香港	866.6
69	松江典业	1921	松江	50	98	中央	1928	上海	2000
70	统原商储	1932	上海	100	99	中兴	1920	马尼拉	1314.6
71	徐州国民	1929	徐州	25.6	100	中国	1912	上海	2471.2
72	惇叙商储	1921	上海	20	101	中国垦业	1929	上海	250
73	莆仙农工	1928	莆田	15	102	中国通商	1896	上海	350
74	莆田实业	1929	莆田	5	103	东亚	1919	香港	559.9
75	通汇信托公司	1931	上海	100	104	交通	1907	上海	871.6
76	通易信托公司	1921	上海	250	105	广东省	1932	广州	1300
77	通益商储	1929	常熟	25	106	广西	1931	南宁	400
78	浙江商储	1921	杭州	25	107	广州市立	1927	广州	100
79	浙江兴业	1927	上海	400	108	山东省民生	1932	济南	320
80	浙江实业	1923	上海	200	109	山西省	1919	太原	120
81	浙江典业	1922	上海	25	110	上海市	1930	上海	100
82	浙江储丰	1918	杭州	19	111	上海绸业商储	1931	上海	50
83	浦东商储	1930	上海	50	112	五华实业信托	1923	香港	150
84	常熟商业	1922年前	常熟	50	113	天津边业	1919	天津	300
85	常熟振业	1931	常熟	25	114	丰业	1920	归绥	26.6
86	惠丰储蓄	1932	上海	20	115	中华商业	1913	棉兰	200
87	裕津	1921	天津	60	116	中国兴业	1925	上海	155.9
88	瑞康银公司		上海	20	117	中国储蓄	1923	上海	
89	福利		北平	10	118	江丰农工	1922	吴江	20

序号	行名	设立年份	总行所在地	资本额（万元）	序号	行名	设立年份	总行所在地	资本额（万元）
119	江西建设	1930	南昌	50	148	厦门商业	1920	厦门	60
120	江西裕民	1928	南昌	100	149	湖北省	1928	汉口	200
121	汇通	1929	南通	5	150	湖南省	1929	长沙	150
122	丝业	1930	广州	51.3	151	富滇新	1932	昆明	1116
123	北洋保商	1910	北京	112.9	152	福建东南	1928	福州	25
124	北碚农村	1931	重庆	4.1	153	嘉兴县地方农民	1932	嘉兴	10
125	四川商业	1932	重庆	60	154	嘉华储蓄	1923	香港	100
126	四海通	1907	新加坡	200	155	衢县地方农民	1928	衢县	6.2
127	兴中商储	1923	广州	25	156	丰县农工	1931	丰县	43.1
128	华业	1924	上海	100	157	宁夏	1931	宁夏	150.1
129	华侨	1932	新加坡	1000	158	苏州储蓄	1920	苏州	50
130	华南储蓄	1921	福州	20	159	香港国民储蓄	1922	香港	257.4
131	余姚县农民	1932	余姚	5	160	海宁县农民	1931	海宁	10.7
132	河北民生	1932	天津	120	161	湘西农村	1932	凤凰	
133	河北省	1929	天津	148.9	162	大东	1920	北京	500
134	河南农工	1928	开封	125	163	绥西垦业	1932	太原	200
135	绍兴县农民	1931	绍兴	10	164	万县市民	1930	万县	
136	陕北地方实业	1930	榆林	12.5	165	山西裕华	1915	太谷	200
137	陕西省	1930	西安	125	166	丰大	1919年前	济南	25
138	南方实业储蓄	1923	广州	5	167	天津商业	1929	天津	100
139	南京市民	1928	南京	50	168	劝业	1930	昆明	100
140	南昌市立	1928	南昌	25	169	汉通	1932	达县	
141	重庆市民	1931	重庆	50	170	甘肃省农民	1932	兰州	100
142	重庆平民	1928	重庆	25	171	四川西北	1932	三台	20
143	俭德商储	1928	上海	50	172	北平商业	1919	北京	100
144	浦海商业	1923	上海	10	173	热河兴业	1917	承德	100
145	浙江地方	1923	杭州	100	174	华北	1921	天津	100
146	通县农工	1915	通县	10	175	金堂县地方	1929	金堂	1
147	殖业	1911	天津	108	176	贵州	1930	贵阳	40

续表

序号	行名	设立年份	总行所在地	资本额（万元）	序号	行名	设立年份	总行所在地	资本额（万元）
177	临县农工	1917	临县	0.8	194	潍县交通	1925	潍县	
178	益通	1932	乐亭		195	大中	1920	内黄	
179	常州	1906	武进	21.4	196	孝义	1923	孝义	
180	榆林地区	1932	榆林		197	文水农工	1923	文水	
181	交城农工	1932	交城		198	惠华	1918	长春	25
182	察哈尔	1917年前	张家口	100	199	益通商业	1919	长春	25
183	震隆	1915	龙口		200	益发	1926	长春	20
184	成功	1920	秦皇岛		201	德惠农工	1918	德惠	
185	龙绵剑十县地方	1931年前	绵竹		202	兴盛长	1923	海拉尔	
186	裕晋银号	1919年前后	太原		203	济东	1931	海拉尔	12
187	会元银号	1920	太原		204	山东商业（复业）	1931	济南	150
188	和慎商储	1906	武进		205	中山民众实业	1929	中山	100
189	甲子学会农工	1929	东阳	1.2	206	太谷农工	1923	太谷	7
190	奉化农工	1922	奉化	0.5	207	奉天世合公	1906	沈阳	25
191	富昌美商业	1930	自流井		208	福州颐远商业	1926	福州	25
192	新建	1930	建瓯		209	江苏典业	1927	苏州	50
193	望都	1931	望都		210	中元实业	1927	天津	400

注：为节省篇幅，银行名称中的"银行"二字全部省略，如"大中"全称为"大中银行"，由此类推；银行名称中的"商业储蓄"一律简化为"商储"，如"大同商储"全称为"大同商业储蓄银行"，由此类推。

资料来源：1—95 据 1933 年《申报年鉴》，第 M112—115 页，原表系国民党政府财政部 1932 年 8 月编制。原有银行 102 家，其中 6 家有资料记载已停业（停业时间，5 家为 1932 年，1 家不详）舍去。"盐业银行"疑与"中国盐业银行"重复，实为 95 家，另"杭州惠通银行"疑为"杭州惠迪银行"之误；"中华勤工银行"疑为"中华劝工银行"之误。96—105 据上揭书，第 M117—158 页，原资料无银行设立年份，现据 1934 年《全国银行年鉴·历年开设银行年别统计细表》以及其他资料补充；106—155 据 1934 年《全国银行年鉴》；156—162 据 1935 年《全国银行年鉴》；163—210 据相关省、市、县（区）新编地方志。

如表 1，1932 年实存银行 210 家，其中 46 家为这次调查所做的增补，占原调查统计 164 家的 28%。我们以此作为 1927—1937 年中资银行再统计的基础和基数，其余各年的银行名单和数字，即可通

过分别考察该年新设和停闭银行的情况获得。表 2、表 3 所列即分别
为 1926—1937 年新设和停业的中资银行全部名单。

表 2　　　　　　　1926—1937 年各年新设、复业中资银行一览　　　　单位：万元

年份	银行名称（总行地址、资本额）
1926	意诚（上海）、陇海实业（上海）、正义商储（上海）、安徽商储（芜湖、50）、山东省（济南）、宣化农工、富晋（太原）、满洲里商业、商河农商（商河）、汉口商业（100）、益发（长春、20）、福州颐远（25）、江西地方（南昌、300）
1927	新华（天津、100）、广州市立（200）、商河实业（6）、裕通（成都）、奉天林业（沈阳）、中元实业（天津、400）
1928	恒利（上海、75）、湖北省（汉口、200）、江苏省农民（镇江、50）、惠源（上海）、衢县地方农民（6.2）、江西裕民（南昌、100）、河南农工（开封、125）、南昌市立（25）、南京市民（50）、华中（汉口）、莆仙农工（莆田、15）、福建东南（福州、25）、重庆市民（50）、甘肃农工（兰州、60）、常熟农业、四川西北地方（绵阳）、和永久（沈阳、5）、国安（上海、50）、万县长江（万县）、中央（上海、2000）、国华（上海、257.5）、俭德商储（上海、50）
1929	中汇（上海、100）、中国垦业（上海、250）、中国国货（上海、500）、中华市民（上海）、信孚（苏州、100）、徐州国民（25.6）、河北省（天津、148.9）、汇通（南通、5）、通益商储（常熟、25）、湖南省（长沙、150）、莆田实业（5）、天津商业（100）、利华（常熟、25）、金堂地方（10）、同益兴（沈阳、5）
1930	浦东商储（上海、30）、上海市（100）、太平（上海、55.5）、大来商储（上海、50）、民信（上海、50）、道德（上海）、川康殖业（重庆、100）、大同商储（崇明、20）、龙游地方（7.7）、陕西省（西安、100）、重庆川盐（200）、世界商储（上海、20）、江西建设（南昌、50）、丝业（广州、51.3）、华东商储（上海、25）、贵州（贵阳、40）、富昌美（自流井）、新建（建瓯）、万县市民、黄陂商业（复业、汉口、10）、劝业（昆明、100）、陕北地方实业（榆林、12.5）、新疆省（迪化、7.3）
1931	大达（上海、50）、华通商储（上海、50）、中和商储（上海、50）、亚东商储（上海、50）、上海绸业（60）、中国企业（上海、200）、永业（上海、20）、辛泰银公司（上海、100）、中原商储（天津、100）、重庆市民（50）、嵊新商业（嵊县、5）、中鲁（青岛、50）、宁夏省（银川、150.1）、海宁县农民（10.1）、丰县农工（43.11）、北碚农村（4.1）、山东商业（复业、济南、150）、道一（杭州、50）、广西（南宁、400）
1932	宁波实业（上海、50）、益通（上海、50）、山东省民生（济南、320）、嘉兴县农民（10）、惠丰储蓄（上海、20）、统原商储（上海、50）、余姚县农民（5.01）、四川商业（重庆、60）、富滇新（昆明、1161.2）、广东省（广州、1300）、河北民生（天津、120）、江浙商储（上海、150）、华侨（新加坡、1000）、湘西农村（凤凰）、四川西北（三台、20）、川盐（复业、重庆、200）、正大商储（复业、上海、25）、汉通（达县）、益发合（乐亭）、功成玉（乐亭）、榆林地区（榆林）

续表

年份	银行名称（总行地址、资本额）
1933	南昌二职（10）、豫鄂皖赣四省农民（汉口、250）、青岛市农工（10）、金华实业储蓄（香港、40）、浙江建业储蓄（杭州、50）、华安商储（上海、50）、闽西农民（龙岩、100）、大沪商储（上海、50）、綦江农村（10）、惠中商储（上海、50）、至中商储（上海、50）、农商（复业、上海、50）、民孚商储（上海、50）、裕商（自流井、30）、嵊新地方储蓄（嵊县、6.1）、江津县农工（10）、崇德县农民（6.1）、嘉善县农民（5.8）、番禺县农民、中信（上海）、岚县（0.4）、顺昌辛泰（顺昌）、营口商业（营口、100 伪币）、新疆省（迪化、7.3）
1934	四川地方（重庆、100）、大康（上海、50）、江海（上海、100）、光华储蓄（上海、50）、纳溪农村（1）、亚洲（上海、50）、建中商业（上海、100）、会理县垦边、永瑞地方农民（温州、5）、国泰商储（上海、100）、棠香农民（荣昌、5）、绍兴县农民（5）、四川建设（重庆、100）、永安（香港、228.4）、顺德农民（30）、梁山农村、琼崖实业（琼州、15）、汉口商业（复业、100）、义东浦地方农民（义乌、4.9）、金武农民（金华、5）、大亚（上海、50）、正明商储（上海、50）、津市国民（8.5）、铜梁农村（5）、裕商（重庆、1000）、重庆（改组、50）、唐山农商（200）、晋绥地方铁路银号（太原、500）、沈阳（20、伪币）、奉天商业（重新登记、沈阳、100）、义和（长春）、奉天林业（复业、沈阳、20、伪币）、福记（长春）、功成玉（长春、50）、福顺（营口、6）
1935	国信（上海、100）、建华（上海、50）、永大（上海、50）、大孚商储（汉口、100）、北平农工（25）、大华（新加坡、200）、南京商储（25.5）、两浙商业（杭州、25）、福建省（福州、25）、绍兴商业（25）、温州商业（20）、桐乡县农民（0.5）、浙东商业（宁波、50）、垫江农村（3.3）、金堂农民（改组）、津市农工（5.5）、醴陵农民（长沙、60）、香港汕头商业（香港、55）、迪化商业、永川农村（5）、四川省（改组、重庆、200）、亿中商业（上海）、邕宁县农民（南宁、5）、彭益（彭县、2）、通江平民（10）、晋北盐业银号（太原、200）、平阳县农民（5）、甘肃省农业（兰州）、福州商业（25）、德义（沈阳、10、伪币）、志城（沈阳、20、伪币）
1936	天津市市民（550）、北平市（50）、安徽地方（芜湖、200）、嘉华储蓄（复业、香港、100）、香港国民商储（复业、香港、257.4）、和成（重庆、60）、广东实业（广州、100）、澧县农民、津市商业、广东（复业、广州、100）、华懋商业（上海）、黎川建设、南丰地方、临沂农民（20）、晋昌（桦川、20）、恒聚（哈尔滨、25）
1937	西康省（康定、25）、大懋商业（长沙、50）、广西农民（桂林、105）、川康平民商业（重组合并、重庆、210）、宁波实业（50）

注：表中（　）内为银行地址和资本额。凡银行以所在地明命名或冠以所在地名者，不另注地址。

资料来源：据相关年份《全国银行年鉴》《申报年鉴》《中国经济年鉴》《中国金融年鉴》、1937 年《上海市年鉴》及相关新编地方志综合整理编制。

表3　　　　　　　　1926—1937 年各年停闭中资银行名单

年份	银行名称
1926	江西、赣省、江西地方
1927	直隶省、华新、劝业、山东泰丰、济南通惠、泰东、山东当业、华北、沈阳、汉口商业、华丰、聊城农工
1928	山东工商、丝茶、华威、青岛地方、山东商业
1929	黄陂商业、个碧铁路、农商、甘肃省、平湖农工、杭县农工、商河农商、商河实业
1930	四川西北地方、香港
1931	日夜、青岛地方、劝业、黄陂商业、世益、宏泰、川盐、兴益、新疆省、西北、正义商储
1932	松江、道一、百汇商储、大达、永业、裕通、满洲里商业、中和、正大商储、华商（并入华侨）、和丰（并入华侨）、叙府通裕、东三省（日占）、汾阳农工、大同、甘肃农工、奉天林业、营口牛庄、辽宁民生（日占）、东北、益增发、奉天商业、奉天汇华、哈尔滨边业、信城永、哈尔滨商业
1933	新建、华通商储、民信商、河北民生、常熟商业、安徽商储、中国储蓄、热河兴业
1934	嘉兴商储、中国兴业、莆田农工、信通商储、通县农工、利华、俭德商储、嵊县商业、贵州、万县市民、闽西农民、山东商业、五华实业信托、重庆市民（改组）
1935	江南商储、明华、通易、世界商储、正大商储、宁波实业、广东、香港国民商储、华业、大兴实业、通益商储、东南、厦门商业、湘西农村、绍兴县农工、会理县垦边、华东商储、四川地方（改组）、金堂县地方（改组）、嘉华储蓄、顺昌辛泰、大沪商储、嘉华储蓄、四川西北
1936	杭州惠迪、丰县农工、震隆、南方实业储蓄、江浙商储（并入中汇）、津市国民、德惠农工、华安商储、国泰商储、兴中商储、亚东商储、济东、奉天林业
1937	上海国民商储、太平（合并）、建中商储、川康殖业（重组归并）、重庆平民（重组归并）、四川商业（重组归并）、信孚商储、边业、津市商业、大康、恒利、黎川建设、惠丰商储、惠华、山西裕华、丰业（日寇吞并）

注：1926—1930 年原统计部分停业银行无法确定年份，表中未能全部列出。

资料来源：据相关年份《全国银行年鉴》《申报年鉴》《中国经济年鉴》《中国金融年鉴》，1937 年《上海市年鉴》及相关新编地方志综合整理编制。

表2、表3 较全面地记录了 1926—1937 年新设或复业、停业或重组归并的银行名单。这样，以 1932 年银行一览表的银行为基数，

分别加上新设或复业银行，减去停业或重组归并银行，即可得出各年的实存银行数。结果如表 4 所示。

表4　　　1926—1937 年全国新设、停业、实存中资银行统计

年份	新设		停业		实存			
					当年		累计	
	原统计	修正	原统计	修正	原统计	修正	原统计	修正
1926	7	13	7	7	0	6	57	177
1927	2	6	1	12	1	−6	58	171
1928	16	22	5	8	11	14	69	185
1929	11	15	3	8	8	7	77	192
1930	18	23	6	8	12	15	89	207
1931	16	19	6	11	10	8	99	215
1932	13	21	4	26	9	−5	108	210
1933	15	24	3	8	12	16	120	226
1934	22	35	4	14	18	21	138	247
1935	18	31	—	24	18	7	156	254
1936	5	16	—	13	5	3	161	258
1937	3	5	—	16	3	−11	164	247
合计	146	227	39	154	107	75	164	247

　　资料来源：原统计据 1937 年《全国银行年鉴》，第 7—8 页，余据本文。原统计 1926—1930 年部分停业银行无法确定停业年份，表 2 未能一一列出名单，但停业银行数已计入本表。

　　如表所示，中资银行从 1926 年的 177 家增加到 1931 年的 215 家，再增加到 1936 年的 258 家，表明 1927—1937 年 10 年间，中资银行确有较大发展。在这方面，新统计和原统计反映的情况是基本一致的。但有很大不同：一是原统计新设银行多，停业的少，1926—1937 年新设 146 家，停业的 39 家，只占前者的 26.7%，当年实存累计 107 家，占新设银行的 73.3%；从新统计看，银行新设的多，停业的也多，分别为 227 家和 154 家，后者相当于前者的 68.3%，因而当年实存的少，累计 74 家，仅为新设银行的 32.6%。两者之间的差异，不言而喻。从原统计看，1927—1937 年中资银行的发展，迅

速而又稳定；而新的调查统计显示，这一时期中资银行的发展，一个突出的现象是，不少银行设、停无常，甚至昙花一现。虽然发展速度较快，但同北洋政府时期一样，仍然极不稳定。

二是两者所反映的银行发展走势不一样：原统计展示的银行发展速度，虽然各年互有差异，1936 年、1937 年的新设和实存银行减少，发展速度明显放慢，但总的说，走势比较平稳，没有太大的起伏；新统计则显示 3 次大的挫折和低谷，全部出现银行数量的负增长，整个发展趋势呈现明显的双驼峰形：第一次是 1927 年，由于蒋介石国民党叛变革命和大地主大资产阶级政权的建立，民族资产阶级利益受损，银行发展亦受挫，中资银行从上年的增加 6 家变为负增长 6 家；第二次是 1932 年，由于"九·一八"事变、东北沦陷和日寇的疯狂掠夺，中资银行的发展再次出现负增长，从 1930 年的增加 15 家变为 1931 年的 8 家，再到 1932 年的负增长 5 家；第三次是1937 年，由于"七·七事变"和日本帝国主义发动全面侵华战争，新设银行数降至 10 年来的最低点，只有 5 家，而停业或重组归并的银行达 16 家，当年实存银行的负增长数，更多达 11 家。这是中国银行和金融业大难临头的先兆。所有这些，原统计均无反映，尤其是 1936 年、1937 年，停业或改组的银行多达 29 家，但在原统计中，这两年竟无一家中资银行停业。[①] 只列新设，不计停业，实存银行累计数当然不断增长，结果造成这一时期中资银行迅速和平稳发展的假象。

这种情况的出现，固然主要是由于当时条件限制，不少银行尤其是数量不菲的中小银行未能纳入统计所致，同时也与当时调查统计人员有意无意地舍弃某些方面的一些重要资料不无关系。这类调查统计的科学性和准确性也难免要打折扣。

同以往相比，1927—1937 年的中资银行，不仅数量大增，地区

---

① 1937 年《全国银行年鉴》仅在《全国银行一览表》下加注，谓"大康、恒利二行，现已停业；川康殖业、重庆平民、四川商业三行，现已合并，改名为川康平民商业银行"，但未正式列入统计。其余停业银行则全部缺漏。

分布也有变化，但基本布局未变。从某个角度看，地区分布的不平衡性甚至进一步加剧。按经济条件、发展水平和该地区的银行数量与规模，这一时期中资银行的地区分布，大致可以分为四类：一是上海与沿海地带，是这一时期中资银行的主要集中地；二是包括四川在内的长江及黄淮中下游内陆地区，也有若干数量的银行存在，并有所增加；三是西南、西北及北部关外地区，银行数量极少，甚至是一片空白；四是东北地区，原本银行业颇为发达，早在 1924年，官办东三省银行的资本，即高达 2000 万元，为全国之冠，商办银行也已形成规模，但"九·一八"后，随着领土的沦丧和日寇的疯狂掠夺与破坏，中资银行和整个银行业遭受浩劫。1927—1937 年中资银行的地区分布及其变化，详如表 5。

表5　　　　1926—1937 年全国中资银行（总行）地区分布统计　　单位：家

序号	省份	1926年	1927年	1928年	1929年	1930年	1931年	1932年	1933年	1934年	1935年	1936年	1937年
1	上海	48	48	54	58	66	71	71	75	79	74	71	65
2	江苏	11	11	14	19	20	21	21	20	20	19	18	17
3	浙江	12	12	13	11	12	15	16	20	23	27	26	27
4	福建	3	3	5	6	7	7	7	8	6	5	5	5
5	广东	3	4	4	4	5	5	6	7	9	8	8	8
6	山东	15	11	8	6	5	7	7	7	7	7	8	8
7	河北	18	16	14	15	15	16	20	19	19	19	21	19
8	安徽		1	1	1		1	1			1	1	
9	江西		1	2	2	3	3	3	4	4	4	6	5
10	湖北	3		3	2	3	2	3	3	4	5	5	5
11	湖南			1	1		1	2	2	2	3	4	4
12	河南	2	2	3	3	3	2	2	2	2	2	2	2
13	山西	13	13	13	13	14	10	9	10	11	12	12	12
14	四川	3	4	7	8	11	12	13	16	23	26	27	25
15	广西						1	1	1	1	2	2	3
16	云南	1		1		1	1	2	2	2	2	2	2
17	贵州						1	1	1	1			

续表

序号	省份	1926年	1927年	1928年	1929年	1930年	1931年	1932年	1933年	1934年	1935年	1936年	1937年
18	西康												1
19	热河	1				1	1	1					
20	察哈尔			1	1	1	1	1	1	1	1	1	1
21	绥远	1	1	1	1	1	1	1	1	1	1		
22	陕西				2	2	3	3	3	3	3	3	3
23	甘肃	2	2	3	2	2	2	1	1	1	2	2	2
24	宁夏						1	1	1	1	1	1	1
25	新疆						1		1	1	2	2	2
26	辽宁	7	6	7	8	8	12	4	7	9	9	9	9
27	吉林	1	4	4	4	4	4	4	4	6	6	6	5
28	黑龙江		4	4	4	4	6	2	2	2	2	2	2
29	海外	11	11	11	11	10	10	9	10	11	12	13	13

资料来源：据本文表1、表2综合统计、编制。因资料所限，1926—1930年依次有22、17、10、11、6家银行的名称、地址不详。

中资银行的分布地，从1926年、1927年的18、19省份增加到1936年、1937年的26省份，地区分布有所扩散，不过仍有空白，且大部分银行始终分布在上海以及江苏、浙江、福建、广东、山东、河北沿海6省份，这些地区的银行约占全国银行总数的60%—80%，而其中半数左右的银行又集中在上海。其他地区，江西、湖北、四川、山西等长江、黄河中游内陆7省份，银行数比西部及边远地区稍多，也只占全国银行总数的13%—22%。并且半数乃至2/3以上集中在四川、山西两省。从全国范围看，银行最多的上海、江苏、浙江、四川、河北、山西6省份，集中了全国23省以上的银行。至于四川以外的西南、西北和北部关外16省份，银行数量微不足道，1937年最多时也只有16家，仅占全国银行总数的0.6%，平均每个省份还不到1家。而且极不稳定，银行时设时停，时有时无。青海、西藏更是一片空白，西康也直到1937年才有1家省立银行。由此可见1927—1937年全国银行分布得极不平衡。原本银行业颇为发展的东北地区是另一种情况，"九·一八"后，或被日寇劫夺、查封，或亏损倒闭，数量大减。1934 年伪满实施"银行法"，强令中资银行重新登记或增资扩充，又令钱庄改为银行，银行数量才稍微回升。

　　1927—1937 年中资银行地区分布的主要变化，是同时朝着扩散和集中两个方向发展。一方面，银行的地区分布渐趋广泛，建有银行的省份从 1927 年的 18 个增加到 1937 年的 26 个，内陆地区一些省份的银行数量也有所增多。中央银行、中国银行以及一些大中银行还在各地开设分行、支行或办事处、代理处。据统计，1934 年全国有中资银行分、支行 1038 处，1937 年增至 1627 处。[①] 如加上漏计银行的分、支行，其总数当接近 2000 处。另一方面，银行尤其是大中银行又越来越向沿海地特别是上海集中。试看一些大中银行向上海迁移和集中的路线：

　　　盐业：北京（1915）——天津（1928）——上海（1934）

　　　金城：天津（1917）——上海（1936）

　　　大陆：天津（1919）——上海（1940，总经理处）——上海（1943，总行）

　　　中孚：天津（1916，总管理处）——上海（1930，总管理处）

　　　中国农工：北京（1918）——天津（1929）——上海（1931）

　　　中国垦业：天津（1926）——上海（1931）

　　　边业：天津（1919）——沈阳（1926，奉军收购）——上海（1936）

　　　东莱：青岛（1918）——天津（1926）——上海（1933）

　　　新华信储：北京（1914）——上海（1930）

　　　中国实业：天津（1919）——上海（1932）

　　　大中：重庆（1919）——天津（1929）——上海（1934）

　　　农商：北京（1921，1929 年停业）——上海（1933，复业）

---

　　① 见 1934 年《全国银行年鉴》，第 A4 页；1937 年《全国银行年鉴》，第 A10 页。

浙江建业商储：杭州（1933）——上海（1938）

这些银行即使原已设在沿海城市或京城，也还是不断向上海迁移。因此，沿海地区尤其是上海，银行数量增长更多、更快，1936年同1926年比较，内陆及西部、北部21省区的银行，从25家增至71家，增加46家，平均每省区增加2.1家；而上海和沿海6省从109家增至157家，增加48家，平均每省市增加6.9家，其中上海从48家增至71家（1934年最多达79家），增加23家。显然，30年代中资银行地区分布的不平衡性进一步加剧了。

资本供给与资本规模方面，由于经济落后，资金短缺，同过去一样，这一时期的中资银行大多资金供给困难，资本规模狭小，资力微薄。一些银行的额定资本往往定得较高，但实收资本不多，额定资本往往形同虚设。

从总体上看，这一时期中资银行的资本规模不大，按1926年有资本可查的150家银行平均，每家实收资本为157万元。此后行均资本呈波浪式缓慢上升趋势，到1937年，行均资本达到218万元，11年间上升了38.9%。不过主要是中央银行和中国银行几次增资、资本规模大幅度扩张的结果。到1936年，两行实收资本达14000万元，占全国有资本可查的230家中资银行资本总额的30.8%。若将两行剔除，1936年、1937年全国中资银行的行均资本即分别从原来的198万元和218万元降到138万元和156万元，资本规模不仅没有扩大，反而分别比1926年缩小了8.8%和0.1%。

资本分组统计显示，大部分银行的资本不足100万元。这类银行所占比重在55%—74%，而其资本所占比重仅6%—12%，1931年后，并有不断下降的趋势。与此相反，资本在500万元以上的大银行不足20家，仅占总数的7%—8%，而资本接近或超过总额的一半，并逐渐上升，从1926年的51.5%提高到1937年的61.8%，而其中一半以上乃至4/5的资本又集中在几家资本千万元以上的大银行手中。1937 年，9 家资本千万元以上的大银行，占有 220 家中资银行资本总额的 48%。明显反映出这一时期尤其是 20 世纪 30 年代银行资本的集中趋势。

所有制结构方面，1927—1937 年的中资银行资本分为官办资本和商办资本两大类。官办资本又有中央官办和地方官办（省市办和县办）之分。这一时期，两种官办资本都有明显的发展。官办资本中还包含官商合办和军办资本。中国国货、中国实业、中国通商、四明商业储蓄和农商 5 家银行，原本全是商办商营，20 世纪 30 年代后，国民党政府先后加入和扩充官股，将商办改为官商合办。陕西省银行 1930 年设立时，最初也是官商合办，后退还商股，才改为纯官办。

军办银行是 20 世纪 20 年代末 30 年代初中国银行发展的"特产"。20 世纪初，随着银行业的加速发展，一些地方军阀从 20 年代开始，纷纷开办银行，筹措军饷，吸收社会游资，巩固和扩大地盘。1922 年川军总司令刘湘与重庆商人合办的中和银行，当是首家军办银行。1926 年后，四川军阀邓锡侯、刘文辉、杨森、田颂尧等，在各自防区相继开办了新川（1926）、裕通（1927）、万县长江（1928）、四川西北地方（1928）、四川西北（1932）等银行。[①] 冯玉祥开设的西北银行，则是最大的军办银行，1925 年冯玉祥任西北边防督办时筹办于张家口，并随开办者势力的扩张，规模不断扩大。西北军势力最盛时，据有热、察、绥、陕、甘、宁 6 省地盘，该行亦进入鼎盛期，号称资本 1000 万元，先后在 6 省以及北京、天津、上海、南京、汉口、石家庄、徐州、山东、河南、山西、青海等地设立分支行，一度成为 6 省唯一的军办金融机构，带有西北联省中央银行的性质。其他某些地区也有军办银行，如 1933 年 19 路军在龙岩开设闽西农民银行；1930 年海军陆战队在福建建瓯驻地办有建新银行，等等。军办银行的一个基本特点是，几乎全部是"随军银行"，总

[①]《四川省志·金融志》，四川辞书出版社 1996 年版，第 44—45 页。

行或分支行随开办者军事势力的起伏进退而开设或停闭，随地盘大小变化而扩充或收缩，并随防区调换或军队调动而转移。由于军阀势力起伏和防区调换频繁，此类银行大多设、停无定，寿命不长。

商办银行包括国内资本和华侨资本两部分。这一时期，商办银行虽有所发展，但幅度微小。新设银行数量不多，而且多数资本规模不大，寿命短暂。新设规模较大（资本100万元以上）、营业状况较稳定的内地商办银行，只有国华、中汇、中国垦业、川盐、川康殖业、中国企业、辛泰、统原、江海、国泰商储、大孚、国信12家，同类华侨银行只有永安、大华两家。从总体上看，1926—1937年，商办银行从156家增至186家，资本总额从19917万元增至21039万元，只增加1122万元，而且还是出自华侨资本，非内地商人资本。这期间前者资本总额从4391万元增至5764万元，后者不仅没有增加，反而减少了251万元。20世纪30年代全国中资银行资本所有制结构有如表6。

表6　　　　　　　1930—1937年全国中资银行资本所有制结构统计

单位：万元

年份	总计			官办银行									商办银行		
				中央官办			地方官办			小计					
	行数		资本	行数		资本	行数		资本	行数		资本	行数		资本
	A	B		A	B		A	B		A	B		A	B	
1926	176	150	23576	2	2	2747	18	14	912	20	16	3659	156	134	19917
1927	171	145	24278	2	2	3243	18	14	1152	20	16	4395	151	129	19883
1928	185	158	26102	3	3	5343	27	21	1718	30	24	7061	155	134	19041
1929	192	166	27245	4	4	5843	26	20	1971	30	24	7814	162	142	19431
1930	207	181	30019	4	4	5843	31	25	4369	35	29	10212	172	152	19807
1931	215	192	17901	4	4	5843	32	26	3573	36	30	9416	179	162	20485
1932	210	190	30372	4	4	5843	38	32	4908	42	36	10751	168	154	19621
1933	226	204	31902	6	6	6142	42	36	5176	48	42	11318	178	162	20584

续表

年份	总计			官办银行									商办银行		
				中央官办			地方官办			小计					
	行数		资本	行数		资本	行数		资本	行数		资本	行数		资本
	A	B		A	B		A	B		A	B		A	B	
1934	247	223	41910	6	6	15822	46	39	5151	52	45	21033	195	178	22736
1935	254	230	43357	7	7	17823	48	43	5203	55	50	23026	199	180	20331
1936	258	231	45476	8	8	17717	50	45	5704	58	53	23421	200	178	22055
1937	247	221	48063	9	9	18750	52	48	8274	61	57	27024	186	164	21039

注：A 为银行总数，B 为有资本记载银行数。

资料来源：据各年《全国银行年鉴》《中国金融年鉴》、新编地方志以及其他资料综合整理、计算、编制。

　　1927—1937 年，中资银行的资本所有制结构发生了很大变化，同发展微弱的商办银行尤其是资本趋于萎缩的内地商办银行相反，官办银行，无论中央官办还是地方官办，都急剧膨胀，行数分别从 1926 年的 2 家和 18 家增加到 1937 年的 9 家和 52 家，分别增长 350% 和 189%。资本增幅更大，分别从 2747 万元和 912 万元增加到 18750 万元和 8274 万元，分别增长了 583% 和 807%。整个官办银行的行数和资本额分别增长了 205% 和 639%。这样，官办银行在整个中资银行中的比重大幅度上升，1926 年，官办银行的行数和资本比重分别为 11.4% 和 18.4%，到 1937 年，分别升至 24.8% 和 56.2%，而商办银行的行数和资本比重相应分别从 88.6% 和 81.6% 缩减到 75.2% 和 43.8%，官办银行在资本方面已占主导地位。值得注意的是，商办银行尤其是内地商办银行，不仅所占比重下降，而且资本总额和资本规模缩小。1937 年同 1926 年比较，内地商办银行从 145 家增至 172 家，增加了 27 家，但资本总额从 15526 万元减至 15275 万元，如前所述，减少了 251 万元，按有资本可查的银行计算，行均资本额相应从 116 万元减至 94 万元。很明显，新增银行大多是一些资力薄弱、营业状况极不稳定、甚至昙花一现的小银行，而停业、倒闭的不少是较大的银行。因此，银行数量的微弱增加，与其说是内地商办银行某种程度的发展，不如说这类银行正在走向衰退。

在内部业务分工和结构、体系方面，也有明显的变化。随着中央和地方官办银行、农工及专业银行的发展，形成了包括中央及特许银行、省市立综合银行、商业储蓄银行、农工及专业银行在内的较为完整的银行体系。

表 7 所反映的是 1927—1937 年中资银行业务结构、体系及其变化：

表 7　　　　　1926—1937 年全国中资银行内部结构及其变化

单位：万元

年份	总计			中央及特许			省市立综合			商业储蓄			农工及专业		
	行数		资本	行数		资本	行数		资本	行数		资本	行数		资本
	A	B		A	B		A	B		A	B		A	B	
1926	176	150	23576	2	2	2747	8	8	454	125	115	16540	41	25	3835
1927	171	145	24278	2	2	3243	9	9	694	119	109	16611	41	25	3730
1928	185	158	26102	3	3	5243	11	11	919	127	116	15998	44	28	3942
1929	192	166	27245	3	3	5243	12	12	1204	136	124	16339	41	27	4459
1930	207	181	30019	3	3	5343	18	18	3444	141	129	16021	45	31	5211
1931	215	192	29901	3	3	5343	18	18	3994	144	127	15185	50	44	5379
1932	210	190	30372	3	3	5343	21	21	4895	135	121	14642	51	45	5492
1933	226	204	31902	3	3	5343	20	20	4937	145	129	14878	58	52	5944
1934	247	222	41910	3	3	14771	21	21	5137	156	139	15456	67	59	6546
1935	254	229	43357	3	3	15972	22	22	5197	154	136	15393	75	68	6795
1936	258	230	45476	3	3	15972	24	24	5653	155	134	16397	76	69	7454
1937	247	220	48063	4	4	16750	25	24	7942	144	125	16588	74	67	6783

注：A 为银行总数，B 为有资本记载银行数。

资料来源：据各年《全国银行年鉴》《中国金融年鉴》、新编地方志以及其他相关资料综合整理、计算、编制。

中资银行业务分工和结构、体系经历了一个逐渐形成、调整配套和变化的过程。辛亥革命前，清政府先后制定《银行通行则例》《储蓄银行则例》，虽时间短暂，但表列四类银行中，除农工银行外，都已零星出现。进入民国，商业储蓄银行迅速发展，专业银行的种类和数量增多，部分省份开始设立省办银行；1915 年，北洋政府财政总长周学熙呈准颁行《农工银行条例》后，一些地区又相继办起了农工银行。到 20 世纪 20 年代，表中所示的银行业务结构和体系已现雏形，唯中央及特许银行羽翼未丰，内部亦无明确分工；省市立综合银行的设立，仅限少数省份，业务亦多不明确和稳定，农工银行的数量也有限。商业储蓄银行无论银行数量和资本总额，都居于主导地位。

国民党政府成立后，情况发生变化：1927 年国民党政府改组中国银行，加入官股；1928 年成立中央银行，改组交通银行；1933 年成立豫鄂皖赣 4 省农民银行，1935 年继而改组、扩充为中国农民银行；1934 年、1935 年又大肆扩充中央、中国、交通 3 行资本，内部分工亦日益明确，最终建成包括中央、中国、交通、中国农民 4 行在内的中央及特许银行体系，并确立其在全国银行系统中的绝对支配地位。大部分省份和上海等主要城市相继开办省（市）立综合银行，并代理省（市）库，规定省（市）官款必须存入指定银行；各类专业尤其是农工银行的数量和资本不断增加，在银行系统和社会经济生活中的地位日渐重要；商业储蓄银行则没有大的变化，这期间设、停相抵，银行数量略有增加，但资本规模基本维持原状，在全国银行系统中原有的主导地位为中央及特许银行、省市立综合银行所取代。这样，以中央及特许银行为主导的全国银行业务分工和结构、体系最终形成。

（原载《中国经济史研究》2007 年第 1 期）

近代农村地区钱庄业的起源和兴衰

——近代农村钱庄业探索之一

农村钱庄在近代农村旧式金融业中占有重要地位，并同城市钱庄和城市金融业紧密相连，是全国钱庄业的有机成分。学人关于近代钱庄业的研究，集中于城市钱庄，且仅限少数口岸城市钱庄，广大农村地区钱庄业的研究，尚是一片空白。

钱庄业的发展和兴衰，农村和城市之间有一个时间差。19世纪下半叶，当城市尤其是通商口岸的钱庄业蓬勃发展时，在农村大部分地区尚无钱庄；20世纪初，当城市钱庄业被银行排挤、取代，开始走向衰落时，农村钱庄却在排挤、取代典当业，正处于发展高峰，在某些地区甚至一度与银行分庭抗礼。进入30年代，东北沦陷，华北被蚕食，银行不断向农村扩散，币制改革全面推行，农村钱庄也同城市钱庄一样，急剧衰落，不少地区完全消失。

近代农村地区的钱庄资料稀少，又十分分散、零碎，进行系统研究有相当难度，唯近年大量编纂出版的地方志，在这方面提供了不少珍贵资料。这里主要利用这些方志资料，对近代农村钱庄业的起源和兴衰，勾画出一个大致的轮廓。

一 货币兑换和农村钱庄的起源

农村钱庄同城市钱庄一样，最初也是源于货币兑换。

货币是商品交换的媒介，是市场的血液。明清时期，尤其是鸦片战争后，随着列强的入侵和进出口贸易的扩大，农村商品经济和商品流通加速发展，但中国古老和紊乱的货币制度不能适应社会经济发展的需要，以致市场血液流通不畅，严重制约商品流通和社会经济生活的正常运行。

清代货币制度是不完整的银铜平行本位制度，银、铜两种金属以其本身的价值作为货币同时流通，但银两、银元和制钱、铜元的铸造以及名称、重量、成色、质量、规格极不统一。据民国初年的统计，全国各地通用的宝银名称、成色和重量达 100 多种，最多的如山东，就有 16 种，直隶有 10 种。[①] 实体银两之外，又有"虚拟银两"，名目亦多。[②] 各地银两的复杂和混乱，给交易、汇兑、资金解运和日常生活带来了极大的困难和麻烦。有人统计，从江苏拨解一笔税款到甘肃作协饷，竟然要经过 9 次兑换。[③] 相对于称量货币银两而言，作为单元货币的制钱，由官府铸造，以个计值，相对简明便利。不过实际流通价值仍因其本身重量和成色而异，但问题是各种制钱的重量和成色并不一致，封建政权甚至蓄意减低其重量和成色以谋利，从而加剧了制钱价值的差异和混乱。同时，各地制钱的计数规矩及习惯繁多。所谓"千文"，实际并非一千，而是几百，两者之间有一个差额，其大小不仅地区之间不同，即使同一地区也多种多样，[④] 繁复至极。愈到后来，货币种类和流通习惯愈益复杂。到清末民初，货币种类除了银两、制钱，又有银元、毫洋和铜元，以及各种纸币和兑换券。货币种类和名目越复杂，市场交易、人们经济往来所遇到的限制和障碍也越多。农民通常出售少量农副产品，以

---

① 转见魏建猷《中国近代货币史》，第二章插页，群联出版社 1955 年版。

② "纹银"是最早的虚拟银两。上海的"八九规元"，营口的"炉银"，汉口的"洋例银"，天津的"行化银"等，也都是虚拟银两。

③ 马士：《中华帝国对外关系史》卷 1，张汇文等译，生活·读书·新知三联书店 1957 年版，第 31 页。

④ 如察哈尔万全县，制钱计算有"大钱""小钱"之分。大钱千个为一吊，小钱 320 个为一吊。又有"满钱"与"除底"之别。满钱即一足吊，除底则须扣除若干，实际钱数，大钱在 960 文以下，小钱在 320 文以下。"除底"之例，各地都有，但数额不一。按其"除底"数额多寡，又有其专有名称，如"九九八"钱（每千文扣除 2 文，实为 998 文，以下类推）、"九九七"钱、"九扣钱"（扣除一成，实为九成，以下类推）、"八扣钱"等，不胜枚举，十分复杂。

及市场上的小额交易，多是铜钱或毫洋，而牛马等大型牲畜交易、土地房产买卖或交纳钱粮、地租（货币租），通常只收银两或银元。农民必须将铜钱兑换成银两或银元，才能交租纳税或购买牲畜等。同时，包括银两、银元在内的许多货币的流通范围，也有诸多限制，往往在甲地流通的货币，到乙地就不被承认。① 一些行商走贩所卖货款也多为散钱，返回携带不便，亦必须换成整钱，如此等等，所有这些都必须通过钱币兑换才能解决。

随着农村商品交换、商业流通的发展，尤其是区域间经济联系的加强和人们活动范围的不断扩大，货币兑换愈加频繁，从事货币兑换的人数不断增加，逐渐成为一种行业。一些地区开始出现专门替人进行银钱兑换的"钱挑子""钱摊子""钱匣子""钱桌子"。这是一些地区早期农村钱庄的萌芽。

贵州地区的银钱兑换业出现很早。宋元后，货币兑换业已开始萌发。明末清初，省内少数民族习用白银，市场多以白银交易。银匠铺、银炉（又称煎销业）代为熔解、化验、鉴定，或以片银改铸银锭，或以大易小，以劣换优，银钱兑换业已成为市场交易和人们日常生活中不可缺少的中介人。雍正至光绪初年，省内公私炉座竞铸铜钱，质量高低悬殊；清末民初币制混乱，银两成色不一，铜钱轻重各异，纸钞币值不稳，银钱兑换业者借以哄抬、抑压，扣取费用，从中渔利，进入银钱兑换业的黄金时代。银钱兑换业者，初始以铜钱数吊为本金，用绳索串成"钱串"搭在肩上，走街串巷，四处兜揽，借以谋生。兑换对象以四郊农民为主，城镇居民次之。其后改在路边摆设"钱摊"，置条桌一张，有"钱板"数块，板上按银元、银辅币及铜元大小，凿成半圆形凹槽，每槽可装铸币 100 枚。这类"钱摊"，各县城镇随处可见。一些盐、米、杂货商铺亦兼营银钱兑换。

---

① 如位处南北满交界的吉林四平街，1921 年前后，坐南满火车要用金票，乘北满火车要用哈大洋，去关内又须兑换天津中国、交通两银行大洋，等等。《四平市志》，吉林人民出版社 1993 年版，第 1725 页。

1933 年"废两改元"后，贵州一些边远乡镇尚有少量银两、制钱和银元、铜元、纸钞同时流通。币种繁多，品质混杂。[1] 银钱兑换业者利用不同币种材质、成色、比价及其变化，以及各地交通落后、行使货币习惯不同、某些币种的季节性需要（如春节期间各家各户需要大量铜元用作压岁钱和零星开支）等，贩运倒卖，操纵价格，牟取厚利，银钱兑换业一直十分活跃。如修文县，1935 年前，主要流通银元、铜元和银毫等硬币，因含银成分不一，交换比值出现差异，银钱兑换业兴盛，经营者每逢集日，往来于县城和狗场坝、扎佐等集市，巡回兜揽，称之"吃措钱"。[2]

山西银钱兑换业的产生亦甚早。晋人擅于经商，山西一些小城镇，明朝中叶后即已成为大小市场的所在地，商品交换和商业流通发达。人们在纳税、购物和日常生活中，经常需要进行银、钱兑换，由此吸引一部分商人专门从事银钱兑换业。山西早期的银钱兑换机构叫"钱桌"或"钱铺""钱肆"。孝义、平遥等地，清代前期即有钱摊、钱肆、钱店。乾隆年间，孝义钱铺、钱摊"遍及城乡"。[3]

四川在清末民初时，各地银钱兑换和银两倾销行业都相当发达。光绪、宣统年间，巴县、成都城乡的钱铺、钱摊多达三四百家。永川县属，清末民初因商业繁荣，而交通不便，土匪猖獗，进出口商所收的银元、铜元必须换成美丰银行的兑换券或粮契税券，以便携带，钱摊曾旺盛一时。到 1925 年，全县还有钱摊 20 余家，大的有铺面，小的仅一桌一椅，一个铁丝网笼子，上层放置钞票、银元、毫洋之类，下层放着各种铜钱或小钱，既轻便又安全。忠县一带，

---

① 如银元版面不下 10 余种，银辅币也有滇、川、鄂、粤等省所铸半元、2 角、1 角等类别，成色各有高低；铜元则既有当十、当二十、当五十、当一百、当二百文之别，各省铸品，材质又有红铜、黄铜之分，含铜量亦高低不同，极其繁杂。

② 参见《贵州省志·金融志》上卷，方志出版社 1996 年版，第 83—84 页；《修文县志》，方志出版社 1998 年版，第 821 页。

③ 《山西通志·金融志》上编，中华书局 1991 年版，第 35—36 页；《孝义县志》，海潮出版社 1992 年版，第 426 页；《平遥县志》，中华书局 1999 年版，第 406 页。

1904 年后，铜元、银元开始在市面流通，从事银钱兑换的钱摊随即产生，逐渐发展到 11 家，分布在县城内外。①

其他各地都有银钱兑换业。

广西在清代道光年间出现了兑换银钱的找换店。进入民国，因流通货币种类增多，有铸币、纸币，还有外国纸币，为找换店的发展提供了条件，数量最多的是梧州、南宁，1934 年分别有找换店 68 家和 64 家。桂林、柳州、龙州、玉林、百色找换店也不少。② 广东中山，光绪年间有"钱台"，以收买白银、铜钱，兑换双毫、大洋、铜仙、外币为业。③ 河南鲁山，1897 年后，有的商行、盐号开始兼营金融业务，有的集市设有"银钱桌"，买银卖银，兑换货币，从中赚取回扣。④ 江西萍乡安源，1903 年开始出现"钱担子"，外形为二尺五六寸高、一尺五六寸见方的两个立柜，专门从事整换零或零换整的银钱兑换。⑤ 湖南湘乡县城和永丰、娄底、谷水、杨家滩等较大的市镇，民国初年有俗称钱贩子的现钱经纪，从事钱币兑换。⑥

随着银钱兑换业的发展，在四川、河北一些地区，还出现了以钱币兑换为主的"银市""钱市"。四川夹江，除县城四厢街道和各场镇散布的兑换店外，县城另有兑换店铺集中的钱市，兑钱点多则上百，少则几十。垫江钱市设在轩辕庙，也是银钱兑换，本小设摊，本大开店；有专营，也有店铺兼办。⑦ 河北昌黎、乐亭、卢龙、抚宁、清苑等地银市（钱市），最初也是源于货币兑换，不过随着时间的推移和货币制度的演变，活动内容和性质逐渐发生变化，由银钱

---

① 《四川省志·金融志》，四川辞书出版社 1996 年版，第 55 页；《永川县志》，四川人民出版社 1997 年版，第 511 页；《忠县志》，四川辞书出版社 1994 年版，第 320 页。

② 《广西通志·金融志》，广西人民出版社 1994 年版，第 56 页。

③ 《中山市志》，广东人民出版社 1997 年版，第 1008 页。

④ 《鲁山县志》，中州古籍出版社 1994 年版，第 559 页。

⑤ 《萍乡市志》，方志出版社 1996 年版，第 668 页。

⑥ 《湘乡县志》，湖南出版社 1993 年版，第 515 页。

⑦ 《夹江县志》，四川人民出版社 1989 年版，第 332 页；《垫江县志》，四川人民出版社 1993 年版，第 529 页。

兑换转为货币投机或资金融通。①

　　在兑换业的运行和发展过程中，"钱桌""钱摊""钱挑子"等，通过银钱兑换赚取佣金、差价和利润，逐渐增加资本，扩大营业规模与范围，在银钱兑换之外增加存款、放款、汇兑等业务，部分"钱桌""钱摊""钱挑子"由此发展和演变为钱庄。

　　四川各地，早期钱庄、银号多从换钱业、倾销店发展、演变而来。1892年，巴县知县规定，流通的银两必须以新票银为准，外地流入的银两，必须改铸成新票银方准行使，倾销业顿行发达。1903年前后，四川自铸银元、铜元，市场流通的银两、制钱逐渐减少，银两倾销和银钱兑换业务萎缩，钱铺和倾销店利用其与商号的密切关系，兼营存放款业务，开始向钱庄、银号转化，四川首家钱庄"同生福"，就是在1896年由巴县一家钱铺改建的。同时，铜元、银元兑换业务兴盛，由此产生新的钱摊、钱铺，其后也逐渐演变为钱庄。如忠县、资中分别在1904年和民国初年开始出现的"换钱摊"，后来有的扩大营业，开展存放款业务，从钱摊演变为钱庄，忠县还成立了"钱业公会"。②

　　贵州省内最初的钱庄，都是由钱摊演变而来。遵义刘某，先由换钱摊起家，后来身背钱袋，走街串巷，经营短期高利贷款，因无固定门面和正式招牌，俚称"过街银行"。1896年，黎平县官银铺主持人自办银钱兑换业务，辛亥革命后在县城开设商号，兼营存放款和汇兑业务，实际上就是一家钱庄。1899年开始设于贵阳南门的一家银钱兑换铺，约在1923年扩大规模，经营存放款和汇兑业务，并改称"钱庄"。③

　　山西在道光后，一些本钱较多的钱桌、钱铺、钱肆，相继发展

　　① 《秦皇岛市志》第5册，天津人民出版社1994年版，第176—177页；《乐亭县志》，中国大百科全书出版社1994年版，第350—351页；《保定市志》第3册，方志出版社1999年版，第505—507页。

　　② 《四川省志·金融志》，第55页；《忠县志》，四川辞书出版社1994年版，第320页；《资中县志》，巴蜀书社1997年版，第386页。

　　③ 《贵州省志·金融志》上卷，第84页。

为钱庄。他们扩大和增加业务，除了银钱兑换，又替商户保管货币，并受托办理商户支付事宜，签发钱帖、钱票，成为各商支付中介。同治光绪后，一些大的兑换商又将代管的钱币出借，经营存款和放款业务。这样，货币兑换商又从支付中介发展为信用中介。[①]

山东阳信，钱业机构在清末称"钱桌"，民国初年改称"钱铺"，后又改称"钱庄"或"银号"。[②] 名称的改变，从一个侧面反映了从钱桌到钱铺、钱庄的发展、演变过程。

广东惠阳、高要、潮阳、揭阳等地的钱庄，都是由小型兑换业发展而来的。潮阳的银钱找换业者最初在县城和集镇摆摊，继而扩大业务，发展为找换店，专营银钱找换，也有的兼营存贷业务，逐渐发展为钱庄。在揭阳，钱庄又称"银钱庄"或"汇兑庄"，也是从银钱找换和汇兑发展而来。高要自1888年后，因广东自造银元，印制粤钞（俗称"毫券"），出洋华侨及进口洋货渐多，商家自开银铺，经营银两、银元以及各种洋币的兑换，后来这些银铺逐渐变为钱庄。[③]

福建龙溪、海澄一带，清末有专营银毫、铜钱兑换的"钱柜子店"（也称钱店）。进入民国，市面纸币、铸币相间流通，货币兑换业务减少，钱店受到冲击。到1915年，钱店纷纷停闭，或转营钱庄、银号，于是出现了首家钱庄。[④]

江西新淦、兴国、浮梁，湖北黄冈等地的钱庄，前身不少也是钱店、钱铺，最初只是兑换银钱，后来才增加存款、贷款，名称亦随之发生变化。新淦钱业商，清末称"钱桌"，民初称"钱铺"，后来逐渐改称"钱号"或"钱庄"，并按规模大小和业务范围分为汇划庄、钱号、零兑庄三等。铅山钱庄中，资本最多的4家均超过20万元，但最初都只兑换零星银钱，后来才增加存放款业务。兴国的

① 《山西通志·金融志》上编，第37—38页。
② 《阳信县志》，齐鲁书社1995年版，第246页。
③ 《潮阳县志》，广东人民出版社1997年版，第621页；《揭阳县志》，广东人民出版社1993年版，第426—427页；《肇庆市志》，广东人民出版社1996年版，第368页。
④ 《龙海县志》，东方出版社1993年版，第482页。

钱店也是源于零星银钱兑换，以后逐渐发展到存款、抵押、放款、出票、汇兑以及买卖金银、银元等。浮梁大部分钱庄集中于景德镇，清代中期，各地商贾云集于镇，商贸活跃，工商行号、钱庄、账号鹊起，其中账帮源于民间高利贷，钱庄源于兑换业，票号源于汇兑业。[①] 湖北黄冈的钱庄，也都是由单纯兑换扩大到经营存放款而演变产生。[②]

资料显示，钱摊、钱铺是钱庄的先驱和萌芽，许多地区最初的钱庄，都由钱摊、钱桌、钱挑子、钱铺、钱店等发展演变而来。农村钱庄产生后，各地发育程度和发展水平，高低不一，大体有三种情况：

第一种情况，钱庄业发展到了较高水平，钱摊、钱桌等初级状态的金融机构已被钱庄取代，全部退出了历史舞台，甚至在近现代文献中，已不见踪影（也许该地钱庄并未经过钱桌、钱摊的发展阶段）。江苏、浙江、安徽、福建、广东大部分地区，以及四川、山西部分地区，都属于这种情况。前述福建龙溪、海澄，自 1912 年后，原来专营银钱兑换的"钱柜子店"纷纷停业，或转营钱庄、银号。到 1929 年，两县有钱庄五六十家，而钱店消失。广东中山，第一次世界大战期间，乡民出洋谋生日多，侨汇增加，小榄又有生丝出口，推动了银钱业和汇兑业的发展，以及"钱台"的演变。除部分钱台转换为银钱庄外，华侨投资开设钱庄亦多，先施、永安两家百货公司亦在县内开设银业部，办理储蓄、保险和抵押贷款。1924—1930 年，全县有银钱庄号 48 家，原有钱台被迫退出历史舞台。[③]

山西晋中地区，清代初期，各县遍设钱铺，为商民办理少量银钱存放款或零星兑换。到清中叶，钱铺营业范围扩大，资本增加，名称改为钱庄或银号，并在有的地区取代了钱铺（钱肆）。如交城，

---

① 《新干县志》，中国世界语出版社 1990 年版，第 721—722 页；《兴国县志》上册，1988 年，第 435—436 页；《浮梁县志》，方志出版社 1998 年版，第 439 页。

② 《黄冈县志》，武汉大学出版社 1990 年版，第 298 页。

③ 《龙海县志》，第 482 页；《中山市志》，第 1008 页。

清末有钱铺数家，民国初年，随着皮毛生意的兴旺，又增加 12 家。到 1921 年，钱铺全部被银号取代。孝义在乾隆时"遍及城乡"的钱铺、钱店（或钱摊），以后逐渐发展为专业钱庄。到 20 世纪二三十年代，有的更由钱庄改组为规模更大的"银号"。另外又有专司工商业户存放款业务的"账局"，钱店、钱摊被彻底淘汰。①

四川泸县，清末民初，城乡均有钱庄（钱铺），仅县城大小河街至东门口即有 15 家，乡场也很普遍。自钱庄、银行兴起，钱铺即被挤垮而消失。②

第二种情况，钱庄已经发育、形成，但钱摊、找换店继续存在，形成钱庄和钱铺、钱摊、找换店并存局面。江苏、浙江、安徽、福建、广东少数地区，其他各省大部分或绝大部分地区，就是如此。有些地区钱庄和钱铺、钱摊的区分亦不甚明显，连名称也相当含混，如河南淇县，钱庄亦称银号、钱铺、钱桌；山西孝义，钱庄也称钱铺、钱店。③

江苏江都，清末民初，随着米业、木业的发展，资金周转加速，钱庄兴盛，但钱铺、钱摊仍存。民国初年，米镇仙女庙有钱庄 30 余家，钱摊子亦达 20 余处。④

广东潮安，银钱庄始于 20 世纪初，1920 年后，商号兼营银钱庄日多，1925 年后，因废银两为银元，废制钱为铜仙，货币相对单一稳定，兼营的银钱庄逐渐变为主营，1930 年进入全盛期，不过找换店仍占有一定比重。该年有票庄 12 家，息庄 41 家，找换店 23 家。⑤潮阳、龙川情况相似。潮阳一直是钱庄、找换店并存。晚清至 1939 年沦陷前，全县先后开设过 15 家钱庄，同时在 1941 年前，全县有找换店 23 家；揭阳在钱庄产生和发展起来后，县城和集镇仍有找换摊点，不过其地位发生变化，由先前的钱庄"先驱"变成了"附

---

① 《交城县志》，第 465—466 页；《孝义县志》，第 426—427 页。
② 《泸县志》，四川科学技术出版社 1993 年版，第 346 页。
③ 《淇县志》，中州古籍出版社 1994 年版，第 609 页；《孝义县志》，第 426—427 页。
④ 《江都县志》，江苏人民出版社 1996 年版，第 516 页。
⑤ 《潮安市志》，广东人民出版社 1996 年版，第 976 页。

庸"；龙川在清末至民国期间，主要集镇均同时设有钱庄和钱铺。[1]

江西浮梁钱业的特点是，钱庄产生时间早，数量多，种类齐全。景德镇早在明末清初即有钱庄，1912—1927 年，全县钱庄多达 80 余家，除景德镇外，其他集镇和商品集散地都有钱庄。根据资本大小，钱庄分为福、禄、寿三个字号（等级），另有资本较小的"水钱庄"，以及资本更小的钱摊，又分为固定钱摊和流动钱摊两类。后者走村串户兜揽生意，俗称"钱贩子"。[2]

湖南望城县，民国初年，钱庄有设固定门面、流动和商行附设 3 种形式。所谓"流动"，也是走村串户的钱贩子。祁县光绪初年已有钱庄。1919 年有钱庄 11 家，但还有不少钱贩子。1936 年县城有钱贩子 10 余家，有专营，亦有兼营，以一桌一椅摆于街道或市场，进行货币兑换，也有的经营借贷业务。[3]

四川金堂，据统计，1924—1945 年，有钱庄 12 家，资本 45100 元，钱铺、钱摊 46 家，资本 45200 元。二者资本实力不相伯仲。绵阳、江油、三台、安县等地，钱业中规模较大的，早期称银号、账庄，后来称钱庄；规模较小的称钱店、钱摊。1935 年国民党政府实行法币政策前，钱店、钱摊十分普遍，各县城乡都有，少则一二十家，多则四五十家。据 1936 年的调查，三台全县有银钱业 57 家，股本法币 30—200 元。显然绝大部分是钱店、钱摊。[4]

贵州农村地区钱庄数量不多，发展水平不高，大多是钱庄和钱铺、钱摊并存。据不完全统计，赤水截至 1940 年，先后开办的钱庄有 10 家，钱铺、钱摊亦有 10 家，遵义则除了钱庄，同时还有流动钱贩。[5]

---

[1]　《潮阳县志》，第 621 页；《揭阳县志》，第 426—427 页；《龙川县志》，广东人民出版社 1994 年版，第 365 页。

[2]　《浮梁县志》，方志出版社 1998 年版，第 439 页。

[3]　《望城县志》，生活·读书·新知三联书店 1995 年版，第 525 页；《祁县志》，社会科学文献出版社 1993 年版，第 309 页。

[4]　《金堂县志》，四川人民出版社 1994 年版，第 483 页；《绵阳市金融志》，四川辞书出版社 1993 年版，第 40 页。

[5]　《贵州省志·金融志》上卷，第 86—87 页表上 2—2。

陕西陇县，钱庄分为汇划、挑打、零兑庄 3 种，汇划庄是大钱庄，并能发行庄票，还有汇划总会。挑打庄是小钱庄，零兑庄仅能兑换辅币，亦即找换店。[①]

黑龙江呼兰，20 世纪初，钱业除钱庄外，还有"钱桌子"（俗称"钱匣子"）。1926 年县署规定，钱桌须商户作保，每桌每月交费 4 元，当时登记的钱桌有 10 张，次年增至 15 张，1928 年有 12 张。[②]

第三种情况，钱业的发育、形成尚停留在货币兑换和小额借贷阶段，只有钱店、钱摊、钱桌子等，而未有钱庄产生。

这种情况在钱庄业较发达的沿海及东南地区，已经罕见，只有少数或个别县区存在。如江西宜丰，没有专营钱庄，只有附设于商号的钱铺，一般设于纸行、货店。[③] 西南、西北各省，则有不少地区仍停留在货币兑换阶段。

广西临桂、永福、灌阳、龙胜等地，都主要是兑换钱摊。临桂在嘉庆年间，已有 9 家钱铺，清末增至 24 家，但未见钱庄。灌阳在民国时期，县城有银铺兼营的钱柜，办理兑换业务，但业务量不大，亦无钱庄。永福县城虽有几家"钱庄"，但资金微薄，仅在圩期摆摊设点，经营小额兑换业务，称作"钱摊"更确切。龙胜则仅有 1 家钱币兑换店。[④]

四川夹江，民国时期县城有钱市，兑钱点多则上百，少则几十，四城街道还有不少分散的兑钱店铺，各场镇亦有，数量仅次于县城。但这些兑钱店铺始终没有发展扩大为钱庄。[⑤] 丹棱、南部等县情况大致相同。南部县城乡，清末民初均有换钱铺和换钱摊；丹棱钱业经营，资本少者摆摊设点，资本多者开设店铺，但两县均无钱庄。[⑥]

---

① 《陇县志》，陕西人民出版社 1993 年版，第 517—518 页。

② 《呼兰县志》，中华书局 1994 年版，第 445 页。

③ 《宜丰县志》，中国大百科全书出版社上海分社 1989 年版，第 416 页。

④ 《临桂县志》，新华出版社 1995 年版，第 360 页；《灌阳县志》，新华出版社 1996 年版，第 360 页；《永福县志》，新华出版社 1996 年版，第 516 页。

⑤ 《夹江县志》，四川人民出版社 1989 年版，第 372 页。

⑥ 《南部县志》，四川人民出版社 1994 年版，第 566 页；《丹棱县志》，方志出版社 2000 年版，第 665 页。

至于云南、贵州等一些经济落后地区，不仅钱庄少见，兑换摊点也不多。云南蒙自、江城，只有兑换摊（所），而无钱庄；梁河也只有商店兼办的汇兑。① 前述贵州修文，虽然被称之为"吃措钱"的兑换业相当兴盛，但始终未有钱庄，1935 年后，兑换业亦消失。②

二　农村钱庄的兴起、发展和衰落

农村钱庄最初发源于货币兑换，最初钱庄亦多由从事货币兑换的钱桌、钱摊、钱铺、钱挑子、找换店等发展演变而来，不过就整体而言，作为以存放款和汇兑为核心业务的钱庄，多数既非由货币兑换业和兑换店铺演变产生，也不能单纯依靠货币兑换生存和发展。农村钱庄的全面兴起，农村钱庄业的形成，除了落后紊乱的货币制度，还必须以较大程度发展的商品生产、商品交换和商业流通为条件。事实上，相当一部分地区的钱庄是直接产生于当地不断发展的商品交换和商业流通，并不一定经过货币兑换店的发展阶段。

近代中国农村发展极不平衡，不同地区之间差异悬殊，早期农村钱庄的全面兴起，首先发生在那些社会经济和商业流通较为发达的市镇和州县。它们中有的是历史名镇或手工业中心，或以某些名特产品著称；有的是江河或航海码头，是往来物资和流动人口的中转站；有的是清代府治附郭"首县"或州治，是地区政治、经济和商贸中心；有的紧邻省城或口岸城市，是城市粮食和副食品的供应地；有的是侨乡，侨胞和侨汇往来频繁。这些市镇和州府、县城商业发达，对外经济联系比较密切，自然成为早期农村钱庄的发祥地。

江西景德镇是有名的瓷都，古代四大名镇之一，早在明末清初即有钱庄。清代中期，各地商贾云集于此，商贸活跃，工商行号、

---

① 《蒙自县志》，中华书局 1995 年版，第 726—727 页；《梁河县志》，云南人民出版社 1993 年版，第 461 页。

② 《修文县志》，方志出版社 1998 年版，第 821 页。

钱庄、票号、账帮鹊起，1912—1927 年，景德镇所在的浮梁县，钱庄多达 80 余家，除景德镇外，其他集镇和商品集散地，也都有钱庄。①

湖南湘潭、洪江，分别是湘东、湘西名镇。湘潭湘江码头，钱庄始于清朝康熙年间，后逐渐发展，光绪年间进入鼎盛期，仅县城就有钱庄 100 余家。1928 年有 40 余家。会同洪江镇是湘黔边境商品转口贸易市场，钱庄业产生于鸦片战争后，1877 年有钱庄 2 家，1905 年增加到 21 家，1916 年达 23 家。②

河北束鹿辛集镇，位于冀中平原中心，是河北传统皮毛集散市场，钱庄兴起于同治前，1862 年有钱庄 4 家，清末增至 27 家，1937 年"七七"事变前达 40 家。③

山东周村、龙口，均为旧镇，分别是河港和海港。周村位于鲁中，自同治初年后，晋商在周村先后开设票号、钱庄，1904 年票号、钱庄发展至 8 家。此后本地商人也开始投资钱庄业，钱庄增多，1915 年发展到 90 余家，资本万元以上的即有 23 家。各钱庄为协调业务，是年成立"福德公馆"（俗称"钱行会"）。龙口位于胶东莱州湾，该镇及其所在地黄县，清乾隆前即有"钱桌子"，乾隆年间开始出现各式钱庄（钱铺、汇兑庄、兑款庄、放账铺、银号等）。鸦片战争后，商业渐盛，交易日繁，钱庄增多，光绪初年龙口和县内有钱庄 60 余家，1904 年增至 168 家，达到顶峰，大部分在龙口镇。④

某些社会经济和商业流通较发达的州县，也在鸦片战争前后开始出现钱庄。浙江绍兴，是清代绍兴府附郭"首县"⑤，地处宁绍平

① 《浮梁县志》，方志出版社 1998 年版，第 439 页。
② 《湘潭县志》，湖南出版社 1995 年版，第 606 页；《洪江市志》，生活·读书·新知三联书店 1994 年版，第 319—320 页。
③ 《石家庄地区志》，文化艺术出版社 1994 年版，第 484 页。
④ 《周村区志》，中国社会出版社 1992 年版，第 406 页；《龙口市志》，齐鲁书社 1995 年版，第 397—398 页。
⑤ 清代为山阴、会稽两首县，民国元年二月裁府并县，改今名。

原水乡，商业发达，绍兴老酒、茶叶、丝绸、锡箔等广销中外，绍兴商帮更是上海、杭州钱庄业的主角。[1] 他们在沪杭经营钱业的同时，咸丰同治年间开始在家乡大办钱庄。1886 年山阴、会稽两县有钱庄 42 家。辛亥革命前后，受政局影响，绍兴钱庄降至 20 余家。后市面复苏，城市银行势力日益强大，绍兴商帮使出回马枪，绍、杭、沪三地钱庄，相互投资，互为联枝，绍兴钱业迅速恢复和发展，1932 年，绍兴城区钱庄增至 51 家，同时向乡下扩散。安昌、柯桥、华舍、临浦、崧厦等集镇均有钱庄，其中安昌镇多达 8 家。[2] 奉化紧邻鄞县（宁波），1876 年，县城大桥镇首家钱庄开业，1911 年增至 8 家。民国初年钱庄扩至溪口、萧王庙等集镇。1932 年，全县钱庄达 38 家，为最盛期，除大桥镇 16 家外，其余 22 家散布在西坞镇、萧王庙、亭下、溪口等 9 个集镇和村庄。[3]

福建邵武、晋江，鸦片战争前后已有钱庄。邵武系邵武府附郭"首县"，闽赣商贸孔道，1830 年出现首家钱庄，1857 年太平军第二次进入时停业，1935 年复苏，有钱庄 9 家。晋江系泉州府附郭"首县"，又是侨乡，鸦片战争后，商业发展，侨汇大量涌入，社会游资充斥，钱庄由此产生，并迅速发展，20 世纪 20 年代初达于鼎盛，全县有钱庄 50 多家。[4]

广东台山、潮阳、澄海，钱庄产生也较早。台山是著名侨乡，钱庄始于道光年间，专为侨眷买卖侨汇，找换外币，经营存放款，1846 年，侨汇接通，全县钱庄发展到 160 家，为金融业的鼎盛期。潮阳紧邻汕头，汕头开埠次年（1861 年）开办首家钱庄（又称银号）。此后钱庄渐多，部分与汕头联号。晚清至 1939 年前，前后开

---

①　据记载，1917 年，杭州钱业股东和股本，绍兴帮分别占 45% 和 42.9%；1921 年上海有钱庄 69 家，绍兴帮占 38 家；1933 年，上海有钱庄 72 家，绍兴帮占 37 家（据《杭州的钱业》《上海钱庄史料》）。

②　《绍兴市志》卷 19，金融，浙江人民出版社 1996 年版，第 1322 页。

③　《奉化市志》，中华书局 1996 年版，第 445 页。

④　《邵武市志》，群众出版社 1993 年版，第 700 页；《晋江市志》卷 20，上海三联书店 1994 年版，第 739 页。

设过 15 家钱庄。汕头北郊澄海县，汕头开埠后，县人前往汕头经营钱庄的同时，也在本县先后开设钱庄 20 多家。1933 年，县内有注册钱庄 14 家。①

广西邕县，系清代南宁府附郭"首县"，1823 年出现首家钱庄，且资本甚巨。1921 年后，钱庄、银号发展甚快，1933 年有钱庄 35 家，1934 年增至 70 家，圩镇和部分村庄也有挂牌或不挂牌的钱庄。②

湖南长沙、常德，分别是清代长沙府、常德府附郭"首县"，长沙咸丰前即有钱业。初为小钱摊，同治末年，一些湘籍退职官吏热衷钱业，开始出现大资本钱庄。1905 年有钱庄 59 家，1929 年增至 86 家，钱庄业达于鼎盛。常德 1875 年首建钱庄，到 1914 年，全县有钱庄 30 多家。1918 年因战乱和钱庄滥发"市票"，多数倒闭。1928 年渐次恢复，县城有钱庄 19 家，乡间 10 多家。③

四川巴县，是旧重庆府附郭"首县"，钱业起源甚早，钱庄多由钱铺转化而来。1891 年重庆开埠后，巴县钱庄业发展速度加快，进入民国，钱庄取代票号而成为商业活动的枢纽；1926 年，加入重庆钱业公会的钱庄有 30 多家，1929 年发展到 50 多家。④

在北方，河北安国是重要的药材集散地，钱庄产生较早，并主要为药材市场服务。1907 年，全县有钱庄、银号 19 家，民国初年增至 100 多家，其后衰落，1931 年尚有 50 家，其中药材市场占 40 家。与安国比邻的无极，钱庄产生也较早，清代即有钱庄 10 家，民国时增至 40 余家，遍布县城和各集镇，并有 2 家官办钱庄，已基本"形成金融网络"⑤。

---

① 《台山县志》，台山市人民印刷厂印 1993 年版，第 411—412 页；《潮阳县志》，广东人民出版社 1997 年版，第 621 页；《澄海县志》卷 19，金融，广东人民出版社 1992 年版，第 508 页。

② 《邕宁县志》，中国城市出版社 1995 年版，第 581 页。

③ 《长沙县志》，生活·读书·新知三联书店 1995 年版，第 512 页；《常德县志》，中国文史出版社 1992 年版，第 459—460 页。

④ 《巴县志》，重庆出版社 1994 年版，第 378 页。

⑤ 《安国县志》，方志出版社 1996 年版，第 409 页；《无极县志》，人民出版社 1993 年版，第 317—318 页。

山东菏泽，系清代曹州府附郭"首县"，钱庄始于光绪年间，1918 年前后迅速发展，仅县城就有钱庄 128 家。①

安徽阜阳是颍州府附郭"首县"、皖西北经济中心，阜阳及其相连太和、涡阳两县，钱庄产生都较早。阜阳钱庄始于光绪年间，民国初年，商业兴盛，钱庄飞速发展，最多时达 50 余家；太和钱庄始于 1859 年前后，1890 年前后有钱庄 7 家，1919 年前后达 13 家；涡阳清末时，各大集镇都有钱庄。②

河南邓县、许昌，均为清代直隶州。邓县同治年间出现首家钱庄，民国初年，县城钱摊、钱铺达 50 多家，较大集镇均有专营或兼营钱业的商号。许昌 1886 年出现首家银号，1915 年后，许昌成为烤烟生产和集散地，因交通不便，汇兑困难，客商只得用申埠期票，就地向商号贴现，汇水高昂，利息优厚，富商巨贾纷纷开设银号，钱庄业由此形成。③

黑龙江呼兰，清代为府治，1913 年裁府留县。清末有钱庄（也称银号）2 家，1924 年增至 42 家。④

另外，浙江兰溪（1873 年），江西奉新（1860 年后），湖南宁乡（1870 年前）、祁阳（光绪初年），广东四会（1840 年），广西融安（1865 年）、临桂（嘉庆年间），河北献县（同治前），山西孝义（乾隆或以前），山东乐陵（明代）、莱阳（嘉庆年间），河南许昌（1886 年）、罗山（1886 年），四川德阳（同治年间或以前）等县，19 世纪 80 年代中期以前，都已出现首家钱庄。⑤ 山西晋中地区各县（榆次、榆社、左权、和顺、昔阳、寿阳、太谷、祁县、平遥、介休、灵石）以及其他部分州县，早在清初，已普遍设有钱铺。到清

---

①　《菏泽市志》，齐鲁书社 1993 年版，第 279 页。

②　《阜阳市志》，黄山书社 1993 年版，第 237—238 页；《太和县志》，黄山书社 1993 年版，第 200 页；《涡阳县志》，黄山书社 1989 年版，第 200 页。

③　《邓州市志》，中州古籍出版社 1996 年版，第 476 页；《许昌市志》，南开大学出版社 1993 年版，第 431 页。

④　《呼兰县志》，中华书局 1994 年版，第 445 页。

⑤　分别参见相关新编地方志。

代中期，钱铺业务渐广，已相继发展为钱庄。①

上述情况显示，至迟到鸦片战争或稍后，农村钱庄和钱庄业已开始产生，不过从全国范围看，甲午战争前，除山西晋中等地区外，钱庄数量有限，地域分布只是星星点点，农村钱庄业尚处于萌芽或早期阶段。

甲午战争后，农村钱庄的社会经济条件发生重大变化：随着外国侵略势力不断深入，广大农村日益半殖民地化，农村自然经济日益瓦解，农产品商品化和商业性农业、城乡商品经济和商业流通加速发展，农村地主经商热不断升温，农民同市场的联系更加密切，农村需要新的资金融通渠道和手段。这就为农村钱庄的全面兴起准备了条件。不仅已有钱庄的市镇、州县，钱庄数量大增，而且更多地区的农村钱庄应运而生，一些地方的地主富户更掀起开办钱庄热。同时有的城市钱庄因银行挤压而向农村转移，如前述绍、杭、沪三地钱庄，"相互投资，互为连枝"，就是杭州、上海钱庄转往绍兴寻找退路的真实写照。农村钱庄业开始进入全面形成、迅速发展的阶段。

江苏常熟、武进、丹阳、江都、东台、灌云等地，20世纪初，随着商业性农业和商业贸易的发展，钱庄迅速兴起。常熟、江都情况已如前述。武进民国初年有钱庄8家，其中县城6家，乡间2家。第一次世界大战期间，钱庄畸形发展，城乡钱庄多至30余家，乡间仅魏村一地即有4家。丹阳在1920—1931年，丝绸业兴隆，产销两旺，金融业活跃，地方绅商纷纷投资钱庄，先后设立者达10余家。②东台自1915年后，因兴办盐垦公司，成为苏北重要棉麦产区，吸引上海、无锡、南通、泰州等地洋行、公司、纱厂、面粉厂设庄收购棉花、小麦、禽蛋，市场顿行活跃，有游资者争相开设钱庄，到1924年，全县城乡有钱庄30余家。灌云是重要盐垦区和盐场，农

① 《晋中地区志》，陕西人民出版社1993年版，第389页；《山西通志·金融志》上编，第37—38页。
② 《武进县志》，上海人民出版社1988年版，第506页；《丹阳县志》，江苏人民出版社1992年版，第497页。

业、海盐生产和商贸发展迅速，1928—1931 年，板浦商贸地位几与扬州齐名，短短数年间，先后有 16 家钱庄开业。①

浙江义乌、兰溪、定海、普陀、平阳等地，进入 20 世纪后，钱业不断发展。义乌 1917 年后有钱庄 6 家；兰溪 1929 年全县钱庄 15家，全面占领金融市场，典当因钱庄挤压，逐渐萎缩。舟山群岛的定海、普陀，分别自 1905 年、1920 年建立首家钱庄后，迅猛发展，1932 年分别有钱庄 32 家和 19 家。地处闽浙交界山区的平阳，20 世纪初，随着明矾开采和运销的扩大，钱庄迅速兴起，1935 年后的数年间，相继开办钱庄超过 15 家。②

广东顺德、新会、中山、高要、四会等县，因商业性农业和对外贸易扩大，或乡民出洋谋生日多，农村钱庄业随即兴起。顺德在 1904 年时还只有省官钱局设于甘竹海关的官办钱庄，民国初年，蚕丝业兴盛，贸易频繁，民营钱庄应运而生，1927—1931 年，仅容奇镇就有钱庄 30 余家，并在大良成立全县银业公会。新会清末民初有钱庄（银号）7 家，1938 年达 31 家。中山在第一次世界大战期间，因乡民出洋者增加，小榄有生丝出口，推动了钱业发展，1924 年小榄有银钱庄号 30 家，全县达 48 家。高要 1926 年有钱庄 10 家，四会在民国时期也有钱庄 10 家。③

江西铅山、于都，钱庄是制瓷手工业、农村副业和区域贸易发展的产物。铅山位于闽赣交通和商贸通道，钱庄业兴起较早，规模亦较大。县城河口在清代有钱庄 20 家，1921 年福利钱庄一度由商界集资扩充为河口福利银行。赣南于都，宣统年间因仙下圩外出补缸、弹棉花者剧增，远涉港、台，汇兑频繁，先是有富商在赣州开设钱

① 《东台市志》，江苏科学技术出版社 1994 年版，第 541 页；《灌云县志》，方志出版社 1999 年版，第 466 页。

② 《义乌县志》，浙江人民出版社 1987 年版，第 117 页；《兰溪市志》，浙江人民出版社 1988 年版，第 382 页；《定海县志》，浙江人民出版社 1994 年版，第 495 页；《普陀县志》，浙江人民出版社 1991 年版，第 696 页；《苍南县志》，浙江人民出版社 1997 年版，第 527 页。

③ 《顺德县志》，中华书局 1996 年版，第 672 页；《新会县志》，广东人民出版社 1995 年版，第 591 页；《中山市志》，广东人民出版社 1997 年版，第 1008 页；《肇庆市志》，广东人民出版社 1996 年版，第 569 页。

庄,仙下圩设分庄;民国年间,银坑烟丝畅销省内外,同时开办炼银业,商人云集,通汇日盛。1920 年有富户集资 10 万元在银坑开设钱庄,赣州设分店,钱庄业十分兴旺。①

四川广汉、大足,20 世纪初,随着商业性农业的发展,钱庄业迅速扩张。1894 年,两名陕西人到广汉县城开设钱庄,到 1931 年,县城已有钱庄 60 余家;大足光绪年间开始出现钱庄,民国初年至抗日战争前有钱庄 51 家。②

在山东,胶济铁路沿线的桓台、安丘和胶东的莱阳、即墨、平度等地,钱庄业因进出口贸易和出口型加工副业扩大蓬勃发展。桓台 1904 年有钱庄 3 家,民国初年,青岛外国洋行通过买办渗入桓台,洋货输入、土货输出大增,钱庄业随之发展,1921 年增至 18 家,1933 年达 36 家,总计全县先后开设钱庄 114 家,其中县城 51 家,其余 63 家散布在田庄、索镇各集镇。安丘钱庄数量更多,主要从事存放款业务。1921 年,仅县城的放款户就达 100 户,即票者 300 余户。莱阳在 20 世纪初,随着蚕丝业和草帽辫、花边编织业的兴盛,钱庄业大旺,社会上出现一股开办钱庄热,1917—1933 年,县城钱庄增至 20 余家,各集镇达 142 家,各村小钱庄更是多达数百。20 世纪初的即墨,也出现钱庄热,钱庄业迅猛扩大,抗日战争前钱庄最多时达 128 家,其中 26 家在县城,其余散布在集镇、村庄,蓝村即有钱庄 32 家。平度钱业鼎盛时,全县大小钱庄、票号多达千余家,完全控制了平度的金融。鲁北宾州地区(宾县、阳信、惠民、无隶、沾化、博兴、邹平),清末有钱庄 19 家,民国初年,兵乱成患,典当逐渐倒闭,钱庄代之而起。1914 年钱庄增至 91 家,1932 年达 115 家。③

---

① 《铅山县志》,南海出版社 1990 年版,第 327 页;《于都县志》上册,新华出版社 1988 年版,第 413 页。

② 《广汉县志》,四川人民出版社 1992 年版,第 318 页;《大足县志》,方志出版社 1996 年版,第 535 页。

③ 《桓台县志》,齐鲁书社 1992 年版,第 411—412 页;《安丘县志》,山东人民出版社 1992 年版,第 483 页;《莱阳县志》,齐鲁书社 1995 年版,第 353 页;《即墨县志》,新华出版社 1991 年版,第 473 页;《平度县志》,内部发行,1987 年,第 463 页;《宾州地区志》,中华书局 1996 年版,第 507 页。

河南淇县、滑县，清末民初，因交通方便，商业兴隆，钱庄亦迅速兴起，淇县县城有钱庄 24 家，集镇有钱庄 5 家；滑县有钱庄银号数十家，仅道口镇就有 20 家。南阳地区，清末民初钱庄迅速发展和普及。南阳 1897 年出现首家钱庄，民国初年，汉口外国洋行通过买办渗入南阳，外货销量与土产外运激增，款项调拨频繁，钱庄业务随之发展，先后开业的有十四五家，1921 年成立同业组织"钱集"，每天议定单据、金银价格，操纵金融市场。民国初年宛城有钱庄 30 余家，旗达 100 余家。邓县、唐河、新野、淅川等县，钱庄、票号也较多。①

陕西钱庄又称银号、钱局、钱号、钱行等，凤翔清末即有钱局，1938 年前有大小钱局 65 家。澄城清末民初有钱庄、钱铺 14 家。民国初年陕西全省有银号 200 余家。②

在东北，清末民初，随着土地放垦和农业开发，经济加速发展，各地农村钱庄业相继兴起。吉林榆树，1906 年后商号纷纷开设钱庄，1916 年全县达 34 家；西安（今辽源市）1928 年有钱庄 26 家。黑龙江绥化，1911 年有钱庄 30 余家；肇东"九·一八"前钱庄颇多，县城、满沟、宋站等地，计"百家有余"。辽宁铁岭，1927—1929 年，全县有钱业 19 家。③

农村钱庄业从鸦片战争前后开始萌发，经历半个多世纪的发育、成长，到 20 世纪初，已经全面形成。在数量和地区分布上，也由最初的三三两两、星星点点，发展为成百上千、成块成片、形成网络。鸦片战争前后，建有钱庄的市镇、州县还屈指可数，到 20 世纪初，大部分省区 50% 以上的县设有钱庄，已相当普遍

① 《淇县志》，中州古籍出版社 1996 年版，第 609 页；《滑县志》，中州古籍出版社 1996 年版，第 472 页；《南阳市志》卷 20，河南人民出版社 1989 年版，第 602 页；《南阳地区志》中册，河南人民出版社 1994 年版，第 727 页。
② 《凤翔县志》卷 16，陕西人民出版社 1991 年版，第 584 页；《澄城县志》，陕西人民出版社 1991 年版，第 260 页；《陕西省志》卷 36，金融志，第 25 页。
③ 《榆树县志》，吉林文史出版社 1993 年版，第 502 页；《辽源市志》，吉林人民出版社 1995 年版，第 901 页；《绥化县志》，黑龙江人民出版社 1995 年版，第 233 页；《肇东县志》，内部发行，1985 年，第 313 页；《铁岭市志》，新华出版社 1997 年版，第 489 页。

（详见表1）。

表1   农村地区钱庄分布状况分县统计   单位：个，%

序号	省别	调查县数	有钱庄县数		序号	省别	调查县数	有钱庄县数	
			实数	占总数百分比				实数	占总数百分比
1	江苏	49	46	93.9	10	河南	50	41	82.0
2	浙江	38	34	89.5	11	山东	76	70	92.1
3	安徽	45	33	73.3	12	河北	85	68	80.0
4	福建	47	27	57.4	13	山西	53	50	94.3
5	广东	54	30	63.0	14	四川	85	49	57.6
6	广西	41	14	34.1	15	陕西	46	24	52.2
7	江西	57	36	63.2	16	东北	83	34	41.0
8	湖南	47	29	61.7	17	其他*	174	27	15.5
9	湖北	31	18	58.1	18	合计	1061	630	59.4

注：*包括云南、贵州、甘肃、宁夏、青海、新疆、热河、察哈尔、绥远9省区。
资料来源：据相关省、市、县新编地方志综合整理、计算编制。

　　农村钱庄作为商品交换、商业流通相对发展的产物，主要集中在那些商品交换、商业流通比较发达和商人队伍较为强大的地区，因而分布很不平衡。表中江苏、浙江、安徽、河南、山东、河北、山西等省，钱庄较为普遍，有钱庄的县占总数的80%以上，其中江苏、山东、山西更超过90%。福建、广东、江西、湖南、湖北、四川、陕西7省，有钱庄的县占50%—65%。[①] 其他省区，有钱庄的县，均在50%以下。云南、贵州、甘肃、宁夏、青海、新疆等省，有钱庄的只是个别州县，甚至还是一片空白。从全国范围看，调查的1061县中，[②] 630县有钱庄，亦即全国近60%的县有钱庄。这是近代农村钱庄业的分布状况和发展总体水平。

————————

　　① 另外，据说察哈尔、热河钱庄不少，各"县城中钱庄、银庄设立5家以上的就占50%以上"。参见《河北通志》卷43，金融志，中国古籍出版社1997年版，第108页。
　　② 据统计，1930年，全国共有1950县（不含市及旗、设治局等），1061县占总数的54.4%。

农村钱庄产生的时间，明显比城市钱庄晚，除少数外，都在鸦片战争后，其中大部分又在甲午战争后。上述 1061 县中，有首家钱庄开设年期可考的 583 县，情况详见表 2：

表 2　　农村地区钱庄兴起时间（首家钱庄开设年期）分县统计

序号	省别	调查县数	首家钱庄开设年期					
			1840 年前	1840—1894 年	1895—1911 年	1912—1926 年	1927—1936 年	1937—1949 年
1	江苏	45	9	16	8	8	4	0
2	浙江	32	5	5	5	11	5	1
3	安徽	31	1	4	7	9	10	0
4	福建	27	1	1	7	13	3	2
5	广东	29	5	7	7	5	5	0
6	广西	16	3	3	5	2	2	1
7	江西	35	2	7	13	11	2	0
8	湖南	32	1	10	14	4	2	1
9	湖北	24	1	8	12	2	0	1
10	河南	47	10	7	17	13	0	0
11	山东	73	6	18	24	19	6	0
12	河北	39	7	7	12	10	2	1
13	山西	42	12	10	10	6	4	0
14	四川	45	0	5	10	20	2	8
15	陕西	17	0	1	11	4	0	1
16	东北	30	0	5	13	10	2	0
17	其他*	23	1	3	5	7	5	2
	合计（%）	587 (100.0)	64 (10.9)	117 (19.9)	180 (30.7)	154 (26.2)	54 (9.2)	18 (3.1)

注：* 包括云南、贵州、甘肃、宁夏、新疆、热河、察哈尔、绥远 8 省区。
资料来源：据相关省、市、县新编方志综合整理、计算编制。

首家钱庄开设于鸦片战争以前的 64 县，占 10.9%，鸦片战争以后的 523 县，占 89.1%。其中大部分集中在清末民初，1895—1926年开设首家钱庄的达 334 县，占总数的 56.9%。1927 年后，由于社会、经济形势发生变化，经济较发达而尚无钱庄的县也已经不多，农村钱庄的扩散速度急剧减慢，趋于停止，1927—1949年开设首家钱庄的只有72县，占总数的12.3%。

农村钱庄业的发展和兴衰，既取决于全国的经济环境、市场条件，又直接受到当地政治局势、经济状况、社会治安、农业收成等因素的影响和制约，地区间的差异颇大。

少数地区1927年已开始衰退。如山东自1927年张宗昌督鲁，复继以1928年济南惨案，钱庄纷纷倒闭。1926年全省银钱号千余家，延续到1932年的为318家，闭歇者超过2/3。全省各县钱庄，昔无今有和昔少今多者分别为3县和18县，合计21县；而昔有今无和由多而少者，分别达42县和31县，合计73县，后者相当前者的3.5倍。[①] 不过大部分地区在1927年后，农村钱庄曾出现短暂的发展。由于现存资料大多过于笼统、零碎，不连贯，民国以前的资料更不完整，因而很难就近代农村钱庄发展的长期趋势进行全面统计和评估。表3反映的是江苏等24省区405县1911—1937年钱庄数量变化。

表3　　　　　　1911—1937年农村地区钱庄发展状况统计　　　　单位：宗

序号	省别	调查县数	1911—1920年	1921—1926年	1927—1931年	1932—1935年	1936—1937年
1	江苏	24	163	249	174	204	94
2	浙江	15	69	99	176	222	128
3	安徽	17	115	88	66	37	24
4	福建	22	57	149	174	150	123
5	广东	14	60	186	257	168	171
6	广西	7	73	46	29	27	14
7	江西	28	167	171	104	69	86

---

① 实业部国际贸易局编纂、发行：《中国实业志·山东省》第7册，1934年，第25—27页（癸）。

续表

序号	省别	调查县数	1911—1920 年	1921—1926 年	1927—1931 年	1932—1935 年	1936—1937 年
8	湖南	20	133	108	95	57	59
9	湖北	22	182	327	163	154	73
10	河南	24	112	115	113	131	93
11	山东	69	687	854	691	600	262
12	河北	33	229	159	243	187	213
13	山西	30	155	185	219	226	154
14	四川	29	72	106	204	205	196
15	陕西	14	161	92	50	28	80
16	东北	26	161	106	180	77	6
17	其他*	11	63	29	36	34	20
合计（指数）		405	2659 (100.0)	3069 (116.3)	2974 (111.8)	2576 (96.9)	1796 (67.5)

注：①1911－1920 年＝100；②＊包括贵州、甘肃、宁夏、热河、察哈尔、绥远 6 省区。
资料来源：据相关省、市、县新编方志综合整理、编制。

如表 3 所示，钱庄数量的变化趋势呈现明显的单峰骆驼型，1921—1931 年是驼峰。大量资料显示，从全国范围看，20 世纪 20 年代末期以前，农村钱庄业基本上处于兴起和发展、扩散阶段，1921—1931 年达于高峰。[①] 此后由于东北沦陷，国内银行加速发展，废两改元和法币政策推行，钱庄数量明显下降，到 1935—1937 年，已经不到高峰期的 60%，农村钱庄业急剧衰落，东北钱庄更所剩无几。1937 年后，绝大部分钱庄停业、倒闭，农村钱庄业陷入凋零状态。具体到每个省区，受经济、政治、社会等因素的制约，高峰时段不尽相同。如安徽、广西、湖南、陕西的高峰期是 1911—1920 年；浙江、河南是 1932—1935 年；而山西、四川是 1927—1935 年，但总的发展趋势是一致的。

---

① 1927—1931 年钱庄数量虽有下降，但幅度不大，在统计资料不甚完整及精确的情况下，属于正常误差范围。

　　进入 20 世纪 30 年代后，农村钱庄业也同城市钱庄业一样，因受银行业的威胁而开始衰落，但在时间上比城市钱庄稍晚，开始时受威胁的程度亦较轻。如河北，1931 年后，由于银行业的发展，城市钱庄业受到很大威胁，相当一部分钱庄倒闭，1935—1936 年，张家口和保定分别只剩 10 家钱庄，唐山、秦皇岛分别只剩 1 家。而中小城镇受威胁较小，银行甚至需要依靠钱庄发展业务，农村部分地区的钱庄业还在不断发展，如辛集银号从 1931 年的 20 家，增至 1937 年的 40 家。有的还在同银行的竞争中，一度占优势。湖南长沙，民国初年虽然银行业兴起，但钱庄经营灵活，业务比银行好。[①] 浙江绍兴，1932 年时，农村钱庄业方兴未艾，当时银行业正在绍兴兴起，银、钱两业竞争激烈，不过初时银行并不占优势。1934 年绍兴交通银行营业报告称，"银行之兴起，正复未穷；同业之竞争，势却愈烈，而绍兴金融掌握，尚在钱业"，是年银钱两业，仍以钱业致利最丰。[②] 义乌情况类似。1929 年后，上海等地钱庄利用义乌钱庄发放大量贷款，县内商店利用沪、杭商人经商，收入存入本地钱庄，导致钱庄盈利增加。1934 年后，银行还竞争不过经营灵活的钱庄。[③] 同时，当银行排挤、取代城市钱庄时，某些地区的农村钱庄则取代典当，如前述山东滨州地区，农村钱庄即是取代典当而迅猛扩张的。

　　不过农村钱庄毕竟不是银行的竞争对手。20 世纪 30 年代，新式银行业如日中天，正加速向农村扩张。在大部分地区，越来越多的钱庄被银行挤垮，加上废两改元、推行法币，银钱兑换业务消失，接着是日本全面侵华战争的爆发，全国政治经济形势急剧恶化，农村钱庄相继倒闭，一些地区的农村钱庄业迅速凋零，甚至完全消失。

　　前述浙江绍兴、江苏灌云、湖南洪江和江西铅山是典型例子。

---

① 《长沙县志》，生活・读书・新知三联书店 1995 年版，第 512 页。
② 《绍兴市志》金融，浙江人民出版社 1996 年版，第 1322—1323 页。
③ 《义乌县志》，浙江人民出版社 1987 年版，第 317—318 页。

绍兴钱庄因"历史久远"，1934年还掌握着金融市场，但自1933年
废两改元，钱庄经营正在萎缩，而银行以其地位和优势，开办储蓄，
大量吸收存款，钱庄资金来源日趋缩小，开始全面衰退，及至日本
侵占绍兴，仅存的25家钱庄，全部闭歇。灌云1928—1931年，钱
庄业一度蓬勃发展，业务"与银行办事处互补"。但由于外部多变因
素和自身弱点，到20世纪30年代中期，虽原盐运销不衰，洋行、
堆栈、商号林立，但因中央、中国等5银行声誉鹊起，钱庄业日趋
萎缩。湖南会同洪江，因钱庄根底雄厚，也一度压倒银行。1912年，
湖南银行在洪江设立分行，办理汇兑，但信誉远不及钱庄，且于
1918年关闭，清末至1933年数十年间，洪江金融市场一直为钱庄所
独揽。但1933年湖南省银行洪江汇兑处成立后，因信誉可靠，汇费
较低，逐步取代钱庄汇兑业务，钱庄业从此衰落，1937年全部歇业。
铅山钱庄在民国初年银行兴起后，一度与银行同存并立，并试图改
组为银行，但后来还是逐渐为银行所取代。①

　　其他地区情况相似。江苏常熟，1929年有钱庄17家，后因银
行业兴起，钱庄逐渐衰落，1933年后仅剩1家。东台1924年时城
乡钱庄达30余家，1931年后，中国、交通、江苏农民、上海商储
等银行相继在县内开设分支机构，钱庄无力竞争，多数相继关
闭。② 湘西溆浦县城，1914年有钱庄4家，除经营存放款、兑换、
汇兑等业务外，还代政府收缴田赋，1932年后被银行取代。③ 广西
桂林，清末民初钱庄、银号最多时达40多家，自1932年广西银行
桂林汇兑所开业后，钱庄、银号被排挤，大多歇业。④ 四川宜宾，
1920—1932年先后有14家钱庄成立，不久银行兴起，钱庄大多歇

　　① 《绍兴市志》卷19，第1323页；《灌云县志》，第466页；《洪江市志》，第319—
320页；《铅山县志》，第90页。
　　② 《常熟市志》，第526页；《东台市志》，第541页；《江阴市志》卷24，金融，上
海人民出版社1992年版，第681页。
　　③ 《溆浦县志》，社会科学文献出版社1993年版，第467页。
　　④ 《广西通志·金融志》，广西人民出版社1994年版，第57—59页。

业;① 铜梁在 20 世纪 30 年代初，各乡镇都有钱庄，其中大庙乡有 5 家。到 1938 年，随着银行、合作金库、信用合作社的建立，钱庄相继停业。②

湖南望城，民国初年有独资钱庄 14 家、合资钱庄 10 家。1918 年湖南银行倒闭，官票变成废纸，独资钱庄随后倒闭；合资钱庄因资本较多，存放款、汇兑、贴现印花票币等业务遍及城乡，得以维持。但 1933 年废两改元，1935 年实行法币政策，合资钱庄亦衰落。③

少数钱庄虽挺过银行挤压、货币改制，到日本全面侵华战争爆发，还是难逃倒闭一劫。

江苏无锡，20 世纪 20 年代钱庄业进入"鼎盛时期"，全县较大钱庄 25 家，较小的"遍布城乡"，后虽日趋衰落，但 1932 年尚余 18 家。1937 年后无锡沦陷，钱庄全部停业。仪征钱庄业发源于圩镇，民国初年，十二圩有钱庄 8 家。从 1915 年起，县城先后开设钱庄 3 家。后军阀混战，淮盐转运渐少，钱庄衰落，1933 年废两改元，部分歇业，仅剩 3 家，沦陷后全部倒闭；江阴原有钱庄 8 家，1933 年因农村灾荒、商业萧条，4 家倒闭，剩余的 4 家也在 1937 年日本全面侵华战争爆发后停业。④ 浙江普陀，1935 年因经济不景气，19 家钱庄大部歇业，剩余的 4 家也于日本全面侵华战争爆发后倒闭；义乌未被银行挤垮的钱庄更是被日军炸毁。⑤ 广东新会，1938 年有钱庄（银铺）31 家，次年沦陷，纷纷闭歇，仅剩 7 家。⑥ 其他如江西湖口、临川、赣县、于都、南康、信丰、大庾，福建邵武、龙溪、海澄，广东潮安、澄海，湖北襄阳，河南南阳、南

---

① 《宜宾县志》，巴蜀书社 1991 年版，第 323—324 页。
② 《铜梁县志》，重庆大学出版社 1991 年版，第 521 页。
③ 《望城县志》卷 19，金融·保险，生活·读书·新知三联书店 1995 年版，第 525 页。
④ 《无锡县志》卷 14，第 558 页；《仪征市志·财政金融》，江苏科学技术出版社 1994 年版，第 368—369 页。
⑤ 《普陀县志》，第 696 页；《义乌县志》，第 318 页。
⑥ 《新会县志》，第 591 页。

召、武安，山西垣曲等地，日本全面侵华战争爆发或当地沦陷后，钱庄全部倒闭。

（原载《中国经济史研究》2008 年第 2 期）

近代农村钱庄的资本经营及其特点

——近代农村钱庄业探索之二

近代农村钱庄有官（军）办、官（军）商合办、商办等多种形式，以商办为主。同城市钱庄相比，农村钱庄资本相对薄弱，经营规模、范围较为狭小，经营管理亦不如城市钱庄规范、专业。农村钱庄多由地主、豪绅、商号开办或兼营，大部分兼营或主营农产品收购、加工、贩运和其他商贸业务；无论金融还是商贸活动，投机、欺诈盛行；相当一部分地区和钱庄带有浓厚的封建高利贷色彩。这是近代农村钱庄不同于城市钱庄的主要特点。近代农村钱庄有其明显的局限性，但它在近代农村金融业从民间传统合会、典当高利贷向新式银行、信用合作社的发展过程中，留下了自己的脚印，在调济、融通农村资金，促进乡村农业、手工业发展和商业流通，以及城乡交流方面，发挥了一定的作用。

一 资本结构和资本规模

近代农村钱庄（包括银号），绝大部分是由私人开办的，但也有若干数量的官（军）办、官（军）商合办钱庄或银号。如广西宣化县，清末设有官办银号，经理官款；察哈尔阳原，1912—1937 年县设平市官钱局，处理货币兑换业务；河北无极，民国时期除商办钱庄外，有两家官办钱庄，负责收缴、存管田赋和其他税款。[①] 1927

---

① 《邕宁县志》，中国城市出版社 1995 年版，第 581 页；《阳原县志》，中国大百科全书出版社 1997 年版，第 341 页；《无极县志》，人民出版社 1993 年版，第 318 页。

年8月，西北军方振武部驻防湖北襄阳，以襄阳金融枯竭、周转不灵为由，设立"襄枣南宜四县钱号"（后改称"鄂北地方钱号"）。①四川新都，1934年设立的公泰字号（钱庄），系由驻军和绅商合办，以驻军为主（次年驻军调走，字号歇业）；安岳在1935年前，驻县部队也曾开办鑫记钱庄。②广西龙州，1904年4月由广西边防督办郑孝胥（督办署驻龙州）筹设新龙银号，官商合办，官商各出银2.5万两，经营存放汇业务。③山东临清，官办、商办、官商合办三种形式的钱庄同时存在。④在时间上，有的地区先有官办钱庄，后来才出现商办钱庄。如广东顺德，1904年时只有省官钱局设于甘竹海关的官办钱庄，民国初年，蚕丝业和对外贸易的兴盛，私人钱庄才开始产生和发展。⑤也有的地区，商办钱庄在先，官办钱庄在后，山西即属于这种情况。该省农村钱庄业产生较早，清道光后，一些本钱较多的私人钱桌、钱铺、钱肆等，已相继发展为钱庄。辛亥革命后，票号衰落，钱庄进入极盛期，1914年全省钱庄达561家。⑥这些全是私人企业，并无官办钱庄。后来阎锡山为了巩固地盘，发展山西公营事业，开始筹设各类官办钱庄（银号），1933年9月颁发《山西省村政十年建设计划案》，要求各县设立县银号，作为县政建设必设的公营事业。于是一些县开始设立官办银号。如岚县，因无公款，乃由富户集资4000银元办起了县银号。⑦湖南湘阴，县城1905年已有"商钱局"，1914年又建"公钱局"；浏阳宣统年间已有2家私人钱庄，1912年也成立县"公钱局"，办理商业汇兑和公私存款。⑧

————————

　　①《襄阳县志》，湖北人民出版社1989年版，第386页。

　　②《新都县志》，四川人民出版社1994年版，第676页；《安岳县志》，四川人民出版社1993年版，第458页。

　　③《龙州县志》，广西人民出版社1993年版，第610页。

　　④《临清市志》，齐鲁书社1997年版，第450页。

　　⑤《顺德县志》，中华书局1996年版，第672页。

　　⑥《山西通志·金融志》，中华书局1991年版，第37—38页。

　　⑦《岚县志》，中国科学技术出版社1991年版，第318页。

　　⑧《湘阴县志》，生活·读书·新知三联书店1995年版，第539页；《浏阳县志》，中国城市出版社1994年版，第392页。

从全国范围看，近代农村钱庄有官（军）办、官（军）商合办、商办三种基本形式，以商办为主。

以商办为主体的近代农村钱庄，投资者身份和资本来源，情况多种多样。不仅不同地区之间互有差异，中后期与早期比较，亦有明显变化。在农村钱庄萌芽时期，即单纯的银钱兑换阶段，从事钱业的主要是钱贩和兼营银钱兑换的各类商户；在农村钱庄产生和兴起初期，投资者除部分由原来从事银钱兑换的钱贩和兼业商户发展、转化而来外，更多是其他和外地商人，其中不少是山西、陕西、安徽、江苏、浙江钱商。在农村钱庄产生和发展初期，商贩和商人是钱业主要乃至唯一的投资者。

甲午战争后，特别是到 20 世纪初，随着农村钱庄业的普遍兴起和迅速发展，投资者成分和资本来源发生了明显变化：一是队伍扩大，人数大增。这不仅因为钱庄数量增加，而且越来越多的钱庄由初期的独资经营变为集股合资经营。合资或股份有限公司成为农村钱庄的基本形式，而且往往股东人数众多。① 结果钱庄投资者的人数就以比钱庄发展更快的速度增加。二是地主、富农、乡绅、军阀（包括驻军）、官僚乃至土匪、洋教堂等②，纷纷投资和开办钱庄。地主、商人、地主兼商人或商人兼地主、地方军政官僚成为近代农村钱庄的主宰。与此相联系，钱庄投资队伍逐渐本地化，在大部分地区，外帮商人的比重相对减低，本帮成为农村钱庄业的主角。三是农村钱庄的资本来源、投资经营者的社会成分和背景更加多样化，在某些地区，小商小贩、小手工业者和其他个体劳动者也纷纷加入钱庄投资者的队伍。如山东莱阳，20 世纪初，随着蚕丝业和草帽辫、

---

① 如四川大足，龙水浦利、县城利济两钱庄，股东都在百人以上。《大足县志》，方志出版社 1996 年版，第 535 页。其他一些地区情况大同小异。

② 四川绵竹，1935 年一个"洗了手"的土匪头子开办了一家钱庄，除存放款外，还替人代收代付田地、房产价款，钱庄内又开设赌场，抽头吃利。一些豪绅巨商赌输后，即以田地、房产抵押借款，继续拼赌。河北枣强，有洋教堂在部分集镇开办的钱庄。《绵阳县志》，四川科学技术出版社 1992 年版；《枣强县志》，文化艺术出版社 1994 年版，第 421 页。

花边编织业的兴盛，钱庄业大旺，社会上出现一股开办钱庄热，1917—1933 年，县城钱庄增至 20 余家，各集镇达 142 家，其中既有专营钱庄，也有花边庄、绸缎庄、油坊、药铺、杂货铺等兼营式钱庄；至于各个村庄，由杂货铺、客栈、油坊、粉坊、小商贩等兼营的大小票号、钱庄，更是多达数百家。在即墨，全县钱庄也多达 128 家，连茶炉、修鞋铺都兼办钱庄。① 相对早期而言，钱庄投资和资本来源更加广泛。

当然，具体到每个地区，情况不尽相同。某些地区，农村钱庄投资几乎全部来自商人、买办。如江西于都，钱庄均为"富商巨贾所办"②。福建福清，钱庄"多系素有信誉的工商户兼营"③。河南南召，钱庄绝大部分为买办资本所设。1901 年，上海金融买办资本"九成号"在李青店设"九成隆记"丝绸庄，接着在板山坪设"九成庆记"分庄，兼办银钱兑换、存放款、汇兑及金银买卖业务。至1920 年，上海买办资本在该县先后设立九成隆、福胜公、得胜久、响太龙、德茂和、德茂长、天得厚、九成庆等多家钱庄④，买办资本完全控制了当地的钱业市场。至于内黄，数量不多的钱庄，均来自上海、新乡等地私人金融资本。⑤

有的地区，钱庄几乎全由地主开办。山东临沭，钱庄系大地主所办，但数量不详；无隶清末至民国时期，先后有钱庄 11 家、小押店 2 家，投资者全部是地主富农。⑥ 河北无极，绝大部分钱庄也都是地主开办的。民国时期，大地主李久明、李可庄和李氏家族即有钱庄 24 家，超过当时全县 40 多家钱庄的一半。巨鹿、饶阳开钱庄、银号的，也大多是官僚地主、大地主。民国时期，巨鹿有 3 家钱庄，

---

① 《莱阳县志》，齐鲁书社 1995 年版，第 353 页；《即墨县志》，新华出版社 1991 年版，第 473 页。
② 《于都县志》上册，内部发行，1988 年，第 413 页。
③ 《福清市志》卷 20，金融，厦门大学出版社 1994 年版，第 517—518 页。
④ 《南召县志》卷 22，金融，中州古籍出版社 1995 年版，第 821 页。
⑤ 《内黄县志》，中州古籍出版社 1993 年版，第 445 页。
⑥ 《临沭县志》，齐鲁书社 1993 年版，第 431 页；《无隶县志》，齐鲁书社 1994 年版，第 332—333 页。

开办者分别是县城药行和两户乡间地主；饶阳清末民初时，较大的 5 家钱庄、银号，开办者全是本县或外县地主。① 有的虽然不是由当地的地主富豪直接投资开办，但也必须投靠和巴结他们，如河北南宫银号，大都拉拢几个殷商富户或地主豪绅做后盾，吸收社会游资和支撑门面。②

也有的地区，全部或绝大部分钱庄被控制在地方官绅和军阀手中。湖南望城，民国初期，靖港、铜官、乔口、丁字湾、霞凝港、新康、沱市等乡镇，先后出现独资钱庄 14 家、合资钱庄 10 家，全部为官绅所建。③ 河南睢县，钱庄称为钱店，均为"劣绅"所开。光绪年间，该县"知名劣绅"殷国友首开钱店。1918 年，河南督军赵倜，改漕粮征银折包法，由征银两改征银元，原征银一两改征大洋二元，另加火耗二角。因农户手中多为铜钱，纳漕皆须换成大洋。"劣绅"刘孝秉、马振川见有利可图，又先后开办钱局 2 处。④ 四川金堂，1924—1945 年，先后有钱庄 12 家，其"主人多为地方官绅"；青川唯一的一家钱庄，是清末时宦官李某独资开设。⑤ 安徽阜阳，民国初年，钱庄最多时大小 50 多家，大的钱庄多由督军倪嗣冲及其女婿所开。⑥ 四川不少钱庄、银号，都有军阀或驻军股份，或由他们直接开设。1920 年，南充驻军何光烈为筹措军饷，开办聚和长钱庄。⑦ 刘文辉在 1923—1933 年控制自流井期间，除设立裕通银行外，办有新怡丰银号，其兄刘文彩办有人和银号。⑧ 1934 年设立的新都公泰字号，由驻军和绅商合办，以驻军为主；安岳在 1935

① 《无极县志》，人民出版社 1993 年版，第 317 页；《巨鹿县志》，文化艺术出版社 1994 年版，第 239 页；《饶阳县志》，方志出版社 1998 年版，第 391 页。

② 《南宫市志》，河北人民出版社 1995 年版，第 406 页。

③ 《望城县志》卷 19，金融·保险，生活·读书·新知三联书店 1995 年版，第 525 页。

④ 《睢县志》，中州古籍出版社 1989 年版，第 324 页。

⑤ 《金堂县志》，四川人民出版社 1994 年版，第 483 页；《青川县志》，成都科技大学出版社 1992 年版，第 686 页。

⑥ 《阜阳市志》，黄山书社 1993 年版，第 237—238 页。

⑦ 1926 年爆发顺泸起义，何光烈逃走，钱庄倒闭。《南充县志》，四川人民出版社 1993 年版，第 422 页。

⑧ 《自贡市志》，方志出版社 1997 年版，第 715 页。

年前，驻县部队也曾开办鑫记钱庄。①

　　不过从全国范围看，由某个社会阶级或阶层独揽一个地区钱庄投资的情况并不普遍。在大部分地区（包括上述部分地区），通常都有两个以上的社会阶级或阶层加入钱庄投资，由地主、富商、军政官僚共同主宰钱庄投资市场。山西昔阳的大部分钱铺，是由官僚和地主两部分人投资。② 四川大足，钱庄多为三类人开设：一是地主、商家，二是封建把头，三是军政人物，团总、乡镇长等。"合股经营的大钱庄，则各种人物均有"③。山西代县，钱庄资本主要是本地士绅、商人、地主及在外地做官的"官僚资本"构成。④ 其他地区的情况也都大同小异。

　　近代农村钱庄的资本规模，单个钱庄之间，差异悬殊。大的几十万元，或超过百万元，小的一二千元，或仅一二百元。光绪初年，光绪桂林府附郭"首县"临桂（1913 年裁府留县，改名桂林），最大钱庄罗义昌，有银 200 万两（合 278 万银元）；山东峄县，由典当发展而来的善庆公钱庄，据说资本最多时达 140 万银元；高苑、青城最小的钱庄仅有资本 100 元，同前二者相差 14000—27800 倍。⑤ 不同地区的钱庄资本规模，差别也很大。资本规模大的，如江苏无锡，1932 年有钱庄 18 家，资本 122 万元，平均每家资本 6.78 万元；河北安国，1931 年有钱庄、银号 50 家，资本多者30 万—40 万元，少者亦有 4 万—5 万元，资本总额达 300 万—400万元，平均每家 6 万—8 万元，同无锡相若。⑥ 资本规模小的，全部不足千元，四川三台，1936 年全县 57 家银钱业，每家股本在 30—

————————

　　① 《新都县志》，四川人民出版社 1994 年版，第 676 页；《安岳县志》，四川人民出版社 1993 年版，第 458 页。

　　② 《昔阳县志》，中华书局 1999 年版，第 448 页。

　　③ 《大足县志》，方志出版社 1996 年版，第 535 页。

　　④ 《代县志》，书目文献出版社 1988 年版，第 235 页。

　　⑤ 《广西通志·金融志》，广西人民出版社 1994 年版，第 57 页；《枣庄市志》卷 45，中华书局 1993 年版，第 1305 页；《高青县志》，中国社会出版社 1991 年版，第 291 页。

　　⑥ 《无锡县志》卷 14，金融，第 558 页，《安国县志》，方志出版社 1996 年版，第409 页。

200 元。① 广西永福，清末至民国时期，县城和圩镇都有钱庄，但资本不多，无法承担汇兑业务，仅在圩期摆摊设点，经营小的兑换业务。② 资本规模应同三台差不多。表 1 反映的是南北 20 省 165 县钱庄资本规模状况③：

表 1　　　江苏松江 20 省 165 县 1414 家钱庄资本规模统计

地区	资料年份	钱庄数	资本总额（元）	钱庄资本规模		
				最高	最低	平均
江苏松江	1936	4	166000	50000	36000	41500
吴县	1934	23	1100000	60000	20000	47826
常熟	1937 前	16	187000	25000	3000	11687
常州	1923	26	1334000	120000	5000	51308
无锡	1932	18	1220000			67778
海门	1933	14	571000	60000	20000	26500
高邮	1916	29	565000			19483
浙江奉化	1932	38	98000			2579
平湖	1932	20	199000			9950
嘉兴	1933	8	200000	40000	10000	25000
嘉善	1932	12	89000	10000	6000	7417
海宁	1933	8	140000	20000	10000	17500
吴兴	1933	12	632000	72000	40000	52667
余姚	1933	19	256600	30000	5000	13505
金华	1933	6	187600	48000	9600	27933
兰溪	1933	12	470000	48000	12000	39167
永嘉	1933	23	399800	33600	2200	17383
衢县	1933	18	38600	36000	10000	21444
平阳	1933	4	100000	30000	20000	25000
玉环	1934	4	51500	20000	9500	12875

---

① 《绵阳市金融志》，四川辞书出版社 1993 年版，第 40 页。
② 《永福县志》，新华出版社 1996 年版，第 516 页。
③ 为保持行文原貌，文中涉及的图表样式、数据队有考证外，均不作修改。下同。

续表

地区	资料年份	钱庄数	资本总额（元）	钱庄资本规模		
				最高	最低	平均
定海	1936	16	310000	70000	5000	19375
普陀	1932	19	76000			4000
安徽休宁	1933	3	80000	40000	10000	26667
怀宁	1933	5	175714	50000	25714	35143
和县	1916—1925	3	160000	100000	10000	53333
滁县	1915—1935	2	25000	15000	10000	12500
福建晋江	30 年代初	12	465000	45000	20000	38750
惠安	1938	7	32500	10000	2000	4643
广东郁南	1931—1937	7	1010000	450000	80000	144286
罗定	1927	1	200000			200000
广西临桂	1931	2	10200	10000	200	5100
容县	1931	1	2000			2000
百色	1931—1932	3	10500	5000	1000	3500
贺县	1932	1	100000			100000
江西浮梁	1933	15	460000	45000	10000	30667
上饶	1912—1930	6	273000	100000	24000	45500
吉安	1904—1925	4	538000	300000	30000	134500
于都	1909—1920	2	145000	100000	45000	72500
湖北宜昌	1933	2	90000	50000	40000	45000
襄阳	1935	8	186500	150000	2000	23313
湖南祁阳	1913—1914	3	15000	5000	5000	5000
澧县	1918—1932	6	249000	140000	6000	41500
溆浦	1914	4	120000			30000
常德	1936	4	35500			8875
四川宜宾	1933	3	70000	30000	20000	23333
乐山	1933	3	270000	200000	20000	90000
贵州赤水	1913—1917	1	2778			2778
小计 11 省 47 县	457	13	116792	450000	200	28702
河北清苑	1933	14	53800	50000	8000	38429
山东益都	1933	3	23000	10000	4000	7667

续表

地区	资料年份	钱庄数	资本总额（元）	钱庄资本规模		
				最高	最低	平均
济阳	清末—1936	22	47500	4000	1000	2159
无隶	清末民初	11	18000	2500	1000	1636
商河	1932	3	15200	6200	3000	5067
高苑、青城	1933	27	57875	6000	100	2144
博山等60县*	1937前	635	5567750	100000	400	8768
山西太谷	1935	18	648224	154000	12000	36012
代县	1935	11	53890	8100	900	4899
临县	1932—1937	8	57613	13460	1000	7202
运城	1934—1935	6	381000	300000	5000	63500
榆次等38县**	1935	142	1388118			9775
热河赤峰	1912—1932	7	104500	30000	3500	14929
察哈尔万全	1933	11	419500	100000	12500	38136
绥远包头	1933	5	297800	70000	50000	59560
临河	1930	1	6500			6500
辽宁铁岭	1927—1930	3	4600	3000	400	1533
梨树	1920	17	340000			20000
吉林四平	1923	9	112000	50000	2000	12444
榆树	1908	1	58880			58880
黑龙江海拉尔	1920—1931	3	30000	10000	10000	10000
			22237542			
小计9省118县		957	9685750	300000	100	10121
合计20省165县		1414	22802542	450000	100	16126

注：＊原资料为67县（市）、1098庄，内济南、烟台、青岛389庄属城市钱庄，全部剔除；高苑、青城、济阳、商河4县以更为完整的资料替代；另有少数钱庄，因资本以铜钱"吊"为单位，不便统一比较，亦予剔除，故为60县、635庄。

＊＊原资料为41县、182庄，内省城阳曲（太原）19庄属城市钱庄，予以剔除；太谷10庄、代县11庄以更详尽的资料替代，故为38县、142庄。

资料来源：据《中国实业志·江苏省》、《中国实业志·湖南省》、《山东省志·金融志》、《山西通志·金融志》、《全国金融年鉴》（1934年），以及相关其他省、县（市）新编地方志综合整理、计算编制。

如表1，无论单个钱庄还是地区之间，资本规模差异悬殊。从单个钱庄看，资本最多的有 45 万元，最少的有 100 元，相差 4500 倍；从地区看，东西部之间、南北两地之间，资本规模均差异明显。表列各省中，江苏、浙江、山东、山西 4 省，资料比较完整，集中反映了南北两地钱庄的资本状况。南部江浙两省 22 县、349 庄，资本总额 839.11 万元，平均每庄资本 24043 元；北部鲁晋两省 108 县、886 庄，资本总额 805.82 万元，平均每庄资本 9095 元。两地比较，江浙钱庄资本规模明显大于鲁晋，是后者的 2.6 倍。全国范围的南北比较，情况相若。表中南部 11 省 47 县 457 庄，资本总额 1311.68 万元，平均每庄 28702 元；北部 9 省 118 县 957 庄，资本总额 968.58 万元，平均每庄 10121 元，前者是后者的 2.8 倍。南北钱庄资本规模的这种差异，是由两地经济发展水平上的差异决定的。南北综合，20 省 165 县 1414 家钱庄，资本总额 2280.25 万余元，平均每庄 16126 元，相当于城市钱庄资本规模的四分之一至六分之一。① 至于全国农村钱庄资本的总规模，因无全面统计，难以准确判断，估计略低于城市钱庄。这就是 20 世纪初中国农村钱庄资本规模的整体水平。

二　农村钱庄结构、经营及其特点

按照资本来源、大小，钱庄组织形式，农村钱庄分为多个类别。有的地区，根据资本大小，将钱庄分为银号、钱庄两类：山东聊城，钱庄中规模较大、资金较雄厚者，一般称"银号"②；山西孝义，钱业分为钱庄（也称钱铺、钱店）、银号两个部分或等级③；河北清苑一带，钱业也有钱庄（或钱粮庄）、银号之分。银号的资金规模和业

---

① 据《全国银行年鉴》统计，1933 年上海等 10 城市 585 庄，资本总额 3747.4 万元，平均每家 6.4 万元；1934 年上海等 13 城市 484 庄，资本总额 4353.9 万元，平均每家 9.0 万元；1935 年上海等 9 城市 307 庄，资本总额 2976 万元，平均每家 9.7 万元。

② 《聊城地区志》，齐鲁书社 1993 年版，第 433 页。

③ 《孝义县志》卷 20，金融，海潮出版社 1992 年版，第 426—427 页。

务范围都比钱庄大。[①]

从组织形式看，农村钱庄有独号、总号、分号、联号四种基本形式。各地的钱庄、银号绝大部分为独号，即只在一地设号经营，别无分支或连锁机构；一些资本规模和业务范围较大的钱庄，除本部或总号（总店）外，在其他地区设有分号，以扩大和协调业务；联号则是同外地钱庄或银号联合经营。如河北南宫衡远公银号与天津生生银号，同生祥银号、同增义银号与天津同裕银号联合经营，业务上相互协作，但经济上单独核算，自负盈亏。[②] 农村钱庄一般资本规模不大，但组织严密，用人严格，分工细密，职责分明。组织形式和职衔名称，各地不尽相同：浙江绍兴，一般较大的集股钱庄均设有股东会，作为决策机构，经理、协理、襄理听命于股东或股东会，负责经营管理，下设业务、会计、出纳、文书等部门，各司其职。人工薪按职务分级，盈利分红兼顾股东、经理和职工三方。同业公会则以公议管理同行。[③] 广西玉林，钱庄有独资开设，合股经营；有自任经理，有聘人经理，一般除经理外，设会计、出纳、营业、总务等部，每部设主任 1 人，办事员若干人，视营业情况和资本额大小而定。[④] 河北安国，钱庄（银号）多由陕西人经营，集股钱庄通常由股东大会选举常务董事 1—3 人处理号内主要事务，下设司账、跑外、伙计、学徒等，经营号内一切业务。无极钱庄大部分由本地人开设，多聘山西人为顾问，专司业务指导，下设掌柜、二掌柜、账房各 1 人，伙计若干人。大钱庄十二三人，小钱庄五六人。[⑤]

财务会计、结账分红、增股退股，均有严密制度和严格规定。

---

① 清苑银号的业务包括：活期、定期存款；放款、贴现；票据承兑；国内汇兑；代理收款、付款；仓库和保管业务，等等，主要服务对象是工商业和小手工业者。《保定市志》第 3 册，方志出版社 1999 年版，第 505—507 页。

② 《南宫市志》，河北人民出版社 1995 年版，第 406 页。

③ 《绍兴市志》第二册，卷 19，浙江人民出版社 1996 年版，第 1322 页。

④ 《玉林县志》，广西人民出版社 1993 年版，第 696 页。

⑤ 《安国县志》，方志出版社 1996 年版，第 409 页；《无极县志》，人民出版社 1993 年版，第 317—318 页。

钱庄记账分"四柱"：旧管、新收、开出、实在。旧管指上年结余，新收指当年收入，开出指当年伙食、杂费等支出，实在指年底结算后剩余。为了调动职员的积极性，一般员工可以入股。如河北无极，钱庄的掌柜、二掌柜均持有股份。股分钱股、人股两种，一个钱股500—1000 银元，人股按责任大小和劳务轻重而定，掌柜算一整股，二掌柜算九成股，账房和伙计领取工资，每年 50—70 银元，年底领取，日常可少量预支。一些地区的钱庄、银号，一般 3 年为一账期，30 年为一大的周期。如安国钱庄（银号），3 年账期届满，股东照章分红；两个账期后方准增、退股份；集股银号均以 30 年为期，期满后，由股东大会议决存、废，另行组织。无极钱庄，入股分红 3 年一结算，但每年可适当预支。[①]

　　钱庄较多、钱庄业较发达的县区，还设有同业公会，以公议规则管理同行。

　　农村钱庄的经营范围大致包括发行庄票、存放款、汇兑和钱币兑换四个方面。不过由于资力和市场条件的限制，并非所有的钱庄都能均衡从事这四方面的业务，而是互有侧重。庄票发行和汇兑一般只限于那些资本规模较大的钱庄，一些中小钱庄，大多只从事存放款和钱币兑换业务。还有相当数量的小钱庄，则仅从事零星货币兑换。

　　按照资本规模和业务范围的差别，一些地区的农村钱庄相应划分为若干等级或类别：

　　江西浮梁，钱庄根据资本大小，分为福、禄、寿三个字号，亦即三个等级。大的业务范围甚广，与上海、汉口、九江均有联系，可互相递汇；资本小的叫"水钱庄"，主要经营补水、贴现和存放款业务，没有发放期票的资格；资本更小的叫"钱摊"或"钱贩子"，只从事钱币兑换和贴现业务。[②] 新淦（今新干）钱庄分为汇划庄、钱号、零

---

　　① 《安国县志》，方志出版社 1996 年版，第 409 页；《无极县志》，方志出版社 1993 年版，第 317—318 页。

　　② 《浮梁县志》，方志出版社 1998 年版，第 439 页。

兑庄三种,相应从事票据汇划、存放款和钱币兑换等业务。[1] 福建三明地区,钱庄分为两类,资本三四万元以上,发行兑换流通券,办理全部存、放、汇业务,称"出票店",为数甚少;资本微弱,万元以下者,主营或兼营银钱兑换业,称"钱样店",为数较多。[2] 广东潮州,钱庄按其职能或经营范围,分为票庄(发行庄票)、息庄(存放款)、收找店(钱币兑换)3 个类型。1930 年全盛时期,有大小钱庄 76 家,内票庄 12 家,息庄 41 家,收找店 23 家。[3] 吉林钱庄分为借贷庄(存放款)和汇兑庄(经营汇兑)两类。后者主要是大钱庄。[4]

发行庄票,是部分资本规模较大的农村钱庄的重要业务。庄票分本票、期票两种,面额有大有小。前者随时可以兑取现金,后者届期兑现,亦可互相授受。庄票不仅可以代替现金支付,有的还用于采购、完粮纳税,甚至流通市面。如湖南江永私营裕永钱局,1925 年印发 500 文、1000 文两种纸币,用于完粮纳税,贩购黄豆、茶油、桐油、棉纱、棉布等。[5] 福建连城钱庄及兼营钱业的商户,利用销往外地的木材、土纸等货款,兼办申票、潮州票、福州票、邑票等业务,各票可直接到相应地区购货或兑取现款,而申票更可到江西等地购货后转往上海结算。[6] 安徽阜阳钱庄发行的钱票、银票,除作钱庄现金支付外,还用于采购、贩运和囤积商品。[7]

在一些地区,农村钱庄的庄票发行相当普遍。广东普宁,从1926 年由农会领导设立的钱庄开始,一直发行"镭票"(当地俚称,即铜钱票)、银票;大革命失败后,1930—1937 年先后建立的 4 家钱

---

[1] 《新干县志》,中国世界语出版社 1990 年版,第 721 页。

[2] 《三明市志》(中)卷 31,金融,方志出版社 2002 年版,第 1534—1535 页。

[3] 《潮州市志》,广东人民出版社 1995 年版,第 976—977 页。

[4] 《吉林省志》卷 31,金融志,吉林人民出版社 1991 年版,第 22 页。

[5] 1927 年,该局因失信而倒闭。《江永县志》,方志出版社 1995 年版,第 341 页。

[6] 《连城县志》,群众出版社 1993 年版,第 483 页。

[7] 《阜阳市志》,黄山书社 1993 年版,第 238 页。

庄，也多发行纸币。亦有其他商号从事纸币、镭票发行，1930 年仅洪阳一地，发行镭票者即达 90 多家。① 江西德安、安徽阜阳，不仅大小钱庄发行庄票，甚至城内大小商号，农村殷实户，都出市票。② 陕西洋县，1934 年前，各钱行（亦称钱铺）除从事银钱兑换，也发行地方代用币券（油布票），代收地丁银。③

庄票发行数量、流通范围因钱庄资本规模、社会信誉、市场条件以及钱庄自身和互动行为而异。湖南洪江 1905 年有钱庄 21 家，资本 4.1 万银元，发行纸币 1.28 万元；1916 年有钱庄 23 家，资本银元 2.78 万元、铜元 3.7 万串，发行铜元券 2.33 万串，发行数额基本正常。④ 不过亦有部分农村钱庄的庄票发行额大大超过资本额，如四川新都积厚成（1930 年设）、公泰（1934 年设）两钱庄，资本分别为 3000 元和 1 万元，发行"执照"（记名票券）达 3.75 万元和 8 万元。⑤ 安徽阜阳钱庄，因有官绅撑腰，庄票发行额也不与资金挂钩。⑥ 庄票流通范围亦有大有小。广东普宁农会领导设立的钱庄所发"镭票"、银票，流通范围远至丰顺、潮州；江西德安郭利用钱庄，因资本雄厚，庄票可在南昌、九江流通。其他农村钱庄，庄票大都只在本县或所在县城、集镇周围流通，范围较小。

通过存款集聚社会游资，扩充资力，放款赚取利息差额，或利用自有资本，放款取息，是农村钱庄最主要的业务和获利手段。有的立足于吸收存款，外来资金超过自有资本 10—20 倍。如 1935 年湖南湘潭 23 家钱庄，资本 13.7 万余元，吸收存款 131.3 万余元，放款总额 142.1 万余元，分别是自有资本的 9.6 倍和 10.4 倍；1934 年山西平遥 4 家钱庄，资本 6.15 万元，存款 126.54 万元，

①《普宁县志》，广东人民出版社 1995 年版，第 334 页。

②《德安县志》卷 18，财政金融志，上海古籍出版社 1991 年版，第 579 页；《阜阳市志》，黄山出版社 1992 年版，第 238 页。

③ 1934 年，洋县田赋稽征处成立，取消钱行代收，加之各业萧条，金融吃紧，钱行随之倒闭。《洋县志》，三秦出版社 1996 年版，第 375 页。

④《洪江市志》，生活·读书·新知三联书店 1994 年版，第 319—320 页。

⑤《新都县志》，四川人民出版社 1994 年版，第 676 页。

⑥《阜阳市志》，黄山书社 1993 年版，第 238 页。

放款 117.92 万元，分别是自有资本的 20.6 倍和 19.2 倍。^① 有的放贷主要限于自有资本，甚至只放不存。如河北无极、山西黎城，一般钱庄只营放贷，吸收存款不多，黎城钱庄则只放不存。无极钱庄资本不敷借贷时，则到邻县安国的大钱庄拆借。^② 农村钱庄存款来源主要是商户、居民、作坊主、农村富户、公团和官款，种类有活期（浮存）、定期、同业存款等，有的有利息，也有的全无利息。放款对象主要是商户、小贩、手工业者、农民等。种类有浮放、长放、同业拆借、往来透支等。放款利息远高于存款。各地钱庄的存放款和业务对象，各有侧重，或因帮派及所在地区而异，如浙江嘉善钱庄有本帮、绍帮、西塘庄 3 派，本帮客户主要是米业、绸布、百货业和南北杂货、油麻麸饼业；绍帮客户以农村大佃农为主；西塘庄因位于窑业发达地区，窑户是其主要业务对象。^③ 也有以手工业者和商贩等为主要放款对象的（如河北南宫银号）。^④

因本息回收，大利攸关，农村钱庄放款条件和手续严格，如无极钱庄，借贷要有保人说合，并对借贷人财产进行查核、衡量，才决定放款数量和利息标准。贷款方式有二：信用贷款和抵押贷款，以前者为主。利息也有高有低。贷款方式和利息高低，均因对象而异：通常商号、富户、同业贷款采用信用贷款，利息亦较低；穷人、小手工业者、农民小户采用抵押贷款，利息亦较高。如无极钱庄贷款，"富家利息低，不作抵押，穷人数额小，期限短，利息高，要有人作保，并以土地财产作抵押"；山西孝义百逢源钱庄，信用放款对象是工商铺户，抵押放款对象是农民。1935 年放款总额 36124 元，其中信用放款 32061 元，占 88.8%，抵押放款 4063 元，占 11.2%，

---

① 《绍兴市志》第二册，卷 19，浙江人民出版社 1996 年版，第 1322—1323 页；《湘潭县志》，湖南出版社 1995 年版，第 606 页；《平遥县志》，中华书局 1999 年版，第 407 页。

② 《安国县志》，方志出版社 1996 年版，第 409 页；《无极县志》，人民出版社 1993 年版，第 317—318 页；《黎城县志》，中华书局 1994 年版，第 279 页。

③ 《嘉善县志》，上海三联书店 1995 年版，第 573 页。

④ 《南宫市志》，河北人民出版社 1995 年版，第 406 页。

后者借款人全是农民①；昔阳钱铺，对商号大户以信用放款为主；农民则须田产抵押。债款届期未还，钱铺即据约将抵押的田地、房宅或其他财产攫为己有。② 忻县村镇钱庄放款，除信用放款外，还采用抵押放款，抵押品一般是土地、房屋等不动产。③ 福建福清钱庄放款，一般为信贷，"或以田、厝等不动产契据作抵押"；湖南沅陵钱庄，多用抵押放款；安徽阜阳钱庄，贷款亦须以田地、房屋、商品等财产抵押。④ 各种抵押放款对象自然也是农民。

　　汇兑是部分资本规模较大和位于区域间贸易及经济往来较频繁地区钱庄的重要业务。汇兑方式有票汇、信汇、电汇3种。湘西会同洪江镇，是湘黔边境商品转口贸易市场，民国年间，因兵乱频仍，周围地区不靖，除巨额现金由富商请兵护送外，一般往来货款主要由钱庄或大商号汇兑，汇兑是钱庄的主要业务，每年汇付总额在千万元以上，营业十分兴旺。作为湖南商业码头的湘潭，汇兑也是钱庄的重要业务。1935年23家钱庄汇出、汇入款额达1270万元。⑤ 一些交通、商贸发达地区，从事汇兑的农村钱庄也不少。山东潍坊地区，1932年65家钱庄中，从事汇兑业务的36家，占总数的55.4%（内潍县49家钱庄中，33家有汇兑业务，占67.3%），年汇款额218.5元，通汇地有济南、青岛、周村、烟台、上海、天津等。⑥ 江西崇仁钱庄中，有专办汇兑业务的"过账店"。⑦ 也有的将汇兑和存放款巧妙地结合在一起。如浙江平阳矾山（今属苍山），

---

　　① 《无极县志》，人民出版社1993年版，第317页；《孝义县志》，海潮出版社1992年版，第426页。

　　② 逢元蚨钱铺老板李万士、乾元亨老板宋立business，即是通过专营钱铺抵押放贷，在全县各地侵吞大量良田，成为昔阳占地最多的两户大地主。《昔阳县志》，中华书局1999年版，第448页。

　　③ 《忻县志》，中国科学技术出版社1993年版，第323页。

　　④ 《福清县志》卷20，厦门大学出版社1994年版，第518页；《沅陵县志》，中国社会出版社1993年版，第513页；《阜阳市志》，第238页。

　　⑤ 《洪江市志》，生活·读书·新知三联书店1994年版，第319—320页；《湘潭县志》，湖南出版社1995年版，第606页。

　　⑥ 《潍坊市志》上卷，中央文献出版社1995年版，第868页。

　　⑦ 《崇仁县志》，江西人民出版社1990年版，第317页。

兼营钱庄业务的矾栈，收存矾山、马站、赤溪等地商店销货款作为自己收购明矾的资金，然后将运销温州、上海的货款兑给存款商店作进货之用，既融通资金，又解决了双方长途携带大量现金的困难。①

近代全国农村钱庄的业务量和经营状况，缺乏全面统计，表2反映的只是江苏泰兴、湖南湘潭等若干地区农村钱庄某些年份的资本经营状况：

表2　　　　　　　　　　若干地区农村钱庄经营情况示例　　　　　　单位：元

地区	资料年份	钱庄家数	资本额	存放款		汇兑		发行
				存款	放款	汇出	汇入	
江苏泰兴	1912	7	1120000	515000				
湖南湘潭	1935	23	137100	1313300	1421100	12700000		
会同洪江	1905	21	460000			10000000 元以上		12800
山东潍坊地区	1932	65	576000	2700000	3460000	2185000		
黄县	1933	36	686000	1755500	1325700	2620000		
济阳	1936 前	22	4500		43300			
山西平遥	1934	4	61500	1265400	1179200	2177500	2166800	49000
运城	1935	6	381000	547000	623000	1381000	1270000	
文水	1935	6	58050	582126	577920	107970	124232	
榆次等 40 县*	1935	163	1607332	9263600	9827688	15199968	14954546	211213
辽宁梨树	1920	19	340000					
吉林四平**	1923	9	112000					
榆树	1908	1	58880					

注：*原资料为41县、182庄，已将省城阳曲 19 庄及相关资料剔除，故为40县、163庄。
　　**货币单位为小洋元。
资料来源：据《中国实业志·湖南省》《中国实业志·山西省》及相关新编地方志综合整理、计算编制。

农村钱庄与城市钱庄不同，多由地主豪绅、商户开办或兼营，大部分并非专营钱庄金融业务，而是同时兼营甚至主营农产品收购、

① 《苍南县志》，浙江人民出版社 1997 年版，第 527 页。

加工、贩运和其他商贸业务。这是农村钱庄资本经营方面的显著特点。

安徽滁县地区钱庄，资本大多来自南京、镇江、扬州和蚌埠等地外商，或挂钩于外地钱庄，或为外地钱庄的"子庄"，又多以钱业而兼营商业，或原为商业而分营钱业。[①] 福建长汀，未有专业钱庄，银钱存放、商业汇兑均由大商家兼营，其中以纸商、粮商、油商、盐商、京果商居多。[②] 江西湖口钱庄，多为大商人集资入股，都是半商、半钱铺，并以兼营米店居多；崇仁不少钱庄也兼营金银首饰、南百货、纸张、竹木、粮食等商业；奉新钱庄早期由盐商兼营，称为"盐钱号"，各商号亦兼营汇兑划拨业务。[③] 湖南溆浦，鼎盛昌商号凭借雄厚资本，商业兼营钱业，经营存放款、兑换银钱、短期拆借、办理汇兑、发行市票，还代政府收缴田赋。[④] 四川简阳，有的钱庄兼营粮食、糖类和其他商业；金堂除钱庄外，又有经营钱庄业务的商业"字号"，从事汇兑和存放款，经营农副产品囤积，购置田产，收取地租。[⑤] 在北方，河南武安钱庄，均主营或兼营商业；汝阳钱庄业多为商号兼营；罗山在光绪至民国初年开设的 9 家钱庄中，8家分别由盐店、粮行、布庄、杂货店兼营。[⑥] 山东济阳，清末至1936 年设立的 22 家钱庄中，专营的 9 家，兼营的有 13 家[⑦]；河北文安、宝坻，1937 年前，分布县城和各大集镇数十家钱庄（钱铺），全部兼营粮食交易，故又称"钱粮行"。[⑧] 枣强县城一些钱庄同时兼

①　《滁县地区志》，方志出版社 1998 年版，第 643 页。

②　《长汀县志》卷 20，金融，生活·读书·新知三联书店 1993 年版，第 479—480 页。

③　《湖口县志》，江西人民出版社 1993 年版，第 373 页；《崇仁县志》，江西人民出版社 1990 年版，第 317 页；《奉新县志》，南海出版社 1991 年版，第 293 页。

④　《溆浦县志》，社会科学文献出版社 1993 年版，第 467 页。

⑤　《简阳县志》，巴蜀书社 1996 年版，第 336 页；《金堂县志》，四川人民出版社 1994 年版，第 484 页。

⑥　《武安县志》，中国广播电视出版社 1990 年版，第 404 页；《汝阳县志》，生活·读书·新知三联书店 1995 年版，第 361 页；《罗山县志》，河南人民出版社 1987 年版，第 419 页。

⑦　《济阳县志》，济南出版社 1994 年版，第 317 页。

⑧　《文安县志》，中国社会出版社 1994 年版，第 360—361 页；《宝坻县志》，天津社会科学院出版社 1995 年版，第 473—474 页。

营商业，如买卖土布、旧棉絮、食盐、粮食、皮毛等；南河万裕泰商号，"一边经营钱业，一边经营商业"；无极钱庄除放贷外，也经营粮棉等农副产品和紧缺物资。[①] 在邯郸，1892—1934 年先后设立的 10 家钱庄、银号，只有 2 家专营，其余 8 家全部兼营粮食、棉花、烟草、杂货等（详见表3）。

表3　　　　　　　　　河北邯郸钱庄、银号概况

庄号名称	设立、停歇年份		经营内容
	设立年份	停歇年份	
德昌元钱庄	1892	1921	存放款、兼营
德隆泰钱庄	1894	1927	存放款、酱菜、杂货、棉花
玉顺长钱庄	1901	1922	存放款、粮食
贞元亨钱庄	1902	1937	存放款、粮食、杂货
三元亨银号	1927	1930	存放款、汇兑
裕丰银号	1929	1932	存放款、汇兑、兼营棉布
元生恒银号	1931	1937 年同蔚丰银行合并	存放款、汇兑、烟草
同顺荣银号	1933	1937 年同蔚丰银行合并	存放款、汇兑、山货、棉花
祥源银号	1934	1937 年迁走	存放款、杂货、代民生工厂收购棉花
震声银号	1934	后与元生恒合并	存放款

资料来源：据《邯郸市志》，新华出版社 1992 年版，第 506 页综合整理、编制。

农村钱庄资本经营第二个特点是，相当部分钱庄无论金融业务还是商贸活动，都带有不同程度的投机和欺诈性。

庄票发行往往一哄而起，不顾钱庄资本和兑现能力，甚至以此欺诈牟利。江西德安，因郭利用钱庄（1912 年开办）所发庄票可在南昌、九江流通，利润可观。其他人见有利可图，争相效仿，城镇小商号，农村殷实户，都出市票，无力兑现就倒闭，以此骗取钱财，民众不堪其苦。[②] 安徽阜阳，先是钱庄滥发钱票、银票，用来采购、

---

① 《枣强县志》，文化艺术出版社 1994 年版，第 420 页；《南河县志》，方志出版社 1996 年版，第 291 页；《无极县志》，人民出版社 1993 年版，第 318 页。

② 《德安县志》卷 18，上海古籍出版社 1991 年版，第 579 页。

贩运商品、囤积居奇，图票略有破损，即不予收回，老百姓指斥，"开典当重利盘剥，开钱庄片纸生息"；继而商户亦纷纷仿效，各种票券充斥市场，民谣讽喻："不怕内中空（没有资本），只要行得通（能巴结拉拢，发行图票），今日穷光蛋，明日变富翁"；最后更有人发票诈骗，商人熊某为往上海购买生猪，发行中票，后携款潜逃。①湖南常德、湖北樊城、山东邹县、吉林榆树等地钱庄，都因滥发庄票，无法兑现而倒闭，或被查封，庄主自杀。②

　　一些钱庄在存放款和银钱兑换中，也都存在投机和欺诈取巧行为：1926 年，江西宜黄 4 家钱庄获悉南昌的银行、钱庄存款利息较高，遂将大部分客户存款转存南昌银行和钱庄。不久，南昌的银行遭军阀邓如琢洗劫，债务无法清偿，4 家钱庄均受害倒闭。③安徽太和钱庄的银钱兑换，欺诈剥削更明显：客户以银元换零钱，1 元本值 5000 文，只给 4600 文；以零换整，须加现钱 5%；以银两换钱，要折扣成色，叫作"扒色"，且无一定标准，全凭眼估，但同一银两卖出时，却按十足成色。如此一进一出，即得利 15% 左右。④

　　兼营商贸贩运，更是投机取巧，囤积牟利。河北无极钱庄收购、贩运农产品，如遇粮食减产、棉花增产，即收购棉花，加工皮棉，运抵天津，存放货栈，待价而沽。若行情对路，在津购回高粱、黑豆等粗粮，待来年春荒粮价上涨时抛售。如用赊销，则按当时粮价作价，定期还本付息，获取商业和高利贷双重利益。若当地粮价下跌，则继续收购，而后发往缺粮地区出售。如此迂回、反复，从中牟取厚利。⑤江苏宿迁钱庄，早先兼营"外庄"

　　①《阜阳市志》，黄山书社 1993 年版，第 238 页。
　　②《常德县志》卷 20，金融，中国文史出版社 1992 年版，第 459—460 页；《襄阳县志》，湖北人民出版社 1989 年版，第 385 页；《邹城市志》卷 15，中国经济出版社 1995 年版，第 341 页；《榆树县志》，吉林文史出版社 1993 年版，第 502 页。
　　③《宜黄县志》，新华出版社 1993 年版，第 401 页。
　　④《太和县志》，黄山书社 1993 年版，第 200 页。
　　⑤《无极县志》，人民出版社 1993 年版，第 318 页。

（即在外埠购买货物运销取利）。因"外庄"利厚，1921年各庄皆抛弃本业，专趋外庄，并加强了投机垄断。县内钱庄习惯将京杭大运河上水来货称北货，下水来货称南货。北货商以运销粮食为大宗，其中走"洋票"者（即以洋行名义将货填票公报海关税，不报内地税），主要运销芝麻、花生、金针菜、瓜子等土特产；不走"洋票"者多运销大豆、小麦、绿豆、高粱等。南货商以贩运洋纱为大宗，间亦贩运糖类、纸张等。各钱庄多数经营北货，同时收购农产品，基本手法是，麦收后勒抑麦价，提高银洋价；1927年后更进而囤积粮食，春荒时高价出售，操纵和垄断粮食市场。^① 河北文安"钱粮行"经营粮食的基本方法是，麦收后低价买进小麦，高价卖出粗粮；秋后低价买进粗粮，高价卖出小麦；秋借粗粮，夏还小麦；或借粮作价，按价计息，并须有铺保，或以田地、房产抵押。^②

　　农村钱庄经营的第三个特点是，存放款乃至庄票发行、汇兑，均带有程度不同的传统高利贷性质。^③ 更有不少钱庄直接发放高利贷，如广西邕宁，在各圩镇和部分村庄，都有挂牌或不挂牌的钱庄，主要业务就是搞高利贷，放青苗和猪花贷款等。^④ 河北藁城德庆堂、积庆堂、荣庆堂3家钱铺，更是"地主专为放高利贷而设"。^⑤ 近代典当和农村高利贷的通行利率为年息2—3分（20%—30%），农村钱庄贷款多按月计息，据不完全统计，一半以上地区的钱庄月息达到或超过3分（3%，相当年息36%）。^⑥ 表4是广东等10省25县农村钱庄放款利率示例：

《宿迁市志》，江苏人民出版社1996年版，第560页。

② 《文安县志》，中国社会出版社1994年版，第360—361页。

③ 如四川铜梁各钱庄，存放款、开发庄票、兑换等业务，均具有高利贷性质。《铜梁县志》，重庆大学出版社1991年版，第521页。

④ 《邕宁县志》，中国城市出版社1995年版，第581页。

⑤ 《藁城县志》，中国大百科全书出版社1994年版，第212页。

⑥ 根据各地新编地方志检索，有农村钱庄放款利率资料可查的48县中，25县钱庄的月息达到或超过3分，占总数的52.1%。

表4　　　　　　　广东等10省25县农村钱庄存放款利率示例

地区	资料年代	放款月息（%）			存款月息（%）			备注
		最低	一般	最高	最低	一般	最高	
广东潮安		13.0		15.0				
龙川	清末民初		12.0—15.0					由日息折算
广西百色	民初	4.7		6.4	2.6		3.4	由周息折算
江西萍乡			5.0—13.0	20以上				
湖北郧西			3.0	5.0		1.5		
湖南沅陵		2.0		5.0				
四川广汉	1931	2.5		3.0	1.8		2.0	
达县	民国	1.5	2.0	3.0				
忠县	民初		7.0			5.0		
大足			2.0—5.0	10.0—50.0				
绵竹			3.0—5.0					
山东沾化			3.0	5.0		1.2	1.5	
菏泽*		2.0—5.0	5.0—10.0	10.0—15.0				
即墨			1.7—2.5	25.0		10		由年息折算
蒙阴			2.0—3.0					
乐陵			2.5	4.2				由年息折算
临清			2.5—3.0					
枣强		1.5	3.0—5.0					
文安			3.0	6.0				
宁河			3.0			2.0		
河南邓县			8.0—10.0			4.0—6.0		
汤阴			3.0	30.0				
山西兴县		0.6	1.5	16.5		0.02		由日息折算
黎城		1.5	3.0	5.0				
陕西澄城				100.0				包缴钱粮利率

注：＊按放款期限长短，利率高低不同，长期10个月为2—5分；短期1个月为5—10分；1—3天为期者，10—15分。
资料来源：据相关地区县（市）新编地方志综合整理、编制。

表4中各县钱庄的放款月息，一般都在3分以上，广东潮安、

龙川，江西萍乡，四川大足，山东菏泽、即墨，河南邓县、汤阴，山西兴县等地，月息更超过 10 分，甚至高达 100 分，即年利率达120%—1200%。利率已经高得出奇，但某些地区钱庄的剥削手段比这还要残酷。如广东龙川各圩镇，由私商兼营的钱庄、钱铺，放款利息有"日息""街息"之分，俗称"闪眼利"。如今日 12 时借出100 元，到明日 12 时即须归还本息 104 元或 105 元。到期不还，则利上加利，履催不还，即请警察武装催收。① 河北文安的"钱粮行"，如借款人急需用钱，即采行高利"印子钱"；山西黎城钱庄，不仅利率高，而且按月本利相加，分月计算利率，比传统高利贷"驴打滚"还要残酷，农民称为"黑驴打滚"②；汤阴宜沟镇两钱庄，贷给农民短期紧急用款，即照民间高利贷，按天计息，利率 1 分，称为"天期"，不少贫苦农民因此而倾家荡产。③

从地区看，带有浓厚封建高利贷剥削性质的农村钱庄主要分布在北部和中西部地区，江浙闽等东南沿海省区，尚不多见，这可能同这些地区城乡经济、商业贸易和新式银行业相对发展有关。

近代农村钱庄的盈利状况和经济效益，因地区和单个钱庄而异。资料显示，不少钱庄颇有盈利。如河北内邱钱庄，主要供给城内商号临时贷款，"从中获得高额利润"；湖北南漳商号帮工周某，1892年用 50 两银子在武安镇开设钱铺，从事兑换业务。1902 年钱铺停业返乡，置有房屋 30 多间、田地 26.66 余公顷，顿成当地富豪，足见钱铺获利丰盈。④ 一些兼营商业的钱庄或商号，盈利尤为丰厚。如"一边经营钱业，一边经营商业"的河北南河万裕泰商号，以钱业存款经商，"利润可观"；河南武安各钱庄，均主营或兼营商业，

---

① 《龙川县志》，广东人民出版社 1994 年版，第 365 页。
② 《文安县志》，中国社会科学出版社 1994 年版，第 360—361 页；《黎城县志》，中华书局 1994 年版，第 279 页。
③ 如宜沟镇佃户高明，为买 3 头牲口，借钱 100 元，月息 3 分，因每年所获仅够完租，无力偿还，拖了 6 年，本息累计高达 300 余元，最后卖掉 3 头牲口和全套车辆、全部家什才还清借款。《汤阴县志》，河南人民出版社 1987 年版，第 269 页。
④ 《内邱县志》，中华书局 1996 年版，第 714 页；《南漳县志》卷 18，金融，中国城市经济社会出版社 1990 年版，第 343 页。

利用储户存款经营棉花、布匹、粮食、百货，每家钱庄资本 4 万—5 万元，年获利六七万元，一般钱股 3000 银元，年终除本金外，可分红 3000 银元左右。"经营兴旺，均无亏损"①。少数官办或官商合办的钱庄、银号，也获得较好效益，广西龙州官商合办新龙银号，1904 年开办后，当年经营 9 个月，除花红酬劳外，尚有余利 6400 余两。②

某些钱庄因创办者眼光独到，经营有方，发展迅速，在钱业界和工商界都颇有影响。

河南新乡同和裕银号，1912 年由王宴卿、赵安侯、姜含清等 5 人集资组建时，仅有股本 9300 串铜钱（折合 1.2 万银元）。最初收购碎银，铸成元宝卖给出外进货商人，后改营存放款和汇兑业务。王宴卿早年当过银号学徒，又曾在天津、汉口等地押运货物、采购商品，积累了相关经验，银号开办顺利，投资踊跃，股东多为军政官僚、地方豪绅，亦有大小商人，业务急剧发展，资本扩大，1930 年达 63 万元，公积金 50 万元。机构北伸平津，南延沪宁，东至新浦（今属连云港），西到西安，河北、山东、河南、江苏、湖北、安徽、山西、陕西等省主要商埠、城镇都有"同和裕"。各地分号、办事处达 41 处，店员 850 余人，年存款达千万元以上。存户主要是军队、军阀和政府，种类有零存整取、存本付息、整存整付、活期往来等，形式灵活多样。放款全部采用抵押放款，并派人驻厂进行管理和监督，以防止呆账、坏账。银号还将业务范围从金融领域扩展到工业、商业和公共事业，先后在安阳、新乡、郑州、汉口、潼关、洛阳、开封、新浦、汲县、道口、临清、徐州、天津等地开办肥皂、机器、印刷、榨油、蛋品、织布、丝光各厂和水电公司等工业企业，以及药铺、粮行、煤栈、盐号、百货店、文具店等商业企业 55 处。另外还有电话交换处、通信处和医院 3 处。同和裕银号十分重视市

---

① 《南河县志》，方志出版社 1996 年版，第 291 页；《武安县志》，中国广播电视出版社 1990 年版，第 404 页。

② 《龙州县志》，广西人民出版社 1993 年版，第 610 页。

场信息，编印《商业简报》和明字密码小册子，以便总号和各地分号及时交流情报。又于1928年开办职业学校，自己培养专业人才。1931年同和裕银号接办大中银行，王宴卿自任总经理，并取得印刷500万元纸币的凭证。

同和裕的迅速发展和扩张，招致中、中、交、农四行的嫉恨。四行使出毒招，联合各地军阀，将钱款存入同和裕，然后同时提取，引发1933年大规模提款风潮。同和裕虽向银团高息借款，但因银团付款拖延，提款风暴不息，银号资产被一一拍卖，1935年，同和裕在各地的分号、企业先后倒闭，王宴卿亦被关押，1937年10月宣告破产。① 同和裕银号虽以破产倒闭告终，但仍不愧是近代农村钱庄的佼佼者。设于1910年的山西闻喜金源合钱庄，因经营得法，注重信誉，发展很快，至1929年已吸收资金20万元，机构及经营规模迅速扩大，相继在省内以及西康等地开设多家分号及商号。到20世纪30年代，年存款额达30余万元，并在太原、天津、汉口、郑州、上海开设分号，开展汇兑业务，还为县政府办理粮款存管和汇解省府业务，1934年又代理县银号兑换券发行与县金库的金融业务。到1935年，其他钱庄均被其挤垮，垄断了全县金融市场。② 江苏海安，刘策天1840年在该县海安镇投资创办同盛钱庄，营业颇盛，后由其子孙相继独家经营，直至1938年沦陷才闭歇，被誉为"百年老庄"。③

不过从总体上看，农村钱庄资本规模狭小，创办者专业知识和钱庄专业人才相对欠缺，加上农村市场条件和社会治安等方面的限制，农村钱庄在经营管理方面建树不多，经营管理的整体水平无法同城市钱庄相比，大部分钱庄的经济效益和发展状况并不理想。一些地区的普遍情况是，钱庄设停频仍，寿命短暂。表5是若干地区农村钱庄的寿命情况：

---

① 《红旗区志》，生活·读书·新知三联书店1991年版，第197—198页；《滑县志》，中州古籍出版社1997年版，第472页。

② 《闻喜县志》，中国地图出版社1993年版，第230页。

③ 《海安县志》，上海社会科学院出版社1997年版，第506页。

表5　　　　　**江苏丹阳等5省9县农村钱庄寿命示例**　　　单位：个，年

地区	年期	钱庄数	钱庄寿命		
			最长	最短	平均
江苏丹阳	1876—1934	23	23	2	11.4
铜山	1900—1946	33	20	1	7.8
灌云	1918—1938	16	15	1	5.2
海州	1927—1938	18	9	2	4.3
浙江桐乡	1894—1945	12	55	2	11.4
玉环	1926—1948	5	10	1	10.0
福建永泰	1923—1943	7	15	2	7.3
江西丰城	1925—1949	4	21	4	12.2
河北邯郸	1892—1937	5	35	3	24.2
合计	1876—1938	123	55	1	8.8

资料来源：据相关新编地方志综合整理、计算、编制。

如表5，5省9县123家钱庄，寿命最长55年，最短1年；按县平均，邯郸最长，为24.2年，海州最短，为4.3年，123家钱庄平均寿命为8.8年。可以说农村钱庄大多是短命的，像同盛钱庄这种"百年老庄"，绝无仅有。寿命短暂既反映出近代农村钱庄竞争残酷、生存艰难，又说明农村钱庄自身生命力的脆弱。

近代农村钱庄，虽然从总体上说，资本规模不大，经营理念、手段及效益有其局限性，但它作为近代时期发生发展起来的农村金融业，仍有其不可忽略的历史地位。近代农村金融业在从民间传统合会、典当高利贷向新式银行、信用合作社发展、演变过程中，钱庄业留下了自己的脚印。

大量资料显示，在一些地区，农村钱庄不仅成为主要乃至唯一的金融机构，完全操纵地方金融，支配地方财政，[①] 而且直接代理县

---

① 例如，在河北昌黎、抚宁、遵化、玉田、丰润、清苑等地，地方金融由兼营钱业的粮行和规模较大的钱庄（银号）所控制；在福建北部建瓯一带，20世纪20—30年代，某些有特殊背景、同官府关系密切的钱庄，曾代理驻军和地方政府的部分财政职能，代驻军和政府收缴、存储建瓯、建阳、崇安、浦城、松溪、政和6县田赋、盐税、厘金各款，代付军饷及县公署开支，具有支配当地财政、金融的权力和实力。《建瓯县志》，中华书局1994年版，第459页。

金库、县政府甚至地方驻军部分职能。农村钱庄（包括官办钱庄）在调济、融通农村资金，促进乡村农业、手工业、矿业发展和商业流通方面，发挥了作用。如湖北宜都，虽然钱庄资金普遍不足千元，存放款利息略高于银行，但一般商号乐于与之往来，营业颇为活跃。由于长阳、五峰、鹤峰等县的山货土产集散于宜都，外埠商人来此采购桐油、木油、皮梓油类和生漆、木材、斗方纸等土特产品，所带之"申""汉""沙""宜"期票，悉由钱庄收储，放给本地商号到申、汉、宜进货，资金通融的作用十分明显。① 四川大足，虽然部分农村钱庄剥削残酷，龙水镇钱庄老板甚至因高利贷和逼债而遭人毒打②，但一些集镇的竹木器、小五金、土纸、土碗、煤窑生产所需资金，都靠钱庄调济解决，大足钱庄在支持生产、促进商业流通方面还是发挥了不小的作用。③

（原载《中国经济史研究》2009 年第 9 期）

---

① 《宜都县志》，湖北人民出版社 1990 年版，第 364 页。

② 1932 年，有人将龙水镇钱庄高利盘剥的严重情况写信上告，省府下文禁止高利放贷，有的钱庄有所收敛，也有的歇业。《大足县志》，方志出版社 1996 年版，第 535 页。

③ 《大足县志》，方志出版社 1990 年版，第 535 页。

佃农的贫农雇农化和封建
租佃制度的终结

中国封建租佃制度在二千余年的漫长岁月中，经历了萌发、兴盛和蜕变、衰朽的全过程。与此相联系，佃农家庭经济也有一个产生、成长和衰萎的历史过程。近代时期特别是20世纪初，佃农极度贫困化和贫农雇农化，完全无力维持简单再生产和最低限度的生活，封建租佃制度成为生产力发展的桎梏，资本主义的路又被堵死，彻底废除封建租佃和整个封建制度，恢复历史发展的活力是唯一的选择。

一 从"佃农中农化"到"佃农贫农雇农化"

在不同历史时期，佃农的身份、地位和经济状况多有变化和反复。佃农家庭经济的产生、成长和贫困化，有一个发展过程。早期的"佃客"地位低下，被附载于主人户籍，没有独立的身份和家庭经济，是一种世袭的私属性分成制佃农，其性质近乎家丁。封建社会中后期，随着封建制度和商品经济的发展，佃农对地主的人身依附逐渐松弛，开始具有独立的户籍、身份和家庭经济，不过对地主土地并无使用权或支配权。直至明清之际，封建阶级仍然认为，"佃户出力代耕，如佣雇取值"①。佃农地位接近于长工。

明中叶后期特别是进入清代，城乡商品经济加速发展，明、清两朝政权先后推行赋役改革。万历初年制定"一条鞭"法，康熙末

---

① 顾炎武：《天下郡国利病书》第93卷，"漳州府·田赋"，清代抄本，第3页。

期宣布"滋生人丁，永不加赋"，实施"摊丁入地"。封建地租形态加速变化，由劳役地租向实物地租、实物分成租向定额租、实物定额租或分成租向货币地租演进，押租制和永佃制也开始在一些地区流行。所有这些，促进了封建宗法关系的松弛，原有的超经济强制部分为经济强制所取代，提高了佃农的人身自由和生产独立性、积极性，有利于佃农个体经济的成长。早期押租的基本功能是保证地主的征租权，但也有稳定佃农耕作的一面。在永佃制下，租额固定，地主只能照额收租，不能增租换佃或收回自种，佃农除了耕牛、农具，还有土地使用权（俗称"田面权"），由以前"出力代耕取值"的佣工式佃农上升为"佃主""面主"，与"底主"（地主）分庭抗礼，地位明显提高。同时，清政府推行垦荒政策，农业生产有较明显的恢复和发展，乾隆时期人均耕地面积超过 10 亩，人均粮食产量上千斤。佃农经营规模较大，生活相对充裕，佃农经济的发展呈上升态势，有学者将其概括或冠名为"佃农中农化"[1]。

鸦片战争后，特别是 19 世纪末 20 世纪初，历史条件发生根本性改变。中国沦为半殖民地半封建国家。列强军事侵略和经济掠夺不断升级，农业生产和社会经济发展最具潜力的台湾、东北三省及热河先后被日本帝国主义侵占；帝国主义日益扩张的经济掠夺和渗透，严重破坏农民家庭手工业，将农民卷入资本主义世界市场，外国资本势力成为插入农民躯体的巨型吸血管；国内战争不断，兵祸连绵，农民不仅失去了农业生产所需的和平环境，而且人员、劳力、牲畜、房屋、器具损失不菲，税捐、兵差空前沉重。同时，随着人口增加，人均耕地面积和粮食产量下降，20 世纪三四十年代，全国人均耕地面积不足 3 亩，南方地区不足 2 亩；1931—1937 年，全国人均粮食产量只有 622 市斤，扣除种子、饲料、工业用粮，人均口粮仅 353 市斤，每天不足 1 市斤。[2] 耕地、口粮如此紧缺，家无寸地

---

① 方行：《清代佃农的中农化》，《中国学术》2000 年第 2 辑。
② 刘克祥、吴太昌主编：《中国近代经济史（1927—1937）》上册，人民出版社 2010 年版，第 808 页。

的广大佃农生计自然更加严酷。

封建租佃关系也发生重大变化：押租恶性膨胀，功能蜕变，不仅地主将增押换佃作为加强地租压榨的捷径，城乡富户和高利贷者还合伙集资，高息贷与佃农缴押以谋利，押租由原来的地租保证蜕变为残酷的地租和高利贷盘剥。佃农负担的押租越高，租佃期限反而越短，土地耕作越不稳定。20 世纪 40 年代，法币急速贬值，进一步刺激地主退押换佃，佃农所交押金大幅缩水，甚至变成废纸。四川一些地区，佃农原交银元、法币等押租，折合多石稻谷，退押时只能买几斤盐巴甚至一个烧馍、一根油条。① 没有押租的租田，同样地租加重，期限缩短，不少地区的租佃期限已短至二三年或一年、一季，而且是先纳租后种地，谓之预租或"上打租"。国民党政府虽然明文禁止押租、预租，但从未实行。永佃制也加速瓦解。因佃权可以典卖，意味着永佃农随时可能丧失佃权。故永佃制从形成之日起，即伴随着瓦解或分解。近代特别是 20 世纪初叶，地权兼并加剧，永佃权越来越成为地主富户的兼并对象，永佃农因欠租或经济恶化等原因而失去佃权的情况日益普遍。同时，永佃权失去了地方官府和习惯法的保护，国民党政府采取种种措施限制永佃权，规定佃农欠租 2 年或地主自种，均可撤佃，并禁止永佃农将土地转租。② 于是地主以各种借口侵夺佃权，永佃制加速没落。永佃权一旦同佃农分离，不论地主收回，还是他人购买；土地不论原佃继续耕作，还是他人承租，耕者都必须同时缴纳田底、田面双重地租，剥削成倍加重，愈加残酷。

封建地主的变化同样明显。洋货倾销，西风东渐，商业和城市发展，地主生活日益奢靡，家庭开支大增。光绪初年即有报道说，地主"用度之奢侈，百倍前人"③。20 世纪后更是变本加厉。加上农

---

① 参见《綦江县志》，西南交通大学出版社 1991 年版，第 283 页；《蓬安县志》，四川辞书出版社 1994 年版，第 221 页；《巫山县志》，四川人民出版社 1991 年版，第 107 页。

② 吴经熊：《中华民国六法全书理由、判解汇编》第一册，1936 年增订本，第 259、453—454 页。

③ 《申报》光绪三年三月初二日。

村治安恶化，地主经商、居城之风更盛，商人地主和城居地主成为封建地主的重要成分。地租（含押租）是地主商业资本的主要来源，1931年四川温江县城7家绸缎铺中，4家的本钱即来自押租。[①] 地主以地租为资本经营商业、高利贷，复以商业利润、高利贷利息买地收租，地租、利润、利息辗转增值，地主、商人、高利贷者三位一体的紧密关系进一步强化。山东莱芜全县的银行、钱庄、油坊以及百货商店，全操在地主手里；山西平顺，不仅交易规模最大的花椒和党参，由地主富农或行商直接收购外运，并无市面和专营商号，就是粮食和其他商品买卖的商业权，也不由商号操控，而是在地主手中。佃农出卖农产品，购买生产、生活资料，都必须通过地主；广东潮州，更是地主、高利贷者、中间商和官府政策执行人"四位一体"，地主直接掌控地方政权，兼营商业、高利贷。佃农所需肥料、日用品，都必须从地主经营的商店采买或赊购，农产品也只能卖给地主商店或抵偿债款。[②]

　　显然，鸦片战争后尤其是民国时期，佃农经济的发展出现重大逆转，不仅地租剥削加重，生产经营规模缩小，家庭手工业衰败，农业、副业收入减少，经济困窘，甚至连原来有所增强的生产经营独立性、自主性也明显削弱或消失。若将清代前期佃农经济的发展态势称作"佃农中农化"，那么近代尤其是民国时期佃农经济的发展，无疑是"佃农贫农雇农化"。随着佃农的"贫农雇农化"，佃农中的贫农雇农比重不断增大。到民国时期，贫农雇农已构成佃农的主体。据1938年对四川双流、温江3个村的调查，佃农中的贫农占80.4%。[③] 四川部分县区土地改革时，佃农单设从贫农到富农的阶级序列。数据完整的巴县、永川、铜梁、大足、璧山、合川、万县、渠县、南溪9县，佃贫农占佃农总数的63%，而且只限于以租种田

　　① 陈太先：《成都平原租佃制度之研究》，《民国二十年代中国大陆土地问题资料》第62册，成文出版社有限公司1977年版，第32461页。
　　② 《益世报·农村周刊》1934年4月17日、9月15日、7月28日。
　　③ 据陈太先《成都平原租佃制度之研究》，《民国二十年代中国大陆土地问题资料》第62册，第32451—32452、32454、32457页各表综合计算。

地为主要或全部生活来源的佃农，那些租种小块土地并从事小贩、佣工、手艺，或农忙种地、农闲行乞的贫苦佃农，以及帮工式佃农，都被划入了佃农以外的贫农、雇农序列，故佃农占农户总数的比重仅为 39.7%，明显低于实际数字。佃农中的贫农、雇农实际比重应在 80% 以上。[1] 有的地区佃农中的贫农、雇农比重更高。广西凭祥土地改革时，845 户佃农中，仅有佃中农 64 户；镇向、龙茗两县地主租出土地 3625 亩，只有佃中农 10 户。[2] 虽然 3 县佃农中的富农（其数极少）等成分不详，贫农雇农的比重无疑大大超过 90%。某些地区，佃农甚至几乎全是贫农，如安徽滁县，佃农单列而未有划分成分，全部置于贫农之后。[3] 在北方一些地区，佃农则主要由几乎完全丧失生产资料的"帮工佃种制"（亦称"分益雇役制"）雇农构成。[4] 原来"帮工佃种制"罕见的南方地区，20 世纪三四十年代也开始多起来。据 1941 年的调查，四川全省"帮工分租法"占 7.7%。[5]

二 "一头沉"贫困积累和封建租佃制度的出路

对于以贫农雇农为主体的佃农，在主佃关系上，地主居绝对统治和支配地位，强势专行、说一不二，佃农只能俯首帖耳、仰其鼻息；在产品分配上，地主得大头，佃农得小头或零头；在商品和市场交换中，佃农的所付价格总是大于所得价格。在半封建半殖民地中国，工农业生产和商业交换的进行，都是以剥夺农民尤其是广大

① 据 1936 年和 1941 年的调查，9 县的佃农比重分别达 64.3% 和 73.7%，高出 24.6 个和 34 个百分点。这部分缺漏的佃农，全是贫农、雇农。参见刘克祥《关于押租和近代封建租佃制度的若干问题》，《近代史研究》2012 年第 1 期。

② 《凭祥市志》，中山大学出版社 1993 年版，第 235 页；《天等县志》，广西人民出版社 1991 年版，第 166 页。

③ 《滁州市志》，方志出版社 1998 年版，第 242 页。

④ 参见刘克祥《试论近代北方地区的分益雇役制》，《中国经济史研究》1987 年第 2 期。

⑤ 应廉耕编：《中国农民银行四川省农村经济调查委员会四川农村经济调查报告第七号·四川省租佃制度》，中农印刷所 1941 年刊本，第 7 页。

佃农为前提的。20 世纪初，工农产品"剪刀差"进一步扩大，佃农
和自耕农民所受剥削愈益残酷，经济落后和偏远山区尤甚。如云南
陆良，鲜梨每斤 1 分钱，生猪每头 2.5 元；宣威火腿每斤 0.2 元，
而红糖每斤 1 元，5 斤火腿才能换 1 斤红糖。[①] 广西向都，10 斤稻谷
换不到 1 斤食盐，40 斤稻谷换不到 1 斤洋纱，农民"卖尽了所获农
产还不够主要日用品的费用"[②]。

　　这样，无论佃农勤惰，因为经营规模小，大多佃农生活艰难。
20 世纪 30 年代，江苏无锡一个生活极为简单的佃农，每人全年需生
活费 44.15 元，一亩租田年收 24 元，扣除地租、工资、种子、肥
料、灌溉、农机修理等开支 18 元，仅余 6 元，必须租种 7 亩半水
田，方能勉强维持一个人的生活，而妻儿子女的生活费用全无着落。
另据调查，该地一个家有 3 口、租种 10 亩水田的佃农，全年米麦收
入 316 元，种子、肥料、车水、除草人工以及全家生活费支出共 330
元。尚未计算地租，已亏短 14 元。如以半数（即 158 元）交租，实
际亏损达 172 元，足见亏损数额之大。[③] 何况在地狭人稠的无锡，能
够租种 10 亩水田的 3 口之家佃农是极少的。四川雅安，佃农耕种一
亩水田，年收 19 元，地租、牛力、种子、人工、肥料等支出共 19.2
元，净亏 0.2 元，但这还是人工自己出力，膳食自备，肥料亦用粪
尿，无需外购。如果雇用人工，外购肥料，亏损愈加严重，一家老
小的衣食更无从筹划。[④] 成都平原一个租田 10 亩的佃农，大春亩产
折价 20.98 元，纳租 16.74 元，仅余 4.24 元，10 亩合计 42.4 元。
而生产费用需 50 元，亏损近 7 元。亏损部分和全家老小的生活全靠
小春和副业弥补。但小春每亩不过 10 元，合计 100 元，扣除生产费

---

　　① 国民党政府铁道部财务司调查科编：《粤滇线云贵段经济调查总报告书》，1930 年
调查、印行，第 83 页；国民党政府铁道部财务司调查科编：《湘滇线云贵段附近各县经济
调查报告书》，1930 年调查、印行，第 57 页。

　　② 《广西经济出路讨论集》，1934 年，第 45 页。

　　③ 章子键：《中国佃农问题之检讨》，《新中华》第 1 卷第 14 期，1933 年，第 26 页。

　　④ 李铮虹：《四川农业金融与地权异动之关系》，《民国二十年代中国大陆土地问题资
料》第 89 册，第 47143—47144 页。

用后，余额甚微，无异杯水车薪。而且在成都平原，租种 10 亩水田，仅押租和中人酬谢就需七百数十元，非"小康农户"无此能力。"小康"佃农尚且如此，赤贫下佃更不待言。[①] 在北方，河北玉田佃农以种田 10 亩计，产粮 6 石，折款 36 元，纳租 30 元，种子、肥料10 元，其他杂费 4 元，合计 44 元，尚未计算人工和家人消费，已亏损 8 元。[②] 另据 1936 年的调查，一户租种 15 亩水田的佃农，亩产大米 1 石，15 亩合计折款 90 元，对半交租，或每亩 3—5 元纳钱，共扣租 45—75 元，按户缴纳的捐税、摊款，1934 年为每户 60.8 元。这样，即使不算生产成本和家庭消费，已亏损 15.8—45.8 元。调查者不禁哀叹："农民真还想活命吗?"[③]

种植经济作物一度获利的佃农，也都亏损，其程度甚至超过粮食作物。江西鄱阳烟叶种植区，一个劳力种烟 1 亩，收烟 2 担，过去可得款 100 余元，扣除地租，尚可换回全年食用的米麦。到 20 世纪 30 年代，1 亩所得仅三四十元，扣除地租和成本，所余无几，半年以上要靠苦菜和草根活命。[④] 安徽凤阳、河南襄城、山东潍县等地的种烟佃农，亏损比种粮食的佃农更严重。凤阳、襄城种烟佃农的亏损分别比种高粱的佃农大 6 倍和 3 倍。潍县种大豆的佃农尚可每亩获利 1 元，而种烟佃农每亩亏损 5 元。江苏武进的养蚕佃农，因茧价低落，经济一年比一年艰难。茧价由每担 80 元而 70 元、而 60元，1936 年已降至 30 余元乃至 20 元左右。桑叶更不值钱，几角钱一担，尚无买主。因蚕桑生产难以维持，只得又回到稻麦种植。从前拼命开辟的桑园，现在又拼命挖掘，恢复为稻田。但谷价也持续低落，还是"还了租籽，不够偿债；偿了债款，不敷还租；自己吃

　　① 陈太先：《成都平原租佃制度之研究》，《民国二十年代中国大陆土地问题资料》第62 册，第 32580—32582 页。
　　② 《玉田农村破产，农民辛劳得不偿失》，《农村经济》第 1 卷第 2 期 1934 年，第 71 页。
　　③ 志明：《"防共自治"下的玉田农村》，《中国农村》第 2 卷第 3 期 1936 年，第 65—67 页。
　　④ 沙芸：《鄱阳县的种烟农民》，《中国农村》第 2 卷第 1 期 1936 年，第 63、65 页。

的穿的，完全落空"①。

为了活命，渡过眼下难关，佃农除了勒紧裤带，最大限度减少消费，还不得不压缩生产开支，降低耕作质量。江苏海门佃农的肥料、人工费用，分别从 1929 年的 50 元减少到 1934 年的 30 元，种子费用从 10 元减至 5 元，5 年间减少了 40%—50%。② 一些佃农家庭收支统计显示，尽管各地佃农生产费用、生活费用各自所占比重互有高低，但地租始终是生产支出的最大项。耕畜、农具、种子、肥料、饲料等费用，反而无足轻重，能省则省，能免则免。据 20 世纪 30 年代的调查，江苏吴县，浙江武义，四川江北、巴县、犍为 5 县，生产费用平均占佃农家庭支出的 57.9%，其中 68.6% 是地租，犍为最高达 91.4%。种子、肥料、饲料和耕畜、农具费用，分别只占 31.4% 和 8.6%，所摊数额很少，甚至空缺。③ 广西玉林、藤县、果德 3 县，因地租率不算太高（一般为 50% 左右），地租占佃农生产开支的比重相应稍低，平均为 42.5%。但因收入很少，生产费用占家庭支出的比例亦低，仅有 38.2%。地租以外的生产费用，同样微乎其微。④ 生产开支的缩减，直接导致经营粗放，生产萎缩，收获歉薄，家庭收入和生活水平进一步下降。

生活费用则绝大部分用来果腹充饥，家庭消费的最大比重是食品，衣着和教育、医疗卫生等方面的费用极少。上述江苏吴县等 5 县佃农，食品平均占消费开支的 73.4%，加上煮食燃料，达 85.8%。衣着占 11.4%，家用器具、教育、医疗、卫生、嗜好、年节礼情等，仅占 2.8%。广西玉林等 3 县佃农，食品比重相对稍低，平均占消费开支的 65.3%，加上煮食燃料为 81.3%。不过这并不表明广西佃农

① 念飞：《剧变中的故乡——武进农村》，《东方杂志》第 33 卷第 6 号 1936 年 3 月。
② 沈时可：《海门启东之县佃租制度》，《民国二十年代中国大陆土地问题资料》第 60 册，第 30933 页。
③ 金履昌：《吴县尹郭区农村的一瞥》，《农村经济》第 1 卷第 7 期 1934 年 5 月；《中国经济年鉴续编》，1935 年，第 141—142 页；李铮虹：《四川农业金融与地权异动之关系》，《民国二十年代中国大陆土地问题资料》第 89 册，第 47143—47144 页。
④ 据前社会调查所广西经济调查团编《广西省农户经济调查表》各表综合计算。

生活水平相对较高，主要是当地婚丧、生子等的酒席、礼情开销大，一次婚丧的费用往往接近全年消费开支，拉低了食品、衣着在家庭消费中的比重，尤其是衣着费用，其比重低至 2.3%。更有 21.5% 的佃农全年没有一分钱的衣着（包括棉花、纱线、布匹、印染、成衣、缝衣等）开支，显见该地佃农生活水平之低。[①]

即使如此，大部分甚至绝大部分佃农还是入不敷出，连最低限度的生活也无法维持。20 世纪 30 年代末有调查者对四川佃农生活所下结论是："无论大佃小佃，纯依佃耕之收入，大都不能维持其全家最低之生活，尤以小佃为甚。"[②] 同期调查统计清楚地说明了这一点：浙江兰溪 410 户佃农中，310 户收不敷支，占 75.6%；嘉兴 1404 户佃农中，1271 户收不敷支，占 90.5%。[③] 云南昆明 73 户佃农中，57 户收不敷支，占 78.1%。[④] 广西玉林、藤县、果德 3 县的情况尤为严重，65 户佃农中，62 户入不敷出，占 95.4%。平均每户不敷金额为 101.5 元，相当收入的 31.5%，高的为 80%—90%，最高达 173.5%。[⑤] 收入只是家庭开支的零头，可见收不敷支的严重程度。

佃农在生产严重亏折、家庭入不敷出的情况下，若不乞讨，唯有典当、借贷之一途。因此，各地半数以上乃至全部佃农负债。上述兰溪 410 户佃农的负债率为 77.8%，嘉兴 1404 户佃农为 89.1%。安徽合肥调查的 198 户佃农有 191 户欠债，负债率为 96.5%。云南昆明，1938 年调查的 526 农户中，佃农负债率为 50.4%。[⑥] 广西玉林等 3 县 65 户佃农，仅 1933 年一个年度，典当衣被、农具的 17 户，

① 据社会调查所广西经济调查团编《广西省农户经济调查表》各表综合计算。
② 郭汉鸣、孟光宇：《四川租佃问题》，商务印书馆 1944 年版，第 132 页。
③ 冯紫岗：《兰溪农村调查》，浙江大学 1935 年刊本，第 128 页；冯紫岗：《嘉兴县农村调查》，浙江大学、嘉兴县政府 1936 年刊本，第 159 页表 170。
④ 林定谷：《昆明县租佃制度之研究》，《民国二十年代中国大陆土地问题资料》第 63 册，第 32698—32699 页。
⑤ 据社会调查所广西经济调查团编《广西省农户经济调查表》各表综合计算。
⑥ 冯紫岗：《兰溪农村调查》，第 128 页；冯紫岗：《嘉兴农村调查》，第 159 页表 170；赵世昌：《合肥租佃调查》，《民国二十年代中国大陆土地问题资料》第 58 册，第 29809—29810 页；林定谷：《昆明县租佃制度之研究》，《民国二十年代中国大陆土地问题资料》第 63 册，第 32700—32701 页。

借贷现金、粮食的 11 户，典当加借贷的 25 户，合计 53 户，占总数的 81.5%。[①]加上旧债未偿者，可能接近 100%。河南洛阳、陕州，则 80% 以上的佃农负债于地主，不过并非地主贷给佃农现金，而多为佃农欠租折款或借粮折款。往往新旧相积，既还而复欠，永无休止，最终完全破产。[②]其他地区的情况也大同小异。

在半殖民地半封建中国，佃农被剥夺、贫困破产，与鸦片战争前不同，已经不是传统意义上的封建剥削和贫富分化，而是一种特殊形态的资本原始积累。

剥夺农民、使其成为一无所有的"自由"劳动者，是西方国家资本原始积累的基本手段，英国的"羊吃人"是其典型。对半殖民地半封建中国佃农的剥夺，则是这种资本原始积累的延续和扩张，是西方资本将对本国农民的剥夺转移和扩大到殖民地半殖民地和落后国家，而且，这种剥夺是以暴力劫夺、军事侵略、领土占领和大规模屠杀、驱逐为前提和手段。这不能叫"羊吃人"，而是"狼吃人"。

"羊吃人"和"狼吃人"这两种资本原始积累的性质和结果不同："羊吃人"是本国资本剥削国内农民，将社会分化为一无所有的"自由"劳动者和被役使劳动者的资本两极，以加快生产力的发展，它是早期资本主义发展的重要前提。而"狼吃人"是外国资本剥削中国农民，既有中世纪的匪盗式劫夺，又包含资本主义条件下特有的行业、地区间经济剥削。在国内，具体表现为工业剥削农业，城市剥削农村，被剥夺的佃农财富和资金，绝大部分流向城市，导致农村资金枯竭。结果，农村只有破产农民一极，形成"一头沉"式的贫困积累。有些地区甚至只有小贫赤贫之别，并无贫富之分，问题已经不是佃农普遍借债和无力偿债，而是无债可借。[③]由于农村失业、半失业和富余劳力数量庞大，人工低贱，不仅机器耕作无望，连畜力

---

①　据社会调查所广西经济调查团编《广西省农户经济调查表》各表综合计算。

②　孟光宇：《洛阳陕州之租佃制度》，《民国二十年代中国大陆土地问题资料》第 65 册，第 29809—29810 页。

③　张肖梅：《四川经济参考资料》，中国国民经济研究所 1939 年刊本，第 M48 页。

使用也显得不经济，以致一些地区纷纷由牛耕倒退回锄耕。在国际上，欧美列强和日本是先进工业国，中国是落后农业国，全国大部分或绝大部分资金和财富流往欧美列强和日本。即使充当剥夺农民主要经手人的官僚、军阀、地主、商人、买办、高利贷者，也只分得一杯残羹。就是这杯残羹，相当部分也因购买洋货或出国观光、旅游、考察、探亲、医病、留学、置产、移民，或将金银、钱财存入外国银行等，最终流向了国外。资本、财富积累全部集中在欧美列强和日本，中国成为贫困一极，全国一穷二白，建设无资金，产品无市场。

抗日战争前国民党政府的财政支出中，有经济建设开支和有数可稽的1934—1936年，共支出"企业资本"6300万元，折银4410万两。3年的国营企业建设资金，相当于同期财政支出318100万元的1.98%，军费及债务支出213600万元的2.95%，财政赤字74900万元的8.41%，对外贸易入超88280万海关两的4.94%，白银净出口55130万海关两的12.5%[1]；相当于《马关条约》对日赔款及辽东半岛赎款23000万两的19.17%，"庚子拨款"本息98000万两的4.50%。这组数字十分简单，中国的财政状况和财富、资金去向，一目了然。

国穷民更穷。广大佃农、村民和城市工人、贫民，生活困苦，购买力极其低下，绝大多数农民连火柴都买不起。[2] 在农产品不断商品化的条件下，一些地区的农民也只卖原料，而不买产品。如只卖小麦、棉花，不买面粉、机纱机布。出售小麦大多是"粜精留粗"或"粜精籴粗"，即出售精粮小麦，保留或籴进高粱、玉米等粗粮自食，根本吃不起白面；出售棉花，则所得钱款几乎全部用于完租、纳税、偿债，衣不蔽体而无力购买机纱机布。[3] 国内工业品市场本已

---

① ［美］阿瑟·恩·杨格：《1927至1937年中国财政经济情况》，陈泽宪、陈霞飞译，中国社会科学出版社1981年版，第486—489页附录一"1928年7月1日至1937年6月30日常年岁入和岁出·岁出部分"。

② 青岛市工商行政管理局史料组：《中国民族火柴工业》，中华书局1963年版，第46页。

③ 参见刘克祥《1895—1927年通商口岸附近和铁路沿线地区的农产品商品化》，《中国社会科学院经济研究所集刊》第11辑，中国社会科学出版社1988年版。

十分狭窄，又被进口洋货和外国资本产品抢占先机，留给本国资本的产品市场愈加少得可怜，民族资本主义根本不可能正常生存和发展。

这正是西方列强所希望的。基于"利益最大化"法则和白人种族主义信条，列强宁愿中国维持落后、腐朽的封建制度，永远充当其农产品、工业原料供应地和工业品销售市场，不愿意也不允许中国正常发展资本主义，成为主权独立的资本主义国家，与其平起平坐。它们将掠得的资本，大批掳买"华工"（贬称"猪仔"）用于发展美洲、澳洲的资本主义，就地役使中国破产农民进行资本主义生产，尚居其次。因此，寄希望于外国资本，试图通过半殖民地殖民地化的途径实现中国的资本主义化，绝对行不通。

显然，"狼吃人"的资本原始积累，既为加速西方资本主义的发展和从自由资本主义向垄断资本主义即帝国主义的演变创造了条件，又釜底抽薪，从资本和产品市场两方面堵死了中国农业资本主义和整个民族资本主义的发展道路。

剥削者将佃农的生产和生活资料吸吮殆尽，却不可能也不愿意在中国农村建立新的资本主义生产方式，完成封建主义向资本主义的转变。中国佃农的命运比英国农民更惨，既无能力维持传统的简单再生产和最起码的生活，又不能离开土地和农村，另谋生计，封建租佃制度已经走到了尽头。"山重水复疑无路，柳暗花明又一村"。中国共产党领导开展土地革命，战胜日本帝国主义，推翻国民党政权，赶走外国侵略势力，实行土地改革，实现孙中山"耕者有其田"的革命主张，彻底废除封建土地制度和租佃制度，消灭封建剥削，解放生产力，推动和加快了历史发展的步伐。事实证明，废除封建主义和官僚资本主义，建立社会主义制度，并非中国共产党人的单纯主观意志，而是历史发展的必由之路。

（原载《人民论坛·学术前沿》2012 年创刊号。该刊发表时，编辑将标题改为"近代中国佃农生计困苦原因考"，现恢复为原标题）

永佃制下土地买卖的演变及其影响

——以皖南徽州地区为例

永佃制是封建社会晚期出现的一种租佃制度，从其形成到中华人民共和国成立的五六百年间，经历了形成、发展和衰落、消亡的全过程。永佃农对土地拥有使用权，地主只能照额收租，无权随意增租夺佃。在典型的永佃制下，土地被分离为所有权和使用权两个部分，并有相互对应的名称，前者通称"田底"或"田骨"，后者谓之"田面"或"田皮""佃皮"，等等。

与永佃制形成、发展和土地所有权、耕作权分离相联系，土地买卖也在发生变化，所有权（收租权）、使用权（耕作权）合一的传统土地买卖被分割为田底（田骨）和田面（田皮、佃皮），亦即土地所有权（租权）和使用权（佃权）两项彼此独立的交易。

当然，这种分离并非一蹴而就，而是经历了一个逐渐演变的过程：永佃制下的土地买卖，起初在内容和形式上与普通土地买卖并无多大差异，只是文契特别载明，"任凭买主收租管业"，表明买主对土地只能收租，已无撤佃或收回自种的权利，传统的土地买卖实际上已变为土地所有权或收租权买卖；继而依存于土地的收租权，同土地的关系逐渐疏离，地租直接成为交易标的物，收租权的买卖演变为剥离土地的纯地租买卖；接下去，以土地丘块为单元的地租整卖演变为不受土地丘块限制的分拆零卖；最后，随着地租买卖数额缩小，频率升高，地租买卖日趋零碎化、平常化、日常化，实际上变成了一种存本取息的投资途径或抵押借贷的金融调剂手段。

永佃制下土地买卖的上述变化，在一些永佃制比较流行的地区，都有发生，而以皖南徽州地区最为典型，资料亦相对丰富、完整。本文主要以皖南徽州为例，同时参照其他文献资料，对这一变化及其性质、影响进行初步考察和阐释。

一 从"收苗管业"的土地买卖到"收租管业"的租权买卖

在皖南徽州一些地区，传统的土地买卖契约有相对固定的内容和格式，并有一个显著的特点，关于买主的权利，一般都会根据土地的不同类别和用途，作出清晰而具体的说明：水田写"收苗管业"或"耕作收苗管业"，菜园写"收苗种菜管业"，茶园写"摘茶管业"或"管业蓄养采茶"，池塘写"养鱼管业"，山坡林地写"入山管业""砍木栽苗管业"或"长养收苗管业""管业长养"，等等，清楚点明了买主权利或"管业"的具体内容。也就是说，买主的"管业"是通过对土地的具体使用，如"耕作收苗""种菜""养鱼""采茶""砍木栽苗"或"长养收苗"等来体现的。

如果买卖的土地是租出地，而佃农并无永佃权，文契除了详细列明佃人姓名，地租种类、数额、交租方式，也要特别写明买主有权"收苗管业"。如明天启四年（1624）的一纸租田卖契，契文逐一登载佃人姓名，写明地租种类为麦、豆、粟，交租方式为"监收"。其后卖主承诺，"自从出卖之后，一听买人收苗管业"[1]，意在表明买主既可收租，又可收回自种。当然，有的卖契不一定登载佃人姓名、租额及交租方式，只笼统载明该田"并佃"出卖，即连同佃权一起出卖。如万历八年（1580）一纸卖山契，在写明山场的图册号码、面积、四至后，只说"今将前项四至内山并佃，尽行立契出卖……"，最后承诺"其山即便交与买人长养收苗管业"[2]。也有

---

① 中国社会科学院历史研究所徽州文契整理组编：《明清徽州社会经济资料丛编》第二集，中国社会科学出版社1990年版，第264页。

② 中国社会科学院历史研究所徽州文契整理组编：《明清徽州社会经济资料丛编》第二集，第517—518页。

的将佃农无永佃权的租出地卖契叫作"杜卖租佃田契"或"杜卖租佃契"（否则叫"杜卖租田契"或"杜卖田租契"），契文亦相应添加"连租带佃……听从（买主）换佃收租"一类词句。①

倘若卖主将自种田地出卖，而后佃回耕作交租，即所谓"卖田留耕"②，而又未能取得永佃权或土地使用权，则文契仍须写明"任凭买主收苗管业"。如洪武三十一年（1398），休宁太平里胡周因"日食不给"，将父遗水田2号卖与同里人汪猷干，又佃回耕种交租，每年硬上租谷9秤。③卖主同时承诺，其田"一任买人自行文〔闻〕官受税、收苗，永远管业"④。又如宣德三年（1428）闰四月，该县同都一自耕农将已莳秧在田的1亩水田出卖，契约载明，秋后交"上田"（即不经晾晒）籼谷10租（合湿谷250斤），待稻谷"收割后，一听买人自行耕种收苗，永远管业"⑤。显然，上述"收苗管业"，是指买主在允许卖主佃种交租的情况下，仍可随时收回自行耕种。卖主"佃自"年份的长短，租佃关系的续断，完全取决于买主的意愿。

总之，在普通租佃制度下，地主可以随意换佃增租或收回自种，土地买卖一经成交，撤佃权也就同时由卖主转入了买主手中，所以卖主必须承诺，任凭买主"收苗管业"。换言之，买主对购进的土地，同时持有土地所有权和使用权。

永佃制下的情形则不一样，佃农对土地拥有耕作权或使用权，既可"永久"租种，也可辞佃不种；地主则只能照额收租，无权增租夺佃，按一些地区的乡俗惯例，就是"只许客辞主，不许主辞

---

① 参见《"瑶塘下"契簿》，中国社会科学院经济研究所藏，徽州地契档，置产簿第4函，W·TX·B0023。

② 徽州地狭人稠，耕地供应紧张，早在明代前中期，此种卖地方式已相当普遍。按当地乡俗，这类土地买卖，契文都会特别标注"佃人自"或"佃自"，写明应交租额。现存的一些明代卖田契，从洪武年间（1368—1398）开始，不少写有"佃人自"或"佃自"字样。从这种已经高度简化的佃身份标示法看，"卖田留耕"流行已久。

③ "秤"系徽州一些地区的租谷计量单位。每秤重量，互有差异，主要有"加六""加八"两种。"加六"为每秤16斤，"加八"为每秤18斤。此处为每秤20斤。

④ 安徽省博物馆编：《明清徽州社会经济资料丛编》第一集，中国社会科学出版社1988年版，第7页。

⑤ 安徽省博物馆编：《明清徽州社会经济资料丛编》第一集，第24页。

客"。即使地权转移，也不能影响佃农耕作，地主不能再像过去那样将土地"并佃"出卖，而是"卖田不卖佃""卖租不卖佃"。所以买主同卖主一样，对土地的管业权限，也不能超出收租的范围。

这样，永佃制下的土地买卖，从交易内容到契约文字都开始发生变化。交易内容从所有权（收租权）和使用权（耕作权）合一的土地整体买卖变为单一的土地所有权（收租权）买卖。与此同时，契约文字也相应改变。既然地主对土地的支配权只剩下收租权一项，卖主也就不能允诺"一任买主耕作收苗管业"或"招（换）佃收租"，而只能改成"一听买主收租管业"。从徽州地区现存的一些土地买卖文书中，可以清晰地看到这一变化的发生。

安徽省博物馆、中国社会科学院历史研究所整理编辑的徽州明代271宗卖田契，大部分是租出地。时间最早的为洪武二十六年（1393），最晚的为崇祯十七年（1628）。文契关于买主的权利表述，在宣德三年（1428）闰四月前，全部为听凭买主"闻官受税，收苗管业""自行耕种收苗，永远管业"或类似词句，但该年五月休宁的一纸卖田契，契文被改成"一听买人自行闻官受税，永远收租管业"。原来买主的"收苗"权改成了"收租"权。此后，两种表述交错出现。宣德三年五月至崇祯十七年间的217宗卖田契中，载明买主"收租管业"或"买入收租""入田收租""收租为业"的有49宗。从县区分布看，书中辑录的宣德三年至崇祯十七年间卖田契，休宁最多，计90宗，载明买主"收租管业"的卖田契数量，亦相应较多，共17宗。其次为祁门、歙县。另有18宗县份不详。① 从时间上看，这种变化是在明代前期开始出现的。

一些"卖田留耕"的土地，卖地文书也发生了同样的变化。徽州现存文书资料显示，从洪武年间（1368—1398）开始，就有不少卖田契载有"佃人自"或"佃自"字样。某些时段（如洪武季年、

---

① 详见安徽省博物馆编《明清徽州社会经济资料丛编》第一集，第1—83页；中国社会科学院历史研究所徽州文契整理组编《明清徽州社会经济资料丛编》第二集，第19—30页。

正统年间等）甚至相当频密。不过在天顺五年（1461）之前，这类文契均写"任凭买主（人）收苗管业"。但从该年三月起，开始有文契将"收苗管业"改为"收租管业"。自耕农民汪舟印因"缺物支用"，将 0.646 亩水田卖与同里人汪猷干，佃回耕作交租。但与以往不同的是，买主已经不能"耕种收苗"。契约写明，其田"一听买人自行管业收租，本家佃作，每年交租五砠"①。表明卖主不仅仅是佃作交租，而且有土地使用权，出卖的只是收租权。

有必要指出，所谓"收苗管业"或"收租管业"，并非空泛的文契套语，或可随意调换、替代，而是有其具体内容和严格的使用范围。嘉靖四十三年（1520）的一纸田、山卖契，清楚地说明了这一点。该年二月，休宁 11 都方天生兄弟将一片祖山和山下一丘水田卖与同都高寿得兄弟，文契载明，"其田山自卖之后，一听买人入田收租管业，其山听自载〔栽〕种，并无存留"②。显然，买主对田、山的管业权限是不同的，对水田只能"入田收租"，但对山场则可"听自栽种"。而这种差别是有缘由的。因方氏兄弟所卖山、田都是多人占有的"共业"：卖主只占 1/4，而山、田本身条件不同，"共业"主对山、田的管业和使用方式亦有差异。多人占有的一长丘水田，一般只能召佃耕种，按股分租，所以买主只能"入田收租管业"，而不能自行耕作、"收苗管业"；"祖山"虽然同样是"共业"，但因系山场，各户业主可以按业权分割培护、使用，并且原先可能早已按业权分管，所以卖主承诺，"其山听自栽种，并无存留"。可见所谓"收苗管业"或"收租管业"，都是有特定用途和具体内容的。

"收租管业"和"收苗管业"，虽然只是一字之差，但就在这细微差别的背后，反映出永佃制下土地买卖的重大和实质性变化。

事实上，永佃制一经产生，地主土地买卖本质上就已经变成收

---

① 安徽省博物馆编：《明清徽州社会经济资料丛编》第一集，第 44—45 页。
② 中国社会科学院历史研究所徽州文契整理组编：《明清徽州社会经济资料丛编》第二集，第 63—64 页。原资料买卖双方地址只有都、保，而县份不详，不过文契中买卖的祖山土名为"古楼段窑岭"。古楼系休宁古村，故买卖双方暂定为休宁人。

租权或单纯所有权的买卖，只是最初仍然是以传统土地买卖的名义或形式进行。等到永佃农可以自由处置佃权、永佃农的佃权买卖和地主的土地买卖成为相互平行的两项独立买卖时，地主的土地买卖也在契约形式和乡俗习惯上开始演变为租权买卖或单一的土地所有权买卖，即民间通称的田底、田骨买卖。

皖南徽州一带，随着永佃制的流行、发展，租权、佃权成为各自独立的两项物权，租权买卖、佃权买卖普遍成为相互平行的两项土地买卖，两者的内容和形式越来越清晰、规范。在这种情况下，即使是出卖给同一个人的田底、田面合一租田乃至自种田，也要同时分别写立租权、佃权两项契据，并分开计价，以表明是两项不同的买卖。试看歙县徽城镇孙继先所立的一田双契①：

其一

立卖契人孙继先，今有承祖遗下田业壹号，坐落土名湖丘，系难字四千一百〇六号，计田四分六厘，计足租五秤十斤正。今因岁暮急用，自愿央中将前项田业出卖与族叔胜梁名下为业，当日三面议作时值价银十两正。其银契当日两相交明。其田未卖之先，并无重复交易；既卖之后，任从买人收租管业。其税现在九甲孙光祖户内，听从起割过入三甲孙裕祯户内自行办纳，无得难阻。倘有家外人等一切不明等情，尽是出卖人理值，不涉受业人之事。今恐无凭，立此绝卖契永远存照。

其来脚契文当日一并缴付，又批。

乾隆五十六年十二月　　　　　日立绝卖契人　孙继先

　　　　　　　　　　　　　　　见中支长　孙大有

　　　　　　　　　　　　　　　秉笔堂弟　孙建初

其二

立佃约人孙继先，今有承祖遗下田皮壹号，坐落土名湖丘

---

① 孙在中：《契墨抄白总登》，中国社会科学院经济研究所藏，徽州地契档，置产簿第 23 函，W·TX·B0063。

今因急用，自愿央中将田皮出卖与胜梁族叔名下为业耕种，当日得受时值价银五两四钱正。其银约当日两相交明。其佃未卖之先，并无重复；既卖之后，任从买人耕种，倘有一切不明等情，尽是出佃人理值，不涉受佃人之事。本家无得异说。今恐无凭，立此佃契永远存照。

　乾隆五十六年十二月　　　　　　日立佃契人　孙继先

　　　　　　　　　　　　　　　　见中支长　　孙大有

　　　　　　　　　　　　　　　　秉笔堂弟　　孙建初

　　两纸文契的交易标的物是卖主自种的同一丘水田，田骨（收租权）、田皮（耕作权）均为卖主所有，买主也是同一个人，原本是一宗底面合一的土地整体买卖，但现在却被分拆为独立的两宗交易：卖主先立"卖契"，将"田业"（实为租权）作价出卖，留下田皮（土地耕作权），买主只能"收租管业"，而不能自行耕种。随后再写立"佃约"，将田皮亦即土地耕作权按事先谈判好的条件，作价卖断。这时，田皮（耕作权）连同田骨（收租权）一起转入买主手中，卖主方才允诺，其田"任从买人耕种"。买主从而获得了召佃收租或自行耕种的两种"管业"权，完成了一宗完整的土地买卖。

　　当然并非所有的自种田买卖，都采取一田双契的交易模式。不过有的即使不立双契，也会在契内注明。如乾隆四十四年（1779），吴子元将一宗自有田皮的租田出卖，只书立"卖契"，未有另立"佃约"，但随后在契尾特别批明："其田并田皮在内，不另立佃约，同日再批"①。

　　底、面合一地的买卖，书立双约，将其分拆为租权、佃权两项独立的交易，这种情况在徽州和皖北某些地区相当普遍。如黟县，田地买卖有"大买"（田底、租权）、"小买"（田皮、佃权）之分，通常大买契叫"杜卖契"，小买契叫"杜吐契"或"佃田契"。一

_____

① 孙在中：《契墨抄白总登》，中国社会科学院经济研究所藏，徽州地契档，置产簿第23函，W·TX·B0063。

"卖"一"吐",表明租权与佃权的区别。无永佃权或永佃权已与租权归并的土地,则称"大小买田"。不过即使大买、小买已经合一的田地,在买卖时也往往分立"杜卖""杜吐"两纸契据,表明是两项买卖。[①] 在皖北英山(1934年4月划归湖北省),如甲将自种的土地立契出卖与乙,乙仅有收租权,而无召佃换佃权。乙必须再出顶价,由甲另立顶约,方有完全管业权。[②]

一丘自种和底面合一的田地,在买卖过程中,人为分成田底(租权)、田皮(佃权)两个部分,分别立契、计价,一宗完整、明了的土地买卖被分拆为两项独立和平行的交易。这种似乎有悖常规、常理的土地买卖模式,是特定历史条件下的产物。因为永佃制广泛流行,土地普遍分离为田底(租权)、田皮(佃权)两部分,各有价格,可以独立买卖、转移,并且越来越频繁,田底(租权)、田皮(佃权)买卖已成为土地买卖的常态。相反,底面合一的传统土地买卖相应减少,交易个案逐渐稀少,人们对传统意义上的土地价值、价格和市场行情开始陌生,感到难以捉摸。在这种情况下,将土地交易一分为二,分别立契、计价,虽然多了一道交易程序,表面上似乎有些烦琐,但因买卖双方对田底、田皮的市场价格都比较熟悉,又有市场参数可供借鉴,相应降低了交易谈判的难度,反而加快了交易的进行和完成。而且,将其分成两项交易,价格、权益清晰,也为买主对土地的管业、使用特别是召佃收租,提供了价格依据。这就是土地买卖一分为二的缘由所在。

二　从依存于土地的租权买卖到剥离土地的地租买卖

永佃制下的土地买卖,由于买主的管业权限只能照额收租,不能撤佃增租、收回自种,或作其他用途,地租的品种、规格、数量成为

---

① 参见江广生《江崇艺堂置产簿》,转引自章有义《明清徽州土地关系研究》,中国社会科学出版社1984年版,第210—211页。

② 国民党政府司法行政部:《民商事习惯调查报告录》(一),1930年,第409—410页。

衡量土地价值、价格的唯一指标，土地方位、地形、交通、面积、肥瘠、灌溉条件等，反居其次，买卖双方一般都会直接根据租额确定土地价格。这样，随着永佃制的发展和地权的流转，地租逐渐取代租权，直接成为土地买卖的交易标的物，永佃制下的土地买卖进而由依存于土地的租权买卖演变为剥离土地的地租买卖。

当然，这种变化也经历了一个曲折和渐进式的过程，而且情况复杂多样，各地进程参差不齐。

在徽州，虽然直至明末，田骨或租权买卖，一直以传统土地买卖的契约格式进行，但买卖双方都明白，实际的交易标的物是地租，而非土地。因此，文契中的土地逐渐模糊、淡化，往往看得见，但摸不着。以宣德三年（1430）休宁的一纸卖契为例：

> 十二都住人汪思广，同弟思溥商议，今将承父户下有田壹号：坐落本都九保乙字叁佰陆拾柒号田，共贰亩贰分捌毫，土名东叉口，东至汪彦伦等山，西至□□田，南至汪猷官田，北至汪子常田，佃人朱天。今为缺物用度，自情愿将前项四至内田取一半，计壹亩壹分肆毫，每年上籼谷拾租，出卖与同里人汪猷官名下，面议时值价官苎布贰拾壹匹。其布当收籼谷等物准还，足讫无欠。其田今从出卖之后，一听买人自行闻官受税，永远收租管业。如有内外人占拦，一切重复交易等事，并是出卖人自行祗〔抵〕当，不及买人之事。所有来脚契文，一时检寻未及，日后要用，本家索出参照不词。今恐人心无凭，立卖契文书为用。
>
> 宣德三年五月十九日　立契出卖人　汪思广　文契
> 　　　　　　　　　　同弟　　　　　王思溥
> 　　　　　　　　　　见人　　　　　程　支①

----

① 安徽省博物馆编：《明清徽州社会经济资料丛编》第一集，第24—25页。

就文契本身而言，这无疑是一纸完美无瑕的卖田契，契中水田（租田）的鱼鳞图册编号、坐落、土名、四至、面积、佃人姓名、租额等相关要素，一应俱全，无一缺漏，契文也始终以租田作为交易标的物。但问题在于，租田只卖"一半"，而又未对田丘进行分割，买主根本无法确定，究竟哪一部分水田是真正属于自己的，能够确定而且有权获取的只是 10 砠籼谷田租。所以，在这宗土地买卖中，名义上的交易标的物是水田，而真正和实际的交易标的物却是田租。

随着时间的推移，文契中的土地要素进一步模糊和淡出，地租逐渐由事实上的交易标的物演进为契约交易标的物。以嘉靖三十五年（1512）的一纸文契为例：

> 十五都郑应暹，今将承祖并买受晚田一号，坐落本都三保，土名六沙丘，计租二十七秤，与弟应瞻相共，本位六分〔份〕应得一分〔份〕；又卖弟应春六分〔份〕中一分〔份〕，共计加六晚租九秤。今因缺少使用，自情愿将前〔项〕田租，凭中出卖与族兄郑少潭名下为业，面议时值价纹银九两六钱整，在手足讫，其价契两相交付。未卖之先，与家外人并无重复交易。来历不明，卖人自理，不干买人之事。所有税粮，候大造之年，听自收割，入户供解。今恐无凭，立此为照。
>
> 　　嘉靖三十五年七月初十日　　立契人　郑应暹　押契
> 　　　　　　　　　　　　　　　　中见人　郑　晋　押①

文契虽然沿用传统卖田契格式，开头以"晚田"为交易标的物，但只载坐落、土名，而鱼鳞图册编号、面积、四至等要素，全部空缺。相反，地租的相关要素，如规格、数量、占有方式及份额、交易份额及数量等，十分清晰、具体。同上述宣德三年的文契一样，本契出卖也不是一丘完整的水田及租额的全部，而只是 1/3（卖主

---

① 中国社会科学院历史研究所徽州文契整理组编：《明清徽州社会经济资料丛编》第二集，第 59 页。

本身1/6，外加卖其弟应春的1/6）。土地要素本已模糊不清、残缺不全，再从中抽卖1/3，买主更无从得知所购水田的具体位置及范围大小。正因为如此，到文契后边，不仅交易标的物由"晚田"直接改成了"田租"，亦即由收租权改成了地租本身，连"一听买人永远收租管业"一类契文也省略了。

进入清代，租权买卖进一步发生变化，开始直接以田租买卖的契约格式出现，顺治十二年（1655）的"卖契"是典型例子：

> 清源胡承全兄弟，今因无钱用度，自情愿将承父五保土名汪二八坞早租肆秤八斤正，佃张八孙，立契出卖与房叔前去入田收租管业，三面议时值价纹银叁两五分正。其银在手足讫，当日契价两明。未卖之先，并无重复交易，来历不明卖人自理，不干买人之事。所有税粮，随产供纳。今恐无凭，立此卖契存照。
>
> 再批：所有老契同别号，未曾缴付。同日批，只此。
>
> 顺治十二年四月初一日　立卖契人胡承全　押　亲笔
>
> 承　美　押
> 承　祖　押
> 承　兴　押
> 中见人　　继　旺①

契约开宗明义，交易标的物就是"早租"（早谷租），水田土名只是说明田租的载体和买主"入田收租管业"的处所。作为土地基本要素，坐落只说"五保"，并无村落及详细地址，至于鱼鳞图册编号、四至、面积等，全部空缺。租额成为唯一的、实实在在的交易标的物。契约本身大大简化了。

到康熙年间，土地要素加速淡出，文契更为简约，基本内容就

---

① 《歙县胡姓誊契簿》，中国社会科学院经济研究所藏，徽州地契档，置产簿第15函，W·TX·B0054。

是说明地租数额和征取对象。康熙二十二年（1683）的一纸"卖契"颇具代表性：

> 同都立卖契人康鼎，今有承父买受得十保土名布袋丘八秤三斤半，佃严再；七十里七秤，佃祖保；张家门前二秤二斤，佃春保；湖井丘一秤二斤，佃庭付；下坞口一秤，佃春保。又五保土名打虎坑六秤，佃张五得；大儿坑四秤，佃双喜；水碓前三秤二斤，佃凤先；双坑口一秤，佃江法龙。前田玖号，计租叁拾叁秤玖斤半，内七十里加八折加六，计租十四斤，共三十四秤七斤半。出卖与胡□名下为业，当面议时值价银当得纹银拾壹两正，在手足讫。未卖之先，并无重互〔复〕交易，所有税银悉照丈册供解。今恐无凭，立此卖契存照。
>
> 康熙二十二年十二月廿二日　立卖契人　康　鼎　号
>
> 中见侄　康启晨　号①

基本格式虽与顺治十二年文契相同，但传统卖田契一些基本要素、内容和词句被大加压缩。顺治十二年文契还保留的买主权利、老契处理或说明等内容也全部消失，田租的地位更加突出。然而，耐人寻味的是，对田租的说明采取了一种极为简单的流水账格式，在契约开头和随后列具田丘、租额时，不仅没有冠以"田""田业"一类字样，连"租""田租"的冠名也全部省略了，直到租额加总时，才轻描淡写地说，"前田玖号，计租……"整个契约就是一份极度简化的、备忘录式的田租清单。这从一个侧面反映出永佃制下地租买卖和文契格式的某些变化及特点。

再往后，文契中的田租位置，被提到土地的前面，土地则降为田租的附注。试看乾隆元年（1736）的一纸"卖契"：

---

① 《乾隆胡姓誊契簿》，中国社会科学院经济研究所藏，徽州地契档，置产簿第16函，W·TX·B0055。

立卖契人侄孙延弘，今因钱粮无措，自情愿将承祖五保田租土名中合丘，早租拾叁秤半，佃人朱瑞九。又土名中合丘，早租壹秤陆斤，佃人朱红，共租一拾五秤整，加二大，出卖与叔祖征基名下，当三面议定时值价纹银六两五钱整，在手足讫。自卖之后，各无悔异。来历不明，卖人自理，不涉买人之事。今欲有凭，立此卖契存照。

乾隆元年三月二十二日　立卖契人侄孙　延弘号
中　见亲伯　兆鹏号
代　笔兄　延商号①

契文虽然写有水田方位、土名，但都是为田租做注释。买主价买或实际到手的标的物就是田租。交易的性质变得十分简单，文契名称则笼统地叫作"卖契"，如同康熙二十二年文契一样，"上手来脚契据"验证、缴付，"任从买主收租管业"一类的文契词句，也都全部消失。

最后，田地卖契直接冠名为"卖租契"或"卖田租契""杜卖租契""杜卖田租契"等，而不再使用传统的"卖田契""杜卖田契"或含混的"卖契""杜卖契"等名称。从嘉庆九年休宁朱姓的一纸置产文契，可以看出这类"卖租契"的基本格式：

立杜卖租契人顾廷凤同男枝信，今因正用，自愿将承父遗下田一号，坐落土名白羊坞官山，系咸字捌佰八十贰号、捌佰九十四号、捌佰九十二号、玖佰拾柒号，计税贰亩伍分，计田六丘，今央中出卖与朱敦素名下为业，当日三面言定得受价银贰拾伍两整。其银契两相交明，其田计租贰拾五租，即听从买人管业收租，本家内外人等无得异说。未卖之先，并无重复交

---

① 《乾隆胡姓誊契簿》，中国社会科学院经济研究所藏，徽州地契档，置产簿第16函，W·TX·B0055。契中的"加二大"，指租谷的计量单位"秤"，系10斤加12斤，即1秤为22斤。但两田租额合计，半秤（11斤）加6斤，等于17斤，不够"加二大"或"加八"1秤，租额总数（15秤整）与细数不符（"誊契簿"其他交易个案的租额加总也有类似情况）。存疑。

易，如有一切不明等情，尽是卖人自理，不涉买人之事。其租田税在贰十七都二图又八甲项德舟户内起割，推入本都图五甲朱之永户内输纳无辞。今恐无凭，立此杜卖租契存照。

　　并附来脚赤契一张，又批，押。

　　嘉庆九年八月□日　立杜卖租契人　顾廷凤　押

　　　　　　　　　　　　同男枝信押

　　　　　　　　　　代　笔　顾廷元　押①

　　这可能是该类文契中较早的，名称虽已改成"杜卖租契"，但受传统文契范式的影响，契文落脚点还是放在土地上。最关键的田租数额，反而作为交易标的物土地的补充成分，放在了契价之后，以至出现契名和契文、交易标的物"二元化"的奇特现象。

　　不过这种情况，很快就有了改变，嘉庆十七年的一纸"杜卖租契"是一个标志：

　　　　立杜卖租契人顾嘉福，今因正用，自情愿将承祖遗下勾分租壹号，坐落土名汪正坑，系咸字四百贰十三号，计田一丘，计税一亩一分三厘三毛〔毫〕正，计租十贰租，并来脚赤契、税票，今央中出卖与家主朱茂松名下为业，当日三面言定时值价银三拾贰两正。未卖之先，并无重复交易及一切不明等情，如有，尽是出卖人承值，不涉家主之事。其税在本都图朱顾保户内，任从起割推入家主户内办纳。今又〔欲〕有凭，立此卖租契存照。

　　嘉庆十七年十一月□日　立杜卖租契人　顾嘉福　押

　　　　　　　　　　　　见中亲叔　道　元　押

　　　　　　　　　　　　　　来　元　押②

---

　　①《休宁朱姓置产簿》，中国社会科学院经济研究所藏，徽州地契档，置产簿第24函，W·TX·B0071。

　　②《休宁朱姓置产簿》，中国社会科学院经济研究所藏，徽州地契档，置产簿第24函，W·TX·B0071。

　　这是火佃将一宗祖遗地租卖给"家主"的文契。本契与上一纸"杜卖租契"不同，契文将交易标的物直接锁定为地租，坐落、土名、鱼鳞册编号、田丘及面积等，都是作为锁定地租的基本要素来处理的，契内交易标的物与契约名称一致，契文与契名协调一致。这是一纸地地道道的"卖租契"，它标志着田骨主、租权主或"租主"与土地的联系进一步疏离。

　　永佃制下底、面分离的租地卖契刚刚从买主"收租管业"的租权买卖演变为直接和纯粹的田租买卖，传统租佃制度下底、面合一的租地乃至自种地，随即紧跟其后，买卖也改用卖租、卖佃两个独立的交易程序进行。前揭《休宁朱姓置产簿》中首纸"卖租契"出现于嘉庆九年，而首纸底、面合一的卖租、卖佃双契产生的时间是嘉庆十一年，只晚了两年。现将该宗交易的一田双契转录于下①：

其一

　　立杜卖租契人贰十六都四图吴惟大，今因急用，情愿央中将承祖遗下田租壹号，坐落土名马头坳，系新丈慕字四千贰百九十、九十一号，计田大小四丘，计税贰亩贰分整，其田四至，自有册载，不及开写。凭中出卖与贰十七都贰图朱敦素名下为业，当日三面议定时值价银贰拾两整。其银当日一并收足，其田即交买人管业收租办赋，本家内外人等毋得生情异说。未卖之先，并无重复交易，及一切不明等情。如有，尽是出卖人理值，不涉受业人之事。其税在本家吴齐玄户内起割，推入买人户内办纳无辞。恐口无凭，立此杜卖田租契文久远存照。

　　其来脚契文与别产相连，未便缴付，日后搬出，不作行用，又批，押。

---

　　① 《休宁朱姓置产簿》，中国社会科学院经济研究所藏，徽州地契档，置产簿第24函，W·TX·B0071。

嘉庆十一年十贰月□日立杜卖租契人　吴惟大　押

　　　　　　凭中亲侄　吴常万　押

　　　　　　　友　余品三　押

其二

　　立杜卖佃契人贰十六都四图吴惟大，今因急用，自愿央中将承祖遗下佃业壹号，坐落土名马头坳，计佃贰亩贰分整，计田大小四丘，凭中出卖与贰十七都贰图朱□名下为业，当日三面议定时值价银拾九两整。其银当日一并收足，其佃即交买人管业，另发耕种，本家内外人等毋得生情异说。未卖之先，并无重复交易，及一切不明等情。如有，尽是出卖人理值，不涉受人之事。恐口无凭，立此杜卖佃契久远存照。

　　嘉庆十一年十贰月□日立杜卖租契人　吴惟大　押

　　　　　　凭中亲侄　吴常万　押

　　　　　　　友　余品三　押

　　　　依口代笔　项君锡　押

　　当然，租地卖租和底、面合一的自种地分立卖租、卖佃两契的这种传承关系，发生在某一"置产簿"中，有其偶然性和局限性，不一定能准确反映历史真实。事实上，底、面合一的自种地分立卖租、卖佃两契的个案，最迟到乾隆晚期已经出现。试看乾隆五十四年（1789）的两纸契约[①]：

其一

　　立卖契人孙友良同弟春阳，今有叔父遗下田租壹号，土名渡水丘，系难字四千三百十一号，计税六分三厘六毫，计大租六秤，自佃。今因正用，自愿央中将前项田租出卖与族兄胜梁

────────

① 孙在中：《契墨抄白总登》，中国社会科学院经济研究所藏，徽州地契档，置产簿第 23 函，W·TX·B0063。

名下为业，当日三面言定时直〔值〕价银拾四两四钱正。其银契当日两相交明。未卖之先，并无重复；今卖之后，听从买人收租管业，本家无得异说。其税粮现在九甲孙绅户内，任从起割过入三甲孙裕祯户内自行办纳。所有来脚契文与别业相连，不得交付。今恐无凭，立此卖契存照。

乾隆五十四年三月　　　　立卖契人　孙友良

同弟　春　阳

中见　詹敬修

孙惟贤

其二

立佃约人孙友良同弟春阳，今有叔父遗下田皮壹号，土名渡水丘，系难字四千三百十一号，计税六分三厘六毫，计大租六秤。今因正用，自愿央中将前项田皮出佃与族兄胜梁名下为业，当日三面言定时直〔值〕价银四两八钱正。其银约当日两相交明。未佃之先，并无重复；今佃之后，听从受人管业耕种，本家无得异说。今恐无凭，立此佃约存照。

乾隆五十四年三月　　　　立卖契人　孙友良

同弟　春　阳

中见　詹敬修

孙惟贤

交易标的物明明是没有租佃关系的自种水田，但文契不称"田业"，而写成"田租"，所谓"大租六秤"，乃按同类租田计算得出，后面加注"自佃"，立契人兼具业主（地主）、佃农双重身份，将交易分拆为两项，先卖田租，仍保留田皮（佃皮、佃权）和土地耕作，买主只能"收租管业"；而后复立"佃约"，出卖田皮。买主这才可以"管业耕种"。从上例可见，"佃约"格式与"卖契"完全相同，——写明水田土名、田号、面积、租额，无一省略，比前面提到的孙继先卖田双契更加清晰和完整。

婺源也通行一地双契。至迟到康熙（1662—1722）年间，永佃制已经成为该地租佃关系中的一种普遍形式。在那里，土地买卖和田租买卖通常都是分开的。按照惯例，田租的抵押和买卖，其范围仅限于田底权，因而只能收租，而不能直接支配或垦种土地。[①]

三　从以田地丘块为单元的地租整卖到分拆零卖

传统土地买卖或以传统土地买卖形式进行的租权买卖，交易标的物的单元或数量大小，受到田地丘块的制约，特别是水田、鱼塘等，很难随意分割、拆散零卖。因此，传统土地买卖，一般固然是以田号、丘块为单元，即使以传统土地买卖形式进行的租权买卖，因地主同土地的联系仍然相当密切，交易也大都以田号、丘块为单元进行，但是，当租权买卖演变为单纯的地租买卖后，地主"认租不认地""认佃不认地"，同土地的联系日益疏离，交易一般只须验明佃人，对佃交接，交易标的物直接按租额计算，交易单元或数量不再受田地丘块的制约。这样，买卖交易中的地租，不仅可以从单个地块剥离出来，不再与某一地块或地块的特定部分存在隶属和对应关系，也无须像传统土地买卖那样勘测和交接土地，免却了确定土地坐落、方向、四至、面积、土壤肥瘠、水利排灌或土地切割等诸多麻烦，地租可以从单个田号、丘块中抽离出来，随意分拆零卖，使地租买卖本身变得异常灵活和简便易行。

当然，将地租从单个或某一田号、丘块中抽卖的情况，在以传统土地买卖形式进行的租权买卖中，也曾出现。从现存资料看，其时间最晚可以追溯到明代后期。万历四十年（1612）祁门谢阿程卖田契即是一例：

> 十西都谢阿程，今有承祖金业田一备，坐落本保土名留罗

---

① 参见刘和惠《读稿本〈畏斋日记〉》，《中国史研究》1981 年第 1 期。

坑长弯。系新丈经理唐字四十二号，共积五百二十五步四分，折实税二亩一分五厘二毫六系。计田八丘，计硬早租二十秤又零四秤。其田与伯庚生相共，本身合得一半。计硬租一十二秤。今因娶媳缺用，自情愿托中立契将〔田〕骨并本身租一半，尽数立契出卖与同都谢敦本名下，收租永远为业。三面言议时值价文银六两正。价契当日两相交付明白。未卖之先，即无家外人重复交易。来历不明，卖人之当〔支挡〕，不及买人之事。所有税粮，该得一亩零七厘六毫三系。今当大造，随即照数于谢□访户起割，入谢□用户供解毋词，不及另立推单。成交之后，各不许悔。如先悔者，甘罚银一两与不悔人用，仍依此文为准。今恐无凭，立此卖契为照。

　　万历四十年十一月廿四日　　立卖契妇　谢阿程（押）

　　　　　　　　　　　　　　　领价男　谢永显（押）

　　　　　　　　　　　　　　代笔叔公　谢高遇（押）

　　　　　　　　　　　　　　　中见人　谢玄孙（押）

　　　　　　　　　　　　　　　　　　谢兴祖（押）①

　　如契，祁门谢阿程有承祖"仝业田"（全业田）一宗，与其伯父相共，自身合得一半。万历四十年因"娶媳缺用"，将自身应得田骨1.0763亩及租谷12秤出卖。文契对买主占有和售卖的水田面积、租额说得十分明细、准确，并允诺趁当年"大造"，"照数"起割推入买主户内"供解无词"。但并未对水田"照数"分割，新划疆界。买主实际获得的只是每年应收到租谷，对土地管业或钱粮"供解"，只有面积，并无明确疆域。

　　不过总的说，当时从整块田地中抽卖租额的个案不多，情况并不普遍，被抽卖的大多是叔（伯）侄、兄弟"共业"。谢阿程所卖的水田，在其祖父时，原是"仝业田"，传到谢阿程时，已变成与伯

---

　　①　中国社会科学院历史研究所徽州文契整理组编：《明清徽州社会经济资料丛编》第二集，第100—101页。

父"相共"的"共业"。其时独家全业田抽卖租额的个案少见，尚未见拆散零卖的情况发生。

清代，"共业"田块抽卖租额的情况已经相当普遍，而且不一定将自身份额卖净，往往是拆卖其中一部分。如歙县胡姓业主有一丘"共业"水田，自身占租 4 秤。康熙四十九年（1710）因"无钱用度"，从自身占有的 4 秤中取卖 2 秤。[①] 全业（独业）抽卖租额的个案也日渐增多，而且不以单一田号、丘块为限，往往同时从几个田号、丘块抽卖。试以康熙二十二年（1683）休宁的一纸租权卖契为例：

> 立卖田契人吴寅，今因公众事缺用，将自己续置田壹号，坐落土名香树下，系龙字九千九百九十一、九十二号，共税壹亩叁分一厘，共田租壹拾贰砠半，佃人佛力，内取田租柒砠整，取税柒分一厘正，情愿凭中出卖与□族□名下为业，三面议定时值价银伍两贰钱五分正，比日银契两相交讫。其田税在本家三图七甲吴有施户下起割过户输纳，候大造年听从收过己户无辞。未卖之先并无重复不明，如有等情，卖人承当，悉听收租管业，毋得异说。今恐无凭，立此卖契存照。
>
> 　　康熙贰拾二年九月□□日　立卖田契人　吴　　寅
> 　　　　　　　　　　　　　　　见　中　吴昭如
> 　　　　　　　　　　　　　　　　　　王国珍[②]

与明代抽卖地租的田产多为共业的情况不同，本契田产是卖主全业，且有两个田号，至少两丘以上（上述谢阿程一个田号计有大小 8 丘），每一田号，应各有面积、租额可据，卖主既不按田号或丘段售卖，也没有分别交代各自的面积、租额，只说从中取卖田租 7

---

① 《歙县胡姓誊契簿》，中国社会科学院经济研究所藏，徽州地契档，置产簿第 15 函，W·TX·B0054。

② 《休宁吴姓誊契簿》，中国社会科学院经济研究所藏，徽州地契档，置产簿第 24 函，W·TX·B0070。

砠、田税 7 分 1 厘。在这里，田租只同土地面积挂钩，而没有对应的田号、丘段。还要指出的是，7 分 1 厘的田税面积，并不是按田租准确摊算得出，因 7 砠田租应摊面积为 7 分 3 厘 3 毫 6 丝，而非 7 分 1 厘。显然，7 砠田租另有相应的田号、丘段，但文契并未登载。另外，具体是两个田号等额取卖，还是一多一少，抑或先将某一号卖净，再从另一号补足，均不得而知。类似情况并不少见。如歙县一业主有田 2 号，因"无钱用度"，雍正六年活卖田租 3 秤。但既非按完整田号（丘）售卖，也不是单从某一田号（丘）抽卖，文契只说大丘取租 2 秤，另丘 1 秤，但未说明两丘田各自的田租总额。① 显然，地租开始从具体的田地丘块中被剥离出来。

再往下发展，逐渐演变为田租分拆零卖，而且文契往往只有租额和田号（坵）数量，而无面积，地租完全从田地丘块中剥离。歙县胡姓地主的一些置产交易个案，从一个侧面反映了当时地租拆卖的一些情况。试看表 1：

表 1　　　　　　　　歙县永佃制下的地租拆卖个案示例

（1639—1729 年）

| 序号 | 年份 | 卖租原因 | 租额 | | 契价（两） | 备注 |
			原数	折合斤*		
1	顺治十三年		15 秤	330	10	计田 3 号，内两号卖净，第 3 号取卖 5 秤
2	康熙九年		3 秤	66	1	田会背广头内取卖 3 秤
3	康熙十一年	无钱用度	10 秤	220	5.2	计租 13 秤，取卖 10 秤
4	康熙四十六年		3 斤	3	0.08	从中取卖 3 斤
5	康熙四十九年	无钱用度	2 秤	44	1.2	"共业"田 1 丘，本身 4 秤，取卖 2 秤
6	康熙四十九年	无钱用度	2 秤	44	1.2	计租 4 秤，取卖 2 秤

① 《歙县胡姓誊契簿》，中国社会科学院经济研究所藏，徽州地契档，置产簿第 15 函，W·TX·B0054。

续表

序号	年份	卖租原因	租额		契价（两）	备注
			原数	折合斤 *		
7	康熙五十七年		11 斤	11	1	计租 1 秤 11 斤，取卖 11 斤，自佃
8	康熙六十年	无钱用度	4 秤	88	2	计租 12 秤，取卖 4 秤
9	雍正六年	无钱用度	3 秤	66	1.8	计田 2 号，大丘取 2 秤，另丘 1 秤
10	雍正七年	无钱用度	1 秤 11 斤	33	0.75	计 4 秤，取卖 1 秤 11 斤

注：* 按当地一秤合 22 斤换算为斤。

资料来源：据《歙县胡姓誊契簿》（中国社会科学院经济研究所藏，徽州地契档，置产簿第 15 函，W·TX·B0054）综合整理计算编制。

表中交易的田租，土地都只有丘名、租额及佃人姓名，而无鱼鳞图册编号、坐落、四至、面积。租额拆卖的田产占有形式，田号和丘块多寡，土地经营及交易模式，交易规模大小，拆卖的具体方法，等等，情况不尽相同。交易的 10 宗田产中，一宗为"共业"，其余全部是独家"全业"。土地经营及交易模式方面，一宗田产为自种，卖后佃回耕作，其余全部为他人佃种的租地。拆卖的具体方法也互有差异：如 1 号是将部分田号（丘）卖净，不够再从其他田号（丘）抽卖补足；9 号是分别从两坵田中抽卖，但均未卖净，自己各保留若干租额；6、7、8、10 号则不问田丘，只说从总租额中取卖若干；至于 2、4 号，连总租额也没有，只说取卖租额若干。租额取卖方法的差异和多样化，从一个侧面反映出永佃制下田底或租权买卖的不断演变。

资料显示，地租拆卖在其产生的初期，个案数量不算太多，在租权交易中所占比重不大，上揭《歙县胡姓誊契簿》的租权（田底）交易的起讫年份从顺治十二年（1640）至雍正七年（1728），前后延续近 90 年，共计进行租权（田底）交易 128 宗，拆卖个案只占全部交易的 7.8%。从时间上看，70% 的拆卖个案发生在康熙后期。

　　乾隆年间的地租拆卖个案，可能相对多一些，某些人卖租更多用拆卖，如休宁黄源程协恭，因"钱粮无办"或"急用"等缘由，乾隆二十一年至三十二年间卖租12次，其中6次是拆卖，具体情形见表2：

表2　　　　　　　　休宁黄源程协恭地租拆卖示例

(1756—1764年)

序号	时间*	卖租原因	租额		价格 (两)	备注
			总额	取卖		
1	乾隆二十一年三月	今因使用	5秤	3秤半	5	田1丘，先年卖过1秤半，余租卖净
2	乾隆二十五年二月	钱粮无办		1秤20斤	4.5	共业田租1宗，取卖身占的1秤20斤
3	乾隆二十七年二月	钱粮无办	12秤	1秤20斤	4.5	田1丘，原租12秤，取卖1秤20斤
4	乾隆二十八年九月	钱粮无办	12秤	2秤5斤		田1丘，原租12秤，取卖2秤5斤
5	乾隆二十九年八月	钱粮无办	8秤半	3秤半	8.8	田2丘，一丘4秤，取卖2秤；另丘4秤半，取卖1秤半
6	乾隆二十九年十一月	今因急用	4秤11斤	3秤半	8.75	田租1宗，4秤11斤，取卖3秤半

　　注：*月份为农历。
　　资料来源：据《乾隆江氏誊契簿》（中国社会科学院经济研究所藏，徽州地契档，置产簿第17函 W·TX·B0056）综合整理编制。

　　租业（田业）占有及拆卖情形不尽相同。拆卖的6宗租业（田业）中，1宗属"共业"，其余5宗均是全业。拆卖方法也有好几种：或将"共业"的身占租额卖净；或将先年已卖出部分租额的"全业"田租卖光。不过更多的是从尚未卖过的"全业"田租中取卖。其中多数是从单个田丘取卖，也有一宗（5号）是同时从两丘水田取卖。值得注意的是，取卖的两丘水田现存租额分别为4秤和4

秤半，而取卖的田租只有 3 秤半，只须从其中一丘水田抽取，即可够数，并有富余。可是卖主并未这样做，而是同时从两丘水田取卖，每丘保留至少一半的租额。

随着时间的推移，特别是进入近代，拆卖租额的情况渐见普遍。试以《咸丰谢姓誊契簿》资料为例。该誊契簿文契起讫年份从嘉庆至咸丰，前后 40 年，共计进行租权（田底）交易 50 宗，其中属于拆卖的 14 宗，占总数的 28%，而咸丰三年间又占一半，占同期租权交易总数（20 宗）的 35%。现将各宗拆卖个案列成表 3：

表 3　　　鸦片战争前后徽州永佃制下的地租拆卖个案示例

（1814—1853 年）

序号	年份	卖租原因	租额		价格（两）	备注
			总额	取卖折实		
1	嘉庆十九年		20 秤	5 秤 12 斤	14.5	田 2 丘，原租 16 秤，内取实租 3 秤 12 斤；又原租 4 秤，折实 2 秤
2	嘉庆二十二年		40 秤	21 秤	40	原租 50 秤，折实 40 秤，内取原租 26 秤 2 斤半，折实 21 秤
3	嘉庆二十二年			34 秤	64	内取原租 13 秤，折实 8 秤；又内取原租 5 秤 14 斤 4 两，折实 4 秤；又内取原租 5 秤，硬交 3 秤；又内取原租 31 秤 4 斤 4 两，折实 19 秤
4	嘉庆二十三年			4 秤 8 斤	14.08	内取原租 7 秤，折实硬交 4 秤 8 斤
5	道光六年			8 秤	19	内取原租 8 秤，折实 5 秤 10 斤；原租 4 秤，折实 2 秤 12 斤，共 8 秤
6	道光十一年	今因正用	98 秤	32 秤		原租 98 秤，内取身分四股二，计 49 秤，折实 32 秤
7	道光二十五年	今因正用		12 秤 10 斤	31.9（千文）	内取原租 14 秤，折实 10 秤；内取原租 2 秤 16 斤，折实硬交 2 秤 10 斤

续表

序号	年份	卖租原因	租额		价格（两）	备注
			总额	取卖折实		
8	咸丰元年	正事急用无措		4秤8斤	11.44（千文）	内取原租5秤10斤，折实4秤8斤
9	咸丰二年	急用无措		2秤	3.5（千文）	内取原租2秤6斤，折实2秤
10	咸丰二年	今因正用		19秤	29	内取原租7秤10斤，折实4秤10斤，又田皮谷10斤；又原租20秤，折实14秤，共折实租谷并田皮谷19秤
11	咸丰二年	正事急用无措	5秤	2秤8斤	11	原租7秤10斤，折实5秤；内取实租2秤8斤
12	咸丰二年	众用紧迫无措		1秤	1.4	内取原租1秤10斤，折实1秤
13	咸丰二年	钱粮紧迫无措		2秤10斤	3.6	内取原租5秤5斤，折实2秤10斤
14	咸丰三年	正事紧迫无措	6秤10斤	5秤	7	原租6秤10斤，身取6秤，折实5秤

资料来源：据《咸丰谢姓誊契簿》（中国社会科学院经济研究所藏，徽州地契档，置产簿第2函，W·TX·B0013）综合整理计算编制。

表3与表1、表2个案比较，租额拆卖的田产占有形式、交易模式、拆卖的具体方法，大致相同，但也有某些变化：其一，作为交易标的物的地租，除了田底租之外，还有"田皮谷"（田面租），这是田皮（佃权）成为兼并对象的反映①；其二，交易的地租，全部有"原租""折实"或"硬交""折实硬交"之分。"实租"对"原租"的比例有高有低，最高的为90%（7号），最低的只有47%

———————

① 当然，田皮（佃权）成为兼并对象，并非始自咸丰，早在康熙、乾隆年间甚至明末，在徽州某些地主"置产簿"中，田皮已是重要角色乃至主角（参见《汪国祥契底》，中国社会科学院经济研究所藏，徽州地契档，置产簿第23函，W·TX·B0064；孙在中《契墨抄白总登》，中国社会科学院经济研究所藏，徽州地契档，置产簿第23函，W·TX·B0063；《休宁程姓誊契簿》，中国社会科学院经济研究所藏，徽州地契档，置产簿第12函，W·TX·B0051）。不过在租额拆卖个案中，田皮还是首次出现。

（13 号）。一些地区"原租""实租"名目的出现，原因和情况比较复杂，但最根本的原因恐怕还是农业生产力下降；其三，地租交易进一步同土地脱钩，14 宗交易个案中，除 1 宗提到田丘外，其余均未涉及土地和相关要素，直接进行租额交易，有 9 宗连地租总额都省略了，文契只说取卖租额数，似乎拆卖的地租同土地乃至该号（丘）田地的地租总额都没有关系。

四　地租买卖的零碎化、日常化和计价标准的变化

地租买卖数量不受田号、丘块的限制，可以随意抽取和拆卖，又无须勘验、交割土地，契据则往往因"同他产相连，不便缴付"，多不验交，地租买卖变得异常灵活、简便。卖主为了减缓田底的流失，通常在满足现金需求、解决家庭困难的前提下，尽可能采用零敲碎打的办法，减少每次售卖租额的数量。一般每次交易的地租数额相当细小，有的一宗买卖，售卖的租额和田号、丘块数量不少，但从每一田号、丘块抽卖的租额十分细碎。不仅如此，计量单位也琐碎至极，不仅有秤（或砠）、斤、两，甚至微细到钱。假如所得价额实在不够，下次再卖，甚至立契甫毕，即在契尾加批补卖。结果，交易的规模和租额缩小，交易次数增加，频率升高，导致地租买卖的细碎化、日常化和高频化。表 4 从一个侧面反映当时田租交易零碎化的一些情况：

表 4　　　　　　　歙县田租交易零碎化情况示例

（1683—1728 年）

序号	年份	卖租原因	交易租额	价格（两）	备考
1	康熙二十二年	因无钱用	3 秤 1 斤 9 两	1.7	计田 7 号，每号最多取 20 斤，最少 4 斤 3 两
2	康熙三十五年	无钱用度	2 秤 9 斤 11 两	1.6	计田 4 号，每号最多取 21 斤 2 两，最少 5 斤 5 两

序号	年份	卖租原因	交易租额	价格（两）	备考
3	康熙三十六年		1 秤	0.7	
4	康熙四十一年		2 秤 2 斤 8 两	0.8	
5	康熙四十六年		3 斤	0.08	内取 3 斤（地租总额不详）
6	康熙四十八年	钱粮无措	1 秤 10 斤 14 两	1	
7	康熙四十九年	无钱用度	1 秤	0.6	自佃
8	康熙五十年		1 秤	0.3	典契，康熙五十五年添银 2 钱卖断
9	康熙五十五年		4 秤 8 斤 1 两 5 钱	1.3	计田 5 号，每号最多取 1 秤 8 斤，最少 11 斤
10	康熙五十五年		信鸡 1 只	0.25	
11	康熙五十七年		11 斤	1	计租 1 秤 11 斤，内取 11 斤，自佃
12	康熙五十七年		信鸡 1 只	0.25	
13	康熙五十八年		8 斤	0.22	
14	康熙六十一年	无钱用度	6 斤	0.14	
15	雍正二年	无钱用度	1 斤	不详	余租 1 斤，卖净
16	雍正三年	无钱用度	14 斤 4 两	0.23	
17	雍正四年		3 秤 4 斤 7 两	1.75	计田 7 号，每号最多取 17 斤 12 两，最少 10 两
18	雍正四年		信鸡 1 只	0.25	
19	雍正五年		1 秤 11 斤	0.97	
20	雍正六年	姐故无措	3 秤 11 斤 3 两	1.8	计田 14 号，每号最多取 16 斤 4 两，最少 15 两
21	雍正六年	钱粮无措	1 秤 11 斤	0.75	
22	雍正六年		18 斤	0.5	
23	雍正六年	无钱用度	信鸡 1 只	0.25	
24	雍正七年	无钱用度	13 斤 2 两	0.4	计田 2 号，分别取 11 斤和 2 斤 12 两
25	雍正七年	无钱用度	1 秤 11 斤	0.75	计租 4 秤，取卖 1 秤 11 斤

资料来源：据《歙县胡姓誊契簿》（中国社会科学院经济研究所藏，徽州地契档，置产簿第 15 函，W·TX·B0054）综合整理编制。

表中 25 宗地租买卖，不计信鸡，交易额最大的有 4 秤 8 斤 1 两 5 钱，最小的仅有 1 斤，平均 34 斤多。有的虽然交易租额不算太少，但相对于田号、丘段总数特别是单个田号、丘段，租额异常细碎。如 20 号，售卖 14 个号（丘）的水田，交易租额只有 3 秤 11 斤 3 两，平均一号（丘）田仅 5 斤半，其中最少的只有 15 两，17 号最少的只有 10 两。又如 9 号，计田 5 号，相比之下，不仅交易租额少，计量单位竟然小到钱，实属罕见。1 号、2 号、23 号全都是拆卖后的剩余尾数，田不只 1 号（丘），交易数额却很小，15 号的售后尾租更只有 1 斤。5 号可能是拆卖的地租中数额最小的，仅有 3 斤，价银 8 分。表中还有 4 宗"信鸡"买卖。"信鸡"原本是附租和地主的额外需索，根本上不了台面，现在不仅作为租权的一部分进入市场，而且堂而皇之单独立契交易。这也是田租分拆零卖后产生的奇特现象。

田租被分拆零卖，交易租额缩减，卖租次数增加，买卖田租变成了某些人的经常性和日常性交易活动。从上揭《歙县胡姓誊契簿》所见，簿主进行的田租交易，多的时候一个月五六宗，有时一天就有两宗。一些卖主的卖租活动也十分频密。有个卖主胡承洛（系簿主房叔），从康熙五十三年（1714）十一月开始卖租，至雍正二年（1724）二月卖完最后 1 斤"余租"为止，在 9 年多的时间里，不计店屋、房舍、菜园、茶园、山林，单卖田租就有 19 次，平均一年超过 2 次，多的时候一个月就有 2 次。有时交易甫毕，旋即在契尾加批补卖。雍正元年正月将一块竹园卖与簿主胡大章，价银 3 钱 6 分，当日随即同契"再批"，将下段早租 8 斤，卖与胡大章。二月初三日又亲笔加批："菱角丘仍存租一斤，卖与万章。"①

这种契尾加批补卖的简易田租交易，并非胡承洛的发明，此前此后均有人采用：康熙十年四月，汪光荐将水田 17 号、计租 79 秤 17 斤卖与胡怡公祠后，随即加卖租 3 秤。契尾"再批"称："又，土名栏杆租叁秤、佃方六龙亦在内"；康熙四十九年（1710）正月，

———————

① 《歙县胡姓誊契簿》，中国社会科学院经济研究所藏，徽州地契档，置产簿第 15 函 W·TX·B0054。

胡承铎因"无钱用度",从石陂源埂塝下自身占有的4秤田租中,取出2秤,卖与房兄胡承起(胡大章之父),得价1两2钱。契尾随即"再批":"埂塝下自身仍有早租拾一斤,一并出卖与房兄名下,所有价银叁钱正,收讫无词";雍正七年(1729)二月,胡万英因"无钱用度",将水田8号(丘)、计租5秤1斤12两卖与族弟胡万章兄弟,契尾又加"再批":"考坑口上岸十三两添在契内"①。

同时,由于田丘租额被毫无限制地拆卖,次数多,数额琐细,买主又不限一家,有时卖主根本不记得某一田块的租额,究竟卖了多少,尚存多少。虽然文契照例写有"未卖之先,并无重复交易"一类词句,但因记忆或计算差误,"重复交易"还是时常发生。胡承洛即多次"重复交易"卖"虚租"。如康熙五十三年(1714)十一月,售卖田租11秤18斤14两,包括水田8号(丘)。其中新田畔晚租11斤(佃黄寿)就是"虚数",早在一年前已卖给了别人。立契当天,契尾即加"再批":"新田畔旧岁卖与麟处,今将荒田外晚租十一斤,佃黄寿,以补契内虚数。同日批照"。次年三月,胡承洛又卖田租5秤11斤,包括3号(丘)水田。其中菱角丘的早租1秤,也是"虚租",事后只得从其他多个丘段抽补。契尾"再批"称:"菱角丘虚租壹秤,今将六亩丘租五斤八两,佃方祖福;又五保橙术〔树〕丘租七斤五两,佃朱祖旺;又土名塘坞里租十二斤,佃朱保生以补契内。菱角坵仍多二斤,所有价银找讫。亲笔字照"。需要动用3个丘段的租额,才能补上1秤(22斤)"虚租",也从一个侧面说明了田租拆卖的细碎程度。当然,卖"虚租"的并不只胡承洛一人。雍正六年(1728)七月,胡万英卖租3秤,计田2号(丘),其中1秤田租,有8斤4两是已卖出的"虚租",契尾批明:"长定丘内虚租八斤四两,将考坑口上岸租八斤四两补入契内"。

同土地买卖比较,田租买卖的内容和程序都相对简单,若发现

---

① 《歙县胡姓誊契簿》,中国社会科学院经济研究所藏,徽州地契档,置产簿第15函W·TX·B0054。

"虚租"或重复交易，另调等额田租补上即可解决，并无土地坐落、交通、面积、肥瘦差异的麻烦。所以，田租买卖中的"虚租"或重复交易，不过小事一桩，买主并不在意。不仅如此，有的田租交易完成后，出于某种原因而调换也是常有的事。如康熙十年四月，王良训将租田 6 号，计租 20 秤 9 斤 5 两，卖与胡怡公祠，但作为契中第一号租的寺坑口上岸 5 秤 11 斤，很快被调换。契尾"再批"称："内取史家湾实租 5 秤 11 斤，对换寺坑口上岸 5 秤 11 斤"；康熙六十一年十二月，胡文胄将木杓丘卖与房叔胡万章"收租管业"。次年五月，卖主复将北湖坑口上岸租 2 秤，调换契内木杓丘租 2 秤。①

显然，这既反映了永佃制下土地买卖的某些特点，同时也无形中加大了田租交易的频率。

随着永佃制下租权（田底）买卖演变为脱离土地的纯地租买卖，进而成为不受田地丘块限制的租额零卖，交易方式和计价标准也在发生变化。

由于脱离土地的地租买卖，内容和程序简单，谈判难度降低，交易空间扩大，使交易方式发生某些变化，买主不仅无须勘验地亩，甚至买卖双方也不用直接见面，买主可将价款交给第三者代买。下面是一纸代买田租的转卖契：

> 立杜断转卖契人杨芳五，缘因身出面代买汪东儒田租壹号，坐落土名塘坞口，计正租四砠半，系人字一千零六十号，计田税陆分。愿将［其］立杜断契出卖与汪国祥名下为业。契内价银拾一两及外中资银柒钱七分，是身收足，代交卖业人及中见之人。如有等情，尽是见手人之事，不涉受业人之事。所有税粮，向汪占添户扒纳。恐后有〔无〕凭，立此断契永远存照。

---

① 《歙县胡姓誉契簿》，中国社会科学院经济研究所藏，徽州地契档，置产簿第 15 函，W·TX·B0054。

　　再批：上首老买契杨姓契一纸，又上首汪姓契、推单式纸。

　　嘉庆十五年腊月□日　　立杜断转卖契人杨芳五

　　　　　　　　　　　　　　　　　　亲笔无中①

　　这纸"杜断转卖契"与普通卖契或转卖契不同，转卖人当初价买田租并非打算自己持有，亦非应付突发事件而将刚购进的田租转卖，而一开始就明确是出面为他人代买。从文契可知，转卖人在出面代买时请有"中见"，立有正式契据（即"再批"所说的"上首老买契杨姓契"），但并未垫付价款、中见笔礼银及相关费用，也未将田产税粮推入己户，而是待转卖交易程序完成后，才将价款及中资银全数代交卖业人及中见人，指明受业人直接从汪姓卖主（即文契所说"汪占添户"）扒纳税粮。显然，转卖人带有经纪人的性质。不过在这宗交易中，代买人是否名正言顺地从中获得某种利益；居间买卖田租仅是个别案例，还是已成为某些人的职业，尚无从判断。

　　计价标准和依据的改变更加明显。

　　传统的土地买卖一旦演变为纯粹的地租买卖，因为买主的管业权限只能是照额收租，并无增租撤佃权和耕作经营权，不论文契有无载明田号、丘段、田地等则、面积大小、肥瘦优劣，这些同买主均无直接利害关系，交易双方议价的唯一对象就是地租，而决定地租价格高低的重要依据和标准，则是当时当地的民间通行借贷利率。这在皖南徽州和永佃制流行的其他地区，如苏南、浙江、福建、台湾和北方旗地、蒙旗地等地区，大都如此。只是在皖南、苏南、浙江、福建等地，地租多为稻谷（米）、小麦、豆类等实物，租权（地租）价格多为银两、银元或钱文，而稻谷（米）、小麦、豆类的地区和季节差价较大，借贷利率决定租权（地租）价格的机制不是十分直接或立竿见影。

　　清代台湾特别是北方旗地、蒙旗地地区，情况有所不同，借贷

---

　　① 《汪国祥契底》，中国社会科学院经济研究所藏，徽州地契档，置产簿第23函，W·TX·B0064。

利率决定租权（地租）价格的机制清晰可见。

清代台湾地区，虽然地租也是以谷租为主，但在土地买卖、租佃关系、钱粮借贷、赋税征缴中，稻谷和银元有固定的折算标准，即稻谷 1 石折合银洋 1 元，借贷利率决定租权价格的机制比较清晰。当地调查者通常以租权价格相当租额的倍数来测定大租权价格的高低，据此可知大租权交易所依据的借贷利率。有调查资料显示，清代台湾的大租权价格，台北与台中、台南两地互有差异。北部台北、基隆、宜兰、桃园、新竹等 6 县平均，大租权价格为大租额的 5.35 倍，所据借贷利率为 18.7%；中部苗栗、台中、彰化、南投等 4 县平均为大租额的 3.8 倍，所据借贷利率为 26.3%；南部嘉义、台南、凤山、恒春等 8 县平均为大租额的 3.06 倍，所据借贷利率为 32.7%。①

北方旗地、蒙旗地的租权价格，更是直接根据借贷利率确定和计算。旗人地主卖地，价格计算的基本原则和方法是，"不论地之肥瘠多少，以租为利，以价为本，大率合一分有余之息"。清政府更将利率锁定为一分三厘。如每亩租银一钱三分，租权价银即为一两。② 热河等地一些蒙旗地的租权买卖，同旗地一样，价格计算也是"以租为息，以价为本"，最简易的方法是参照当时当地的借贷利率，将租额乘以若干倍。如宣统三年（1911）土默特左旗一蒙旗租主，将一宗 14 吊钱的"小租"卖与"地户"（租户），作价办法是"将此租项一吊作为六吊"，并留下一吊作为继续掌管地权的"执证"，实卖 13 吊，合价 78 吊，折合年利率为 16.7%。③ 又如蒙旗贵族宝瑞台吉，光绪三十四年（1908）卖租的计价方法是，直接将售卖的 20 吊租子"变钱"96 吊（另余 500 文，"随年交纳"）。④ 价格相当租额的 7.69 倍，借贷年利

---

① 程家颖：《台湾土地制度考查报告书》，台湾银行经济研究室 1963 年刊本，第 59—60 页。

② 《户部则例》卷 1，同治四年校刊本，田赋，第 26—27 页。又见直隶《清赋章程摘要》。

③ 《锦热蒙地调查报告》上卷，1935 年刊本，第 159 页。

④ 《锦热蒙地调查报告》上卷，第 194 页。

率为20.8%。在这里，议价对象和定价标准，全都一目了然。

永佃制下的租权买卖最终变成直接或单纯的地租买卖，并且以通行借贷利率为标准计算价格，传统的土地买卖变成一种债权交易，购买租权（田底权）就是放本取息，地权演变成债权。租权（田底权）文契也只是一纸债券。正如20世纪30年代的调查者所说，"田底所有权仅仅表明对地租的一纸权利，这种所有权可以像买卖债券和股票那样在市场上出售"①。这深刻揭示了永佃制下地权（租权、田底权）及租权（田底权）买卖的本质。

五　土地买卖变化所产生的影响

永佃制下的土地（租权）买卖演变，地权的不断债权化，对土地功能、土地占有形式、地权分配态势等都产生了不同程度的影响。

首先是土地（地权）金融调剂功能的大大增强。

在农业社会，作为社会财富主要标志的土地，有两个基本功能：一是耕作经营或召佃收租；二是金融调剂。在平时可以自行种植或雇工经营，收获粮食或其他产品，也可召佃租出，收取劳役、实物或货币地租。若有经济困难或其他需要，则可通过土地抵押、典当、售卖，应付现金开支。不过在传统租佃制度下，土地买卖无论自田、租田，一般必须以田号、丘块为单元，卖主不可能按照实际需要或自己的意愿分拆零卖。买卖时又必须进行土地勘验、交割，交易程序繁复。同时，传统观念认为典卖田产尤其是祖遗田产，是一种败家和辱没门风的行径。所以，不到山穷水尽、走投无路的地步，通常不会典卖田产。在传统租佃制度下，土地流通和金融调剂功能的发挥，在社会道德和交易程序上都存在诸多窒碍。

在永佃制下，原来以田号、丘块为单元的土地买卖，最终演变为脱离土地丘块的纯地租买卖，卖主可以任意抽取拆卖，每次交易的规

① 费孝通：《江村经济——中国农民的生活》，江苏人民出版社1986年版，第131页。

模大小、地租数量多寡，是整卖还是分拆零卖，完全可以按照自己的意愿和实际需要决定。这就给卖主的金融调剂提供了极大的方便。一些卖主出卖的租额小到三五斤、1 斤稻谷、1 只"信鸡"，所卖的租额尾数零碎到几两、几钱，目的无非是在获取所需现金、排解困难的同时，尽可能降低售卖的地租数量。大量零散、数量细小的地租交易，也从一个侧面反映出，卖主卖租并非遇到婚丧大事或其他重大灾祸、变故，而只是用于日常性的金融调剂。正因为如此，一些文契所载的卖租原因，大多是"无钱用度"。前揭《歙县胡姓誊契簿》列有卖租原因的 63 纸文契中，53 纸是"无钱用度"（含"欠父银"和"付会无措"各 1 宗），占总数的 84.1%，剩下的是婚丧（含 1 宗年迈置备棺木）和"钱粮无措"各 4 宗，"年岁饥荒，日食难度"2 宗。可见绝大部分是用于日常性开支，应付婚丧、灾祸或其他突发事件的是少数。这表明了土地（租权）的日常性金融调剂功能大大增强。

不过需要指出，土地（租权）这种日常性金融调剂功能的发挥，必须以地租分拆零卖为前提。如果租权买卖尚未演变到脱离土地的纯地租拆卖，还停留在以土地丘块为单元的阶段，则仍然只能应付大的灾难或突发事件，一般不可能起到日常性金融调剂的作用。以《徐衷义置产簿》的租权买卖个案为例，该置产簿所辑康熙五年至六十一年（1666—1722）间的 133 纸租权卖契，按租权占有和售卖模式划分，22 宗为抽卖"共业"的身占部分，1 宗为全业拆卖，1 宗为余租卖净，其余 109 宗都是以田地丘块为单元的田租整卖，占租权交易总宗数的 82%。109 宗田租整卖中，98 宗列有卖租原因：86 宗为"钱粮无办"（含"里役无办"），6 宗为"年荒粮食无办"，即用于应付天灾人祸的租权交易达 92 宗，占总数的 93.9%。余下"缺失支用"（含 1 宗"欠人银利"）、"财力无办""做木无本"各 2 宗，合计 6 宗[1]，即用于日常性金融调剂的只占 6.2%。这与前揭《歙县胡姓誊契簿》中的情况（日常性金融调剂占 84.1%）形成鲜明的对比。

---

① 据《徐衷义置产簿》（中国社会科学院经济研究所藏，徽州地契档，置产簿第 25 函，W·TX·B0075）综合统计。

土地（租权）日常性金融调剂功能增强，同地租买卖的时间分布变化也有密切关系。在传统租佃制度下，以田号、丘块为单元的土地买卖，一般发生在年头年尾和农闲时节，主要集中在阴历十一月至次年二月。脱离土地的地租或租权买卖，因交接不受生产季节的制约，可以随时进行，买卖时间的分布相对均匀。上揭《歙县胡姓誊契簿》128 宗田租买卖，在时间分布上，阴历八、九、十月收割、交租时节，每月交易 4—5 宗，其余 8 个月，少则 9—13 宗（三、五、六、七月），多则 15—18 宗（二、四、十二月）。这种相对均匀的时间分布，为日常性的金融调剂提供了时间上的便利条件。

不少租权占有时间短暂，流动频繁，也从一个侧面反映出土地日常性金融调剂功能的增强。文契资料显示，有人于康熙五十九年（1720）七月购进田租 2 秤，雍正元年二月卖出，占有时间不到 3 年；又有一宗 5 秤的田租，在康熙四十四年（1705）十二月至五十二年十一月，三易其主，平均每户占有时间不足 3 年。另外，康熙十一年（1672）四月胡元贞兄弟一纸卖租契的契尾"再批"称："原田春茶坑，胡国廉卖与胡元柱，胡元柱卖与胡大国，胡大国卖与胡元贞兄弟，胡元贞兄弟卖与胡大秀"。此处胡国廉的卖契年份不详。不过就在胡元贞兄弟卖租后的第 13 天，胡国廉即将另一宗田租（计 3 秤 5 斤 8 两）出典；胡大国也曾在康熙二十二年和三十六年分别出卖田租（计田 7 号、租额 3 秤 1 斤 9 两）和菜园一处。据此可以推断，4 次交易的当事人都是同时间的人，春茶坑田租几次换主，相隔时间都应较短。

地租拆卖还为某些人的购田融资提供了条件。康熙四十九年正月，胡承钰因买田"无资"，即从"自佃"水田本身应得的 4 秤早租中取卖 2 秤，得价银 1 两 2 钱，用以补足价款，完成购田交易。①

地租分拆零卖，还直接影响和改变土地（田底权）的占有形式。地租拆卖与分家析产交互作用，形成数量庞大、产权零碎、形式多

---

① 参见《歙县胡姓誊契簿》，中国社会科学院经济研究所藏，徽州地契档，置产簿第 15 函，W·TX·B0054。

样的"共业"。

在永佃制下，由于地主"认租不认地"，兄弟、叔（伯）侄分家析产，一般可以直接将租额按人（房）均分，不受田地丘块的限制，无须对土地本身进行切割，从而形成多家占有的"共业"（亦称"合业"）。加之地租品种、规格多样①，为了做到公平和分配均匀，一般会按品种、规格平分租额。这就势必打乱土地丘块而形成"共业"。在徽州一些村落的土地卖契中可以看到，叔（伯）侄、兄弟出卖的田租中，不少属于同一丘块。若年份相近，佃农亦相同。如《歙县胡姓誊契簿》显示，胡承锡、胡万松叔侄分别于康熙四十九年二月、五十一年二月出卖的田租中，分别包括黄泥段晚租1秤11斤和4秤11斤，佃农均为方长福；胡承洛康熙五十三年出卖的11宗田租中，有枫树丘1斤12两，佃农方鼎成；胡从田、胡文熊叔侄分别于雍正元年（1723）四月、六月出卖的田租中，也都有枫树丘田租1秤，佃农亦为方鼎成；胡万柏雍正三年正月卖租14斤4两，次年12月胡万松、胡万楷兄弟卖租1秤21斤，土名都是程家源，佃农则同为胡大佐。②

不过分家析产而出现的"共业"还是少数，占有者基本上限于叔（伯）侄、兄弟等至亲。但是，《歙县胡姓誊契簿》中买卖的许多田租及其载体田丘"共业"，如轮山、横丘、三角丘、方丘、腰古丘、栏杆丘、杉木丘、大王丘、梨树丘、郭前丘、寺坑口、荒田外、吴坑口、考坑口、新田畔、橙树丘、石陂源、六亩丘、长定丘、会贝等，持有者并非叔（伯）侄、兄弟等至亲，而是房亲、族亲乃至异姓。这类"共业"除少数为分家析产遗留外，更多的还是地租分拆零卖的结果。

事实上，卖主为了保持名义上的土地所有权，往往同时从多个

---

① 在徽州，地租品种有谷租、麦租、豆租、茶油租、木油租等，地租规格有早租、晚租、早晚租、上午租（上田租、湿租）、下午租（干租）、原租、折实租、硬租、监分租等多种名目。

② 见《歙县胡姓誊契簿》，中国社会科学院经济研究所藏，徽州地契档，置产簿第15函，W·TX·B0054。

田丘零碎抽取，合在一起售卖，尽量避免某一丘块租额的一次性整卖或卖尽。这样，每卖一次租，就会形成一宗或多宗"共业"。随着地租的不断买卖和反复转移，"共业"数量持续增加，占有人的范围日益扩大，由叔（伯）侄、兄弟等至亲扩大到房亲、族亲，由族内扩大到异姓，由本村本乡扩大到外村外乡。徽州一些买卖文书和收租簿册中出现的族内远房、本村异姓和外村外乡"共业"，大都是租额分拆零卖形成的。

这种情形自然不限于徽州，其他地区也可见到。如福建闽北，李崇忠有父遗"送城租米"1石5斗，"兄弟相共"。因"需钱应用"，嘉庆十五年二月拟将自身应得的一半租米售卖，但"房亲人等俱各无力承交"，遂立契卖与黄浚。该项租米乃由兄弟"共业"演变为异姓"共业"。① 又如浙江宁波，王伟宗有田2亩，由持有"田脚"（佃权）的佃农陈孟才耕种，年收租谷320斤，乾隆五年（1740）王伟宗将田（租权）分卖与陈孟才及其堂兄陈孟立，仍由陈孟才耕种，年交陈孟立租谷160斤，其田"统丘未分"，形成两家"共业"。②

不仅地租分拆零卖会形成和增加"共业"，有的人还凑钱伙买田租，形成"共业"，如顺治十四年（1657），歙县清源汪子贤、胡实甫凑资伙买谢元卿田租一批，计58秤1斤，汪子贤占三股二，胡实甫占三股一。两人对大部分田丘、租额按股分割、各管各业，但同时留有水田3丘、计租8秤13斤，未有分割，作为"共业"，二人共管收租，而后再按胡占三股一、汪占三股二的比例分配。③ 嘉庆二年，休宁顾廷珏、朱世祥先后共契伙买杨梅岭、芭蕉坦等处租田0.965亩，苦桃树湾等处租田1.1亩。④ 还有一些小公堂凑钱购置阄

① 见杨国桢辑《清代闽北土地文书选编（二）》，《中国社会经济史研究》1982年第2期。

② 乾隆刑科题本，见中国第一历史博物馆、中国社会科学院历史研究所编《乾隆刑科题本租佃关系史料之一·清代地租剥削形态》下册，中华书局1982年版，第550—551页。

③ 见《歙县胡姓誊契簿》，中国社会科学院经济研究所藏，徽州地契档，置产簿第15函，W·TX·B0054。

④ 见《休宁朱姓置产簿》，中国社会科学院经济研究所藏，徽州地契档，置产簿第24函，W·TX·B0071。

房嗣孙共有的祭产。如康熙十年，歙县清源小公堂胡怡公祠接连用银
66.8两，分3次购进田租祭产109秤9斤5两，作为"共业"祭产。①

随着时间的推移，"共业"的数量和比重持续升高，到近代时
期，"共业"成为一些地方租田占有的主要形式。如光绪年间一佚名
地主租簿（残本）显示，可以确定占有关系的48宗田租中，只有
15宗"全业"，占31.3%，其余33宗都是"共业"，每宗"共业"
的占有者至少2家，最多10余家。其中有一宗租田，面积4.0145
亩，计大租1147斤8两。由9家分割，占有最多的354斤，最少的
只有20斤。② 黟县《孙居易堂租簿》（记账年份为同治四年至光绪
十年）显示，89宗田产中，49宗是"合业"，占总数的55.1%。除
两宗合业家数不详外，47宗合业中，16宗为两家合业，其余31宗
的合业家数都在3家以上，最多的竟达28家。③

田租拆卖形成的"共业"，占有者的权责关系明显不同于分家析
产形成的"共业"。有的卖主为了保住"面子"或其他原因，虽然将
大部分或绝大部分租额卖出，但仍然继续维持名义上的土地所有权
（田底权）。官府明文禁止买卖的旗地、蒙旗地、台湾高山族村社地
等，地主为了规避私卖旗地、"番地"的责罚，变卖旗租、"番大租"
时，总要留下少量租额，象征性地保留土地所有权。如前面提到的两
户蒙旗租主，就是通过保留少量租额作为地权"执证"的办法，保住
了名义上的土地所有权，得以逃避官府关于蒙旗地买卖的禁令。又如
在台湾，高山族"社番"茅格沙榜等有祖遗水田连荒埔一处，计租7
石，因"乏银别创"，光绪三年（1877）正月以银洋30元的价格（即
每年每元贴利谷2斗）出典租谷6石，自留1石。出典人据此保留整
个水田的所有权，郑姓典主则以"开垦永耕荒埔田租人"的身份耕种
交租。不仅如此，典主同时交有5元"碛地银"（即押租），以获得

---

① 见《歙县胡姓誊契簿》，中国社会科学院经济研究所藏，徽州地契档，置产簿第15
函，W·TX·B0054。

② 《徽州佚名地主租簿》，中国社会科学院经济研究所藏，徽州租簿档，租第27函，
W·TX·B0202。

③ 章有义：《明清徽州土地关系研究》，中国社会科学出版社1984年版，第318—326页。

"社番"地主"永远不得另招别佃"的承诺，保住自己的佃户身份。光绪二十七年九月，郑姓又应地主要求，添加"尽根田价银"2 元 5 角，将 6 石典租买断，成为该项田租的"业主"。不过郑姓虽然占有整宗水田 6/7（85.7%）的租权（田底权）和全部佃权（田面权），仍然是佃户；而"社番"茅格沙榜等仅仅保留 1/7（14.3%）的租权（田底权），却仍是"田主"，亦无承担私卖村社地罪责的风险。①

当然，卖主为了维持名义上的土地所有权（田底权），有时也必须承担额外的责任和风险。康熙十一年（1672）歙县的一宗田租买卖很能说明问题。该宗交易的田租共 13 秤（每秤合 22 斤），卖主抽卖 10 秤，自留 3 秤。整个交易立有以佃户为中见、代笔的"卖契"，由佃人代笔的"推单"和佃人向买主亲笔写立的"承种字"，产权（租权）的交割，税粮的推扒过户，新的主佃关系的确立，全都十分清晰、明确，买卖双方本已银契、权责两清，再无瓜葛，但是，因为卖主留有小部分租额，买主的佃户仍是原佃，且同卖主继续维持原有的主佃关系，土地契约（红契、白契）、粮单等法律依据，也都保留在卖主手中，买主并不能自行向官府纳赋，须将税粮"递年照依官则贴与本户（卖主）"，由卖主代纳，买卖双方的产权交接仍未彻底了结。或许正是这种原因，买主乘机要求卖主代为承担佃农欠租的风险，契尾"再批"特别写明：佃农"递年缴纳实租，……如少斤两，本家（卖主）补足"②。这或许是一个典型案例，它反映了这类"共业"内部占有及权责关系的特殊性、复杂性。

永佃制下的地租额分拆零卖，还会对地权分配及其态势产生某种微妙的影响。

租权或地租买卖的细碎化和平常化、日常化，使一宗买卖被分拆为几宗买卖，一方面增加了地租买卖的次数，加大了土地交易的频率；

① 台湾银行经济研究室编印：《清代台湾大租调查书》第 4 册，1963 年印本，第 684—685 页。
② 参见《歙县胡姓誊契簿》，中国社会科学院经济研究所藏，徽州地契档，置产簿第 15 函，W·TX·B0054。

另一方面也可能不利于地主富户的土地兼并，或多或少放慢地权集中的速度。资料显示，被迫卖租的除了纨绔子弟、破落地主，大多是几经分家析产、占地数量不多的小地主、小土地租出者和自耕农。他们经济不十分充裕，甚至入不敷出，往往须靠变卖田租贴补家计。为了保住地权，他们在满足现金需要的前提下，总是尽可能缩小变卖地租的数量，这就可能在一定程度上放慢土地的流失速度。而对买主来说，不论现金、财力如何充裕，每次购进的地租大多数量很小，只能以聚沙成丘的方式积累土地。土地的增值速度自然受到限制。前揭《歙县胡姓誊契簿》的簿主在清初的75年间，3代人接续兼并①，通过128宗交易，大小通吃，才积累起大约85亩土地（田骨），土地的积累速度称不上快捷。

同时，由于地租买卖的细碎化和平常化，田租交易规模狭小，所需资金不多，能够购置地租的自然不限于少数地主富户，一些买不起整丘、整段田租，但家境稍好的农户或其他村户，在年成和经济状况较好时，也可购租一二秤（租）或三五十斤。而且，部分卖主因出卖（活卖）的租额较少，遇到经济状况好转时，可能到期原价回赎，或购进相同数额的地租。这样，地租买主不一定局限地主富户，地权交易流动呈现多向化态势，不会单向流往地主豪富，从而在某种程度上有助于地权的分散。

由于资料的限制，无法具体判断顺治至雍正年间歙县和徽州地区的地权分配态势。现在知道的情况是，直至1950年土地改革前，歙县和徽州地区的永佃制仍然相当盛行，土地大都分为大买（田底）、小买（田皮）两个部分。在地权分配方面，与皖南和安徽其他地区比较，则相对分散。试就旧徽州府属歙县、休宁、祁门、黟县、绩溪、婺源（现属江西省）6县土地改革前的地权分配同皖南和安徽省内其他地区做一比较，如表5：

---

① 顺治十二年至康熙二十二年为第一代；康熙二十三年至三十三年中断；康熙三十四年至五十年为第二代；康熙五十一年至雍正七年为第三代（其中康熙二十三年至三十三年因换代、继承或分家析产及其他不明因素，记载中断，抑或未有地权交易）。

表5　　　　　　徽州、皖南、安徽土改前夕地权分配状况比较

（1949 年）　　　　　　　单位：%

地区别	县别	总计	地主	富农	中农	贫雇农	公地	其他
徽州	歙县	100.0	15.5	5.2	37.8	22.4	9.3	9.7
	休宁	100.0	32.3	2.6	23.7	18.0	10.7	12.7
	祁门	100.0	17.7	2.9	15.1	14.1	36.1	14.1
	黟县	100.0	18.3	4.7	13.8	0.6	40.0	22.6
	绩溪	100.0	21.2	5.2	33.7	15.9	12.4	11.6
	婺源	100.0	15.5	3.7	15.6	9.6	48.9	6.6
	小计	100.0	20.5	4.0	26.0	15.8	21.9	11.8
皖南	11 县	100.0	32.4	9.3	28.7	13.5	9.0	7.1
安徽	38 县	100.0	30.4	10.4	31.1	22.1	3.4	2.5

注：1. 因资料所限，皖南、安徽县份不全。皖南不计徽州 6 县，11 县为当涂、芜湖、铜陵、南陵、郎溪、宁国、青阳、太平、石埭（今石台）、东流、至德；安徽 38 县除皖南 11 县，余为怀宁、宿松、枞阳（桐庐）、望江、六安、霍邱、和县、含山、来安、滁县、无为、太湖、潜山、金寨、岳西、霍山、颍上、阜南、亳州、涡阳、太和、寿县、凤阳、五河、泗县、砀山、怀远。

2. 祁门地权分配，原资料"贫雇农"和"其他"未分，合计为 28.18%，本表假定各占一半，将其分开。

资料来源：据相关新编县志综合整理、计算编制，转自刘克祥《全国农村户口、人口、土地阶级分配统计·安徽省》（未刊稿）。

为徽州 6 县中，地主富农的占地比重，最高为 34.9%（休宁），最低 19.2%（婺源），平均为 24.5%，比皖南其他 11 县的 41.7% 低 17.2 个百分点；比安徽省其他 38 县的 40.8% 低 16.3 个百分点。尤其是永佃制发展最为成熟、田租分拆零卖盛行的歙县，地权分散更为明显，地主富农的占地比重为 20.7%，中农和贫农雇农的占地比重分别达 37.8% 和 22.4%，均超过地主富农，合计 60.2%，相当地主富农的 2.9 倍。另外，绩溪地主富农的占地比重为 26.4%，中农和贫农雇农为 49.6%，后者相当前者的 1.9 倍，据说"民国以前县内无田户极少"，出卖劳动力的长工多是皖北、苏北、浙江人，县籍贫苦农民多以打短工辅助生活。[①] 民国以前的地权分配应该比土地改

————————

① 《绩溪县志》，黄山书社 1998 年版，第 154 页。

革前夕更分散一些。

当然，考察徽州的地权分配，不能忽略该地大量祠产"公田"的存在。如表 5 所示，徽州祠田、祭产以及庙产、学产、文会产、茶亭产、桥会产等形形色色的"公田"比重甚高。除了歙县，均超过10%。婺源地主富农的土地虽然只占 19.2%，但"公田"比重竟然达48.9%，所以中农、贫农占地并不多，仅有 25.2%，即 1/4 强。黟县、祁门的"公地"比重也分别达 40% 和 36.1%，6 县平均为 21.9%。如此高的"公田"比重，无论在皖南、安徽还是全国，实属罕见。

为了准确评估"公田"对地权分配所产生的影响，有必要对其结构、归属、功能、管理使用等进行探查。徽州"公田"中数量最多的是祠会祭产；庙产、学产、文会产、茶亭产、桥会产等的数量较少。祠会祭产大致分为两部分：一部分是祠田，属于宗祠或整个宗族所有，其数量视各宗族贫富、旺衰而异，很不平衡。如绩溪，民国时期，宗祠一般有田二三十亩，多者百亩以上；山场多者百千亩。通常族内定有掌管公堂的经理，收入用于祠堂修建、祖先祭祀、办校助学等。亦有族衰人少，田山"无力管理，复成荒野"者。[1]毫无疑问，充当"经理"的自然多是那些断文识字的地主、士绅，故祠田实际上大多被控制在地主富农手中。不过从其上述用途看，还不完全等同地主富农的私田；另一部分是宗祠、宗族下属各支派公堂、祠会的祭产、田产。徽州的公堂、祠会数量庞大，多是支派、田产不多的小公堂。如祁门，1950 年土地改革前夕，全县有公堂、祠会 5032 所，平均 4.5 户就有一所公堂。[2] 这些公堂、祠会共有土地 49238 亩，平均每所公堂、祠会 9.8 亩。[3] 虽然单个公堂占有的土

---

① 《绩溪县志》，黄山书社 1998 年版，第 152 页。

② 各家农户隶属的公堂、祠会及其祭产数量多寡不等，富裕农户或望族，各代先祖往往分别置有或留有祭产，立有公祠，一家农户可能同时隶属多个公堂、祠会。一些贫困农户和独门小姓，则公堂、祠产较少。

③ 据《祁门县志·农业》，安徽人民出版社 1990 年版，第 106—107 页。原资料公堂、祠会占有的耕地只有相对数（36.14%），此处亩数系据该书所揭 1951 年土地改革后全县耕地数（136243.36 亩）计算得出。另据载，土地改革中，全县共征收公堂、祠会等土地65706.307 亩，其中可能包括庙产、学产等公田。

地较少，但公堂数量庞大，田产总量远远超过宗祠。徽州地区的祠田祭产，大部分就是这种小公堂田产。由于这类小公堂传代不远，支派、人户不多，田产有限，一般不设专职"经理"，而是以裔孙"共业"的形式存在，众房共同或轮流管理。在一般情况下，祠会传代越近，支派、族众越少，祭祀规模及开销越少，祭产的房亲"共业"色彩也越浓厚，裔孙各房均衡参与管理的机会越大。除了个别例外，田产管理被地主富农独揽的机会，从而对地权分配的实际影响均较小。同时，这类小公堂田产的买卖转移也比较灵活。如财力允许，可以购添扩充；若经费不足或有其他变故，也可随时变卖套现（不过一般不许外流，只能卖与秩下裔孙）。如前述胡怡公祠，康熙十年（1671）曾接连 3 次购进田租祭产 109 秤 9 斤 5 两；而到康熙四十八年，却将菜园 3 块售卖。其兄弟公堂胡忱公祠也在顺治十三年（1656）卖租 4 秤 2 斤 4 两。雍正六年（1728）怡、忱及恺、懭、悦、惯等兄弟 6 房公祠还将其共有的房基一备、房屋一重变卖。[①] 这些祠产的变卖交易，都是由众裔孙共同决定和联名经手办理，这从一个侧面反映出，这些祭产基本上属于族众"共业"，同那些完全被地主富户控制的豪族祠产相比，性质还不太一样。因此，特大比重祠产"公田"的存在，固然可能使徽州地权分配发生某些变化，但幅度不会太大，不至于根本改变私有地的阶级分配态势。从整体上看，徽州特别是歙县，地权比较分散，应无疑义。这或许是永佃制下地租分拆零卖的一个副产物。[②]

（原载《近代史研究》2012 年第 4 期）

---

① 见《歙县胡姓誊契簿》，中国社会科学院经济研究所藏，徽州地契档，置产簿第 15 函，W·TX·B0054。

② 不过有必要指出，徽州地权的相对分散，同永佃制度本身似无必然联系。如同样是永佃制度十分盛行的皖北舒城，却可能是安徽全省地权最为集中的县份。该县太平天国战争后，地主以"永佃权"招徕垦荒，佃农几乎全有永佃权（孙文郁编：《豫鄂皖赣四省之租佃制度》，金陵大学农业经济系 1936 年印本，第 110 页）。但据 1950 年的统计，地主、富农的占地比重分别为 66.2% 和 5.2%，合计 71.4%，在安徽全省首屈一指（见《舒城县志》，黄山书社 1995 年版，第 87 页）。

20世纪三四十年代的租佃结构
变化与佃农贫农雇农化

　　20世纪三四十年代是中华民族深陷苦海、濒于亡国边缘的危难年代，同时也是中华民族否极泰来、重现光辉的转折年代。在这种特殊条件和战争环境下，封建租佃制度发生了许多值得注意的变化，呈现出新的特点，除了租佃范围继续波浪式扩大，归纳起来就是三"化"：一是租佃形式多样化。自耕农、佃农经济恶化，土地由原来最基本的农业生产资料，变成自耕农及某些中小地主最主要的金融调剂手段，典当、"烂价""卖田留耕"等租佃形式广为流行。随着押租的恶性膨胀，押租由起初的地租保证蜕变为残酷的高利贷盘剥，随之出现的押租衍生租佃也大行其道。由于佃农掌握的生产资料越来越少，由地主提供土地以外生产资料的"帮工式"租佃在北方广泛流行，并迅速向南方扩展，租佃名目五花八门，目不暇接。二是租户佃户结构多元化。地权集中，加上人口繁殖和分家析产，人均土地减少，占有细化。一方面土地饥荒日益严重，另一方面又因丘块畸零细碎或离家窎远，耕作不便，只能通过租佃进行调整；或经济困难，须借租出土地筹款以救燃眉之急；或干脆全部租出，另谋生计。部分地主富农及某些中农为了扩大经营和便于耕作，也租出远地、次地，租进近地、好地，或以高租租出、低租租进，赚取地租差额。结果相当一部分地主、富农和中农、贫农，既是租户，又是佃户，两者合一，又相互交错，形成租户佃户结构多元化态势。三是"佃农贫农雇农化"。佃农作为农业生产者的主体，原本属于农村社会的中层，中农占有较大比重，甚至以中农为主体，曾一度呈现"佃农中农化"的态势，进入近代，特别是 20 世纪后，佃农日益贫困，三四十年代更空前加剧，佃农中的中农比重下降，贫农、雇农比重上升，形成"佃农贫农雇农化"的态势，贫农、雇农成为佃农的主体。佃农由农村的社会中层沦为农村的社会底层。

关于 20 世纪三四十年代租佃制度和地租剥削问题的研究，迄今还是中国近代经济史研究中的薄弱环节，研究成果不多，其范围仅限于个别地区或某些小型专题。① 关于这一课题的整体性和综合性研究成果罕见。本文拟从宏观和典型考察相结合的角度，对这一问题做一个初步考察和分析。

一　租佃范围的波浪式扩大

租佃范围的大小及其变化，直接受到地权分配和地主土地经营习惯的制约：地主兼并，地权集中，自耕农失地破产，少地户、微地户和无地户多，自然导致佃农增加、租佃范围扩大；反之亦然。同时，人口增加、分家析产，单个自耕农占地面积缩小，也会导致佃农数量增加、租佃范围扩大。当然，也有部分租出地主，因分家析产或经济状况变差，单靠吃租不足以维持生活，将租出土地收回

---

① 这方面的论文主要有：史建云：《近代华北平原地租形态研究——近代华北平原租佃关系探索之一》（《近代史研究》1997 年第 3 期）；《近代华北平原佃农的土地经营及地租负担——近代华北平原租佃关系探索之二》（《近代史研究》1998 年第 6 期）；刘克祥：《近代四川押租制与地租剥削》（《中国经济史研究》2005 年第 1 期）；李德英：《从成都平原租佃纠纷个案论押租制的双重意义》（《历史档案》2005 年第 1 期）；李德英：《民国时期成都平原的押租与押扣——兼与刘克祥先生商榷》（《近代史研究》2007 年第 1 期）；刘克祥：《关于押租制与封建租佃制度的若干问题——答李德英先生》（《近代史研究》2012 年第 1 期）；李金铮：《矫枉不可过正：从冀中定县看近代华北平原租佃关系的复杂本相》（《近代史研究》2011 年第 6 期）；史志宏：《20 世纪三四十年代华北平原农村的租佃关系和雇佣关系——以河北省清苑县 4 村为例》（《中国经济史研究》2003 年第 1 期）；李德英：《佃农、地主与国家：从成都平原租佃纠纷看民国时期佃农保障政策的实际执行（1946—1948）》（《中国近代乡村研究的理论与实证》，社会科学文献出版社 2012 年版）；张丽：《1929—1948 年无锡农村土地租出率和地租率的变化趋势及其原因分析》（《中国近代乡村研究的理论与实证》，社会科学文献出版社 2012 年版）等。

自种，导致自耕农增加，租佃范围缩小。不过由租出地主演变的自耕农，远比由自耕农演变的半佃农、佃农少，两者相抵，租佃范围仍处于扩大态势。佃农增加、租佃范围波浪式扩大，除了个别时段、个别地区，是历史发展的一般趋势。表1反映的是1912年到1937年的1/4个世纪中，南北22省（缺热河和东北三省）农户结构和租佃范围的变化趋势：

表1　　　　　　　　南北22省农户构成及其变化

（1912年、1931年、1937年）　　　　　单位：%

省别	佃农			半佃农			自耕农		
	1912年	1931年	1937年	1912年	1931年	1937年	1912年	1931年	1937年
江苏	20	22	34	21	22	27	59	56	39
浙江	41	48	45	31	31	30	27	21	25
安徽	43	45	37	21	21	23	38	34	40
江西	41	46	38	30	30	35	29	24	27
福建	41	40	42	30	30	32	29	27	26
湖北	38	40	36	28	30	25	34	30	39
湖南	48	47	44	23	25	29	29	28	27
广东	52	57	47	26	26	32	22	17	21
广西	45	40	34	26	28	25	39	32	41
四川	51	56	52	19	19	24	30	25	24
云南	29	35	42	26	27	26	45	38	32
贵州	33	39	44	24	23	24	43	38	32
河北	13	13	11	20	20	19	67	67	70
山东	13	14	10	18	19	15	69	67	75
河南	20	22	20	21	22	22	59	56	58
山西	19	18	15	20	21	20	61	61	65
察哈尔	35	38	35▷	29	26	29▷	41	36	36▷
绥远	36	28	32	16	19	11	48	53	57
陕西	21	25	18	24	23	21	55	52	61
甘肃	26	21	19	20	20	20	59	56	61
宁夏	—	30▶	18	—	9▶	14	—	61▶	68

续表

省别	佃农			半佃农			自耕农		
	1912 年	1931 年	1937 年	1912 年	1931 年	1937 年	1912 年	1931 年	1937 年
青海	18	20	19	35	30	30	61	61	51
加权平均	28	31	30	23	23	24	49	46	46

注：①▷系 1912 年数据。▶系 1934 年数据。

②福建、甘肃 1931 年、1937 年各类农户之和，察哈尔 1912 年各类农户之和，青海 1912 年、1931 年、1937 年各类农户之和，均不等于 100，数据存疑。

资料来源：据《农情报告》第 6 卷第 6 期；《中国经济年鉴》（1935），第 G1139 页整理编制，转自国民政府主计处统计局编《中国租佃制度之统计分析》，正中书局 1946 年版，第 6—7 页。

　　如表 1，1912—1937 年，农户中的佃农、半佃农比重分别由 28%、23% 增至 30%、24%，二者合计由 51% 增至 54%，增加了 3 个百分点，自耕农则由 49% 降至 46%，降低了 3 个百分点。不过并非直线升降，如佃农比重由 1912 年的 28% 增至 1931 年的 31%，降至 1937 年的 30%，半佃农在 1912 年和 1931 年的比重维持不变，自耕农在 1931 年和 1937 年的比重也相同。具体到各个省区，情况各有差异。江苏、浙江、福建、四川、云南、贵州等省佃农、半佃农比重明显上升，自耕农比重明显下降。其中，江苏的佃农比重从 20% 升至 34%，上升 14 个百分点，自耕农比重从 59% 降至 39%，下降了 20 个百分点。云南的佃农比重从 29% 升至 42%，上升 13 个百分点，自耕农比重从 45% 降至 32%，下降了 13 个百分点。四川的佃农比重，尽管已高达 51%，但仍上升了 1 个百分点，半佃农更从 19% 升至 24%，上升了 5 个百分点，自耕农比重从 30% 降至 24%，降低了 6 个百分点。湖南、广东、江西的佃农、自耕农比重下降，但半佃农比重上升。另有资料显示，在蒋介石国民党第五次"围剿"、中央红军撤出苏区后，江西也是"佃农一天天的多起来"，据 1937 年对江西农村的抽样调查，佃农、半佃农占农户总数的 75% 以上。[①] 安徽、湖北和北方各省区，情况有

――――――――――

① 万振凡：《论民国时期"政府主导、服务型"乡村改造模式——以民国江西农村服务为中心》，《上海师范大学学报》（哲学社会科学版）2005 年第 6 期。

所不同：有的佃农、半佃农和自耕农比重升降和结构变化不显著（如
河南、察哈尔）；有的佃农、半佃农和自耕农比重有升有降，但无明显
规律（如陕西、甘肃）；也有的佃农、半佃农比重下降，自耕农比重
上升（如河北、山东、山西）。这反映出各地租佃范围和农户结构变
化的差异性和多样性。

    日本全面侵华战争和国内战争期间，日寇烧杀掳掠，日伪劫夺
搜刮，地主转嫁负担，农业生产和社会经济严重破坏，一些地区广
大农民失地破产，地权愈加集中，典型的如江苏吴县姑苏乡忠心村，
仅 1947—1948 年的两年间，贫农、雇农就分别丧失了 24% 和 51% 的
土地。[①] 浙江丽水县南明乡下张、桥亭等 4 村，地主占地比重从 1939
年的 47.1% 升至 1946 年的 49.4%，再升至 1948 年的 53.4%。[②] 云
南禄丰的地主占地比重从 1938 年的 62.1% 升至 1949 年年末的 85.0%。[③]
不过租佃范围并未相应扩大，而是相反。据国民党政府农产促进委
员会 1941 年对四川、河南等南北 12 省 206 县的调查，1937—1941
年，自耕农、地主兼自耕农均呈增加趋势，佃农、地主则减少，详
见表 2：

表 2   南北 12 省农户结构及其变化

（1937 年、1939 年、1941 年）   单位：个，%

省别	调查县数	自耕农			半自耕农			佃农		
		1937 年	1939 年	1941 年	1937 年	1939 年	1941 年	1937 年	1939 年	1941 年
四川	44	22.1	25.2	26.9	19.7	19.3	21.7	58.2	44.5	51.3
西康	4	19.3	15.9	13.9	27.5	25.5	26.5	53.2	58.6	59.6
浙江	6	30.2	27.2	33.6	32.2	23.5	36.3	37.6	49.3	30.1
湖北	2	44.5	47.2	52.6	32.9	31.7	27.2	22.6	21.1	23.2

---

    ① 苏南区农委会：《吴县姑苏乡农村情况调查》，华东军政委员会土地改革委员会编
《江苏省农村调查》，1952 年，第 184—185 页。
    ② 中共浙江省委农村工作委员会调研室：《浙江农村土地关系变化情况》，华东军政
委员会土地改革委员会编《浙江省农村调查》，1952 年，第 5—6 页。
    ③ 《禄丰县志》，云南人民出版社 1997 年版，第 140 页。

续表

省别	调查县数	自耕农			半自耕农			佃农		
		1937 年	1939 年	1941 年	1937 年	1939 年	1941 年	1937 年	1939 年	1941 年
湖南	23	22.8	22.1	22.7	34.0	33.7	35.6	43.2	44.2	41.7
云南	7	30.7	29.1	26.2	34.9	34.7	37.5	34.4	36.2	35.6
贵州	13	38.1	40.6	39.7	28.9	30.4	32.1	33.0	29.0	28.2
广西	23	46.0	46.0	47.1	28.9	28.1	26.7	25.1	25.9	26.2
广东	15	21.0	22.8	25.2	32.5	36.7	37.3	46.5	40.5	37.5
甘肃	21	70.4	72.3	76.6	17.5	17.0	14.6	12.1	10.7	8.7
河南	27	53.6	62.9	56.7	21.0	22.9	21.1	25.4	27.2	22.2
陕西	21	55.9	57.1	59.4	25.2	24.4	22.6	18.9	18.5	18.0
平均	206	37.7	38.2	39.9	27.9	27.1	28.0	34.4	34.7	32.1

注：①原统计另有"地主""地主兼自耕农"两项，1937 年、1939 年、1941 年的平均数分别为 7.0%、6.3%、6.3% 和 14.4%、15.4%、16.0%。为便于同表 1 衔接、比较，将其舍弃，数据重新计算，表中自耕农、半自耕农、佃农之和为 100。

②因四舍五入，合计数可能不等于 100%。下同。

资料来源：据乔启明、蒋杰主编《抗战以来各省地权变动概况》，农产促进委员会 1942 年印本，第 6 页表 1 摘编改制。

如表 2 及附注所示，自耕农、地主兼自耕农比重分别从 1937 年的 37.7%、14.4% 递增至 1941 年的 39.9%、16.0%，佃农、"地主"（纯租出户）分别从 1937 年的 34.4%、7.0% 减至 1941 年的 32.1%、6.3%，贵州、广东、甘肃、陕西 4 省的佃农比重下降趋势尤为明显。

在地权分配并未趋向分散甚至进一步集中的情况下，地主、自耕农比重上升，佃农比重下降，并非好现象，而是社会经济环境大变、佃农处境极度恶化的结果。据调查者的考察分析，各省自耕农增加，几全为地主因农产品价格高涨，收为自耕，以图厚利。"此种现象，几遍全国"；也有的因欠租过巨，或战争影响，佃农无力经营，地主乃收回自耕。概括起来最基本的原因还是"地主加租太重""剥削日重"，佃农耕田获益不及劳工，"生活维艰"，"被迫弃农改业"，沦为雇工、苦力。调查者由此得出结论："自耕农之增加，既非农民购地自耕之结果，佃农之减少，亦不以自耕农或半自耕农为

其出路，则农村经济未见改善，可见一斑"。① 岂止"未见改善"，
简直糟糕透了！

当然，具体到各个省区，自耕农、佃农的升降变动情况，仍然
多种多样，包括部分地区自耕农减少，佃农增加。如西康、云南两
省，自耕农分别从 1937 年的 19.3%、30.7%降至 1941 年的 13.9%、
26.9%，佃农分别从 53.2%、34.4%增至 59.6%、35.6%。湖北、
广西则是半自耕农减少，自耕农、佃农增加。四川情况有些蹊跷，
佃农比重从 1937 年的 58.2%陡降至 1939 年的 44.5%，复猛增至
1941 年的 51.3%，短时间如此大起大落，不太可能。不妨和同期另
一项调查统计做一参照。试看表 3：

表 3 　　　　　　　　　四川各区农户类别统计

(1939—1940 年)

地区	调查县数(个)	调查户数(户)	自耕农		自耕农兼佃农		地主兼佃农		佃农	
			户数(户)	(%)	户数(户)	(%)	户数(户)	(%)	户数(户)	(%)
成都平原区	13	2854	568	19.9	387	13.6	67	2.3	1832	64.2
川西南区	14	3291	774	23.5	606	18.4	13	0.4	1898	57.7
川西北区	12	2908	1022	35.1	771	26.5	47	1.6	1068	36.7
川东区	9	2271	760	33.5	125	5.5	1	0.04	1385	61.0
合计	48	11324	3124	27.6	1889	16.7	128	1.1	6183	54.6

资料来源：据郭汉鸣、孟光宇《四川租佃问题》，商务印书馆 1944 年版，第 16—19
页，第 2 表"四川各县各类农户比率表"摘录整理改制。

这是一次较大范围的抽样调查，时间为 1939 年冬至 1940 年春。
数据显示，四川成都平原等 4 区 48 县的佃农、兼佃农（自耕农兼佃
农、地主兼佃农）、自耕农比重依次为 54.6%、17.8% 和 27.6%。
这一组数据特别是佃农比重（54.6%），同表 2 的 1939 年同类数据
（44.5%）比较，似乎更接近历史实际。

---

① 乔启明、蒋杰主编：《抗战以来各省地权变动概况》，农产促进委员会 1942 年，第
8—9 页。

同样，表 2 中的浙江佃农比重，从 1937 年的 37.6% 猛增至 1939 年的 49.3%，又陡降至 1941 年的 30.1%，短时间的大起大落幅度更甚于四川，殊不可能，不妨将它同该省 1947 年的相关统计进行比较，再作取舍，先看表 4：

表 4　　　　　　　　浙江嘉兴等 7 区 18 县农户结构统计

(1947 年)

地区	调查县数 (个)	调查户数 (户)	佃农		半佃农		自耕农	
			户数 (户)	(%)	户数 (户)	(%)	户数 (户)	(%)
嘉兴地区	3	108307	37223	34.4	42292	39.0	28792	26.6
湖州地区	3	148239	51769	34.9	40069	27.0	56401	38.1
杭州地区	2	49647	28654	57.7	10060	20.3	10933	22.0
绍兴地区	3	170472	106454	62.4	34693	20.4	29325	17.2
金华地区	2	112341	17467	15.6	66323	59.0	28551	25.4
台州地区	2	85111	42796	50.3	36795	43.2	5520	6.5
温处地区	3	154898	76082	49.1	40428	26.1	38388	24.8
合计	18	829015	360445	43.5	270660	32.6	197910	23.9

注：原资料有"地主""半地主"两项统计，为便于与同类统计衔接、比较，将其剔除、重新综合、计算。

资料来源：据浙江省农业改进所编《浙江经济年鉴·农业》，1948 年印本，第 473—475 页，"浙江省佃农制度概况表（民国三十六年）"综合整理改制。

表 4 统计，涵盖相关各县全部农户，地域达 18 县，总数近 83 万户，涵盖面较宽，代表性较强。1947 年浙江的佃农、半佃农、自耕农比重依次为 43.5%、32.6%、23.9%。如果同表 2 数据连接，佃农比重从 1937 年的 37.6% 猛增至 1939 年的 49.3%，又陡降至 1941 年的 30.1%，再增至 1947 年的 43.5%，10 年间两次大起大落，如玩"过山车"。日本全面侵华战争期间，租佃关系和农户结构波动反复是事实，但也不会在短时间内如此大起大落。1939 年（49.3%）和 1941 年（30.1%）的两项数据似乎失实。不过将两表相互参照，仍可看出这一期间浙江租佃范围的大致变化：在日本全面侵华战争期间，浙江佃农比重多有升降起伏，但总的趋势是

波浪式升高，即从 1937 年的 37.6% 升至 1947 年的 43.5%，应无
疑义。

租佃关系的分布和租佃范围的大小，除了地权分配和地权集中
程度，还同地主结构、地主土地经营的传统习惯密切相关。

从地区看，一般地说，北方除东北外，地权分配不如南方地区
集中，地主中乡居地主的比重较大，且多倾向雇工经营，召佃收租
次之。如甘肃海原县（现属宁夏回族自治区），"租出土地者少，而
雇工者多，且由来已久"，当地谚云，"天圣山风，西安州葱，盐茶
女儿嫁雇工"①。漳县地主的剥削手段，一是雇工，二是地租，三是
放债。② 宁夏同心县（1936 年前称豫旺县）的剥削方式，一是雇工，
二是租出土地。③ 陕西澄城县业善村，10 户地主中，9 户雇工耕种，
只有 1 户租出土地。④ 河北定县有调查说，"田地较多者主要采用雇
工经营，只有雇长工管理不过来时，才会租出部分土地，纯粹的租
出地主很少"⑤。同时，租出地一般也只限于远地、劣地，如甘肃
榆中，地主把肥沃、高产、稳产、交通便利的土地都留给雇工耕
种，只把瘠薄、偏远的劣地召佃收租。⑥ 因此，北方一些地区的佃
农比雇工少，或两者不相上下，如山东莱阳有地主 4562 户、富农
7698 户，占有土地 133.3 万亩。1943 年全县有佃农 39176 户、164044
人和长工 57018 人、短工 95458 人。⑦ 长工、短工合计 152476 人，
和佃农人数（包括家口）相差不远。

当然，北方不同区域，由于地主构成和社会条件不同，地主
土地经营和剥削手段也不完全一样。如陕西岐山，川原地区土地
多为中小地主所有，"其剥削方式主要是雇工兼放高利贷"；而

---

① 《海原县志》，宁夏人民出版社 1999 年版，第 152 页。
② 《漳县志》，甘肃文化出版社 2005 年版，第 381 页。
③ 《同心县志》，宁夏人民出版社 1995 年版，第 252 页。
④ 《澄城县志·农业志》，陕西人民出版社 1991 年版，第 101 页。
⑤ 李金铮：《矫枉不可过正：从冀中定县看近代华北平原租佃关系的复杂本相》，《近代史研究》2011 年第 6 期。
⑥ 《榆中县志》，甘肃人民出版社 2001 年版，第 174 页。
⑦ 《莱阳市志》，齐鲁书社 1995 年版，第 180—181 页。

安乐地区，因地方病多，定居户少，大量土地被少数外来地主占有，"形成以地租剥削为主、兼放高利贷的剥削方式"。① 同时也有某些地区的地主以地租剥削为主，如陕西宜君县，地主阶级不仅占有耕地多，而且多占有大量荒山、山林，其剥削方式，一是地租，二是雇工，三是放粮、放高利贷。② 淮河流域一带，租出地的比重也相当高。如河南潢川十里棚乡，召佃收租是地主剥削的主要方式，租出地占耕地总面积的 61.6%，其中地主富农的租出地占 51.5%。③不过这些在北方地区仍属少数，并未改变北方地主以雇工经营为主的整体状况和基本特征。

　与北方不同，南方地权相对集中，城居地主和不在地主所占比重较大，土地经营以召佃收租为主，地租是最主要的剥削手段。据 1950 年对苏南 27 县（苏南共 29 县，缺丹徒、溧阳 2 县）973个乡的调查，地主土地的租出部分占 83.7%。④ 安徽旌德地主，租出地一般超过 90%，官绅大地主的土地几乎全部租出，⑤ 湖南地权集中，地主大多召佃收租。如益阳黄家仑乡，地主占有的土地中，82.7% 租出。⑥ 广西灵山县梓崇乡，18 户地主占有的 1848 亩土地中，1818 亩租出，占 98.4%。⑦ 即使在一些乡居和中小地主为主的偏远地区，地主直接经营的土地，一般也不足 20%。如贵州麻江，938 户地主占有的 30171 亩田地中，24637 亩租出，占 81.6%，自耕部分只占 18.4%。⑧

① 《岐山县志》，陕西人民出版社 1992 年版，第 123 页。
② 《宜君县志》，三秦出版社 1992 年版，第 130 页。
③ 中南军政委员会土地改革委员会调查研究处编：《中南区一百个乡调查资料选集·解放前部分》，1953 年，第 4 页。
④ 中共苏南区党委农委会：《苏南农村土地制度初步调查》，《江苏省农村调查》，1952年，第 5—6 页。
⑤ 《旌德县志》，新华出版社 1992 年版，第 225 页。
⑥ 中南军政委员会土地改革委员会调查研究处编：《中南区一百个乡调查资料选集·解放前部分》，1953 年，第 55 页。
⑦ 中南军政委员会土地改革委员会调查研究处编：《中南区一百个乡调查资料选集·解放前部分》，1953 年，第 221 页。
⑧ 《麻江县志》，贵州人民出版社 1992 年版，第 428 页；《黔西县志》，贵州人民出版社 1990 年版，第 309 页。

　　由于地权集中，地主土地以召佃收租为主，在南方各地，佃农、半佃农（或称"兼佃农""半自耕农"）是农业生产力的主体，占农村和农业人口的大部分甚至绝大部分。若按耕地面积计算，耕地中的佃种面积比重，则比佃农比重更高。试看表5：

表5 　　　　　　　　　四川各区自耕及租佃面积比较

（1939—1940 年）

地区	调查县数（个）	调查户数（户）	耕种面积（亩）	自耕		租种	
				面积（亩）	(%)	面积（亩）	(%)
成都平原区	13	2400	28554.7	5505.6	19.3	23049.1	80.7
川西南区	14	2670	51207.0	7673.2	15.0	43533.8	85.0
川西北区	12	2090	13886.5	5950.2	27.9	7936.3	72.1
川东区	9	2145	29011.1	6549.7	22.6	22461.4	77.4
合计	48	9305	122659.3	25678.7	20.9	96980.6	79.1

　　资料来源：据郭汉鸣、孟光宇《四川租佃问题》，商务印书馆1944年版，第16—19页，第4表"四川各县自耕及租佃面积比较表"摘录整理改制。

　　表5农户数比表3少，只相当后者的82.2%。各类农户共耕种土地122659.3亩，其中租种地96980.6亩，占79.1%，自耕地仅25678.7亩，占20.9%。租种地的比重比佃农、半佃农的户口比重（72.4%）高出6.7个百分点。其中川西南区的租种地比重更高达85%。这里有一个重要情况，尽管佃农的户口比重、人口比重中包含了相当部分的半佃农，他们自有若干土地，并不全部是租地。但总的租种地比重仍明显高于佃农、半佃农的户口比重和人口比重。乃因佃农必须将一半以上的土地收获交给地主，收益远比自耕农少，必须耕种比自耕农更多的土地才能生存，所以租地面积比佃农（含半佃农等）更能准确反映租佃范围的广狭。

　　各地区比较，川西北区的租种地比重最低，平均为72.1%，川西南区最高，平均为85%。从县域看，调查的48县中，42县的租种地比重都在50%以上。成都、大邑、崇宁、广汉、泸县、资阳的租种地比重均超过 90%，永川最高，达 95.8%。① 在这些县区，自耕农和自种地已濒临绝迹，地权分配和租佃关系已处于饱和状态。

二　租佃形式多样化

20 世纪三四十年代，由于地权集中，农民不断丧失土地和其他生产资料，加速贫困破产，在佃农增加、租佃范围扩大的同时，租佃形式更加多样化。

中国封建租佃制度在其发展过程中，租佃习惯和租佃形式发生了不少变化，不过在封建社会后期，由地主提供土地（或另加庄屋），佃农提供土地以外生产资料和全部劳力进行耕作经营，缴纳实物、货币或劳役地租，一直是最主要、最基本的租佃形式。近代以降，特别是 20 世纪三四十年代，由于自耕农和佃农经济状况空前恶化，原来作为农业基本生产资料的土地，越来越多地转化为中小土地所有者的金融调剂工具，佃农则因无力添置耕畜和农具设备，生产资料日益匮乏，逐渐失去独立从事农业生产经营的条件。所有这些，势必导致传统租佃形式的改变、新的租佃形式的产生和流行，出现租佃形式的多样化。

新的租佃形式主要集中在筹款救急的典当（含活卖、绝卖）租佃、押租衍生租佃和地主提供生产资料的"帮工式"租佃等三个租佃系列。

筹款救急的典当（含活卖、绝卖）租佃有两种情况：一种是自耕农迫于经济困窘，将田地典当、出卖，而后揽回耕种交租，一些地区谓之"卖（典）田留耕"或"卖马不离槽"；另一种是地主或自耕农以"典田""烂价"的方式租出田地，到期原价回赎或无偿收回。

"卖田留耕""典田留耕"的租佃形式，在某些土地短缺的地

① 参见郭汉鸣、孟光宇《四川租佃问题》，商务印书馆 1944 年版，第 16—19 页，第 4 表"四川各县自耕及租佃面积比较表"。

区早已存在，如皖南徽州地区的契约资料显示，明初洪武年间就有"卖（典）田留耕"的租佃个案，此后伴随永佃制的流行，逐渐演变为"卖田留耕"永佃，并不断扩大。清末民初特别是20世纪三四十年代，包括"卖田留耕"永佃在内的永佃制急剧没落，但因自耕农贫困加剧，而又离不开土地，"卖（典）田留耕"的租佃形式继续增加，成为租佃关系的一个重要组成部分。除了自耕农，"卖（典）田留耕"的还有永佃农。试看休宁1943年的一纸"佃田批"：

> 立出佃田批人曹兆云，今因缺少正用，自情愿将身己业土名西杆沙圫计田壹圻，并带田塍后塝山柴薪、树木、茶柯、荒田尽是一并在内，今来央中立批出佃与刘观弟名下为业。当日时值佃价国币洋叁佰元正。其国币洋当时比即交付，亲手一并收足。其田本家揽转耕种，按年交秋收下午利谷柒拾伍觔租秤足，不得欠少。倘有欠少觔粒，凭公声明管业，另召另佃，本东不得难［拦］阻，倘有内外人言说，出佃人一力承值，不关受业人之事，今欲有凭，立此佃田批存据
>
> 另批，带来上首来路佃批壹纸、断批壹纸，共式纸。再批
>
> 中华民国三十式年十式月日立出佃田批人曹兆云
>
> 　　　　　凭中书人刘永清①

　　曹姓永佃农因"缺少正用"，将一丘永佃田（佃权）"立批出佃"，获价法币300元。但不愿出卖佃权而失去土地耕作，决定将水田"揽转耕种"。当然条件十分严苛：租谷（"利谷"）质量、规格写明为"秋收下午利谷"；称量衡器要用比市场和乡间用秤大得多的"租秤"足秤；利谷不能有任何短欠，即使欠少一斤一粒，立刻"凭公声明管业，另召另佃"，毫无延缓、通融、妥协的

---

① 刘伯山主编，安徽大学徽学研究中心编：《徽州文书》第三辑（7），广西师范大学出版社2009年版，第36页。

余地。

江苏苏南地区，20 世纪三四十年代的典当、卖田租佃急剧扩大。苏南、皖南都是永佃制流行地区，与皖南不同的是，苏南苏州、无锡等地，直至 20 世纪三四十年代，农民典田、卖田留耕，大多仍能保留土地耕作权。当地租佃关系发展变化的特点是，一方面，地主富户不断兼并佃权，重新集田底、田面于一身，永佃制瓦解；另一方面，农民贫困加剧，纷纷典当、变卖土地，而又揽回租种，并保留耕作权，使永佃制得以延续甚至扩大。前述吴县忠心村，一方面贫农、雇农大量失地；另一方面该乡地主租出的 2300 余亩土地中，"绝大部分为管业田（永佃田）"①，永佃制所占比重不降反升。这正是农民"卖田留耕"的结果。在无锡，自耕农典卖田地几乎是永佃田（"灰肥田"）的唯一来源。因自耕农被迫"卖田留耕"，"灰肥田"租佃不断扩大，如该县张村区，灰肥田"数量极多"；坊前乡52% 的租田是"灰肥田"；堰桥乡的"灰肥田"多的约占耕地面积的 50%，少的也在 30% 左右。② 这从一个侧面反映出苏州、无锡地区"卖（典）田留耕"租佃形式的畸形膨胀。在武进，"活田"是和"活租制""定租制"同样流行的租制。"活田"是贫苦农民将田卖给地主，但仍然耕种，照约纳粮、交租。③

江西、福建、湖南、湖北、广东、广西、云南等省都有典（当）田、卖田留耕租佃形式的流行。

江西九江县有一种称为"东道田"的租佃形式，乃是农民"卖田留耕"的产物。按当地习惯，农民卖田时少得田价，一般只有正常价格的一半，但卖主可保留土地耕作，向买主交租，佃户也可以转租别人。这种"东道田"租佃在当地十分普遍，甚至构成租佃关

---

① 苏南区农委会：《吴县姑苏乡农村情况调查》，华东军政委员会土地改革委员会编《江苏省农村调查》，1952 年，第 184—185 页。

② 参见华东军政委员会土地改革委员会编《江苏省农村调查》，1952 年，第 100、119、128 页。

③ 《武进县农村经济概况》，华东军政委员会土地改革委员会编《江苏省农村调查》，1952 年，第 46—47 页。

系的主体。如该县石门乡的"东道田"占全部租田的80%。除了"东道田",又有"典租",即"典田留耕"。农民困难时订立"押田契",将田出典,典价为卖价之半,同时又立"写田字",将田佃回耕种,每年除完粮外,按典价交租,一般为加二息,每元钱交租10斤谷。通常典契无年限,但欠租抽田,或被逼将其绝卖。① 湖口的永佃制,大部为自耕农"卖田留耕"。该县租佃有二:一称"寅租卯",地主可随时撤佃;一称"客田",富户廉价向农民买来土地又租给卖主耕种,若3年不交租,买主有权将土地转卖给他人;若佃户不愿耕种,也可将佃权转卖他人。② 高安的情况是,破产农民往往被迫典卖土地,"土地一经典出,便沦为佃户,受到佃租与苛利的盘剥"③。

福建长汀田地典卖有卖"田皮"、卖"田骨"之分,后者是卖主放弃土地所有权,以向买主按约交租为条件,换取土地耕作权,亦即所谓"卖田留耕"。④ 永定农民往往将土地典当给地主、富农抵债,议定年限,揽回耕作交租,但债主有权将土地改租别人,谓之"起耕"。如超过年限,农民无力回赎,土地即归债主所有。⑤ 闽南晋江、永春、德化、诏安、东山、莆田等县的永佃制,"均以典卖之起因为多",其中莆田多以自耕农无力施肥或购置农具,不得已出卖田地,而保留田地耕种。⑥ 湖北阳新,永佃权的来源有二:田主低价出卖耕地,保留永久耕种权,俗称"保庄";农民向田主买进永佃权,俗称"永批"。⑦ 在广东惠阳,"典租"俗称"卖租"。农民因困难向地主借谷,要将田典押给地主,但继续耕种,按年交租,典期

---

① 《江西九江县石门乡解放前的政治经济情况》,《中南区一百个乡调查资料选集·解放前部分》,1953年,第146—147、150页。

② 《湖口县志》卷3,农业,江西人民出版社1992年版,第97—98页。

③ 《高安县志》卷4,农业,江西人民出版社1988年版,第78页。

④ 《长汀县志》卷4,农业,生活·读书·新知三联书店1993年版,第123页。

⑤ 《永定县志》卷5,农业,中国科学技术出版社1994年版,第157页。

⑥ 郑行亮:《福建租佃制度》,《民国二十年代中国大陆土地问题资料》第62册,成文出版社有限公司1977年版,第32178—32179页。

⑦ 《阳新县志·经济篇》,新华出版社1993年版,第169页。

5—7 年不等，到期不赎，田底即归承典人所有。① 云南呈贡、通海、晋宁等地，均有"实典倒租"，农民向地主典出土地又租回栽种缴租。② 也是土地出卖又佃回耕地交租。

在北方，河南桐柏有称之为"典田""押田"的租佃形式。所谓典田，就是农民生活困难，将自己田地典当给地主，但继续耕种，向地主缴租。按当地乡俗，出典人只能将"使用权"抵押给他人，但无权出卖；地主有权收租与出卖，价格为同类田地的七折；所谓"押田"，就是农民以田地抵押借债，继续耕种，向债主交租，以抵充利息，并负担田赋，押价一般只有卖价一半，时间一般为 2—3 年，过期不赎就成死押，此田即归地主所有。③ 山东平原县，有称之为"卖租粮地"的租佃形式，亦称"座佃座租"或"卖马不离槽"，也是"卖地留耕"。④ 陕西岚皋，典当是主要租佃形式之一，地主趁农民天灾人祸之机，廉价收买土地，然后高额租出给典当人耕种，年底原户如需赎回，则按价缴纳赎金。⑤ 潼关有所谓"赘地"，农民举借粮食或棉花，以土地向债主作抵押，仍然耕种，每年向债主交租，到期偿债赎地，逾期土地归债主所有，谓之"经业"。⑥ 甘肃庆阳地区直接称作"典当"，农民以相当市场一半的价格把土地当给地主，又揽回租种，到期无力回赎，即以当价卖给地主。⑦

典（当）田、卖田租佃，既有自耕农"典（当）田留耕""卖田留耕"，也有地主或自耕农"典（当）田收租""烂租收租"，到期无偿或有偿收回。

江苏泰县的租制，除了包租、预租、分租，还有"烂租"，也叫

---

① 《广东惠阳县沥林乡解放前的经济结构与阶级情况》，《中南区一百个乡调查资料选集·解放前部分》，1953 年，第 170—171 页。

② 《呈贡县志》，山西人民出版社 1992 年版，第 75 页；《通海县志》，云南人民出版社 1992 年版，第 100 页。

③ 《桐柏县志》，中州古籍出版社 1995 年版，第 294 页。

④ 《平原县志》，齐鲁书社 1993 年版，第 160 页。

⑤ 《岚皋县志》，陕西人民出版社 1993 年版，第 109 页。

⑥ 《潼关县志》，陕西人民出版社 1992 年版，第 151 页。

⑦ 《庆阳地区志·农业志》，兰州大学出版社 1988 年版，第 802 页。

"淌田"或"淌租",即佃户一次缴纳 3 年、5 年地租,承种期满后,地归原主。"烂租"制的租出者多为破产地主或急需用钱而借贷无着的自耕农,承种者多为劳力、农具齐全,生活富裕的佃中农或佃富农。① 丹阳租制中有所谓"没本租",就是佃农一次性交足几年的租谷,然后种地,到期土地无偿归还田主。② 浙江丽水地区有"典佃"(亦称"典租"),土地所有者因为急用,而又不想卖地,就以"典佃"方式将土地标价出典。典期一般较短,多为 1—2 年,典价按土地等则及产量计算,较一般租额为低,通常典价加上一年利息大致等于正常租额,但须先交典价后种田。据称这种租佃形式在缙云县"很多",丽水也很常见。③ 福建长汀,田地典卖有卖"田皮"、卖"田骨"之分,前者就是卖主保留土地所有权("田骨"),出卖土地使用权("田皮"),收取地租。④

在北方,甘肃庆阳地区有"当种",也叫"堆种"。当地习惯是,双方协议,定出土地亩数、耕种年限和当金,交清当金再种地,耕种期满后,无偿交还土地。⑤ 宁夏中卫、灵武,地主召佃收租分年度收租和常年典当两种,常年典当多为破产地主和小土地租出者,按田亩等则、价格一次性典给无地或少地的殷实农户长期耕种,到期可按原价赎回,逾期不赎者归承当人所有,或延长典当期限,重新立约。据土地改革前对灵武租佃关系的典型调查,普通租出地占耕地的 13%,典出地占 15%。典当租佃明显多于普通租佃。⑥ 宁夏永宁有记载说,"地主、富农凭借占有的大量土地租出或典当给缺田少地的农户耕种",典当同租出一样是地主、富农重要的土地租佃形式。⑦

20 世纪三四十年代,押租制在其膨胀、演变和加速农民贫困化

① 《泰县志》,江苏古籍出版社 1993 年版,第 142 页。
② 《丹阳县志》卷 5,农业志,江苏人民出版社 1992 年版,第 200 页。
③ 华东军政委员会土地改革委员会编:《浙江省农村调查》,1952 年,第 30、228 页。
④ 《长汀县志》卷 4,农业,生活·读书·新知三联书店 1993 年版,第 123 页。
⑤ 《庆阳地区志·农业志》,兰州大学出版社 1988 年版,第 802 页。
⑥ 《中卫县志》,宁夏人民出版社 1996 年版,第 251 页;《灵武县志》,宁夏人民出版社 1999 年版,第 158 页。
⑦ 《永宁县志》,宁夏人民出版社 1995 年版,第 88 页。

的过程中，也衍生出新的租佃形式。

山东桓台，押租同预租、利贷、典当（"烂价"）三者相结合衍生出押租"典地制"租佃。农民必须先向地主交纳典金（押金），方能种地。典期（租期）一般为 1—3 年，典金（押金）为地价的 50%—60%，典地期满，土地由地主无偿收回。[①] 在这里，地主剥削的不只是押租利息，连押租本金也堂而皇之地吞没了。这种租佃形式在江苏无锡叫作"赖本赖利田"，即佃户先交租后种地，并且要预交数年之租，供地主作为放债之本，押租、地租合而为一，也是押租本金、利息全归地主所有。[②]

押租既是地主的地租保证，又是地主的高利贷资本。除了上述"典地制""赖本赖利田"，押租在其发展、膨胀过程中，还陆续衍生出形形色色的高利贷租佃。

押租恶性膨胀的四川，早在清代，地主就将佃农欠缴押租转为借贷。永川地主的做法是，如佃农无力交押，即"照依银数，每岁入息三分"[③]。押租演变为无本高利贷，佃农必须同时缴纳地租和押租借贷利息，"押租借贷租佃"应运而生。民国时期特别是 20 世纪三四十年代，随着押租恶性膨胀和佃农加速贫困化，"押租借贷租佃"大行其道。在合江，押租俗称"稳谷银"，无力缴纳稳谷银的佃农，每铜钱百串，须加纳"稳谷"1—4 石作为利息。[④] 不只四川，其他各地也都是欠押生息。湖南南县，押租又称"进庄钱"，轻者每亩纳谷 1—2 石，相当 1 年租额，重者相当 2 年租额。佃农欠缴押租，地主即按时计算，索取高额利息。[⑤] 江苏盐城，佃户如无现款做纳押租，即视为欠款，收取利息。[⑥]

还有的地区，如佃农欠缴押租，地主强令佃户以房屋、田产、

①　《桓台县志》，齐鲁书社 1992 年版，第 134 页。

②　《无锡县志》卷 5，农业，上海社会科学院出版社 1994 年版，第 192 页。

③　刘克祥：《近代四川的押租制和地租剥削》，《中国经济史研究》2005 年第 1 期。

④　瞿明宙：《中国民田押租底进展》，《中国农村》1935 年第 1 卷第 4 期，第 26 页。

⑤　《南县志》，湖南人民出版社 1988 年版，第 103 页。

⑥　《盐城县志·农业志》，江苏人民出版社 1993 年版，第 138 页。

耕牛、农具甚至劳力、妻女抵押、抵卖。由此衍生出形形色色的
"押租抵押（抵卖）租佃"。如贵州遵义，若佃农无力缴纳押租，必
须以家产或劳动力立据抵押。家产不敷者，还得另求有产者具文担
保，然后才能上耕。① 凤岗的惯例是，必须先交田土一半价值的押
金，否则以房屋、耕牛作抵，并须请人担保。② 如果佃农拖欠地租，
房屋、耕牛、家产就会被地主没收。这比一般押租租佃更为残酷。
四川宜宾地主则先以佃农的耕牛、农具作抵，然后转为租用，另计
租金。在"押租抵押（抵卖）租佃"的基础上，进而衍生出"押租
及耕牛、农具抵押租佃"。如果佃农没有耕牛和成套农具，则须"以
身为奴作抵"③。押租原本是封建依附关系松弛、经济强制取代超经
济强制的产物，现在却反过来变成地主购买奴婢的无本买卖，佃农
因为无力缴押而卖身为奴，押租由此派生出中世纪的"押租家奴式
租佃"。这完全是对历史的讽刺和反动。

　　还有奇特的"押租转租制"。随着押租演变成高利贷，凭借押租
谋利的行当应运而生。四川成都平原地区，有缴纳高额押租的所谓
"大佃"。"大佃"并不自种，而是转租，收取地租和部分押租，除
将部分地租转交地主，其余抵充代交押租的利息，谓之"吃谷利"。
由此衍生出"押租转租租佃"④。江北、巴县一带，不少富佃或租地
者也靠转租收押得利，并成惯例，"押租转租租佃"发展为一种重要
的租佃形式。该地租佃有"大押""小押"之分，如佃农缴纳的押
租超过一定数额（通常为地价的五分之一），即称为"大押"，大押
将租地一部分或全部转租，并收取押租，则承租者为"小押"（如
不转租，则无"大押"名称）。⑤ 在合江，更有富户独资或联合集资

---

① 《遵义县志》，贵州人民出版社 1992 年版，第 297 页。
② 《凤岗县志》，贵州人民出版社 1994 年版，第 334 页。
③ 《宜宾县志》，巴蜀书社 1991 年版，第 124 页。
④ 陈太先：《成都平原租佃制度之研究》，《民国二十年代中国大陆土地问题资料》第
62 册，成文出版社有限公司 1977 年版，第 32516—32520 页。
⑤ 张伯芹：《江巴两县租佃制度之研究》，《民国二十年代中国大陆土地问题资料》第
61 册，成文出版社有限公司 1977 年版，第 31513—31514 页。

缴纳押租，成批租进田地，分散转租给无力缴纳押租的佃农，赚取"稳谷"。有人还发起成立称之为"田园会"的专门机构，筹集巨资，缴纳押租整批租进田地转租，赚取"稳谷"瓜分。据说"田园会"所集款额，每年多达数千两。[①] 以赚取"稳谷"为目的的"押租转租制"成为当地的主要租佃形式。

　　由地主提供土地以外生产资料、佃农只供劳力的"帮工式"租佃，一般称作"帮工佃种制"或"帮工分种制""分益雇役制""分益工偿制"等，最初发生于北方地区。因地主提供的生产资料、劳力、口粮数量及其条件、乡俗惯例不同，不同地区或同一地区有多种形式和称谓。苏北铜山、萧县、沛县一带有"分种""锄户""二八锄户"；河南各地有"拉鞭种""把户地""把牛""揽活""揽庄稼""伙计"等；河北有"开过伙""锅伙""伙种"；山东有"招分子""二八劈粮食""三七劈粮食""小种地""二八锄地"等；山西、陕西部分地区也有帮工佃种制流行，其中山西五台县的帮工佃种制"最为普遍"。陕西的"帮工佃种制"主要集中在陕北地区，当地俗谓"安伙子""安伙则"；热河、察哈尔、绥远和东北地区，是清代特别是 20 世纪初发展起来的农业新垦区。直接生产者大都是来自华北、陕西等地的破产农民，几乎没有任何生产资料。他们不是给蒙旗王公贵族、旗人地主或汉人揽头佣工，就是以只供劳力的方式租地耕种。不论是清代土地开垦初期，还是 20 世纪初，被称为"榜青""办青""并青"或"分种""分青"的帮工佃种制，一直是租佃关系的主要形式。[②] 由于地主提供生产资料的数量、条件和各地租佃习惯不同，"榜青"分为多种类型，诸如"力量青""外青""里青""里青外住""里青外冒烟""半青半活""半青半伙"，等等。

　　"帮工式"租佃从其产生之日起至 20 世纪 40 年代，在北方各地一直在不断扩大，种类、名目增多。如河北新乐，有所谓"停三堆"

---

　　① 瞿明宙：《中国民田押租底进展》，《中国农村》1935 年第 1 卷第 4 期，第 26 页。

　　② 汪敬虞主编：《中国近代经济史（1895—1927）》中册，人民出版社 2000 年版，第798—804 页；刘克祥：《试论北方地区的分益雇役制》，《中国经济史研究》1987 年第 2 期。

和"代把"的租佃形式，前者由地主提供肥料、种子、牲口、农具，佃农只出劳力耕作；后者由地主除提供肥料、种子、牲口、农具外，还雇用若干名长工和佃农一起耕作。[①] 陕西澄城、岚皋土地租佃有租出、分种两种形式，澄城的"分种"，地主负责完纳"公粮、公草"，其他全由佃农承担；岚皋的"分种"是地主出土地、耕畜、种子，佃农承担其他投资和劳力。[②] 甘肃庆阳地区有"伙种""安庄稼""挑分子"等多种形式。"伙种"是地主提供部分畜力、籽种、肥料，佃户负责耕种、收割，产品对半或主六佃四分配；"安庄稼"是地主给租地人安排住宿，借给口粮，供给农具，收割后归还口粮，再行分配；"挑分子"是"一切归地主出，打多分多，打少分少"，[③] 等等。

20 世纪初，"帮工式"租佃开始由北方向南方一些地区扩散，不过初时为数甚少，如江苏南通，"分益雇役制"只占全县租佃的 1.5%。[④] 广西只有恭诚、平乐、西林等少数几处存在。[⑤] 江西的"帮工佃种制"，据说也"极少"。[⑥]

20 世纪 30 年代后，随着佃农加速贫困化，由地主提供农具、种子、肥料等生产资料的租佃形式流行区域扩大，开始成为一些地区租佃关系的一个重要组成部分。如江西丰城小袁渡乡有被称为"泼水制"的土地租佃，其中一种形式是"田泼田"，即由地主提供一半肥料和种子。[⑦] 在江苏，类似的租佃形式更加普遍。如泰县，流行

①　《新乐县志》，中国对外翻译出版公司 1997 年版，第 114—115 页。

②　《澄城县志·农业志》，陕西人民出版社 1991 年版，第 101 页；《岚皋县志》，陕西人民出版社 1993 年版，第 109 页。

③　《庆阳地区志·农业志》，兰州大学出版社 1988 年版，第 802 页。

④　乔启明：《江苏昆山南通安徽宿县农佃制度之比较以及改良农佃问题之建议》，1926 年，第 32 页。

⑤　薛雨林、刘端生：《广西农村经济调查》，《中国农村》1934 年第 1 卷第 1 期；国民党农村复兴委员会：《广西省农村调查》，商务印书馆 1935 年版，第 157 页。

⑥　吴顺友：《江西之农佃概况》，转见冯和法编《中国农村经济资料续编》，黎明书局 1935 年版，第 545 页。

⑦　中南军政委员会土地改革委员会调查研究处编：《中南区一百个乡调查资料选集·解放前部分》，1953 年，第 126 页。

的租制有包租制、预租制、分租制和烂租制四种。分租制就是由地主提供土地和部分或全部种子、肥料，由佃农负责耕种，据称"此租制多为小地主采用"①。在盐城，分租是主要的租制，分租比例因地主提供生产资料的多寡而异。② 江都租制中的分租，有对半分、四六分、提种子对半分、提打场工对半分等名目。③

苏南、浙江地区，分租制本来早已为定租制所取代，但 20 世纪 30 年代后，分租制又多了起来。在苏南，分租通称"分租田""分种田"，常熟称"分场田"，吴县、昆山称"合种田"。此种租制以高淳"最为普遍"，松江亦占全县租田的 20%—30%。④ 这些"分租田""分种田"并非传统的分租制，而是地主在土地之外提供部分生产资料的一种新的租佃形式。如松江的"分种田"，就是地主出肥料、种子，佃农出人工、牛工，土地产量按主七佃三分成。⑤ 青浦的"分种田"又称"分种"，是由地主负担肥料、种子、田赋，佃农出劳力、耕牛、农具。⑥ 奉贤的"分租制"，是地主出土地和耕牛、农具等，佃农出劳力，产品分配普通是主佃各半或主四佃六。⑦ 丹阳也有被称为"份种"的同类租制，具体方法是田主把田地租给佃农，种子、肥料各出 50%，佃农出劳力，收成得半。⑧ 不仅农田，苏南地区的鱼池也有不少采用地主提供生产成本的租佃形式。据调查，苏南地主经营鱼池，除雇工自养者外，多半采用"合养"方式，即地主出池塘，农民出劳动力，鱼本双方对半负担，收益平分；也有地主将鱼本贷给佃农，收鱼时先将鱼本加利扣除，然后渔获平分。⑨

---

① 《泰县志》，江苏古籍出版社 1993 年版，第 142 页。
② 《盐城县志·农业志》，江苏人民出版社 1993 年版，第 138 页。
③ 《江都县志》，江苏人民出版社 1996 年版，第 174 页。
④ 中共苏南区党委农委会：《苏南农村土地制度初步调查》，《江苏省农村调查》，1952 年，第 8 页。
⑤ 《松江县志》，上海人民出版社 1991 年版，第 301 页。
⑥ 中共青浦县委会：《青浦县乡村经济概况》，《江苏省农村调查》，1952 年，第 15 页。
⑦ 《奉贤县乡村经济概况》，《江苏省农村调查》，1952 年，第 77 页。
⑧ 《丹阳县志》，江苏人民出版社 1992 年版，第 200 页。
⑨ 苏南农委会调研科：《苏南鱼池情况调查》，《江苏省农村调查》，1952 年，第 299 页。

在浙江，绍兴等地清代有地主出备牛力和种子、"与分秋获之半"，并令佃农无偿服役的情况，但不普遍。20 世纪三四十年代，地主提供若干生产资料的"分租""分种"成为一种重要的租制或租佃形式。该地的分租、分种，又称活租、"包田"或劳役租、力租。地主通常在租出土地的同时，供给种子、肥料等生产成本，由佃农负担全部劳动，收获按约定比例分配，但具体的租佃形式和计租方法多种多样：有的按某一比例分配产品，一般多为"主六佃四"，少数对半分，重者"主七佃三""主八佃二"。分配产品还有正产、副产之分：或只分正产，副产归佃户，或行"熟熟分"，稻草、麦秆也不例外；有的按面积分割田禾，如种 18 亩，13 亩归地主，5 亩归佃户；或种 31 亩，21 亩归地主，10 亩归佃户，如此等等；也有的收获物全部归地主，另付佃农若干"工钱米"（如上虞县一般为每亩 5 斗米）；有的地方佃农除缴纳规定租额外，还要随叫随到，为地主提供无偿劳动。① 在嘉兴，按面积分割田禾的叫"分种"，付给佃农一定数量工钱米的叫"包田"。②

安徽临泉，地主负担全部或部分投资的"二八地"（小拉鞭）、"对半分组"，以及租地主地、给地主做工代偿地租的"帮工地"，是当地的主要租佃形式。③

江西也开始出现帮工佃种制，如高安的"代耕制"，俗称"作分田"，由地主提供住房、耕牛、农具、肥料、种子，佃农出劳力耕种，秋收时首先将地主投资从产品中提出，然后主佃平分。④

定租早已取代分租的四川，20 世纪三四十年代，地主提供生产资料的"分租"租佃形式也广泛流行，据 1941 年的调查，"帮工分租法"占 7.7%。⑤

---

① 《浙江省农业志》上册，中华书局 2004 年版，第 297—298 页。

② 中共浙江省委工作队：《嘉兴县高照乡农村经济调查》，《浙江省农村调查》，1952 年，第 89 页。

③ 《临泉县农村经济调查》，《安徽省农村调查》，1952 年，第 41—42 页。

④ 《高安县志》卷 4，江西人民出版社 1988 年版，第 78 页。

⑤ 应廉耕编：《四川省租佃制度》，中农印刷所 1941 年版，第 7 页。

纵向观察，一些地区分租比例的变化，实际上是租佃形式变化在产品分配上的反映。如贵州，清代后期的地租率一般为"对半分"，民国时期上升到"主六佃四""主七佃三"至"主八佃二"。①这固然不排除地租剥削的加重，但更主要的还是地主提供部分或全部生产资料、租佃形式发生变化的结果。

三　租户、佃户结构多元化

在封建土地制度和租佃制度下，占有大面积或较大面积的地主富户租出土地，少地缺地的中农贫农及其他贫苦农民租进土地，租户、佃户泾渭分明。然而，清末民初，特别是 20 世纪三四十年代，租户、佃户结构发生重大变化，形成租户、佃户结构多元化的格局。

20 世纪三四十年代，由于土地兼并、人口繁殖和分家析产、农民加速贫困化的多重作用，单个农户家庭占有的土地面积不断缩小，微地户、缺地户、无地户大增。一方面，农民占有的土地日益微细化，土地饥荒越来越严重；另一方面，占有的土地，或因田丘、地块畸零细碎，相互插花，或因离家穹远，不便耕作，只得将畸零丘块租出，租进相对成片的土地；或将远地租出，租进近地。或因面积过于微小，无法自耕自食，但又很难租到土地，只得将其全部租出，另谋生计。一些经济窘迫的农户，也往往将土地租佃作为金融调剂的手段，视家庭经济状况决定土地的租出或租进，经常变换在租佃关系中的地位和身份。如四川成都地区，一些贫苦农民"由于农村借款不易，不得已把一部分田地佃出换取押租金，因此成为自耕农兼地主，再过些时候，手头如活动点，就找机会佃进一点，于是一身又兼佃农了"②。这种情况十分普遍。

---

① 《贵州省志·农业志》，贵州人民出版社 2001 年版，第 40 页。
② 《民国二十年代中国大陆土地问题资料》第 62 册，成文出版社有限公司 1977 年版，第 32454—32455 页。

在其他地区，一些经济艰困的中小土地所有者，不忍心绝卖和完全丧失土地，往往采取典当或"烂价"方式租出土地。在一些永佃制流行地区，由于分家析产、贫富分化，部分田底主大户变为小户或贫困户，田底数量有限，但无耕作权，只能召佃收租。所有这些，使一些贫民下户进入了"租户"行列，无形中扩大了租户数量。

分家析产、地块的分散和细碎化，也影响和制约中小地主及富裕农户的土地占有与使用。一些地主经过多次分家析产，占有的土地数量减少，且分散多处、土质好坏不一，单靠传统地租，已经难以生活，于是将远地、次地租出，租进近地、好地，雇工耕种，或低价租进土地，高价租出土地，赚取地租差额。富裕农民以及部分中农，同样租出远地、次地，租进近地、好地。另外，在一些永佃制流行地区，一些地主富户因为只有土地所有权而无使用权，也必须另租土地耕种。这又使地主富户加入了"佃户"行列。

资料显示，一些地区的情况是，地主、富农租进土地，主要靠租地耕种为生的中农、贫农，又被迫将自有的少量土地租出（包括当租），农村各阶级、阶层几乎全都涉入租佃关系，租佃形式多样、复杂，租户、佃户多元化。从某个角度看，地权越集中，人口越稠密，土地越紧缺，越是形成租户、佃户的多元化格局。

广东南海，地狭人稠，全县平均，每户只有土地4.29亩，每人1.34亩，而且地权集中，占户口7.8%的地主（包括"公堂"地主）、富农、高利贷者占有66.9%的土地，占户口50.3%的中农、贫农、雇农只占有16.7%的土地。除了某些"公堂"地，其他私有地，特别是中农、贫农、雇农及其他小土地所有者占有的土地，如前面所说原因，需要通过租佃进行调剂。所以租佃关系和租户、佃户遍及全县各个行业、阶层。表6清晰地反映了全县各行业、阶层土地租佃和租户佃户多元化状况：

表6   1949 年广东南海地权分配和各阶层土地租佃情况

类别	户口（户）	占有土地（亩）	使用土地（亩）	土地租出			土地租进	
				面积（亩）	占自有地比例（%）	占总租出地比例（%）	面积（亩）	占总租进地比例（%）
地主	8044	147001	99437	116380	79.2	24.7	68816	12.4
兼地主	1658	33550	11640	24110	71.9	5.1	2200	0.4
债利生活	371	647	478	329	50.9	0.07	160	0.03
公堂		244321	61	244321	100.0	51.9	61	0.01
富农	2090	24586	33786	2305	9.4	0.5	11505	2.1
农业资本家	155	578	1705	157	27.2	0.03	1284	0.2
中农	21709	86078	215705	7871	9.1	1.7	137498	24.9
贫农	47051	24352	251569	1688	6.9	0.4	228905	41.4
雇农	10112	1629	38987	144	8.8	0.03	37502	6.8
小土地租出	10471	48799	13458	38565	79.0	8.2	3224	0.6
小土地经营	1873	8310	24232	1833	22.1	0.4	17755	3.2
工人	32036	19629	25948	11873	60.5	2.5	18192	3.3
小商贩	7248	5981	11938	2548	42.6	0.5	8505	1.5
贫民	10733	3690	7723	1933	52.4	0.4	5966	1.1
小手工业	3536	2809	3074	1618	57.6	0.4	1883	0.3
工商业家	3988	11086	4113	8690	78.4	1.8	1717	0.3
游民	1755	659	2472	323	49.0	0.07	2136	0.4
宗教职业	437	642	479	323	50.3	0.07	160	0.03
自由职业	1144	3137	1622	2014	64.2	0.4	499	0.09
其他	2328	5234	6499	3689	70.5	0.8	4954	0.9
合计	156666	672718	754926	470714	70.0	100.0	552922	100.0

资料来源：《南海县志》第 14 卷，中华书局 2000 年版，第 524 页。

表 6 中所列的 20 种以上职业、阶层，包括地主、富农和中农、贫农、雇农，不以农业为主业的债利生活、小手工业者、小商贩、工人、贫民，以及宗教职业、自由职业，等等，都同时租出和租进土地，既是租户，又是佃户。一些农户、村户占有的土地，并不自种，而耕种的土地，又有不少是租来的。地主有 79.2% 的土地租

出，而使用的 9.9 万亩土地（相当占有面积的 67.6%）中，却有
6.9 万亩（占使用面积的 69.7%）是租来的，尤其突出的是工人、
小商贩、贫民、小手工业者、游民、"其他"等阶层，土地不敷耕
种，租地占使用面积的 61.3%—86.4%，但同时又将自有的少量
土地租出，其比重占自有地面积的 42.2%—70.5%。这些都是以
前少有的情况。

　　浙江衢县的租佃状况也很典型。该县地权相当集中，地主（包括
不在地主）富农占有 44.8% 的土地，加上 22% 的公田，合计 66.8%。
同时，永佃制广为流行，土地普遍分离为大业（田底权）、小业（田
面权）两部分，白渡乡的 5058 亩租出地（占农户用地的 65.3%）中，
有大业、小业关系的占 96%，一块土地"常有一业二主或一业三
主"的情况；地块及其产权归属也"非常零碎"，故"一户地主常
拥有百余户佃农，一户农民承租几十家业主土地，且各村各阶层之
租佃关系相互交错"。① 表 7 清晰反映了该县白渡乡各阶层的土地租
佃和租户、佃户多元化的一般情形。

表 7　　　1949 年浙江衢县白渡乡各阶层租进、租出土地情况统计

成分	总户数（户）	租进户		租出户		租进兼租出户		租进土地（亩）	租出土地（亩）	不涉租佃户（户）
		户数（户）	（%）	户数（户）	（%）	户数（户）	（%）			
地主	21	4	19.0	4	19.0	12	57.1	236	565	1
富农	30	6	20.0	3	10.0	21	70.0	269	251	0
佃富农	4	3	75.0	0	0	1	25.0	63	1	0
中农	212	153	72.2	3	1.4	53	25.0	1273	160	3
佃中农	134	128	95.5	0	0	6	4.5	1265	13	0
贫农	551	460	83.5	11	2.0	34	6.2	1910	70	46
雇农	83	35	42.2	9	10.8	0	0	72	18	39
其他	79	28	35.4	9	11.4	2	2.5	56	8	39

---

　　① 中共浙江省衢州地委会政研室：《衢县白渡乡农村经济调查》，《浙江省农村调查》，
1952 年，第 143—144 页。

续表

成分	总户数 （户）	租进户		租出户		租进兼租出户		租进土地 （亩）	租出土地 （亩）	不涉租 佃户 （户）
		户数 （户）	（%）	户数 （户）	（%）	户数 （户）	（%）			
合计	1114	817	73.3	39	3.5	129	11.6	5144	1086	128

注：1. 租进田中包含当进田 86 亩：其中地主 15 亩、富农 8 亩、佃富农 1 亩、中农 20
亩、佃中农 11 亩、贫农 28 亩、其他 1 亩；租出田中包含当出田 43 亩：其中中
农 9 亩、佃中农 2 亩、贫农 23 亩、雇农 8 亩、其他 1 亩。
2. 租出田未含公田租出田 1404 亩（另有祀田 33 亩，由族人轮种，未计入公田租
出田）。
资料来源：据中共浙江省衢州地委会政研室《衢县白渡乡农村经济调查》，《浙江省农
村调查》，1952 年刊本，第 143 页统计表改制、补充附注。

表 7 中农户按租佃关系分为租进、租出、租进兼租出和不涉租
佃四种类型，除佃富农、佃中农不涉纯租出、雇农不涉租进兼租出
外，各阶层农户、村户都涉及租进、租出、租进兼租出三个类型的
租佃，半数以上的地主富农、1/4 的中农既租出又租进土地，租进户
占农（村）户总数的比重达 73.3%。全乡 1114 户农（村）户中，
只有 128 户不涉及租佃，租户、佃户合计占农（村）户总数的 88.5%。
需要指出的是，农户租佃土地中也包括当地（当出、当进），不过没
有单独列出。同时也未列入"自种"，租进户、租出户和租进兼租出
户中，包括若干农户兼种自田。加上典当、自种，农户的租佃排列
组合，实际上更为复杂多样。由此可见租佃范围之广，租户、佃户
构成的多元化程度。

苏南也是永佃制流行地区，农户租佃情形同浙江衢县相似，表 8
是关于苏南地区农村各阶层土地使用情况的调查统计：

表 8　　　　　1949 年苏南 16 县 964 乡各阶层土地使用情况统计

成分	户口 （%）	所有地 （亩）	自耕田 （亩）	租出地（亩）		租进地（亩）	
				亩数 （亩）	占所有地 （%）	亩数 （亩）	占使用地 （%）
地主	2.3	2276749	372120	1904501	83.7	39198	9.5
公地	1.2	395716	16092	379611	95.9	1434	8.2

续表

成分	户口（%）	所有地（亩）	自耕田（亩）	租出地（亩）		租进地（亩）	
				亩数（亩）	占所有地（%）	亩数（亩）	占使用地（%）
工商业者	0.7	38311	27465	69538	71.7	5171	15.9
富农	2.1	480763	354007	126777	26.4	103940	22.7
中农	30.5	2433456	2197162	136741	5.9	1435537	39.5
贫农	50.2	1408786	1355528	52548	3.7	1518552	52.8
雇农	4.3	36320	32951	3360	9.3	68872	67.6
小土地租出	4.7	284386	120118	164290	57.8	28427	19.1
其他	3.8	80873	52878	27998	34.6	27882	34.5
总计	100	7435360	4528323	2865362	38.8	3229013	41.6

注：1. "所有地"系据租出地占所有地的百分比推算得出。

2. 原资料土地面积亩后有两位小数，现四舍五入化为整数，部分总数与原资料有微小差异。

资料来源：中共苏南区党委农委会：《苏南土地制度初步调查》，《江苏省农村调查》1952年，第6—7页。

与表 8 不同，表 9 没有租出、租进土地的各类村户数据，但有阶级分类和各阶级、阶层村户的租出、租进土地面积，从中可以清晰地看出各阶级、阶层村户的土地租出、租进情况。如表 8，各阶级、阶层村户，包括小土地租出者、"其他"、工商业者乃至"公田"，都涉及土地的租出、租进。正如调查者所说，"农村租佃关系复杂，各阶层之间，都有租佃关系"。对于地主租进土地，中农、贫农、雇农租出土地这一事实，调查者的解释是，前者属"少数经营地主"租地"雇人耕种"，后者因"从事其他劳动或丧失劳动力"[1]。这当然是事实，不过还有一个重要原因，就是土地所有权和使用权分离，一些土地所有者只有"所有权"而无法自种。

浙江绍兴的调查资料印证了这一点。该县永佃制盛行，租佃关

———————

① 中共苏南区党委农委会：《苏南土地制度初步调查》，《江苏省农村调查》，1952年，第7页。

系大多受到土地所有权和使用权分离的制约。鉴湖乡 4 个村 260 户中农、佃中农仅有土地 1366 亩，一方面使用的 2987 亩土地中，71.6% 是租进地，另一方面又租出土地 517 亩，相当占有地的 37.8%；270 户贫农仅有土地 253 亩，使用的 1507 亩土地中，87.4% 系租佃而来，但仍有 61 亩土地租出，相当占有地的 24.1%。[①] 中农、贫农分别租出的 517 亩和 61 亩土地中，持有使用权的"清业田"分别只有 15 亩（占 2.9%）和 2 亩（3.3%），其余 502 亩和 59 亩，都是没有使用权的"田底田"。同样，地主、富农租出的 607 亩土地中，只有 4 亩"清业田"，其余均为"田底田"；租进的 129 亩土地中，只有 10 亩"清业田"，其余均为"田面田"。鉴湖乡第二村作为农地使用者主体的富农、中农、贫农、雇农，租出地全部为没有使用权的"田底田"。[②]

另外，一些地区的地主、富农大多将次地、远地租出给急需土地的中农、贫农，收取较高租额，同时租进好地，而付较少租额，获取租额差价，也是形成租户、佃户结构多元化的原因之一。如浙江嘉兴高照村富农周某，将自有中田 30 亩租出，每亩收租稻谷 71 斤、押租 200 斤，同时租进上田 55 亩，也是每亩租谷 71 斤；富农李某为戽水方便，租进近河中田 40 亩，每亩租谷 70 斤，同时租出中田 20 亩，每亩收租 200 斤。[③]

相对而言，北方地区的租佃制度不如南方地区发达，农地中的租地比重、农户中的佃农比重较低，但租佃涉及范围的广泛性、租佃类型的多样性、租户佃户结构的多元化程度，却一如南方。表 9 是关于河北定县高村、李镇等 4 个村的租佃情况。

---

① 中共绍兴地调研组：《绍兴县鉴湖乡农村调查》，《浙江省农村调查》，1952 年，第 134—135 页。

② 中共绍兴地调研组：《绍兴县鉴湖乡农村调查》，《浙江省农村调查》，1952 年，第 133—135 页。

③ 中共浙江省委工作队：《嘉兴县高照村农村经济调查》，《浙江省农村调查》，1952 年，第 88—89 页。

表9 1931 年河北定县村高村、李镇等 4 村租佃情况统计

租佃类别	户数	（%）	租佃类别	户数	（%）
总计	1285	100.0	租出兼种自田和租出当进	6	0.5
租进（无自田）	126	9.8	租出兼种自田和当进	12	0.9
租进兼当进	7	0.5	租出兼种自田和当出、当进	2	0.2
租进兼种自田	302	23.5	租出兼种自田和当出、租出当进	2	0.2
租进兼种自田和当进	37	2.9	租出兼当进	1	0.1
租进兼种自田和当出	49	3.8	租出兼当出和租出当进	2	0.2
租进兼种自田和当出、当进	5	3.9	租出全部土地与租进	4	0.3
租进兼当出全部土地	10	7.8	租出全部土地与租进兼当进	1	0.1
租出全部土地	87	6.8	租出与租进兼种自田	15	1.2
租出兼当出全部土地	22	1.7	租出与租进兼种自田和当进	3	0.2
租出全部土地兼租出当进土地	2	0.2	租出与租进兼种自田和当出	1	0.1
租出当进	1	0.1	租出与租进兼当出和当进	1	0.1
租出当进兼种自田	1	0.1	租出与租进兼当出	2	0.2
租出当进兼种自田和当进	2	0.2	租进户户数及百分比	558 *	43.4
租出兼种自田	84	6.5	租出户户数及百分比	280 *	21.8
租出兼种自田和当出	29	2.3	租佃总户数及百分比	816	63.5

注：＊含 28 户租出和租进户。

资料来源：据李金铮《矫枉不可过正：从冀中定县看近代华北平原租佃关系的复杂本相》，《近代史研究》2011 年第 6 期表 1 综合整理改制。

表 9 所列资料显示，农户的租佃（包括典当）排列组合名目繁多，租佃农户中，除了传统的纯佃种（无自田）、佃种兼自种和纯租出（无自种）、租出兼自种外，更有其他多种租佃组合，4 村农户的租佃组合形式，多达 26 种。值得注意的是，由于土地供应日趋紧张，农户贫困加剧，典当也开始成为新的、普遍的租佃形式，26 种租佃组合中，有 22 种含有土地典当（当出、当进或租出当进）。

纷繁多样的租佃排列组合，相应扩大了租佃范围，导致租户佃户结构多元化。4 村租进户的比重，低的占 35.2%，高的占 60.2%，平均占 43.4%；租出户比重低的占 16.6%，高的占 39.8%，平均占

21.8%；涉及租佃的总户数比重，低的占 51.3%，高的达 92.6%，平均为 63.5%，涉及租佃（含典当）的农户涵盖各个阶层，并不限于经济富裕、占地较多的地主富户和经济贫困、缺地少地的贫苦农民两极；而大量的典当租佃则说明，土地不仅仅是最基本的农业生产资料，而是越来越成为重要的金融调剂工具。因此，租进土地的农户，不一定缺地种，租出土地的农户，土地也未必富余或超出家庭劳力的耕作能力。

　　租佃形式多样化，租户、佃户结构多元化，租户、佃户分布于各个阶层，不少租户同时又是佃户，佃户同时又是租户，模糊和打乱了过往租户和佃户的界限，租户、佃户相互交错混杂，租佃关系和租户佃户结构变得相当复杂，可谓"你中有我，我中有你"①。在土地租佃方面，个别地区或乡、村还出现了地主、富农大量租进土地、中农贫农大量租出土地或同时大量租出、租进（大出大进）土地的反常现象。如江苏松江新农乡，富农占有的 1031 亩土地中，400 亩租出，占 38.8%，同时租进 837 亩，占 1468 亩使用地的 57%。② 浙江嘉兴高照乡地主租出土地 407 亩、租进土地 332 亩；富农租出土地 156 亩、租进土地 1657 亩。③ 前述广东南海地主，占有的 14.7 万亩中，79.2% 租出，而使用的 9.9 余万亩土地，69.7% 是租来的，自有地只占 30.3%。丽水城关两行政街中农、贫农分别租出土地 106 亩和 15 亩，相当占有地的 61.8% 和 13.6%，同时分别租进土地 260 亩和 802 亩，相当使用地的 79.9% 和 89.4%。④ 有的乡、村，中农的土地租出、租进面积相近，如江苏无锡玉祁镇第三保，中农租出 46 亩，租进 53 亩；周新镇第八保，中农租出 68 亩，

---

①　参见李金铮《矫枉不可过正：从冀中定县看近代华北平原租佃关系的复杂本相》，《近代史研究》2011 年第 6 期。

②　中共松江地委调委调研组：《松江县新农乡农村情况调查》，《江苏省农村调查》，1952 年，第 141 页。

③　中共浙江省委工作队：《嘉兴县高照乡农村经济调查》，《浙江省农村调查》，1952 年，第 87—89 页。

④　中共丽水地委调查研究组：《丽水专区农村经济概况》，《浙江省农村调查》，1952 年，第 28 页。

租进 59 亩。[①] 极个别乡、村的土地租出，甚至从地主、富农到中农、贫农呈递增趋势，如江苏江阴蒲桥乡，地主、富农、中农、贫农依次租出土地 92.4 亩、104 亩、202 亩和 211 亩，依次占该乡租地总面积 609.4 亩的 15.2%、17.1%、33.1% 和 34.6%。[②]

不过这种"大出大进"特别是地主、富农作为主要承租者、中农贫农作为主要租出者的情况并不多见，它的产生可能同永佃制习惯、特殊地理环境和经济条件有关。丽水城关"行政街"在城内，住户占有的部分土地可能离家较远，耕作不便，需要通过租佃调换；丽水地区流行"典佃"和押租，街村住户遇到困难，租出土地筹款应急，经济条件好转时，又租进若干土地耕种，如此反复循环，时间一长就形成了土地的"大出大进"；江阴蒲桥乡，位处城郊，地权较分散，但土地太少，不敷耕种，农民通常都有其他职业或从事副业生产，因此，严重缺地的贫苦农民干脆将土地租出，改为从事副业或其他职业。松江新农乡、嘉兴高照乡、无锡玉祁镇第三保和周新镇第八保则更多的是受到永佃制的影响和制约，租出的土地只有所有权而无使用权，租进的土地则只有使用权而无所有权。在这些乡、村，地主、富农的部分租进地，并非通常的承租，而是兼并，是兼并永佃农佃权的产物。

从整体上看，租佃关系复杂化，租户、佃户结构多元化，并非地权分散，农民土地富余，超出家庭劳力的耕作能力，恰恰相反，是地权集中、农民穷困和少地、缺地的产物。由于地权兼并，加上分家析产，农户加速贫困化，占地微地化，农田地块四散和畸零细碎，离家弯远，不便耕作，只能通过租佃进行调剂。在这种情况下，越来越多的微地和少地、缺地的农户被迫租出土地，以致租户、佃户分布各个阶层，甚至租户超过佃户。福建福安、寿宁、宁德、霞浦、柘荣 5 县 7 村是一个典型例证，据 1950 年的调查，该处人多地少，平均每户只有土地 5.76 亩，每人只有土地 1.46 亩，而地权相

---

① 苏南区农筹会调研科：《无锡县农村经济概况》，《江苏省农村调查》，1952 年，第 70 页。

② 江阴县农民协会：《江阴县农村经济概况》，《江苏省农村调查》，1952 年，第 32 页。

当集中，占农户总数 6.9% 的地主富农占有 59.3% 的土地，分别占农户总数 17.2% 和 75.9% 的中农和贫农雇农、手工业者，所占土地分别只有 18.2% 和 22.4%。调查资料显示，农户一方面少地、缺地，另一方面又不得不将仅有的一点土地租出，以致业主多过佃户。如福安县城东郊村有业主 411 户，承租户只有 206 户；秦溪一个自然村的佃户为 46 户，而业主达 172 户，相当佃户的 3.7 倍。① 一些地主富户在土地兼并过程中，同样受到地块分散、零碎的制约，因而土地分散多处，不成片段，地主和佃农之间也很难有成片和较大面积的土地租佃，占地一二百亩的中小地主，往往有数十家佃户，福安县城东郊一户租出田地 180 亩的地主，有 48 个佃户，分布在 10 个保、28 个自然村；一户小佃农又往往有多个业主，如该地一户佃农就承租了分住在 4 个保、10 个村庄的业主的土地。② 由此可见农户微地化、地块细碎化的程度以及对租佃关系的影响。

由于中农、贫农租出土地的原因不是土地太多，而是土地太少；不是家境富裕，而是经济拮据，或突发灾难，各地的普遍情况是，租出土地的农户数量大，但单个农户租出的土地面积很小。除了家庭无劳力或转为从事其他职业者外，在租出土地的同时，又必须租进土地，而且租进地面积一般大于租出地面积。地主、富农则刚好相反，租出地面积远大于租进地面积。在整个租佃关系中，中农、贫农是"小出大进"，地主、富农（特别是"半地主式富农"）则是"大出小进"。中农、贫农土地租佃中的"大进"，当然来自地主、富农的"大出"。因此，租佃关系主要还是发生在地主、富农和中农、贫农之间，而不是中农内部或中农与贫农之间。地主（包括不在地主）、富农（特别是"半地主式富农"）是租出户的主体，而中农、贫农则是佃户的主体。毫无疑义，这是近代中国封建租佃关系的基本格局和本质特征。20 世纪三四十年代，租佃关系复杂化，租户、佃户结构多元化，没有也不会改变这一基本格局和本质特征。

---

① 华东军政委员会土地改革委员会编：《福建省农村调查》，1952 年，第 3 页统计表。
② 华东军政委员会土地改革委员会编：《福建省农村调查》，1952 年，第 3—4 页。

大量的调查数据清楚地说明了这一点。表 10 真实反映了江苏、浙江、安徽、福建、湖北 5 省若干县乡（村）土地租佃的基本格局。

如表 10 所示，在大部分地区或乡、村，地主、富农租出的土地占租出地总面积的 70% 以上，最高的超过 99%，平均为 86.4%。这些租出地绝大部分由中农、贫农、雇农佃种，除个别县区、乡村外，这一阶层佃种的土地占租地总面积的 90% 以上，最高超过 99%，平均为 93.4%。需要指出的是，表中租出地为 295 万亩，而租进地达 340 万余亩，比前者多出 45 万亩。乃因调查者采用"以户为经，以地为纬"的方法，城居地主及不在地主的土地，只列入农户租进地和使用地面积，未能在农户或村户占有地、租出地统计中得到反映，故调查资料中的租进地多于租出地。这也无形中降低了地主在租出地中的比重，相应提高了富农、中农等农户在租出地中的比重，甚至中农上升为租出户的主体。表中凡是租进地多于租出地的乡、村，都属于这种情况。如浙江杭县山桥乡第二村，全村 1707 亩土地中，762 亩（占 44.6%）为村外业主所有，因调查"仅计本村业主租出土地"，故地主富农只有 8 户租出，占租出地总数 37.2%，而中农有 31 户租出，占租出地总数的 56%，成为租出户的主体。这当然是一种假象，如果将不在地主的土地计算在内，全村共有 1707 亩土地，866 亩租出地中，来自地主、富农的分别占 72.8% 和 7.9%，公地占 5.2%，三者合计 85.9%，同表中总平均数 86.4% 相近。中农则只占 10.0%，也比原来的 56% 低了许多。不过即便如此，仍未反映全部真相。因为 31 户中农虽然租出土地 101 亩，而包括 31 户在内的 82 户中农全都租进土地，租进面积合计 447 亩，出入相抵，净租进土地 346 亩，平均每户 4.2 亩。① 这说明由于种种原因，中农租出土地的现象越来越普遍，但同时因土地饥荒严重，承租者更多。所以，毫无疑问，就整体而言，中农是土地租进者，而绝非土地租出者，南方地区尤其如此。

----

① 参见中共杭县县委调研组《杭县山桥乡第二村调查》，《浙江省农村调查》，1952 年，第 190、192—193 页。

表 10　　1949 年江苏等 5 省 56 县（市）1063 乡（村）土地租佃架构要览

省	县乡（村）	总计	地主富农		中农		总计	中农		贫农雇农	
			亩数	（%）	亩数	（%）		亩数	（%）	亩数	（%）
江苏	青浦 2 乡、村	3259	2135	65.5	890	27.3	17257	10019	58.1	5394	31.3
	江阴 6 乡、村	1746	1550	88.8	41	2.4	4985	1127	22.6	1714	34.4
	武进 2 乡	2990	1483	49.6	655	21.9	3708	732	19.7	2890	77.9
	无锡 11 乡、村	14349	12670	88.3	515	4.1	14929	4215	28.2	8572	57.4
	嘉定 2 乡、村	1068	1020	95.5	27	2.5	2162	683	31.6	1245	57.6
	松江 1 乡	1571	1201	76.5	350	22.3	10850	5442	50.2	4397	40.5
	昆山 2 乡	2564	2087	81.4	374	14.6	14177	9333	65.8	3735	26.3
	吴县 2 乡、村	1238	988	79.8	119	9.6	3776	1769	46.8	1678	44.4
	苏南 16 县 964 乡	2865362	2480426	86.6	136741	4.8	3229013	1435537	44.5	1587424	49.2
	小计（24 县 992 乡、村）	2894147	2503560	86.5	139712	4.8	3300857	1468857	44.5	1617049	49.0
浙江	临安地区 11 县 36 村	13400	11283	84.2	1175	8.8	18418	9800	53.2	7481	40.6
	嘉兴 5 乡、村	2703	2214	81.9	298	11.0	7862	4774	60.7	2923	38.0
	绍兴 4 村	1309	654	50.0	517	39.5	3874	2138	55.2	1422	36.7
	衢县 1 乡	2490	2221	89.2	173	6.9	5144	2538	49.3	1982	38.5
	临海 1 乡	4060	3859	95.0	75	1.8	4766	2230	46.8	2276	47.8
	建德 3 乡、村	592	523	88.3	54	9.1	5332	2286	42.9	2636	49.4

续表

省	县乡（村）	总计	地主富农 亩数	地主富农 （%）	中农 亩数	中农 （%）	总计	中农 亩数	中农 （%）	贫农雇农 亩数	贫农雇农 （%）
浙江	丽水2街	1204	903	75.1	106	8.8	1105	260	23.5	825	74.7
	杭县1村	180	67	37.2	101	56.1	866	447	51.6	380	43.9
	余姚2乡、村	5107	2960	58.0	107	2.1	2657	1453	54.7	655	24.7
	小计（19县55乡、村）	31045	24684	79.5	2606	8.4	50024	25926	51.8	20580	41.1
安徽	铜陵1村	983	857	87.2	72	7.3	977	592	60.6	292	29.9
	芜湖2村	846	786	93.0	57	6.7	6312	1943	30.8	2165	34.3
	宣城2村	4252	3277	77.1	853	20.1	7614	5050	66.3	2342	30.7
	屯溪1村	783	589	75.2	109	13.9	1496	1019	68.1	411	27.5
	无为1乡	2291	1633	71.3	492	21.5	6233	2540	40.8	3622	58.1
	滁县1乡	8154	7047	86.4	660	8.1	11339	5466	48.2	5137	45.3
	广德1村	623	373	59.9	97	15.6	615	386	62.7	199	32.4
	贵池1村	713	578	81.1	109	15.3	1616	684	42.3	902	55.8
	南陵1村	1357	1077	79.4	268	19.7	2813	1599	56.8	996	35.4
	小计（9县11乡村）	20002	16217	81.1	2717	13.6	39015	19279	49.4	16066	41.2
福建	福州2村	508	219	43.1	61	12.0	1389	293	21.1	967	69.6
	福安1村	278	276	99.4	0	0	397	64	16.1	330	83.1

续表

省	县乡（村）	总计	地主富农		中农		总计	中农		贫农雇农	
			亩数	（%）	亩数	（%）		亩数	（%）	亩数	（%）
福建	古田 1 村	1986	1201	60.5	464	23.4	2855	1166	40.8	1578	55.3
	小计（3 县市 4 村）	2772	1696	61.2	525	18.9	4641	1523	32.8	2875	61.9
湖北	江陵 1 乡	6593	5736	87.0	178	2.7	6593	1602	24.3	4206	63.8
合计（5 省 56 县市 1063 乡村）		2954559	2551693	86.4	145738	4.9	3401130	1517187	44.6	1660776	48.8

注：个别乡、村包括由地主富农、农控制的"公地"。

资料来源：江苏据华东军政委员会土地改革委员会编《江苏省农村调查》（第 12—13、29—30、43—44、69—70、107、119、121、87—88、98—99、141—142、153、161、174、184、6—7 页）整理编制；浙江据华东军政委员会土地改革委员会编《浙江省农村调查》（第 16、28、87—88、105—106、134—135、143、154—155、165—166、172、181—182、192、200—201、212 页）整理编制；安徽据华东军政委员会土地改革委员会编《安徽省农村调查》（第 9—11、92—93、101—102、116、170、141—142、149—150、129—130、120—121、135—136、173—174 页）整理编制；福建据华东军政委员会土地改革委员会编《福建省农村调查》（第 27—30、62—63、72—74 页）整理编制；湖北据中南军政委员会土地改革委员会编印《中南区一百个乡调查资料选集·解放前部分》（第 28 页）。

北方一些地区的地权相对分散，租佃制度亦不如南方发达，农户中自耕农比重较高，不过同南方地区一样，中农也无富余土地，相反，还要租进若干土地作为补充。从整体上看，地主富农仍是土地租出者的主体，而中农则主要是承租者。皖北黄淮地区土地改革前夕农户各阶层的租佃结构，也颇能说明问题，情况详如表11：

表 11　　　　1949 年皖北 10 县、乡、村土地租出、租进统计　　　单位：%

项目 乡、村	土地租出					土地租进		
	地主	富农	公地	小计	中农*	中农*	贫雇农	小计
阜阳潘寨乡	76.0	6.0	14.5	96.5	2.8	52.0	44.3	96.3
涡阳潘砦乡	36.3	24.4	6.9	67.6	20.8	19.0	77.4	96.4
六安下圩村	56.0	16.6	11.5	84.1	14.7	59.7	39.4	99.1
霍山诸佛庵乡	62.0	2.3	7.7	72.0	6.9	57.4	38.3	95.7
濉溪古西乡	71.2	12.6	0	83.8	9.9	38.5	57.6	96.1
宿县尤沟乡	29.9	29.0	0	58.9	26.2	34.8	64.8	99.6
宿县时东乡	65.4	21.9	0	87.3	11.6	34.9	56.7	91.6
肥西上派乡	57.6	12.0	1.7	71.3	4.1	59.1	34.2	93.3
淮南洞山乡姚湾村	68.0	22.7	4.2	94.9	3.0	56.4	1.2	57.6
蚌埠市东乡三个村	41.7	33.0	0	74.7	7.4	60.5	21.3	81.8
简单平均数	56.4	18.1	4.7	79.1	10.7	47.2	43.5	90.8

注：* 部分地区的中农包括佃中农。
资料来源：据中共皖北区党委政策研究室《皖北区典型乡（村）土地情况统计》，《安徽省农村调查》，1952 年，第 25—27 页整理编制。

表中统计数据只有相对数而无绝对数，不过仍可大致反映各阶层农户的租佃状况。同南方地区一样，中农既有租出，也有租进，但以租进为主。具体情形互有差异，中农占租出地的比重最高超过 1/4，最低不足 3%；占租进地的比重，最低不足 1/5，最高超过 60%。10 乡、村平均，中农占租出地的 10.7%，占租进地的 47.2%，租出、租进两者相抵，中农净租进土地占租进地总面积的 36.5%。同南方地区一样，中农也是土地租进者而非租出者。

表 12 中肥西上派乡等 3 乡、村另有较详细的调查资料，内有关于中农土地占有、租佃、使用的具体数据，现将其列为表 12：

表 12　　1949 年皖北肥西上派乡等 3 乡（村）中农土地租佃、使用情况

项目 乡（村）	户数 （户）	土地占有 （亩）	土地租佃			土地使用	
			租出地 （亩）	租进地 （亩）	租进地为租出地 的百分比（%）	使用地 （亩）	使用地为占有地 的百分比（%）
肥西上派乡	328	2510	217	1687	777.4	3980	158.6
濉溪古西乡	303	5661	219	988	451.1	6430	113.6
岳西北山村	72	607	62	158	254.8	691	113.8
合计	703	8778	498	2833	568.9	11101	126.5

资料来源：据华东军政委员会土地改革委员会编《安徽省农村调查》，1952 年，第 46—47、70—71、153—156 页统计表整理编制。

3 乡、村中农户均占地 12.5 亩，面积相当小，毫无富余，虽有部分农户租出土地，但数量极少，平均每户只有 0.7 亩，仅仅相当占有地的 5.7%，而户均租进地面积却达 4 亩，相当于租出地的 5.7倍，超过使用土地的 1/4。显然，这部分土地来自地主富户，而非中农内部，租佃关系只可能"常常"发生在中农与地主富户之间，而非中农内部或中农与贫农之间。

总之，20 世纪三四十年代租佃形式多样化、租户佃户结构多元化，不会改变租佃制度的封建本质，中农没有、也不可能摇身一变，取代地主、富农成为主要的土地租出者。中农租出土地的主要原因，除了缺乏劳力，主要是耕作不便或经济拮据。不论出于何种原因，中农占有的土地面积有限，往往不敷自种，根本不可能单靠地租为生，不可能由自耕自食的自耕农或自耕农兼佃农一变而为食租者。因而纯租出户极少。如浙江衢县白渡乡，212 户中农中，纯租进户 153 户，租出兼租进户 53 户，纯租出户只有 3户，共租进土地 1273 亩，租出土地 160 亩，只相当前者的 12.6%。①

---

① 华东军政委员会土地改革委员会编：《浙江省农村调查》，1952 年，第 143 页。

所以，中农在租佃关系中所扮演的角色，是承租者而非租出者，是纳租人而非食租人。这是近代中国封建租佃制度的一个重要标志。

四 佃农贫农雇农化

租佃形式多样化、租户佃户结构多元化过程中，最大、最明显的改变，还是佃农内部结构的变化，是佃农加速贫困化和佃农贫农雇农化。

佃农同自耕农一样，并非单一的阶级或阶层，内部结构和贫富差别颇大，按其耕作面积、经营方式和经济状况划分，有佃富农、佃中农、佃贫农、佃雇农之别。在某些永佃制流行地区，还有极少数富裕永佃农，占有相当面积的佃权（田面田），租佃稳定，财力相对充裕，进行较大规模的雇工经营，浙江某些地区的"大佃农"，即属此类富裕永佃农。土地改革中，嘉兴有的乡、村在佃富农之外，另划有"大佃农"，阶级排位在佃富农甚至富农之上，似乎接近于经营性地主。[①] 在热河蒙地，这种富裕永佃农占有和耕种的蒙地佃权面积更大，多的上千亩，在日本侵略者的调查资料中，被直接列为"地主"。[②]

佃农的内部结构和贫富差异，在不同时期、不同地区或历史条件下，各有不同特点，并经常变化。在清代前期，由于官府推行垦荒政策和一些地区永佃制的流行，佃农经济状况一度有所改善，内部结构发生变化，中农增加，在某些地区甚至成为佃农的主体，佃农结构呈橄榄球形，有学者将这种变化态势称为"佃农中农化"。[③]

---

① 参见华东军政委员会土地改革委员会编《浙江省农村调查》，1952 年，第 84、100—101 页。

② 参见徐建生、刘克祥《热河蒙地永佃制下的土地经营和佃农生计》，《中国经济史研究》2014 年第 4 期。

③ 方行：《清代佃农的中农化》，《中国学术》2000 年第 2 辑。

　　1840 年鸦片战争后，佃农所处的历史条件发生了根本性的改变，中国由独立的封建帝国沦为国际帝国主义共同支配下的半殖民地半封建社会。列强各国的军事侵略和经济劫夺不断扩大、加深，中国的农业生产和农民家庭手工业遭到破坏，封建差役和地租剥削更加苛重，加上永佃制蜕变、没落，永佃农丧失佃权，人口增加导致土地饥荒严重，佃农日益贫困，家庭经济萎缩，佃农中的中农减少，贫农、雇农增加，佃农内部结构相应由"佃农中农化"向"佃农贫农雇农化"逆转。民国时期特别是 20 世纪三四十年代日本帝国主义全面侵华战争期间，日寇狂轰滥炸、烧杀劫掠、横征暴敛，无所不用其极，社会经济和农业生产条件的恶化程度，前所未有，耕地、劳力、耕畜、农具减少，或残缺不全，而地租、税捐、伕差、劳役空前沉重。在这种条件下，相当一部分地区的农业生产和农户经济濒临或完全崩溃，进一步加速了佃农的全面贫困化和佃农贫农雇农化进程。

　　20 世纪三四十年代，一方面，自耕农失地破产，地权集中，租佃范围扩大；另一方面，随着佃农的贫困化空前加速，佃农中的贫农、雇农大幅增加，富农、中农大幅减少，以富农、中农为主体的情况已经极为罕见，偶尔在极个别地区存在。如浙江平湖胜利乡第 13 村 159 户佃农中，有佃富农 6 户、佃中农 110 户、佃贫农 43 户，依次掌耕田面田 112.7 亩、1181.4 亩、265.3 亩。佃中农的户数和掌耕田亩分别占总数的 69.1% 和 75.8%。[1] 建德山鹤乡 39 户佃农中，佃富农 1 户，佃中农 24 户，佃贫农 14 户，佃中农占佃农总数的 61.5%，种租地 262 亩，占全部租地 365 亩的 71.8%。[2] 这两个例子都发生在永佃制流行地区，算是清代"佃农中农化"的遗存，极为少见，不属于 20 世纪三四十年代佃农内部结构的一般形态。这一时期，包括永佃制流行区在内的全国绝大部分地区，作为佃农结构的一般形态，都是以贫农、雇农为主体。佃农结构不再呈现橄榄

---

① 华东军政委员会土地改革委员会编：《浙江省农村调查》，1952 年，第 224—225 页。
② 华东军政委员会土地改革委员会编：《浙江省农村调查》，1952 年，第 165—166 页。

球形，而是典型的宝塔形。

所谓"佃农贫农雇农化"，并非理论或概念判断，而是一组组真确的数据统计，突出表现在佃农内部的租地结构和户口结构两个方面：

表11的农户租地统计数据显示，江苏、浙江、安徽、福建等5省56县（市）1063乡（村）340万亩租地中，中农和贫农雇农分别占44.6%和48.8%，后者比前者高出4.2个百分点，直接说明贫农雇农是主要的土地承租者，是佃农的主体。表12所列皖北10县、乡、村农户租进土地数据显示，中农租进地占租进地总面积的47.2%，贫农雇农占43.5%，虽然比中农低3.7个百分点，但因为贫农雇农的租进地面积和农业经营规模远比中农小（一般相当中农的1/2—2/3），贫农雇农在户数上明显超过中农。

关于佃农的户口结构方面，部分地区在土地改革时，佃农单独划有"佃富农""佃中农""佃贫农"的阶级序列（浙江某些县区在"佃富农"之上还划有"大佃农"），可以更直观地评估佃农内部结构和"佃农贫农雇农化"状况。试看表13：

表13　　　　　　　　1949年江苏吴县等地佃农结构统计　　　单位：户，%

地区		农户总数	佃农总数		佃富农		佃中农		佃贫农	
			户数	占总户数百分比	户数	占佃农百分比	户数	占佃农百分比	户数	占佃农百分比
江苏	吴县长青乡3甲	42	42	100.0	2	4.8	6	14.3	34	80.9
浙江	临安地区36村	6437	2237	34.8	26	1.2	819	36.6	1392	62.2
	衢县白渡乡	1114	632	56.7	4	0.6	134	21.2	494*	78.2
	建德山鹤乡3村	394	168	42.6	1	0.6	38	22.6	129	76.8
	平湖胜利乡1村	186	159	85.5	6	3.8	110	69.2	43	27.0
	小计	8131	3196	39.3	37	1.2	1101	34.4	2058	64.4

续表

地区		农户总数	佃农总数		佃富农		佃中农		佃贫农	
			户数	占总户数百分比	户数	占佃农百分比	户数	占佃农百分比	户数	占佃农百分比
安徽	肥西上派乡	1276	214	16.5	4	1.9	113	52.8	97	45.3
	宿松柳坪乡	437	69	15.8	0	0	25	36.2	44	63.8
	来安殿发乡	340	276	81.1	0	0	101	36.6	175	63.4
	无为百马乡	1212	440	36.3	1	0.2	139	31.6	300	68.2
	滁县关山乡	817	564	69.0	4	0.7	168	39.8	389	69.0
	广德梅溪村	367	47	12.8	0	0	13	27.7	34	72.3
	岳西北山村	245	50	20.4	0	0	6	12.0	44	88.0
	小计	4694	1660	35.4	9	0.5	565	34.4	1083	65.2
四川	巴县	141611	66764	47.1	1729	2.6	21241	31.8	43794	65.6
	永川	93309	41674	44.7	832	2.0	15099	36.2	25743	61.8
	铜梁	119365	45149	37.8	493	1.1	17881	39.6	26775	59.3
	大足	104608	37667	36.0	867	2.3	12998	34.5	23802	63.2
	璧山	77009	23268	30.2	401	1.7	10988	47.2	11879	51.1
	合川	191257	84464	44.2	865	1.0	31842	37.7	51757	61.3
	万县	156939	87295	55.6	1847	2.1	21855	25.0	63593	72.8
	渠县	166281	31600	19.0	569	1.8	14684	46.5	16347	51.7
	南溪	53435	19936	37.3	358	1.8	7455	37.4	12123	60.8
	小计	1103814	437817	39.7	7961	1.8	154043	35.2	275813	63.0

注：＊原统计只有"佃富农""佃中农"，而无"佃贫农"，但已知 551 户贫农中，有"纯租进户"460 户，"租进又租出户"34 户，合计 494 户，共租进土地 1910 亩，户均 3.87 亩。现以这 494 户贫农作为"佃贫农"入表，以期佃农结构更完整。

资料来源：江苏据华东军政委员会土地改革委员会编《江苏省农村调查》，1952 年，第 202 页。浙江据华东军政委员会土地改革委员会编《浙江省农村调查》，1952 年，第 16、139、143、165—166、224—225、259—260 页。安徽据华东军政委员会土地改革委员会编《安徽省农村调查》，第 14—20、46、57、78、92、96—97、120—121、153—154 页。四川据《巴县志》，重庆出版社 1994 年版，第 98 页；《永川县志》，四川人民出版社 1997 年版，第 283—284 页；《铜梁县志》，重庆大学出版社 1991 年版，第 355 页；《合川县志》，四川人民出版社 1995 年版，第 283—284 页；《万县志》，四川辞书出版社 1995 年版，第 143 页；《渠县志》，四川科学技术出版社 1995 年版，第 207 页；《南溪县志》，四川人民出版社 1992 年版，第 149 页。

表 13 所列地区地权集中，租佃制度发达，佃农是农户的主体，

占农户总数的 39.6%。加上自耕农兼佃农，一般超过农户总数的一半或更多。

佃农内部结构方面，佃富农、佃中农、佃贫农的数量和比例，除了前面提到的浙江嘉兴（未入表）、平湖、建德，安徽肥西等少数县（乡、村），佃富农的数量极少、比重极低，相当部分乡、村没有佃富农，佃中农也只占 1/3 强，而佃贫农的比重大多在 60%以上，佃贫农是佃农的主体。然而，这还远远没有包括佃农的全部，没有完全准确反映出佃农的内部结构。因为这里的"佃贫农"只限于以租种田地为主要或全部生活来源的佃农，那些租种小块土地并从事小贩、佣工、手艺，或农忙种地、农闲行乞的贫苦佃农，以及"帮工式"佃农，都被划入了佃农以外的贫农、雇农序列，故佃农占农户总数的比重平均为 39.6%，明显低于实际数字。如四川 9 县，据 1936 年和 1941 年的调查，9 县的佃农比重分别达64.3% 和 73.7%，比表列数据分别高出 24.6 个和 34 个百分点。这部分缺漏的佃农，全是贫农、雇农。① 佃农中的贫农实际比重应在 80%以上。有的地区佃农中的贫农比重更高。广西凭祥土地改革时，845 户佃农中，仅有佃中农 64 户；镇向、龙茗两县地主租出土地 3625 亩，只有佃中农 10 户。② 虽然 3 县佃农中的富农（其数极少）等成分不详，贫农的比重无疑大大超过 90%。某些地区，佃农甚至几乎全是贫农，如安徽滁县，佃农单列而未划分成分，全部置于贫农之后。③ 江苏江阴有部分乡、村划有"佃农"，同样列于贫农之后。④

北方地区佃农相对较少，缺乏较完整、系统的佃农内部结构数

---

① 刘克祥：《关于押租和近代封建租佃制度的若干问题》，《近代史研究》2012 年第1 期。

② 《凭祥市志》，中山大学出版社 1993 年版，第 235 页；《天等县志》，广西人民出版社 1991 年版，第 166 页。

③ 《滁州市志》，方志出版社 1998 年版，第 242 页。

④ 江阴县农民协会：《江阴县农村经济概况》，《江苏省农村调查》，1952 年，第 29—30 页。

据，只皖北若干县、乡（村）有按人口统计的佃农结构数据，现列如表14：

表14　　　　　1949 年皖北临泉等 14 县（市）16 乡、村佃农
结构（人口）统计　　　　　　单位：人，%

序号	县别	农户总人数	佃农总数		佃富农		佃中农		佃贫农	
			人数	占总人数百分比	人数	占佃农人数百分比	人数	占佃农人数百分比	人数	占佃农人数百分比
1	临泉田桥乡	2324	282	12.1	26	9.2	86	30.5	170	60.3
2	阜阳潘寨乡	3344	892	26.7	22	2.5	458	51.3	412	46.2
3	颍上朱庙乡	3179	1637	51.5	160	9.8	752	45.9	725	44.3
4	太和宝境乡	2690	270	20.1	0	0	77	28.5	193	71.5
5	涡阳潘砦乡	3745	113	3.0	6	5.3	18	15.9	89	78.8
6	来安殿发乡	1456	1207	82.9	0	0	566	46.9	641	53.1
7	怀宁龙河村	1215	142	11.7	4	2.8	85	59.9	53	37.3
8	怀宁骑龙村	1013	167	16.5	0	0	66	39.5	101	60.5
9	宿县尤沟乡	3642	174	4.8	0	0	100	57.5	74	42.5
10	宿县时东乡	6403	175	2.7	11	6.3	57	32.6	107	61.1
11	霍山诸佛庵乡	3201	872	27.2	0	0	351	40.3	521	59.7
12	涡阳潘砦乡	3745	113	3.0	6	5.3	18	15.9	89	78.8
13	肥西上派乡	5963	1064	17.8	16	1.5	587	55.2	463	43.5
14	乌江复虎村	788	163	20.7	61	37.4	60	36.8	42	25.8
15	和县刘塘村	1047	233	22.3	10	4.3	33	14.2	190	81.5
16	蚌埠三个村	2117	211	10.0	18	8.5	90	42.7	103	48.8
	合计	45872	7715	16.8	340	4.5	3404	44.1	3973	51.5

资料来源：据华东军政委员会土地改革委员会编《安徽省农村调查》，第14—20 页皖北区"二十八个乡（村）人口及占有土地比较表"摘编。

表14 中小部分县、乡（村）位于长江流域，同表13 互有交叉。从整体看，租佃范围、佃农结构与南方地区有某些差异，租佃范围较小，佃农比重较低，佃农中的佃富农、佃中农人口比重稍高，不过佃贫农的人口比重还是超过一半，在佃农中占多数。而且一般情

况下，在三类佃农中，佃贫农的家庭规模最小，如按户口统计，佃富农、佃中农的比重会相应较低，佃贫农的比重相应提高。佃贫农已构成佃农的主体。实际上，南北两地的佃农结构和佃农贫农雇农化程度大体相同。

所谓"佃农贫农雇农化"，既有佃农的"贫农化"，也包括佃农的"雇农化"。不过上述各地佃农的阶级序列中只有佃富农、佃中农、佃贫农，而无"佃雇农"。这部分贫苦佃农被分别并入了贫农、佃贫农和雇农。

这里所说的"佃雇农"，不是指那些租种少量土地，而又佣工补充家计或以佣工为主的贫苦佃农，而是指那些不提供生产资料、单出劳力租种地主土地、获取劳动报酬的贫苦佃农。他们是在佃农贫困化过程中，由一般佃农向雇农下沉的产物，他们既是佃农，又是雇农，是佃农和雇农的合体。

"佃雇农"的产生、扩大，佃农的"雇农化"，有一个历史过程。

佃农的"雇农化"同佃农的"贫农化"一样，也是佃农贫困化的产物，是佃农丧失生产资料和破产的产物。前面在讨论租佃形式的变化时，特别考察了地主提供土地以外生产资料的各种租佃形式。这类租佃形式的产生和发展过程，实际上就是"佃雇农"形成和扩大的过程。

原本意义上的佃农不同于雇农。佃农是自备土地以外生产资料、以家庭为单位的独立的生产经营者，以定额或产品分成的方式缴纳地租。在正常情况下，这类佃农的收益，包括两个部分：一是劳动报酬，借以维持劳动力的再生产；二是工具、设备折旧，垫支资金及其利息等，借以维持生产资料的再生产。

清末民初以降，佃农入不敷出，日益贫困，无力维修、补充、添置生产工具和设备，掌握的生产资料不断减少，越来越多的生产资料依赖地主提供。佃农随着所供生产资料的种类和数量不断减少，逐渐丧失原有的生产独立性，所得产品数量相应减少，垫支资金及其利息在所得产品中的比重下降，最后只限于劳力报酬（劳动力价格），其身份也蜕变为只供劳力、但须同地主一起承担风险的产品分成制"帮工"，亦即"佃雇农"。佃农的"雇农化"程度同佃农丧失生产资料的程度、"帮工式"租佃扩大范围成正比。

因各地租佃习惯、佃农贫困化程度和"帮工式"租佃、"合种"一类租佃形式的产生时间、乡俗惯例不同，地主提供生产资料的种类、数量和相关条件，土地经营和佃农经济地位等，互有差异。

南北比较，北方地区的"帮工式"租佃产生较早，流行亦广，基本模式是地主供给全部生产投资，佃农等同于只出劳力的雇工，分得的产品等同于劳动力价格，而且相当一部分佃农须由地主借给口粮，在秋收分配产品之前，必须先扣除所借的口粮及其利息，连劳动力价格也已部分提前消费。

"帮工式"佃农因无力负担生产投资，也就相应失去了生产经营的独立性和自主性：由地主提供种子，佃农就无权根据家庭或市场需要自主决定作物品种和土地种植计划；由地主提供耕畜、农具，佃农的土地耕作、田间管理必须服从地主的统一安排、调配，无权根据生产需要自行决定，等等。这些都不同于独立生产经营的传统佃农，而接近于雇工。

尽管如此，这些"帮工式"佃农仍以家庭为生产单位和消费单位，这又与传统佃农相同，而区别于雇工。不过随着"帮工式"租佃的不断扩大、发展、演变，部分"帮工式"租佃已由传统的佃农家庭分散经营改为地主集中统一经营，佃农家庭不再构成一个生产单位，而逐渐演变为地主的"产品分成制雇工"。苏北铜山、萧县、沛县一带的"锄户""二八锄户"，山东一些地区的"二八（三七）劈粮食""二八锄地""干提鞭"，热河、东北等地的"里青""里青外住""里青外冒烟""半青半伙（活）"，等等，都是这样的"产品分成制雇工"。其中热河一带的"里青""里青外住"和山东莒南的"干提鞭"最为典型。日本侵略者在 1937 年进行调查时，按照当地习惯，"里青"和地主家庭成员一起算作地主的家庭劳力；"里青"耕种的土地同长工耕种的土地一样，属于地主"自种"；

"里青"所种土地的收获物，全部列入地主的家庭收入，"里青"分走的粮食则列入地主的家庭开支。① 这些佃农都已彻底"雇农化"，是最典型的"佃雇农"。除了产品分成、须和地主一同承担风险外，与普通长工并无多大差别。不仅如此，部分"帮工式"佃农甚至更接近于季节工。某些地区的地主不是进行单一的雇工（长工）耕种或"帮工式"租佃经营，而是采用长工、"帮工式"佃农"接力"的经营模式，由长工翻地、播种后，再交由被称为"锄户""锄地"的"帮工式"佃农进行田间管理，担当中耕、除草、收割、打场归仓等农活。上述"锄户""二八锄户""二八锄地"就是这类"季节工"式的"佃雇农"。

南方地区的"帮工式"租佃产生较晚，分布也不如北方地区广泛，主要有两种基本模式：一种是耕畜、农具、肥料、种子等由主佃双方分担；另一种生产投资全部由地主负担，佃农只出劳力耕种。在一般情况下，租额、租率的高低，同佃农分担生产资料份额的多寡成反比。佃农负担生产资料的份额越少，负担的租额、租率越高。如江苏吴县，20 世纪初开始开垦的荡田，一般是地主出种子，收获后先扣除种子，然后进行产品分配。分配比例则视生产成本的分担情况而异：工具、肥料、种子若由双方分担，则产品对半分；如果工具、肥料、种子全部由地主负担，则主六佃四分配。② 后者佃农所得部分，自然只是劳动力价格，佃农变成了"佃雇农"或雇农。生产资料分担和产品分配比例的这种变化，从一个个侧面反映出传统佃农向"帮工式"佃农即"佃雇农"的演变过程。吴县、武进、常熟、昆山、上海等县"分租"比例的高低，也都从一个侧面反映出主佃双方分担生产资料比例的差异，以及传统佃农向"佃雇农"的演变过程。

---

① 参见徐建生、刘克祥《热河蒙地永佃制下的土地经营和佃农生计》，《中国经济史研究》2014 年第 4 期。

② 中共苏州地方委员会调研室：《吴县渡桥乡新河村荡田调查》，《江苏省农村调查》，1952 年，第 292 页。

　　南方地区佃农"雇农化"开始的时间较晚，进程较为缓慢，纯粹和典型的"佃雇农"数量不太多，大部分处于传统佃农向"佃雇农"演变的过渡形态。反映在主佃双方对生产资料的提供方面，以主佃双方共同承担的模式为主，如江苏松江、青浦的"分种田"，都是地主出肥料、种子，佃农出人工、牛工、农具，土地产量按主七佃三或主六佃四分成。① 武进、昆山、丹阳等县的"分种"或"份种"，通常所用肥料、种子，都是主佃各半，收获亦主佃平分。② 嘉定的"分租制"，也都是肥料、种子各出一半，收获对半分。③ 江西丰城小袁渡乡"泼水制"租佃中的"田泼田"，同样是由地主提供一半肥料和种子，不过土地耕种、产品分配有不同特点：土地耕作的人力全部由佃农负担，肥料、种子则各下各的。禾稻成熟，地主、佃农各收一半。④

　　这些"帮工式"佃农的所得产品中还保留着若干数量和比例的投资回报，其家庭虽已部分失去独立进行生产经营的条件，但仍是一个独立或半独立的生产单位，佃农尚未完全"雇农化"，实际上是由传统佃农向"佃雇农"演变中的过渡形态。

　　当然，佃农"雇农化"不会长期停留在这种过渡形态，还在继续演进。佃农由于入不敷出，家境日益艰窘，负担生产投资的能力不断降低，由地主提供全部生产资料、佃农只供劳力的情况也越来越多，"帮工式"佃农也更加接近于纯粹的雇工或雇农，虽然各地产品分配的具体办法互不相同，但都只是劳动力价格，如江西高安，由地主提供生产投资的"代耕制"分配办法是，先将地主投资从产

　　① 《松江县志》，上海人民出版社 1991 年版，第 301 页；《松江县农村租佃、借贷、生产情况调查》，《江苏省农村调查》，1952 年，第 205 页；《青浦县农村经济概况》，《江苏省农村调查》，1952 年，第 15 页。

　　② 《武进县农村经济概况》，《江苏省农村调查》，1953 年，第 47 页；《昆山县太平乡农村经济调查》，《江苏省农村调查》，第 154 页；《丹阳县志》，江苏人民出版社 1992 年版，第 200 页。

　　③ 《嘉定县乡村经济概况》，《江苏省农村调查》，1952 年，第 82 页。

　　④ 中南军政委员会土地改革委员会调查研究处编：《中南区一百个乡调查资料选集·解放前部分》，1953 年，第 126 页。

品中提出,然后主佃平分。① 嘉定的习惯是,"分租制"如是佃农单出劳力,则产量主六佃四分配。② 吴县有一部分鱼池,也是由业主负担养鱼资本,佃农只出劳力,收益主七佃三分配。③ 在浙江,佃农只供劳力的"分种""分租"更广,产品分配办法也更多,其中不少是按某一比例分配产品,比例多为"主六佃四",重者"主七佃三""主八佃二",并有正产、副产之分,或只分正产,副产归佃户,或行"熟熟分",稻草、麦秆也不例外;或按面积分割田禾,如嘉兴,有的种18亩,13亩归地主,5亩归佃户,有的种31亩,21亩归地主,10亩归佃户,等等;或收获物全部归地主,付给佃农一定数量的"工钱米",上虞通常为每亩5斗米;在嘉兴,按面积分割田禾的叫"分种",付给佃农一定数量工钱米的叫"包田"。④ 有些佃农除缴纳规定租额外,还要随叫随到,为地主提供无偿劳动。⑤

上述产品分配办法多种多样,但有一点是相同的,即地主所得包括地租和生产投资回报两部分,而佃农所得却只有劳动报酬,即劳动力价格。这些贫穷破产、只能提供劳力和获取劳动力价格的"帮工式"佃农,也就不再是处于"过渡形态",而是产品分成制"佃雇农"了。不仅如此,那些按约领取"工钱米"的"包田"佃农,已经不是上述意义上的产品分成制"佃雇农"。因为在雇用方式和性质上,他们和伙食自理的计件工没有区别,与其称之为"佃雇农",倒不如说他们就是领取计件工资的"包工"或雇工。

20世纪三四十年代,中国农村和社会经济所遭受的远不只是通常意义上的战争破坏和日本帝国主义的殖民掠夺,而是灭绝人性的

---

① 《高安县志》卷4,江西人民出版社1988年版,第78页。

② 《嘉定县乡村经济概况》,《江苏省农村调查》,1952年,第82页。

③ 《吴县租佃情况调查》,《江苏省农村调查》,1952年,第194页。

④ 中共浙江省委工作队:《嘉兴县高照乡农村经济调查》,《浙江省农村调查》,1952年,第89页。

⑤ 《浙江省农业志》上册,中华书局2004年版,第297—298页;中共浙江省委工作队:《嘉兴县高照乡农村经济调查》,《浙江省农村调查》,1952年,第89页。

摧毁和万世难复的浩劫。倾巢之下焉有完卵。由于农民收益和社会财富被日寇和日伪政权劫掠、搜刮一空，大小农户普遍入不敷出，农村金融枯竭，形成"一头沉"式的贫困积累，以往常见的农村"贫富分化""两极分化"变得罕见，取而代之的是"均贫化""赤贫化"。① 在这种条件下产生和扩大的"帮工式"租佃和"佃农贫农雇农化"，并不意味着封建租佃关系朝着带有某种资本主义因素的地主雇工经营的方向演变，而只是标志着封建租佃制度走到了尽头，已经没有回旋或自我修复的余地，打败日本帝国主义，彻底废除封建土地制度和封建租佃制度是唯一的选择。

（原载《中国经济史研究》2016 年第 5 期）

---

① 参见徐建生、刘克祥《热河蒙地永佃制下的土地经营和佃农生计》，《中国经济史研究》2014 年第 4 期。

编选者手记

本文集选了作者有代表性的 13 篇论文，按发表时间先后排序。就文章内容而言，可大致分为五个部分：

一是封建租佃关系与地租、押租剥削，选了四篇文章。《试论近代北方地区的分益雇役制》考察了分益雇役制（亦称"帮工佃种制"）的产生、分布、类型、乡俗习惯，并对这种租佃形式下的地主土地经营模式进行分类，界定其社会属性；真实再现了四川押租全面流行、加速升高、押租地租你追我赶的历史场景，揭露了押租剥削的残酷性和"押扣"所谓"增押减租"的欺骗性，并得出结论："'天府之国'已变成佃农地狱"；《20 世纪三四十年代租佃结构变化与佃农贫农雇农化》《佃农的贫农雇农化和封建租佃制度的终结》两文的核心是农村两极分化的"一头沉"和佃农结构的变化，是"佃农贫农雇农化"。这既是地租剥削的结果，也是封建租佃制度走向终结的根本原因。

二是永佃制，选了《清代热河的蒙地开垦和永佃制度》《永佃制下土地买卖的演变及其影响——以皖南徽州地区为例》两篇文章。前者捋清了清代时期关内汉民在移垦热河蒙地过程中，蒙地永佃制度的形成途径和蒙人"认租不认地"的永佃习惯；阐明蒙地永佃制下的地权关系、阶级关系和地租剥削；后者以皖南徽州地区为例，揭示和归纳出永佃制下土地买卖的特有形式及其变化轨迹和规律：卖主卖地变为卖租，租额整卖变为零卖，地权变为租权，最后变为债权；买主由管地收租变为放债取息；地权债权化，地主债主化；大小地主完全食利和寄生虫化。

　　三是农业雇佣劳动，选了两篇文章。《甲午战争后的农村换工劳动及其向雇佣劳动的演变》，基本探明了甲午战争后农村换工劳动的流行和存续状况及其向雇佣劳动的演变；《北京西山农户的养牛"卖套"业——近代农村社会经济调查札记之四》是农村调查报告，作者通过实地调查和"四清"档案梳理，对北方地区俗称"卖套"的特殊雇佣形式，就其雇佣内容、内部结构、工资报酬、主雇关系等，进行考察、分析，向读者揭示了"卖套"的特殊面孔和复杂关系。

　　四是城乡市场和农业经营，选了两篇文章。《近代农村庙会及其功能与作用》对作为农村市场重要载体的庙会功能追根溯源，厘清了庙会功能的演变轨迹和近代农村庙会的类型及基本状况：近代农村庙会一般兼具迷信、娱乐、贸易三种功能，大致分为以迷信为主，迷信、贸易并重和以贸易为主等三种类型，特点是交易时间集中，辐射面广，商品种类、档次齐全，与定期集市互补，在农村经济生活中起着不可或缺的作用。《近代城市的发展与资本主义中小农场的兴起》着重论述城市市场同郊区农场的关系。近代资本主义新式工业与新型工商业城市的兴起和发展，产生、扩大了新的市场需求，促进了农业中资本主义因素的滋长，以直接供应城市市场为目的的资本主义中小农场应运而生。这也是近代农业资本主义发展的一种表现。文章弥补了有关近代中国资本主义农场方面研究的空白。

　　五是银行金融业，选了三篇文章。《1927—1937年中资银行再统计》，同已有研究的相关统计相连接，对1927—1937年全国中资银行的数量、资本状况、地区分布、资本所有制及规模结构、银行内部业务分工与结构体系等，进行统计和初步分析，为这方面的研究提供了基础性数据资料，为进一步的研究创造了条件；《近代农村地区钱庄业的起源和兴衰——近代农村钱庄业探索之一》《近代农村钱庄的资本经营及其特点——近代农村钱庄业探索之二》是姊妹篇，前者考察、论述了农村钱庄业的起源、形成、发展和20世纪30年代中期急剧衰落、消亡的全过程；后者考察、论证了近代农村钱庄的资本类型和结构、资本经营及其特点，辩证分析了近代农村钱庄的时代局限性和历史作用。

　　文集所选论文，大多题材新颖，视角独到，不炒现饭，不落俗套，部分文章更堪称开山之作或"独家新闻"。作者数十年甘于寂寞，潜心钻研学问，深入挖掘、爬梳和提炼、升华史料，力戒蜻蜓点水、浅尝辄止痼弊。坚持不懈，喜见成效：或由表及里，透过现象揭示本质，归纳出若干带有规律性的认识；或去伪存真，还原历史本来面貌；或整理出专项统计资料，为深层研究提供基础条件；或拾遗补漏，填补某些领域的研究空白；等等。所有这些，都是对经济史学科研究的宝贵贡献。

徐建生

2021 年 1 月

《经济所人文库》第二辑总目(25 种)

（按作者出生年月排序）

《汤象龙集》　　《李伯重集》

《张培刚集》　　《陈其广集》

《彭泽益集》　　《朱荫贵集》

《方　行集》　　《徐建青集》

《朱家桢集》　　《陈争平集》

《唐宗焜集》　　《左大培集》

《李成勋集》　　《刘小玄集》

《刘克祥集》　　《王　诚集》

《张曙光集》　　《魏明孔集》

《江太新集》　　《叶　坦集》

《李根蟠集》　　《胡家勇集》

《林　刚集》　　《杨春学集》

《史志宏集》